Beck · Kley · Rohner · Vernazza

Der Corona-Elefant

Konstantin Beck | Andreas Kley | Peter Rohner | Pietro Vernazza
(Hrsg.)

Der Corona-Elefant

Vielfältige Perspektiven für einen konstruktiven Dialog

VERSUS

allerArt · *Zürich*

Aus der Website zum Buch
www.corona-elefant.ch
werden laufend die neuesten
Erkenntnisse und Informationen
zum Thema publiziert.

Bibliografische Information der Deutschen Nationalbibliothek

Die Deutsche Nationalbibliothek verzeichnet diese Publikation in der Deutschen Nationalbibliografie; detaillierte bibliografische Daten sind im Internet über http://dnb.dnb.de abrufbar.

Weitere Informationen zu Büchern aus dem Versus Verlag unter www.versus.ch

Umschlagbild: https://unsplash.com/photos/HTIduwcMMfQ
Satz und Herstellung: Versus Verlag · Zürich
Druck: CPI print GmbH · Leck
Printed in Germany

ISBN 978-3-909066-25-4

Inhaltsverzeichnis

Über das Buch

Die Corona-Krise hat die Schweiz vor enorme gesellschaftliche und politische Herausforderungen gestellt. Anstelle eines Diskurses unterschiedlicher wissenschaftlicher Perspektiven führte die moralische Aufladung der Debatte zur Bildung von Lagern. Die einen befürchten gesundheitlich stets das Schlimmste, finden damit Gehör in den Medien, fordern Interventionen des Staates und liefern ihre Expertise als Begründung für die von der Politik zu ergreifenden Massnahmen.

Andere halten diese Massnahmen für zu wenig evidenzbasiert, unverhältnismässig im Vergleich zu anderen Gefahren oder sogar für kontraproduktiv in der Gesamtwirkung. Sie fordern darum die Abwägungen zu Nutzen und Schaden aus einer ganzheitlichen Perspektive und verlangen die Evaluation der verordneten Massnahmen. Sie finden damit jedoch in den grossen Medien und in der Politik wenig Gehör.

Aufgrund der grossen Tragweite der politischen Entscheide fällt beiden Seiten der Dialog schwer. Darum tut es Not, die kritisch-konstruktive Diskussion wiederzubeleben. Diese Diskussion ist Grundvoraussetzung für eine funktionierende Demokratie, für eine produktive Wissenschaft und für ein vernünftiges Zusammenleben. Wir meinen, die Wissenschaft sollte den Anfang machen. Dieses Buch will zum konstruktiv-kritischen Diskurs beitragen, im Wissen, dass Wahrheit kein absoluter Begriff ist. Darum geht es im *Corona-Elefanten*. Mit dem *elephant in the room* wird im englischen Sprachraum eine augenfällige Problematik bezeichnet, die von allen Beteiligten lieber nicht angesprochen wird, beispielsweise aus politischer Korrektheit. Zum Zeitpunkt der Drucklegung werden neue kontroverse Forderungen zur Aufhebung der Einschränkungen erhoben. Es scheint, dass dieses Buch in eine Zeit fällt, in der Diskussionen über den Elefanten wieder möglich werden.

Die Herausgeber haben eine Gruppe von Autorinnen und Autoren versammelt, die auf ihren jeweiligen Feldern unterschiedliche Positionen zur Krise vertreten, dies jedoch mit dem Fokus «lessons learned». Es geht also nicht darum, Kritik an den Corona-Massnahmen oder an den Corona-Massnahmen-Kritikern zu üben. Ebenso wenig geht es darum, recht zu behalten oder im Nachhinein recht zu bekommen. In diesem Buch sollen Wege zur besseren Bewältigung der nächsten globalen Herausforderung aufgezeigt werden.

Zahlreiche Personen mit unterschiedlichen Haltungen waren eingeladen, einen Beitrag zu verfassen. Manche befürchteten Nachteile und sagten ab. Wir mussten das mit Bedauern zur Kenntnis nehmen. Bis zum Redaktionsschluss Anfang Januar 2022 haben uns 23 Artikel erreicht. Alle Beiträge wurden von mindestens zwei Experten gegengelesen und liegen nun als Buchbeiträge vor. Wir danken den Autoren für die vielen geleisteten Abendstunden und das Einhalten der knappen Terminvorgaben.

Organisation des Buchs

Das Buch ist in *fünf Teile* gegliedert, welche die wesentlichen Themenfelder des Corona-Komplexes umfassen.

Der Teil *Recht & Politik* beleuchtet die Problematik des Notstandes, der geltende Normen ausser Kraft setzt und gleichzeitig mit neuen Normen den Notstand überwinden will, was im vorliegenden Fall Auswirkungen auf Rechtsstaat und Demokratie hat. Die Covid-19-Verordnungen änderten sich in kurzer Kadenz und waren oft unverständlich formuliert. Sie steuerten die Adressaten nicht, sondern verunsicherten sie eher. Die Steuerung erfolgte mehr über die öffentliche Kommunikation und die Medien. Die Demokratie nahm ebenfalls Schaden, da das Parlament pausierte, sich zurückhielt und Entscheidungen dem Bundesrat überliess. Eine systematische Betrachtung diktatorischer Staatsformen rundet den ersten Teil ab.

Der Teil *Betriebswirtschaft & Management* widmet sich den Voraussetzungen, die erfüllt sein müssen, damit Politik, Verwaltung und Gesundheitswesen in einer Krise interagieren können. Die Stichworte sind Leadership und Notfallorganisation des Bundes. Diese wurden bereits vor Corona debattiert und das Fehlen einer eingeübten Stabsorganisation wirkte sich sehr stark auf den Verlauf der Krise aus. Es fehlte die Fähigkeit, mit interdisziplinären und kontroversen Teams grosse, komplexe Probleme rasch zu analysieren und zu lösen. Die Folge war eine einseitige Fixierung auf flächendeckende Eindämmung statt dem konzentrierten Schutz der Gefährdeten. Ein weiteres organisatorisches Versäumnis war die Untätigkeit angesichts drohender Spitalengpässe. Diese lieferten über zwei Jahre die Begründung für einschneidende Massnahmen, deren soziale, gesellschaftliche und wirtschaftliche Kollateralschäden uns noch längere Zeit beschäftigen werden. Sind sie im Vornherein genügend bedacht worden?

Der Teil *Gesundheit & Prävention* bietet generelle medizinische Einsichten zur Epidemiologie von Covid und anderen Virusinfektionen der Atemwege und eine vertiefte Einführung zum Immunsystem. Bei der kritischen Würdigung der Wirksamkeit von Präventionsmassnahmen müssen wir zur Kenntnis nehmen, dass für viele der getroffenen Massnahmen auch jetzt noch wenig Evidenz vorhanden ist oder die dokumentierte Wirksamkeit vergleichsweise bescheiden ausfällt.

Der Teil *Volkswirtschaft & Statistik* verbindet die Fragen von Verhältnismässigkeit, Gefährlichkeit von Virus und Impfung und Bedeutung der Eigenverantwortung mit der Schaden-Nutzen-Analyse der Pandemiepolitik. Beispielsweise gelingt es uns nicht, einen Nettonutzen der Impfung für jüngere Erwachsene nachzuweisen, zumal der gesellschaftliche Nutzen, eine Eindämmung der Verbreitung, nicht mehr gegeben ist, wenn sich heute an einem Tag gleich viele Menschen infizieren wie zu Beginn der Pandemie innert sechs Monaten.

Der Teil *Philosophie & Ethik* geht auf die grundsätzlichen Fragen rund um Leben und Tod, Freiheit versus Sicherheit, Gesellschaft und Individuum ein, sucht einerseits den grossen Bogen, wenn er die Entwicklung der Postmoderne beschreibt, liefert andererseits konkrete Entscheidungshilfen beim Einsortieren ethischer Verletzungen und bietet eine historische Einordnung der Krise. Bei diesen Themen geht es immer wieder um die Angst vor dem Tod und man fragt sich, ob diese Angst das normale Leben zerstört hat.

Das Philosophieren über Krankheit, Leben und Tod leitet das Buch ein und schliesst es auch ab.

Ziel des Buchs

Ist damit alles gesagt? – Mitnichten. Gerade weil die Corona-Diskussion noch lange anhalten wird, erscheint das Buch im Verbund mit einer Homepage (www.corona-elefant.ch). Bleibt das Buch ein zeitgebundenes Dokument, so ist es der Zweck der Homepage, laufend die neusten, uns wichtig erscheinenden Erkenntnisse zum Thema abrufbereit zu halten.

Das Buch verfolgt das Ziel, dass die Corona-Themen nicht nur als «pro» und «contra» erlebt und diskutiert werden. Stattdessen soll eine Diskussion um die besten Ansätze ermöglicht werden. Die intensiven Gespräche untereinander, die gemeinsamen Analysen, die konstruktiven Auseinandersetzungen mit Vertretern aus allen beteiligten Disziplinen, das Ringen um die Inhalte der Beiträge war ein stimulierendes Erlebnis. Die Herausgeber danken den Autorinnen und Autoren, den Lektorinnen, allen Sparringspartnern und dem Versus Verlag für die gute Zusammenarbeit. Der Dank gilt auch dem persönlichen und familiären Umfeld für dessen Geduld, Interesse und die anspornende Kritik.

Zürich, am 26. Januar 2022
Konstantin Beck, Andreas Kley, Peter Rohner, Pietro Vernazza

Marcel Tanner

Vorwort – Gedanken zum Geleit

Wir sind nicht nur verantwortlich für das, was wir tun,
sondern auch für das, was wir nicht tun. Jean-Baptiste Poquelin, Molière, 1622–1673

Ja, der Elefant steht im Raum – schon lange – und nun gibt es endlich ein Buch, das das Problem, die SARS-CoV-2-Pandemie, nicht nur anspricht, sondern umfassend analysiert, diskutiert und klare Ausblicke für alle Betroffenen schafft. Nur zu gut kennen wir das fernöstliche Gleichnis vom Elefanten, der von einer Gruppe Blinder untersucht wird, um zu erfassen und zu begreifen, worum es sich wirklich handelt. Jeder Beteiligte untersucht einen Körperteil, vom Bein zum Ohr, Stosszahn und Flanke und beim Vergleich der Erfahrungen stellen sie fest, dass diese individuellen Erfahrungen zu oft völlig eigenen und vollständig unterschiedlichen Schlussfolgerungen führen.

Das vorliegende Buch ist keine Illustration dieser Elefantenmetapher. Vielmehr finden wir hier eine Fülle von wissenschaftlich und in der gelebten Pandemiebekämpfung abgestützten Erkenntnissen. Durch evidenzbasierte Public-Health-Kommunikation wird der Elefant gleichsam aus dem Raum getrieben und viele der zu oft dargestellten unterschiedlichen Realitäten werden zu einem klaren Bild zusammengefügt. Wir erleben keine Fragmente, sondern betrachten einen sehr schönen, reich verwobenen Quilt, ein Gesamtbild, das uns Vertrauen schenkt und die nötigen Ein- und Ausblicke gibt.

Wir erkennen in den verschiedenen stimulierenden Beiträgen auch, dass die Vergangenheit vor uns liegt und wir nebst den nötigen, breit abgestützten, inter- und transdisziplinären Analysen auch besser erkennen müssen, woher wir kommen, damit wir wissen, wohin wir gehen. Das heisst, wie wir eine Pandemie angehen und durchstehen, ja leben können. Etwas selektiv möchte ich zum Geleit zentrale Befunde der vorliegenden Analysen erörtern.

Infektionszahlen, Krankheits- und Todesfälle müssen stets in den lokalen und nationalen Public-Health-Kontext gesetzt werden, um die Wirkung von Massnahmen zu verstehen und wie wir gemeinsam voran- und wieder aus der Krise kommen. Nur so vermeiden wir falsche Dualität, wie zum Beispiel der «klassische» Gegensatz von Gesundheit und Wirtschaft, als ginge es hier um Entweder-oder-Entscheide. Die Public-Health-Sicht erfasst stets die Gesellschaft, ihre sozial-politische Anatomie, das soziale Gewebe und damit auch die wirtschaftlichen Dimensionen. Das soziale Gewebe trägt die Wirtschaft und nicht umgekehrt.

Schauen wir uns das Virus, SARS-CoV-2, genauer an, dann verstehen wir, was Zoonosen für unsere Welt bedeuten und wie die Tier- und Menschengesundheit verwoben sind. Von den 1400 bekannten Infektionskrankheiten sind 800 zoonotischer Natur. SARS-CoV-2 ist ein typisches Beispiel eines Spezies-Sprungs mit enormer Dynamik der Ausbreitung und der damit verbundenen Mutations- und Anpassungskraft. Das Wissen über die Herkunft und Übertragungsdynamik des Virus genügt noch nicht, um griffige Interventionsstrategien und Massnahmen zu entwerfen und auf nationalen oder internationalen Ebenen umzusetzen. So haben wir zum Teil schmerzlich lernen müssen, wie wir Heterogenität in der Ausprägung des Virus in Public-Health-Massnahmen umsetzen müssen: (i) Unterschiedliche Virulenz in Bezug auf Alter und Ko-Infektionen und Vorerkrankungungsstatus und damit unterschiedliche Perzeption der Risiken von Infektion und Erkrankung in der Bevölkerung, (ii) die nicht solide, lebenslange Immunität nach Erkrankung oder Impfung gegen SARS-CoV-2, ganz im Gegensatz zu Masern, (iii) verschiedene Übertragungsmöglichkeiten, insbesondere auch durch die relativ spät erkannte Bedeutung der Aerosole, (iv) sozio-kulturelle Dimensionen der Akzeptanz von Massnahmen, um einige Schlüsselthemen, die noch einen hohen Grad der Unsicherheit in sich tragen, zu nennen, obwohl sie die Strategien und Massnahmen bestimmen und wirksam werden lassen.

Überrollt von der Wucht der Pandemie und auch gezeichnet von einem gehörigen Grad des Unwissens mussten Strategien erarbeitet und situationsgerecht wie ländergerecht eingesetzt werden. Und gerade hier zeigte sich, dass wir nicht geübt waren, den Dialog zwischen Wissenschaft, Politik und Gesellschaft im Sinne eines kontinuierlichen Übertragungsriemens wirksam zu leben. Eindrücklich wurde klar, wie entscheidend Kommunikation – nicht Propaganda – ist. Wie sehr also zu jedem Zeitpunkt die Wissenschaft darlegen muss, was man weiss oder eben nicht weiss, und dabei im Sinne der Ethik und Integrität auch stets die vorhandenen Fakten der Gesellschaft zur Verfügung zu stellen hat. Die Wissenschaft muss jederzeit die Fakten und Evidenz aufzeigen, woraus Handlungsoptionen entstehen, ohne aber Vorgaben oder Richtlinien zu formulieren.

Der vorliegende Zwischenhalt dokumentiert – nicht einzig auf den Erfahrungen der SARS-CoV-2-Pandemie bauend –, welches die drei Grundpfeiler einer umfassenden Pandemiebewältigung sind.

1. Nebst dem grossen Thema der Vorbereitung, wozu auch der gesetzliche Rahmen gehört, sind es das Vorhandensein eines funktionierenden Wissenschaftssystems für Forschung sowie Forschung und Entwicklung, das die Entscheidungsgrundlagen für sozialpolitische Entscheide sowie neue Möglichkeiten von Massnahmen liefert.

2. Strategien, die gezielt die Fragen der Heterogenität und Diversität einer Gesellschaft angehen, wie Schutz der Risikogruppen, unterschiedliche geographische Verteilung von Risikolagen, Kultur, Mobilität/Grenzlagen und Struktur und Funktion des Gesundheitssystems. Oberziel der Strategien muss es stets sein, lange, flächendeckende, regionale/nationale Massnahmen zu vermeiden und Übertragungsorte/Ausbrüche rasch zu erkennen und gezielt einzugreifen. Dies verhindert wiederum, dass die Gesellschaft massiv und langdauernd sozial und wirtschaftlich geschwächt wird. Das bedeutet, den für eine wirksame Bekämpfung von Epidemien bewähren Ansatz von «Surveillance-Response» zu praktizieren, das heisst, mit den minimal nötigen (nicht maximal möglichen) Daten in Raum und Zeit zu erkennen, wo wir wie intervenieren müssen. Diese Systeme von Surveillance-Response waren und sind noch immer nahezu inexistent und müssen erst noch etabliert und validiert werden – nicht nur für die Schweiz, sondern global, wenn wir für nächste epi- wie pandemische Ereignisse besser gewappnet sein wollen.

3. Die Prozesse der Planung und Zusammenarbeit müssen definiert sein, damit sie auch kohärent und konsequent umgesetzt werden können. Es beginnt mit definierten Zielvorstellungen der Gesamtstrategie in einem Public-Health-Kontext und geht über eine klare Verteilung von Rollen und Verantwortungen bis hin zur Kommunikation. Im Zentrum der Herausforderungen stehen (i) der Prozess zur Formulierung einer nationalen Strategie in einem föderalistischen System, (ii) das Identifizieren der Risikobereiche und das rasche Identifizieren von Ausbruchsherden inklusive Kontaktverfolgen, (iii) die kontinuierliche Evaluation der lancierten Interventionen ebenfalls im Sinne eines Surveillance-Response-Ansatzes, (iv) der Übertragungsriemen des Dialogs und Kommunikation von der Wissenschaft zur Politik und Gesellschaft und schliesslich (v) die entsprechenden gesetzlichen Möglichkeiten und Grundlagen.

Ich hoffe, dass diese vielen wertvollen Beiträge bei der Leserin und dem Leser nicht zu völlig eigenen und vollständig unterschiedlichen Schlussfolgerungen führen, sondern dass das Leseerlebnis dazu führt, die Fakten zu einem Prozess zu verdichten, damit wir Epidemien und Pandemien stets als Herausforderung sehen, wissenschaftlich systemisch und transdisziplinär zu arbeiten. So könnten wir auf der sozialpolitischen Ebene mit klaren Zielvorstellungen vorhandene technisch wie sozial und wirtschaftlich mögliche Interventionen und Massnahmen auf der Basis von ethisch fundierten Güterabwägungen im Dienste der Gesellschaft einsetzen. Dieser Prozess des Dialogs einer evidenzbasierten Public-Health-Kommunikation und Entscheidungsfindung kann auch dazu führen, dass wir uns auf allen Ebenen, nicht nur in der Wissenschaft und Politik, wieder respektvoller begegnen und dass das Vertrauen des Miteinanders entscheidend gestärkt wird.

Ich gratuliere den Herausgebern und allen Autoren zu diesen beeindruckend verwobenen Beiträgen und wünsche den Leser*innen eine anregende, erfüllende sowie Ein- wie Ausblicke schaffende Lektüre.

Bildnachweis zu Seite 11:
Blind men and an elephant, 1907, From *The Heath readers by grades*, D.C. Heath and Company (Boston), p. 69, File:Blind men and elephant4.jpg. (2021, June 4). Wikimedia Commons, the free media repository. Retrieved 14:42, February 4, 2022 from https://commons.wikimedia.org/w/index.php?title=File:Blind_men_and_elephant4.jpg&oldid=567079077.

1

Ludwig Hasler

Die Macht der «Hintergedanken»

Philosophische Notizen

Es gab schon philosophischere Zeiten. Die Gegenwart gehört den Experten, Wissenschaftlerinnen, Pragmatikern. Durchs Philosophieren fühlen sie sich eher gestört. Mit Grund. Philosophie ist so etwas wie die Agentur für letzte Fragen: Woher kommen wir? Wohin gehen wir? Was sollen wir? Typisch für diese Fragen ist: Glasklar sind sie nie zu beantworten. Also könnten wir das Philosophieren als intellektuellen Luxus betrachten, als Zeitverschwendung gar – hätten diese letzten Fragen nicht eine weitere Spezialität: Sie warten nicht darauf, gestellt zu werden, wir alle haben sie immer schon beantwortet, ganz praktisch und stillschweigend, ohne gross nachzudenken, einfach durch die Art, wie wir handeln, reden, träumen.

Wenn der Bundesrat verkündet, «jeder Tote» sei «einer zu viel», wenn sich alle einig scheinen in der Devise «Hauptsache gesund!», wenn Trychler für «Freiheit» durch die Strassen ziehen, wenn Leitartiklerinnen rituell versichern, «Impfzwang» dürfe auf keinen Fall sein: Dann sind dies alles Antworten auf letzte Fragen – nach der Endlichkeit der Menschenexistenz, nach dem Sinn des Lebens, nach dem Verständnis von Freiheit, nach dem Verhältnis zwischen Ego und Gesellschaft. Solche (impliziten) Antworten wirken als «Hintergedanken» in unseren Köpfen, sie formen unsere Haltungen, leiten unser Handeln. In Streitsachen der Pandemie machen sie sich als «Meinung» geltend, als subkutanes «Gefühl fürs Richtige», als intuitives Wissen, das sich den Befunden und Argumenten der Experten überlegen fühlt.

Im alltäglichen Normalfall stört es selten, wenn solche «Hintergedanken» auseinanderlaufen; das regeln Markt und plurale Gesellschaft. Im Krisenfall jedoch kann ihre Diversität die Krise vertiefen oder verlängern – und zwar für alle. Für einen gemeinsamen Weg aus der Krise müssen wir – wohl oder übel – unsere Hintergedanken nach vorn holen, sie bei Licht besichtigen, nach allen Seiten drehen, sie diskutieren, also zerzausen, um uns auf ein paar Grundsätze gemeinsamer Vordergedanken zu einigen. So wie das auf allerlei Berufsfeldern längst üblich ist: Eine Lehrerin etwa, die Kinder körperlich straft, kann nicht geltend machen, sie habe halt ihr eigenes Menschenbild, man solle gefälligst ihre persönliche Entscheidung respektieren und keinen Druck machen. Doch, da macht die Gesellschaft Druck, weil das Erziehen von Kindern nicht ins Belieben persönlichen Meinens gehört, sondern gesellschaftlich geklärten Leitbildern genügen muss. Und so könnte es sein, dass auch mein Verhalten in Krisen nicht nur mich etwas angeht, sondern dass ich als Mitglied der Gesellschaft taugen muss. Und schon sind wir am Philosophieren – über Individuum und Gesellschaft, Freiheit und Druck, Leben und Tod.

Insofern ist die Philosophie ein Störenfried. Indem sie Fragen aufwirft, bricht sie das stillschweigende Einverständnis, stört die Macht der Hintergedanken mit den fixen Bildern vom Leben, vom Menschen, von Gesellschaft. Sie versucht, Hintergedanken in Ideen zu verwandeln, über die wir uns unterhalten können. Da Ideen jedoch von ganz anderer Währung sind als Fakten, lassen sie sich wissenschaftlich nie erhärten – allerdings auch nicht widerlegen. Darin steckt die Schwachstelle der Debatte mit Experten und Spezialistinnen. Ideen sind Herzensangelegenheiten und Kopfgeburten, es gibt für sie keinen Faktencheck. Ideen nähren sich nicht von Daten, Zahlen, Infos – umgekehrt: Sie entscheiden, wie wir all das deuten und managen. Wollen wir uns über sie verständigen, müssen wir philosophieren.

Sokrates fand, philosophieren heisse nicht, Weisheiten in die Leute stopfen, Philosophie sei eine «Hebammenkunst», geburtshelferisch beim Selberdenken tätig. Das gefällt mir. Und so reihe ich eine Handvoll alltagsphilosophischer Überlegungen aneinander, mehr rhapsodisch als systematisch, ohne es besser wissen zu wollen.

1 Woher die Gereiztheit? Schwächt eine geistige Infektion unsere Resilienz?

Warum sind wir so auffällig gereizt, warum sind so viele dauerempört, manche bis zur Gewalttätigkeit aggressiv? An den materiellen Umständen allein kann es nicht liegen, die meisten hier leben trotz Einschränkungen nach wie vor prima, die Wirtschaft hat sich erstaunlich rasch und kräftig erholt, die Organisationen der Gesundheitspflege arbeiten noch unter Stress famos. Es muss also eine «geistige» Infektion im Spiel sein, eine mentale Irritation, die unser Nervensystem stört, unsere Resilienz schwächt. Ich vermute: Das klassische Orientierungssystem der Moderne lässt uns im Stich. Irgendwie nehmen wir wahr: Corona wird nicht bloss ein dunkles Intermezzo bleiben, es bildet eher den ersten Akt eines neuen Welttheaters. Das würde bedeuten: Wenn die Krise demnächst verduftet, werden wir uns nicht in der Normalität von zuvor finden. Das wittern wir irgendwie, so wie Tiere Erdbeben voraus riechen. Wir wittern: Es gibt kein «Weiter so». Die Rationalität der klassischen Moderne greift nicht mehr. Die Dramaturgie unseres vertrauten Theaters schwächelt. Doch wo ist eine neue? Wir ahnen bloss: Es kann mühsam werden, wie jeder Abschied von Vertrautem, wie jeder Aufbruch ins Ungewohnte.

Brauchen wir überhaupt ein neues Theater? Menschen sind seltsame Vögel. Philosophen reden von «exzentrischen» Lebewesen: Unser Zentrum haben wir nicht in uns, wir müssen aus uns hinaus, um in Form zu kommen, wir müssen hinein in Erzählungen, in Geschichten, die wir mit andern entwickeln, gestalten, vorantreiben. Bis ins 18. Jahrhundert waren diese Geschichten religiös verfasst, das irdische Welttheater spielte mit im kosmischen Drama zwischen den Mächten des Guten oben und den Mächten des Bösen unten. Darin fand jeder und jede einen Platz, wurde Akteur, wie winzig auch immer, und alles bekam – mit Blick aufs Ganze – seine Bedeutung. Vor etwa 250 Jahren begann ein anderer Mythos, die Erzählung der Moderne. Der Mensch, nicht mehr Zwischenfall höherer Mächte, macht sich auf als Homo Faber. Fortschritt statt Gott. Es geht irdisch vorwärts, dank Vernunft und Technik werden wir immer freier, reicher, sicherer, gesünder. Vor Corona waren wir optimistisch: Ein paar Retuschen noch, Vaterschaftsurlaub, Velostreifen etc. – und wir kommen oben auf dem Berg an: Wohlstand gesichert, Gesundheit garantiert, Schicksal abgeschafft.

Corona holte uns herunter vom Fortschrittsoptimismus. Nein, der Wohlstand ist nicht gesichert, die Gesundheit nicht garantiert, das Schicksal nicht abgeschafft. Wissenschaft und Politik wirken überfordert, appellieren an die Vernunft. Welche Vernunft? Die Wachstums-Rationalität scheint angeschlagen, die Steigerungslogik der Moderne kippt. Überall erscheint die Ambivalenz des Fortschritts: Mobilität gerät in Stau, Freiheit unter Kontrolle, Konsum in Überdruss – und dies im Horizont von Klimawandel, Digitalisierung, Migration, Globalisierung. Es geht uns famos – doch dahinter drängt die Frage: Ist das nun die helle, die freie Welt der aufgeklärten Vernunft? Und der Verdacht: Ist das noch *meine* Welt – oder vielmehr die der Experten, der Unterhaltungsmaschine, der Tech-Giganten? Warum sonst werden ausgerechnet bei uns mehr Antidepressiva eingeworfen als anderswo, sind mehr Psychiater im Einsatz, fallen mehr Leute ins Burn-out?

Neu ist das alles nicht. Bloss dämmert es nun manchen, jetzt, da Corona unsere Routinen ausgesetzt und uns kurz in einen Schwebezustand versetzt hat: Die Welt dreht sich nicht nach unserem Kopf, ja, es kann passieren, dass wir den Boden unter den Füssen verlieren. Diese Erfahrung könnte die Gereiztheit erklären, die unmöglich allein aus dem Impf-Theater entspringen kann. Reagieren lässt sich darauf unterschiedlich. Die einen probieren es mit Trotz. Man achte bloss auf die Aggressivität im Strassenverkehr. Kein «Weiter so»? Nicht mit mir, ich lass mir den Spass nicht verderben, ich rüste automobil erst recht auf, ich kann mir den mächtigsten Jeep leisten, darin bin ich sicher vor der Welt.

Was nach Verzicht schmeckt, kommt schlecht an. Selbst wenn einleuchtet, dass die Steigerungslogik der Moderne sich selber auffrisst – was dann? Uns fehlen Bilder einer Zukunft, die anders tickt. Bilder, Erzählungen, bei denen wir sagen könnten: Oh ja, toll, da will ich hin, das bringt uns voran, da mach ich mit! Bilder einer Welt, die das Wachstum nach innen lenkt statt wie bisher nach aussen treibt. Bilder eines Lebens, das auf Intensität aus ist, nicht länger auf Expansion. Bilder einer Existenz, die es mit der eigenen Endlichkeit aushält. Die Kunst wäre: Den vermeintlichen Verzicht in Lebensgewinn verwandeln.

2 Jeder Tote ist einer zu viel? Ein Leben ohne Tod wäre tödlich.

«Im Grunde glaubt niemand an den eigenen Tod», sagte Sigmund Freud. Also leben wir gern so, als lebten wir ewig. Es sterben eh stets die andern. Auch in seuchenfreien Zeiten sind es in der Schweiz monatlich gegen 1200 Menschen über 65, die waren halt krank, alt, das ist normal, das passiert meist im Schatten der gesellschaftlichen Aufmerksamkeit. Mit Covid-19 wurde das Sterben öffentlich. Alle können drankommen, deren Immunkräfte schwinden (wer weiss das schon so genau?). Wer über 80 ist, rechnet klugerweise ohnehin mit dem Tod, es gibt in der Schweiz 450 000 in dieser Risikoklasse, viele von ihnen sind längst nicht mehr gesund, ohne ausgeklügelte Medizin wären sie tot. Doch eben weil Medizin unsere Aufenthaltsfrist so erfolgreich verlängert, ist der Tod nicht mehr Schicksal, er darf nicht passieren – und falls er doch passiert, hat jemand versagt, die Ärzte, die Politik, die Gesellschaft.

Ich, 77, mit angeschlagener Lunge, bin nicht lebensmüde, der Tod käme mir ungelegen. Zu klagen hätte ich trotzdem nichts. Blieb mir etwas vorenthalten? Muss ich dringend etwas nachholen? Gutmachen? Nicht dass ich wüsste. Habe ich noch zu wenig gelesen, gedacht, Wein getrunken? Zu wenig geliebt, zu wenig geirrt, mich noch nicht genug verwandelt? Können wir nicht sterben, weil wir in der säkularisierten Gesellschaft nichts haben, was über den Tod hinausweist? Weil der Tod nicht Durchgang ist, seit wir in einer metaphysischen Obdachlosigkeit leben, sondern Endstation?

Die sogenannt letzten Fragen (woher kommen wir, wohin gehen wir?) sind heute nicht mehr gross im Spiel. Antworten kennen wir ohnehin keine (ich auch nicht). Wir leben dahin, als gäbe es gar keine Fragen, wenn es ums Letzte geht. Schluss ist Schluss – fragt sich nur: Wie lange noch nicht? Korrekterweise dürfte der Tod gar nie eintreten, weil dann definitiv Schluss ist mit mir, und ich bin mir nicht nur der Nächste, ich bin mir das Wichtigste, das Zentrum meiner Welt, daran haben wir uns im Laufe der Moderne gewöhnt. Wenn es aber für mich nichts Bedeutenderes gibt als mich selbst, dann habe ich im Alter schlechte Aussichten. Medizin und Bundesrat mögen alles tun, damit ich noch eine Runde anhängen darf: Das Ich bleibt endlich, es schrumpft, es serbelt, es ist – letztlich – nicht zu retten.

Nein, keine Osterpredigt. Nur schwer stelle ich mir (meine) Auferstehung vor, die Ewigkeit danach erst recht. Dass aber der Tod einfach Päng macht – und danach ist nichts, damit müssen wir erst zurechtkommen. In allen Kulturen bisher war das Alter keine Endstation und das Sterben kein Schlusspunkt, sondern ein Zwischenereignis, Übergang von der endlichen Existenz in eine andere, unbekannte. Darum war die Dauer des irdischen Aufenthaltes eher nebensächlich; Hauptsache, man hatte gute Karten für das Reich der Ahnen, für Walhall, fürs Paradies, für den Himmel. Kindermärchen? Stets auch die Hoffnung, es gebe noch etwas Grösseres als unseren irdischen Betrieb. Die Erinnerung daran, dass es mehr Leben gibt, als wir gerade leben, geheimnisvolle Quellen der Kraft, der Lust, des Rätsels, des Rausches, der Stille, der Schönheit. So konnte sich dem Alter eine Dimension eröffnen, gegen die jede Kreuzfahrt bieder wirkt. Das alternde Ich kam ins Gespräch mit der grossen Kolonie der Unsichtbaren, die uns beobachten, vielleicht erwarten. Keine Kultur ohne das Gespräch mit den Toten, ohne rituelle Verbindung mit den Abwesenden, Abgetretenen. Schon mal da anklopfen, wo wir selber demnächst uns finden werden. Eine Antenne für Transzendenz ausfahren.

So war es für meine Grosseltern, vielleicht auch noch für meine Eltern. Und heute? Wer unterhält noch ein Verhältnis zum Unsichtbaren? Wem ist es egal? Wer vermisst es? Können wir gelassen alt werden ohne das Unsichtbare? Können wir – mit Epikur – sagen: «Das schauerlichste Übel, der Tod, geht uns nichts an; denn solange wir existieren, ist der Tod nicht da, und wenn der Tod da ist, existieren wir nicht mehr.» Tönt logisch, auch beruhigend. Bloss sah Epikur unsere Reaktion nicht voraus: Gerade weil wir im Tod nicht mehr existieren, fahren wir gegen Tod stets gröbere Geschütze auf, damit wir am Existieren bleiben. Ohne metaphysische Dimension kann altern anstrengend werden.

Mit dem Virus erst recht. Es setzt genau das ausser Kraft, was wir dem Tod entgegensetzen: unsere Kontrollvernunft, unser Aufgebot gegen das Schicksal, namentlich die medizinische Kunst. Gegen den Tod bleibt sie letztlich ohnmächtig, das mussten wir schon bisher einräumen. Immerhin stärkte sie den Glauben, wir könnten unser Sterben steuern. Den Krebs «besiegt» die Medizin keineswegs, den Krebstod schiebt sie jedoch stets erfolgreicher hinaus: Heute sterben mehr Menschen mit Krebs als an ihm. Dito Diabetes, Herz- und Lungenleiden. In dieser Phase des Todesaufschubs hängen wir allerdings an Pharma und Spezialmedizin, die eigene Immunabwehr taugt nicht mehr viel. Genau da schlägt Covid-19 ein, trifft die Immunschwachen – und damit unsere Hoffnung auf steuerbares Sterben.

Sterben ist wieder geworden, was es immer war: Schicksal. Das fällt leichter mit einer Perspektive über mich hinaus. Bin ich mir selbst das Zentrum meiner Welt, kann ich schlecht sterben, da mit mir ja alles verschwindet, woran mir liegt. Der hartnäckigste Gegner gutgelaunten Alterns und tröstlichen Sterbens ist die Feindschaft gegen die eigene Endlichkeit. Als wäre ein Leben ohne Tod nicht vollends tödlich. Um dies einzusehen, müssten wir uns nur den Wahnsinn der Unendlichkeit vergegenwärtigen. Am einfachsten mit «Tous les hommes sont mortels», dem Roman von Simone de Beauvoir. Die Hauptfigur, Signor Fosca, trank zufällig ein Lebenselixier und ist seither prompt unsterblich. Gleichzeitig büsst er die Fähigkeit ein, am Leben teilzunehmen, zu lieben, zu hassen, zu kämpfen, von andern geliebt, geachtet, beneidet zu werden. Als Freund geschätzt, als Rivale bekämpft zu werden. Als ihm ein früherer Freund gesteht, er wäre gern unsterblich, er würde dann gewiss die Durchfahrt nach China finden, entgegnet ihm Fosca: «Nein, bald würdest du dich nicht mehr für China interessieren, du würdest dich für gar nichts interessieren, weil du allein wärst auf dieser Welt. Nie hatte ich einen Freund, alle haben mich immer wie einen Fremden betrachtet oder wie einen Toten.»

Der Unsterbliche lebt unter Sterblichen wie ein Toter. Für den, der nie sterben wird, verliert alles menschliche Tun und Lassen seinen Sinn. Nichts hat für ihn Gewicht – keine Tapferkeit und keine Feigheit, keine Leidenschaft und keine Gleichgültigkeit. Angesichts der Unendlichkeit seiner Lebensspanne wird alles nichtig. Kurz: Das Leben ohne den Tod wäre tödlich.

3 Hauptsache gesund? Das soll unser höchstes, unser letztes Lebensziel sein?

«Bleiben Sie gesund!» Bei jedem Adieu, nach jeder E-Mail, sogar nach Radio- und TV-Sendungen permanent der Refrain: «Und vor allem: Bliibed Sie gsund!» Vor allem? Ist das ein Befehl? Ungesund sein verboten? Hauptsache gesund?

Dazu zwei kurze Pamphlete: 1. Nein, Gesundheit ist nicht die Hauptsache. 2. Nein, Gesundheit ist nicht als Separatgut zu hätscheln.

Erstens. Gesundheit ist nicht die Hauptsache. Ich halte den Leitspruch für das grösste Spiesser-Motto aller Zeiten. Seit wann sollen wir denn auf der Welt sein, bloss um gesund zu bleiben? Einfach um noch länger dazubleiben – egal in welcher Rolle? Und sonst ist nichts wirklich wichtig? Nicht, dass wir schlau sind und kreativ und tatkräftig und lustig und charmant und hilfreich? All das ist Nebensache – Hauptsache gesund? Das ist doch richtig dekadent. Und armselig egozentrisch: Hauptsache, ich bleibe erhalten, mein Körper übersteht die nächste Runde, und dann noch eine und noch eine.

So schildert Ödön von Horváth in seinem ersten Roman den «ewigen Spiesser», als hypochondrischen Egoisten, der sich überall anpasst, der nichts will als davonkommen, der diesem Davonkommen alles opfert, Widerständen ausweicht, Verführungen ins Leere laufen lässt. Natürlich ist Gesundheit eine unendlich wichtige Bedingung für alle möglichen Zwecke, aber Selbstzweck? Bereits Plato erkannte: Sich ständig um seine Gesundheit zu sorgen ist auch eine Krankheit. Es läuft tatsächlich so. Der Harvard-Psychiater Arthur Barsky brachte es bereits 1988 auf den Begriff «Gesundheits-Paradox»: Wir leben immer gesünder – und fühlen uns immer kränker. Wir stopfen bald 100 Milliarden in unsere Gesundheit – und liegen umso fleissiger flach. Wir achten peinlich auf Hygiene – und schleichen bald alle als Allergiker herum. Vier von zehn in diesem glücklichen Land fühlen sich «erschöpft». Wovon eigentlich? Absolute Weltspitze sind wir in Psychiatriedichte. Wir leben stets komfortabler – und fallen reihenweise ins Burn-out, lassen uns «krankschreiben», werfen Antidepressiva ein.

Nein, Gesundheit ist nicht die Hauptsache. Die Hauptsache wäre: eine Antwort auf die Frage Wozu? Ein Ziel. So etwas wie Sinn. Etwas, das uns ermutigt, anzieht, kräftigt, animiert, tröstet, erheitert.

Zweitens. Gesundheit ist nicht als Separatgut zu hätscheln. Erinnern Sie sich, wie Sie verliebt waren, so richtig kopflos? Dachten Sie da an Ihre Gesundheit? Ich nicht, ich lebte total ungesund, ich ass nicht, schlief nicht, trank zu viel, rauchte dauernd – und fühlte mich bärenstark.

Ergo: Vergesst die Gesundheit, verliebt euch! Lässt sich leider nicht zur Regel machen. Aber klar wird: Gesundheit ist nichts für sich, eher eine Beigabe der Art, wie wir leben. Wir sind doch kein Reservoir mit fixer Energie. Wir gleichen eher dem Dynamo, der sich auflädt, wo er sich verausgabt. Vorausgesetzt, wir finden, es lohnt sich, wofür wir uns einsetzen.

Gegen Ende des Lebens haben wir eh nur noch den Film unserer Vita. Und? Hat er was zu bieten? Auflehnung, Drama, Absturz, überwältigende Menschlichkeit? «Ich bedaure einzig, zu wenig gesündigt zu haben», sagte Margarete Mitscherlich, als sie 92 wurde. Die grosse alte Dame der deutschen Psychoanalyse sah das so: Niemand könne im Alter stolz darauf sein, allen Verführungen aus dem Weg gegangen, allen Widerständen glimpflich ausgewichen zu sein. Wer will schon bloss über die Runden gekommen sein – im Status Schontyp? Möchten wir nicht alle eine Geschichte hinter uns haben, wenn wir schon keine mehr vor uns haben? Eine Geschichte, in der wir Akteure sind, nicht bloss Funktionäre? So könnten wir am Ende vielleicht heiter zurückblicken: Wir haben unser Leben mit Leidenschaft geführt, nicht bloss mit Fachkompetenz verwaltet.

Seit mein Buch «Für ein Alter, das noch was vorhat» kursiert, werde ich häufig gefragt: Glauben Sie denn an ein Leben nach dem Tod? Klar, sage ich meist, es muss ja nicht mein eigenes sein. Ganz im Sinne Bert Brechts, der am Vorabend seines Todes notierte: «Schon seit geraumer Zeit / Hatte ich keine Todesfurcht mehr. Da ja nichts / Mir fehlen kann, vorausgesetzt / Ich selber fehle. Jetzt / Gelang es mir, mich zu freuen / Alles Amselsanges nach mir auch.»

Gesund bleiben? Am Leben dranbleiben. Am Leben um mich herum teilnehmen. Verschwenden wir unsere restlichen Kräfte an eine Zukunft, auch wenn sie nicht mehr unsere sein wird. An eine Zukunft, die uns überdauern wird. Darin liegt der grosse Trost. Er kann uns sogar gesund halten.

4 Regt Corona den Appetit auf Arbeit an? Als Privatbetrieb taugt Leben nicht.

Meine Nachbarn sind sogenannte Fachkräfte. Architektin, Informatiker, Marketingprofi. Können alle prima zu Hause arbeiten, die Wohnungen sind geräumig, die Kühlschränke gefüllt, Netflix abonniert. Es fehlt ihnen nichts, sie «haben es schön», wie man so sagt.

Warum ging denn nach wenigen Wochen Homeoffice das Klagen los? Nein, sie vermissten nicht die Safari in Botswana. Nicht einmal das Schwingfest. Sie vermissten die Kollegen! Den Alltag im Büro, im Labor, auf dem Bau, die Unterhaltung bei der Pizza am Mittag. Zuvor hatten sie von ihren Wochenenden erzählt, von Reisen, vom Urlaub. Jetzt sehnten sie sich nach dem ganz normalen Werktag, den Kolleginnen, den Kunden. Der Arbeit.

Ausgerechnet das Homeoffice, für viele das Versprechen der Befreiung von betrieblicher Bevormundung, macht uns bewusst: Nur als Privatbetrieb taugt das Leben nicht – und mag es noch so feudal ausgestattet sein. Der Mensch ist ein soziales Wesen. Wir mögen individuell und familiär noch so gut drauf sein – so richtig Sinn gewinnen wir, wenn wir zusammen mit andern etwas unternehmen. Ohne die andern liegen wir abends zwar prächtig auf der Couch, die Serie «The Crown» vor Augen, den Rotwein zur Hand – und fragen uns doch irgendwann: Was ist noch los mit mir, wenn keiner sich über mich ärgert oder freut? Was mache ich mit meinem Verstand, wenn ich nicht spontan Angriffe parieren muss? Bin ich noch auf der Welt, wenn ich mich über keinen Kollegen aufregen kann? Was wird aus meinen Talenten, wenn sie nicht an einer gemeinsamen Sache wachsen können?

Was wir «Arbeit» nennen, bietet viel mehr als einen Job: ein soziales Biotop. Klar, auch privat und familiär sind wir mit andern zusammen, allerdings mit unseresgleichen, mit Geliebten, Freunden, und sie bestätigen uns, was an uns sympathisch ist, sie mögen unsere charmanten Seiten. Beruflich verkehren wir mit dem ganzen Menschenzoo, mit Lustigen, Kotzbrocken, Schlauen, Knorrigen, Weitsichtigen. Die ideale Kombination, nicht in mir stecken zu bleiben, mitzuwirken an etwas, das über mich hinausreicht, an etwas Gemeinsamem, das ich solo nie stemmen könnte und das mehr im Sinn ergibt als mein Wohlbehagen.

Wie es die Legende von den drei Steinhauern sagt. Jeder wird gefragt: Was machst du da? Der erste antwortet: Ich haue Steine. Der zweite: Ich verdiene mein Geld. Der dritte aber sagt: Ich baue mit an der wunderbaren neuen Kathedrale unserer Stadt. Die Kathedrale als Chiffre, als Zeichen für Sinnhaftigkeit des Unternehmens. Sinn beginnt, wo ich auch für andere eine Bedeutung habe. Und wo finde ich das am einfachsten? In der Arbeit.

Dumm nur, dass nicht jede Arbeit nach Sinn riecht? Warum sonst gäben vier von fünf Beschäftigten gemäss der jährlichen Gallup-Umfrage an, nichts als «Dienst nach Vorschrift» zu leisten? Sie schaffen es nicht, die Arbeit zu ihrer Sache zu machen. Oder ändert sich das – jetzt, wo Selbstverwirklichung nicht mehr ohne weiteres auf Safaris und Partys zu finden ist?

P. S. Soeben lese ich: Beinahe zwei von fünf Angestellten in der Schweiz ziehen einen Jobwechsel in Erwägung. Die Corona-Krise lässt viele ihre berufliche Routine auf deren Sinn abklopfen – auch manche Führungskräfte. Die NZZ porträtiert einen Kadermann der Werbebranche, der zum Mitarbeiter in einem Hilfswerk wird, weil er – wie manche andere – «etwas Soziales» machen will, etwas, das augenscheinlich «sinnstiftend» ist. Nun kennen wir alle die Notiz von Sigmund Freud: Wer nach Sinn suche, sei offenkundig krank. Vielleicht könnten wir uns auf eine gar nicht so nebulöse Version von Sinn einigen: Im praktischen Leben könnte Sinn heissen, mit dem, was ich will und tue, eine Bedeutung auch für andere zu haben. Nicht nur für mich. Womit die «Ich, ich, ich»-Lebensmaxime kippte – und zwar nicht aus moralischer Pflicht, eher aus der Erfahrung von Lebensgewinn. Weil es gute Laune bringt, auch für andere eine Bedeutung zu haben.

5 Der Wilde und das Recht auf Unglück. Trychle vs. Argumente

Ich bin 77, wie gesagt, mit havarierter Lunge. Sogenannt vulnerabel. Zu Beginn des Lockdowns dachte ich: Verdiene ich diesen totalen Schutz? Läden zu, Schulen dicht, Leben einfrieren? Hauptsache, ich überlebe das Virus? Muss ich zum Dank nun mindestens 120 werden? Und falls ich nächstes Jahr sterbe? Wäre auch okay? Bloss nicht am Virus?

In einem Interview im «Sonntagsblick» redeten wir übers Sterben. Darüber, dass wir uns besser damit anfreunden, dass wir letztlich nicht zu retten sind. Sterben ist normal. Wir alle sind demnächst tot, 100 Prozent. Es mag Virologen beleidigen, wenn ich am Virus sterbe. Gegen die Menschenwürde wäre es trotzdem nicht. Der Skandal ist nicht der Tod, der Skandal ist ein würdeloses Sterben – und ein verpasstes Leben. So argumentierte ich. Das Echo war enorm. Tendenz zustimmend.

Öffentlich dominiert ein anderes Weltbild. Durch viele Köpfe (politische, journalistische) geistert ein neuer Aberglaube: Wir könnten eine Pandemie durchmachen, ohne dass «etwas passiert». Also ohne dass jemand daran stirbt. Und falls doch jemand stirbt, hat die Politik versagt, sie hatte nicht den Mut zu drastischen «Massnahmen». Oder manche Leute kuschen einfach nicht (Partyvolk, Skifahrer). Es ist der Glaube, jeder Virus liesse sich – mit gutem Willen, bei entschlossener Regierung – unter Kontrolle bringen.

Ziemlich weltfremd. Bald zwei Jahre stecken wir im Schlamassel – und noch wissen wir erbärmlich wenig. Wo genau stecken wir uns an? Wer wird krass krank? Und warum? Oder: Warum nicht? Auch die Wissenschaft hat mehr Fragen als Antworten. Ist sogar ihr Job, also keine Schande. Nur taugen dann ihre Experten nicht als Orakel, dem die Politik an den Lippen hängen soll. Politik ist keine Wissenschaft, eher eine Kunst: die Kunst der Balance zwischen Sicherheit und Freiheit. Wer heute fordert, es dürfe «nichts passieren», ruiniert die Balance, setzt Sicherheit absolut. Mit dem Effekt: Es passiert buchstäblich nichts mehr. Das Leben steht still, todsicher.

Kennen Sie Aldous Huxleys «Schöne neue Welt»? Da entscheidet sich eine Gesellschaft radikal für Glück und Gesundheit – und gegen Freiheit. Freiheit habe nichts gebracht als Drama, Unruhe, also weg mit ihr, her mit dem Wohlbefinden, garantiert dank Staat, Hightech, Pharma. «Die Menschen sind glücklich, sie bekommen, was sie begehren, und sie begehren nichts, was sie nicht bekommen können. Es geht ihnen gut, sie sind geborgen, immer gesund, haben keine Angst vor dem Tod. Leidenschaft und Alter sind diesen Glücklichen unbekannt.»

Im Roman rebelliert der letzte Leidenschaftliche, «der Wilde», gegen die Glücksdiktatur. «Ich will Freiheit», sagt der Wilde. «Wir nicht», versetzt der Weltregent, «uns ist Wohlbefinden lieber». «Ich brauche kein Wohlbefinden. Ich will wirkliche Gefahren und Freiheit und Tugend. Ich will Sünde.» «Kurzum», sagt der Regent, «Sie fordern das Recht auf Unglück». «Gut denn», erwidert der Wilde, «ich fordere das Recht auf Unglück».

Der Wilde gegen die Systemrationalität – steckt diese Dramaturgie auch hinter dem Streit zwischen Geimpften und Ungeimpften, hinter der befürchteten «Spaltung der Gesellschaft»? Die Abwehr von Impfaufrufen erschliesst sich mir in ihrer Heftigkeit erst, wenn ich sie vermischt sehe mit einem allgemeinen Unbehagen: mit dem zumindest latenten Eindruck, «bevormundet» zu werden von Medien, Regierungen, Experten, die vermeintlich besser zu wissen glauben, wie «vernünftig» zu leben sei, und dabei eine «Vernunft» beanspruchen, die in andern Milieus als Vernunft für bestimmte Interessen gesehen wird und eher als Versuch zur Disziplinierung wahrgenommen wird. Zusammen mit der Enttäuschung über eine Moderne, deren Verheissungen (mehr Freiheit, mehr Wohlstand, mehr Mobilität) absehbar ins Gegenteil kippen (Einschränkung, Verzicht), entsteht eine Verbitterung, die sich ähnlich pauschal gegen eine «Systemrationalität» richtet wie der Wilde gegen die «schöne neue Welt».

Falls ich mich mit solchen Assoziationen nicht zu weit vom Boden der Tatsachen entferne, wundert man sich etwas weniger, wenn sich «Freiheit» in aktuell militanten Versionen auf nichts kapriziert als das trotzige «Ich will» oder «Ich will nicht». Sie verweigert sich komplett der rationalen Ansprache, die sie mit Trychlen noch demonstrativ überdröhnt. Ist es denn falsch, bei manchen Protesten auf «Irrationalität» und «Egotrip» zu tippen? Nein. Es bringt uns nur nicht weiter. Bewegung beginnt, wo wir noch in der scheinbaren Irrationalität die «Hintergedanken» als andere Rationalität suchen – und vielleicht anerkennen.

***

Mit Philosophieren kommt man an kein Ende. Schluss muss trotzdem sein. Der Wilde und das Recht auf Unglück, an diesem Kapitel wird definitiv klar: Der Dauerappell, doch bitte zu informieren statt zu bedrängen, aufzuklären statt zu spalten, tönt so hohl wie das Gedröhne der Trychlen. Dass manche Menschen mit rationalen Argumenten nicht zu erreichen sind, war schon immer so. Mich erstaunt mehr die Fassungslosigkeit, mit der Regierungsleute und Journalisten das konstatieren, die berufshalber mit Argumenten hantieren. Für andere geht diese «Rationalität» halt nicht mehr auf, sie empfinden sie als Schikane und Kontrolle, nicht als Lebensgewinn. So kollidieren dann «Argumente» mit «Hintergedanken», die aus alten Geschichten oder Mythen stammen, und die Freiheit, die sie meinen, bemüht sich nicht um Plausibilität von Begründungen, sie fühlt sich existenziell hinreichend begründet. Im Zweifelsfall sieht sie im Expertenwissen mit Fakten, Daten, Statistiken nicht die hilfreiche Offerte, eher den unfreundlichen Versuch, die eigenen Werte wegzurationalisieren.

Eine Freiheit, die nicht mit sich reden lässt? Ein Fall für Philosophie? Ein Härtetest, klar. Doch anders als die vernunftgläubige Wissenschaft, die stets voraussetzt, was sie erzeugen soll, nämlich rationale Bereitschaft, rechnet Philosophie mit der Vernunftwiderspenstigkeit der Menschen. Darum belehrt sie nicht, macht lieber auf Hebammenkunst. Vertraut auf Geburt. Akzeptiert die Marotten der Eltern.

2

Andreas Kley

Demokratie im Coronazeitalter

Was ist Demokratie?

Die Demokratie ist – wie das schon der griechische Name sagt – eine Herrschaftsform und nicht etwa Anarchie. Auch in der Demokratie herrschen Menschen über Menschen. Sie haben aber den demokratischen Willen des Staates auszuführen. Dieser beruht auf «Regeln, die bestimmen, wie dieser Wille entstehen soll»[1]. Alle Mitglieder der politischen Gemeinschaft haben die gleiche Chance, auf Zeit politische Ämter zu erhalten, und ihre Stimme zählt in den Verfahren der Mehrheitsfindung gleich viel. Demokratie ermöglicht damit politische Selbstbestimmung: Diese lässt sich nur im Rahmen einer Selbstzähmung und -bändigung der Demokraten verwirklichen. Die rechtsstaatliche Demokratie verbindet die politische Gleichheit mit der Idee der freiheitlichen Verfassung, wie James Bryce herausstellt:[2]

> «Eine Verfassung verkörpert aber gleichzeitig mit dem Grundsatz der Freiheit auch den Grundsatz der Selbstbeherrschung. Das Volk hat beschlossen, bestimmte Normen ausserhalb der Reichweite nur temporärer Impulse, die aus der Leidenschaft oder der Laune entspringen, zu setzen und diese Normen zum dauernden Ausdruck seines ruhigen Nachdenkens und seiner wohlüberlegten Zweckeinstellung zu machen. Es liegt darin eine Anerkennung der Wahrheit, dass die Mehrheit nicht immer recht hat und gegen sich selbst dadurch geschützt werden müsse, dass die Verpflichtung vorhanden ist, in Augenblicken der Übereilung oder der Erregung auf Maximen zurückzugreifen, die das Volk in Zeiten kühler Überlegung angenommen hat.»

Die repräsentative und die direkte Demokratie sind förmliche Entscheidungsverfahren für die Anliegen des Gemeinwesens. Die Demokratie ist insofern etwas Künstliches, das heisst vom Menschen Geschaffenes, als es «keinen Willen des Volkes vor der Demokratie [gibt], sondern erst demokratische Verfahren bringen ihn zum Ausdruck».[3] Diese demokratischen Entscheidungsverfahren bedürfen der normativen Ausgestaltung in Verfassung und Gesetzen. Die ehrliche und konsequente Einhaltung dieser formalen Vorschriften gibt den Stimmberechtigten das nötige Vertrauen in die Ergebnisse demokratischer Verfahren. Erweisen sich die demokratischen Regeln als unzeitgemäss und revisionsbedürftig, so ermöglicht die Demokratie deren Anpassung. Die Spielregeln der Demokratie können selbst Gegenstand demokratischer Entscheidung werden.

Bei der repräsentativen Demokratie konzentrieren sich die Verfahrensvorschriften auf die periodische demokratische Parlamentswahl sowie auf das Verfahren im Plenum und in den Kommissionen. Die Verfahrensvorschriften für das Plenum legen zum Beispiel dar, in welcher Form Anträge gestellt werden und wie sie am Ende zu einem Beschluss des Plenums werden können, sofern die Mehrheit zustimmt. Die direkte Demokratie schliesst an die repräsentative Demokratie an. Sie unterwirft die wichtigen Entscheide des Parlaments dem obligatorischen (i.d.R. Verfassungsmaterien) oder fakultativen (i.d.R. Gesetzesmaterien) Referendum. Dabei stellen die Verfahrensvorschriften sicher, dass das Abstimmungsverfahren fair ist, die Waffengleichheit unter den politischen Akteuren respektiert und die politische Gleichheit der Stimmberechtigten beachtet wird. Die rechtsstaatliche Demokratie unterwirft nicht irgendwelche Akte nach dem Willen von Parlament oder Regierung dem Referendum, sondern nur solche Akte, die die Verfassung referendumsfähig erklärt.[4] Die Durchführung irregulärer Volksabstimmungen nach Gutdünken von Regierung und Parlament (sog. Plebiszite) gehört nicht zur rechtsstaatlichen Demokratie.

Das schweizerische Modell der direkten Demokratie kennt überdies die Volksinitiative. Dieses nachgerade revolutionäre demokratische Recht schafft die Möglichkeit, dass eine Quote von Stimmberechtigten allen Stimmberechtigten Vorschläge unterbreitet, die im Fall der Annahme entweder Gesetzes- oder Verfassungsvorschriften werden. Das Parlament darf diese Vorschläge im Fall von ausgearbeiteten Entwürfen nicht abändern, es darf den Stimmberechtigten nur Anträge auf Verwerfung oder Zustimmung stellen. Auch bei der Initiative bestehen detaillierte Verfahrensvorschriften.

Die Demokratie ist eine Staatsform, die Konflikte zwischen den verschiedenen Akteuren offen ausspricht und austrägt. Die *Freiheit der Meinungsäusserung ist das Grundrecht der Demokratie;* Die Demokratie kann – speziell in Krisenzeiten – ohne freie und offene Diskussion nicht funktionieren[5]. Jene Gruppe oder Partei gewinnt Oberhand, welche bei den Parlamentswahlen, bei den Abstimmungen im Parlament und bei einer allfälligen anschliessenden Volksabstimmung die Mehrheit zu überzeugen vermag. Das Ergebnis der demokratischen Verfahren ist also ein Mehrheitsentscheid und kein Konsens. Dieser lässt sich namentlich bei den Stimmberechtigten nie und bei den Parteien nur selten erreichen. Der Konsens besteht aber in der Fairness des demokratischen Verfahrens. Die politischen Akteure, die Parteien und die Stimmberechtigten sind sich einig, dass die Demokratie die von ihnen bevorzugte Staatsform ist und dass ihre Verfahren fair und rechtsgleich abgelaufen sind. Sie akzeptieren die Ergebnisse der demokratischen Verfahren unabhängig von ihrer Einstellung zum betreffenden Geschäft.

Behaupten unterlegene Akteure oder Parteien, dass das Verfahren manipuliert worden sei, so müssen sie Beweise für derartige Vorfälle liefern. Behaupten sie das ohne jede tatsächliche Grundlage, so verlassen sie den demokratischen Raum. Derartige Diskussionen bedrohen die Demokratie, weil sie das Verfahren, das heisst den institutionellen Boden, zu diskreditieren vermögen. Es handelt sich um eine Staatsform, die auf Vertrauen in faire Verfahren aufbaut. Es gibt allerdings nicht «das» einzig richtige Verfahren der Demokratie, sondern viele demokratische Systeme mit Vor- und Nachteilen. Entscheidend sind und bleiben die Wahrung des gleichen Stimmrechts aller und die fairen Ausmittlungsverfahren für Wahlen und allfällige Sachabstimmungen. Ob sich ein Staat selber Demokratie nennt oder nicht, spielt keine Rolle. Entscheidend ist das Verfahren der Staatswillensbildung. So ist es bemerkenswert, dass alle Staaten, die sich mit dem pleonastischen Titel «Volksdemokratie» oder «Volksrepublik» schmück(t)en, keine Demokratien sind.

Von allgemein verbreiteter Angst zum «Ausnahmezustand»

Am 31. Dezember 2019 informiert China die Weltgesundheitsorganisation (WHO) über Fälle von Lungenentzündungen mit unbekannter Ursache. Die Fälle häufen sich, und am 11. Januar 2020 stirbt ein 61-jähriger Mann in Wuhan. Untersuchungen weisen ein neues Coronavirus als Ursache aus. Am 28. Januar informiert Bundesrat Alain Berset den Gesamtbundesrat. In der Folge wird die Erkrankung meldepflichtig, und das Bundesamt für Gesundheit (BAG) richtet eine telefonische Auskunft ein. Am 25. Februar wird das Virus im Tessin nachgewiesen.[6] Einen Tag später spricht der Epidemiologe Christian Althaus von möglicherweise 3 Millionen infizierten Personen und 30 000 Toten in der Schweiz.[7]

Am 27. Februar um 6 Uhr berichtet Radio SRF vom ersten Virusfall in Lateinamerika und um 10 Uhr von zwei Ansteckungen in der Schweiz. Das BAG veröffentlicht Verhaltensregeln mit Piktogrammen für die Bevölkerung. An der Pressekonferenz vom 27. Februar sagt Daniel Koch, damals Leiter der Abteilung übertragbare Krankheiten beim BAG, in Übereinstimmung mit neuesten Forschungen[8] der WHO: «Es ist nutzlos, dass alle eine Maske tragen.»[9] Um 23 Uhr vermeldet das Schweizer Radio bereits acht «bestätigte Ansteckungen»[10]. Die Neue Zürcher Zeitung schreibt: «Die Stimmung ist diffus. Neben der Angst herrscht ein latenter Optimismus. Wird schon nicht so schlimm werden. War es ja damals bei der Schweinegrippe auch nicht.»[11] Der Ausdruck «Notrecht» macht ab Ende Februar immer mehr die mediale Runde[12] und bereitet den Boden für «ausserordentliche Lösungen in ausserordentlichen Zeiten»[13] vor. Das schweizerische Verfassungsrecht des Bundes kennt indessen kein «Notrecht»[14], es gibt nur einen missverständlichen Sprachgebrauch.

Das Sprichwort «Not kennt kein Gebot» beschreibt die Funktionsweise des Notrechts. Es handelt sich um eine Art Schalter, der die bestehende und eben ungenügende Rechtsordnung umstellt. Sie gilt je nach situativem Bedarf nicht mehr, sondern neu gilt ein Not- oder Ausnahmezustand, der der Exekutive freie Hand gibt. Entscheidend ist die dafür erforderliche Einschätzung, wonach die «öffentliche Ordnung» (oder ein sonst wie bezeichnetes «hohes Gut») gefährdet ist. Dieser sogenannte Tatbestand eines «Ausnahmezustandes» zieht die Rechtsfolge nach sich, dass die Regierung die ihr gut scheinenden Massnahmen trifft, um die Not zu beheben. Das normalerweise geltende Recht, insbesondere die Bundesverfassung, tritt vor der Opportunität des Tages zurück. Die grundsätzlichen Normen und Prinzipien werden zum Zweck einer pragmatischen Problemlösung kurzentschlossen aufgegeben. Die Politiker in Regierung und Parlament verlassen die verfassungsmässigen Verfahren der Demokratie. Sie begehen «die kürzeren und einfacheren Wege»[15], um die nötigen Entscheide möglichst rasch zu fällen. Das Notrecht führt dazu, dass die demokratischen Verfahren abgekürzt werden, das heisst etwa, dass nötige Referenden nicht mehr angesetzt werden oder Entscheide statt vom Parlament von der Regierung gefällt werden. Die in der Verfassung vorgesehenen demokratischen Verfahren in Parlament und bei Volksabstimmungen werden teilweise oder ganz auf Eis gelegt. Damit sollen schnelle Entscheide ermöglicht werden, um die drängenden Probleme der Gegenwart sofort zu lösen.

Gang auf den «kürzeren und einfacheren Wegen» in der Coronakrise

In der direkten Demokratie bestimmt das demokratische Verfahrensrecht einerseits das Parlament und andererseits die Volkswahlen und -abstimmungen. Während der Coronakrise ist es zu verschiedenen (u.a. versuchten) Verstössen gegen das demokratische Verfahren gekommen. Ausserordentliche Zeiten verlangen – wie die Parlamentarier es formulierten – ausserordentliche Lösungen, wobei sie die Lösung in einer als «Notrecht» verkleideten Gesetzes- oder Verfassungsverletzung sehen.

Ein erstes Beispiel ist in der Sache von grosser Tragweite, weil es die *verfassungsmässigen Kompetenzen zwischen Bundesversammlung und Bundesrat* verschiebt.[16] Damit schmälert es den Anwendungsbereich der direkten Demokratie erheblich, ohne dass die Bundesverfassung angepasst wurde. Das dringliche Covid-19-Gesetz vom 25. September 2020[17] lieferte die Kompetenzgrundlagen für die bisher auf Art. 185 BV abgestützten bundesrätlichen Covid-19-Verordnungen. Es überträgt Rechtsetzungskompetenzen der Bundesversammlung auf den Bundesrat und enthält kaum inhaltliche Leitlinien, wie der Bundesrat die Delegation zu handhaben hat.[18] Die übertragenen Rechtsetzungskompetenzen erlauben es dem Bundesrat, geltende Bundesgesetze abzuändern. Der Bundesgesetzgeber sah die Inhalte also als gesetzeswürdig an, trotzdem delegierte er diese Inhalte an den Bundesrat. Die Bundesverfassung schreibt in Art. 164 den sachlichen Mindestinhalt von Gesetzen vor. Nach diesem Gebot sind «alle wichtigen rechtsetzenden Bestimmungen in der Form des Bundesgesetzes zu erlassen», und als Beispiele werden die grundlegenden Bestimmungen über «die Einschränkungen verfassungsmässiger Rechte» (Bst. b) oder «die Verpflichtung der Kantone bei der Umsetzung und beim Vollzug des Bundesrechts» (Bst. f) genannt. Gerade diese beiden Tatbestände kommen in den Covid-19-Verordnungen häufig vor und bedürften daher einer Regelung in einem Bundesgesetz. Damit können nachträglich die Stimmberechtigten entscheiden, falls ein Referendum ergriffen wird. Der Substanz nach handelt es sich beim Covid-19-Gesetz um eine Kompetenzverschiebung in Form einer Blankettdelegation. Diese ist im Fall von Art. 164 Abs. 2 BV untersagt, da der Abs. 1 auch für die Delegationen zu beachten ist.[19] «Diese Schranke hat den Sinn, [...] das Weiterreichen ganzer Rechtsgebiete zu unterbinden. Krasser [...] kann man aber den Grundsatz der Gewaltenteilung und das Stimmrecht der Bürger kaum missachten.»[20] Die Bundesversammlung hat in vier dringlichen Teilrevisionen den Anwendungsbereich des Gesetzes erheblich erweitert[21] und dieses in der vierten Revision vom 17. Dezember 2021 um ein Jahr verlängert.

Ein zweites Beispiel betrifft das *parlamentarische Verfahren.* Eine Motion der Sozial- und Gesundheitspolitischen Kommission des Nationalrates verlangte am 15. Juni 2020 vom Bundesrat die Weiterführung des Erwerbsersatzes für direkt und indirekt betroffene Selbständigerwerbende.[22] Der Bundesrat besitzt zu den Motionen ein Recht der Stellungnahme «bis zum Beginn der nächsten ordentlichen Session nach der Einreichung» (Art. 121 Abs. 1 des Parlamentsgesetzes[23]). Der Bundesrat wollte davon Gebrauch machen. Der Nationalrat hiess am 15. Juni 2020 mit 93 zu 91 Stimmen einen Ordnungsantrag von Cédric Wermuth gut, wonach die Motion trotzdem in der laufenden Session beraten werde. Dieses Vorgehen verletzte offen den Art. 121 Abs. 1 ParlG, und am 16. Juni 2020 stellte Nationalrat Kurt Fluri einen Rückkommensantrag, um die Gesetzesmissachtung zu beheben. Der Antragsteller Wermuth verteidigte den Bruch des von der Bundesversammlung verabschiedeten Parlamentsgesetzes wie folgt: «Der Bundesrat wurde von unserem Büro gebeten, diese Motionen zu beantworten. Er hat es aus formalistischen Gründen mit bürokratischen Argumenten in absurder Art und Weise abgelehnt. [...] Es ist völlig üblich, dass wir in dieser Corona-Krise manchmal auch einen Entscheid fällen müssen, bei dem noch nicht alle Rechtsgrundlagen geklärt sind.»[24] Tatsächlich waren die Rechtsgrundlagen klar: Die Ratspräsidentin machte am Vortag alle Mitglieder des Nationalrates darauf aufmerksam, dass der Antrag das Gesetz verletze.[25] Der Rückkommensantrag von Kurt Fluri kam mit 93 zu 89 Stimmen durch, womit die Gesetzesverletzung behoben war. Der

Bundesrat erweiterte die Ansprüche der Erwerbsersatz-Verordnung am 1. Juli 2020 bis zum 16. September 2020[26] von sich aus und erfüllte die Motion. Es kommt in den parlamentarischen Beratungen immer wieder vor, dass Parlamentarier ihre Anliegen für so dringlich halten, dass die Verfahrensordnung nicht gelten soll.[27]

Ein drittes Beispiel für den leichtfertigen Umgang mit *sogenanntem «Notrecht»* zeigte sich anlässlich der Debatte zur vierten Teilrevision des Covid-19-Gesetzes. Am 1. Oktober 2021 lief unter anderem der Art. 10a ParlG aus, der die virtuelle Teilnahme der Nationalräte an Sitzungen ermöglichte. Die Bundesversammlung hatte diese Bestimmung für dringlich erklärt und ohne Verfassungsgrundlage beschlossen. Es kam zu keinem obligatorischen Referendum, weil sie weniger als ein Jahr lang galt. Am 2. Dezember 2021 hiess der Nationalrat den Antrag von Nationalrat Marco Romano[28] gut, der die Wiederinkraftsetzung des Art. 10a ParlG vorschlug, und zwar vom 18. Dezember 2021 bis zum 31. Dezember 2022, das heisst über ein Jahr. Das Problem, dass nun eigentlich ein obligatorisches Referendum von Volk und Ständen gemäss Art. 165 Abs. 3 BV fällig würde, lösten die Antragsteller in Anlehnung an ein Gutachten des Bundesamtes für Justiz vom 1. April 2021[29] wie folgt:

> «Eine elektronische Zuschaltung von Ratsmitgliedern oder gar die virtuelle Durchführung von Ratssitzungen ohne Not kann vor dem Hintergrund der Artikel 151 und 159 BV ohne Verfassungsänderung nicht vorgenommen werden. Einen derart gewichtigen Eingriff in den Parlamentsbetrieb nur aufgrund einer Uminterpretierung des Wortlautes vorzunehmen, erscheint nicht als gerechtfertigt. [...] Eine harmonisierende Auslegung der Bundesverfassung [...] kann dies ohne Verfassungsänderung ermöglichen: Artikel 148 der Bundesverfassung überträgt der Bundesversammlung die oberste Gewalt im Bunde. Diese muss sie auch in Krisenzeiten ausüben können. Es kann nicht sein, dass das Parlament aufgrund äusserer Umstände gezwungen ist, seine Funktionen nicht mehr wahrnehmen zu können. [...] Im Sinne eines Notbehelfs und nur in ausserordentlichen Situationen soll es deshalb möglich sein, dass einzelne Ratsmitglieder elektronisch abstimmen können.»

Der Gesetz gewordene Antrag[30], ein «Murks» wie Ständerat Andrea Caroni[31] sagte, argumentiert nicht mit einer bestimmten Auslegung von Art. 151 bzw. 159 BV, sondern mit einer generellen Argumentation, die sich nicht mehr mit einzelnen Verfassungsartikeln abgeben muss. Er arbeitet mit «Es kann nicht sein» Notrecht, welches zwingende Kraft hat und dadurch den Inhalt der Verfassung unabhängig von einem Wortlaut verändert. Das Handeln, das dieser Unausweichlichkeit gehorcht, ist verfassungskonform. Wer so argumentiert, beansprucht die höchste Autorität im Staat: «[U]m Recht zu schaffen, [braucht die Autorität] nicht Recht zu haben»[32].

Die Anrufung von Art. 148 BV stellt ein Problem dar, weil diese Norm die Bundesversammlung zwar zur obersten Behörde der Eidgenossenschaft erklärt, aber die «Rechte des Volkes und der Stände» (4. Titel der BV, Art. 136–142 BV) *vorbehält.* Der Abstrich des obligatorischen Referendums von Volk und Ständen bleibt selbst mit der «harmonisierenden Auslegung» von Art. 148 mit den Art. 151/159 BV verfassungswidrig.

Der Vorgang betrifft zwar bloss Art. 10a ParlG, der für sich gesehen sinnvoll ist. Allerdings kann mit dem hier angewendeten «Es kann nicht sein»-Notrecht jede Norm und insbesondere die Verfassung ausgeschaltet werden. Der bedeutende Staatsrechtslehrer Walther Burckhardt (1871–1939) hatte in einem Vortrag von 1937 ausgeführt: Man darf nicht «vom Axiom ausgehen, dass die Verfassung immer so ausgelegt werden könne; dass sie [...] alles enthalten müsse, was das Landesinteresse [...] erheische. Sonst brauchte man nicht mehr zu wissen, was die Verfassung gestattet, um zu wissen, was die Behörde tun darf; man brauchte sich nur noch zu fragen, was das Landesinteresse verlangt, um zu wissen, was in der Verfassung steht.»[33] Bisher hatte man in der Schweiz nur im Fall von Kriegsgefahr mit derartigen Argumentationen gearbeitet. Es ist enorm fragwürdig, dass sich die Bundesversammlung gestattet, den obersten Erlass der Eidgenossenschaft in der Coronakrise zur Seite zu schieben.

Die Demokratie gibt Zeit zur Besinnung

Die rechtsstaatliche Demokratie achtet nicht nur die Grundrechte der Minderheiten, sie beachtet das gesamte geltende Recht und hält sich bei demokratischen Entscheiden an diejenigen Verfahren, die in Verfassung und Gesetz vorgesehen sind. Diese Verfahrens- und Organisationsvorschriften könnte man als Hindernis für schnelle Entscheide und als bürokratisch ansehen. Demokratien neigen dazu, mit formalen Vorschriften, namentlich in Zeit grosser Schwierigkeiten oder Not, unsorgfältig umzugehen. Alexis de Tocqueville (1805–1859) hatte festgestellt, dass die Menschen, die in den demokratischen Zeitaltern leben, «für den Nutzen der Formen kein grosses Verständnis» hätten, da sie «ungeduldig» seien. Das Coronaregime des Bundesrates und der Bundesversammlung bestätigt diese Tendenz. Das Hauptverdienst der demokratischen Formen und Verfahren besteht für Tocqueville darin, «dass sie als Schranke zwischen dem Starken und dem Schwachen, dem Regierenden und dem Regierten wirken, den einen aufhalten und dem andern Zeit zur Besinnung lassen». Die Formen seien «umso notwendiger, je tätiger und mächtiger die Staatsgewalt» sei «und je lässiger und kraftloser die Privatleute»[34] würden. Die in den politischen Rechten sich entfaltende Freiheit ist auf Formen, das heisst auf geregelte Verfahren und Institutionen, angewiesen. Deren Missachtung dient zwar der Beschleunigung der Entscheide. Allerdings ist es das Hauptanliegen der Demokratie unter der Herrschaft des Rechts und der Grundrechte, nicht schnelle, sondern demokratische und am Gemeinwohl orientierte Entscheide zu fällen. Es ist für die Zukunft der Demokratie entscheidend, dass sie ihren Formen folgt und die Institutionen einhält: «Die Form ist die geschworene Feindin der Willkür, die Zwillingsschwester der Freiheit. Denn die Form hält dem Versucher, der die Freiheit zur Zügellosigkeit zu verleiten sucht, das Gegengewicht, sie lenkt die Freiheitssubstanz in feste Bahnen.»[35]

Die Rede von einem «Notrecht», das es Bundesrat und Bundesversammlung erlaubt, «legal» gegen die Verfassung und demokratische Verfahren zu verstossen, ist gefährlich. Die politischen Akteure auf Bundesebene verhalten sich in den Zeiten der Coronakrise gegenüber Verfassungs- und formalen Fragen «dickhäutig»[36]. Walther Burckhardt meinte, dass die Verfassung der Politik oft unbequeme Fesseln anlege. «Wenn man sich vornimmt, diese Fesseln zu sprengen, muss man sich bewusst sein, dass man einen Verfassungsbruch begeht, was nur im äussersten Notfall geschehen sollte. Bundesrat und Bundesversammlung sprechen oft vom Notrecht, als ob das die selbstverständlichste Sache von der Welt wäre; eine Speckseite, die man im Kamin hängen hat, und die man mit einem Handgriff herunterholen kann, wenn die Vorräte der Speisekammer erschöpft sind. Das Notrecht soll nichts Selbstverständliches sein, weil es keine verfassungsmässige Kompetenz ist.»[37]

Die Bundesbehörden haben sich am Anfang der Epidemie auf ein diffuses «Notrecht» berufen. Sie haben es in der aufgewühlten Stimmung von Angst versäumt, die einfache Überlegung anzustellen: Welche Instrumente hält das geltende Recht zur Bekämpfung der Epidemie bereit? Ein kurzes Innehalten hätte gezeigt, dass die geltende Verfassungs- und Rechtsordnung hinreichende Instrumente bereithält, um die Massnahmen rechtsstaatlich und demokratisch legitimiert umzusetzen. Art. 165 BV über die dringlichen Bundesgesetze ermöglicht sogar das Abweichen von der geltenden Verfassung und die sofortige Inkraftsetzung dieser Beschlüsse. Volk und Stände müssten dies nachträglich in einem obligatorischen Referendum billigen. Auch das Epidemiengesetz gestattet dem Bundesrat ein rasches Handeln. Die Anrufung eines angeblichen «Notrechts» ist zu jedem Zeitpunkt der Krise unnötig gewesen. Die Bundesbehörden hätten Burckhardts Forderung problemlos nachleben können und nicht den «kürzeren und einfacheren Weg» der Missachtung des Rechts zu nehmen brauchen.

Referenzen

1 Christoph Möllers, Demokratie – Zumutungen und Versprechen, Berlin 2008, S. 31.
2 James Bryce, Moderne Demokratien II, übersetzt von Karl Loewenstein, München 1925, S. 13.
3 Möllers (Anm. 1), S. 9.
4 Siehe z. B. die Aufzählungen der Art. 140 und 141 der Bundesverfassung der Schweizerischen Eidgenossenschaft (BV), Systematische Rechtssammlung (SR) Nr. 101.
5 Verschiedene Medien haben die freie demokratische Debatte in der Coronakrise durch Angstkommunikation und verdeckte Parteinahme behindert, siehe Anm. 12.
6 Siehe die Zeittafeln für 2020 in: Ruedi Grüring, Daniel Koch. Stärke in der Krise, Zürich 2020, S. 235ff.; Alain Berset, Wie ich die Krise erlebe, Bundesrat Berset im Gespräch mit Felix E. Müller, Basel 2020, S. 92ff.
7 Interview, NZZ vom 26.2.2020, S. 13.
8 WHO, Non-pharmaceutical public health measures for mitigating the risk and impact of epidemic and pandemic influenza, 2019 (ISBN 978-92-4-151683-9), S. 26f.
9 Florian Schoop/Nils Pfändler, Der Tag, an dem das Virus zu uns kam (27.2.2020), NZZ vom 27.2.2021, S. 15.
10 Schoop/Pfändler (Anm. 9).
11 Schoop/Pfändler (Anm. 9).
12 Z.B. Berner Zeitung vom 26.2.2020, S. 12, und alle TA-Medien; Blick vom 29.2.2020, S. 2 (Notlage); NZZaS vom 1.3.2020, S. 13, usw. Siehe zur Angstkommunikation den Beitrag von Vontobel in diesem Band auf Seite 41ff. Die Bundesbehörden und die grossen Medienunternehmen arbeiten während der Coronakrise z. T. verstärkt zusammen. Ende

Dezember 2021 machte der Journalist Philipp Gut publik (Die Ostschweiz vom 31. Dezember 2021), dass Marc Walder, der CEO des Medienkonzerns Ringier, die Journalisten des Konzerns angewiesen hatte: «Wir wollen die Regierung unterstützen durch unsere mediale Berichterstattung, dass wir alle gut durch die Krise kommen». Das bedeutet nicht etwa ein Kritikverbot am Bundesrat als vielmehr Angstkommunikation. Die Ringiermedien kritisierten Regierungsentscheide, welche die Massnahmen lockerten: Der Bund vom 3.1.2022, S. 9, und 4.1.2022, S. 10; NZZ vom 4.1.2022, S. 9 und 19; Weltwoche vom 6.1.2022, Nr. 1, S. 27. Dagegen lobten die Ringiermedien die Verschärfung von Massnahmen und sie hoben Bundesrat Alain Berset positiv hervor: l'Illustré vom 16.12.2020, Nr. 51, S. 16ff.; NZZaS vom 21.11.2021, S. 18, und vom 9.1.2022, S. 21, Weltwoche vom 18.3.2021, Nr. 11, S. 30f.

13 So im Bericht Nr. 20.327 der Kommission für soziale Sicherheit und Gesundheit des Ständerates vom 10. November 2021, Kt. Iv. JU. Preisobergrenze für Hygienemasken und hydroalkoholisches Gel in der ausserordentlichen Lage.

14 Giovanni Biaggini, «Notrecht» in Zeiten des Coronavirus – Eine Kritik der jüngsten Praxis des Bundesrats zu Art. 185 Abs. 3 BV, Schweizerisches Zentralblatt für Staats- und Verwaltungsrecht (ZBl) 2020, S. 239–267, S. 240. Siehe die Fortsetzung: Ders., Das Verfassungsgefüge im Stresstest der Coronavirus-Pandemie, ZBl 2022 Heft 2.

15 Votum von Bundesrat Schulthess anlässlich der Einführung einer in der Bundesverfassung nicht vorgesehenen Zuckersteuer, Amtliches Bulletin (AB) der Bundesversammlung, Nationalrat (N)/Ständerat (S), hier 1934 Ständerat 70. Dieses Vorgehen war in der Not der Zwischenkriegszeit auch in der Schweiz üblich geworden.

16 In diesem Beitrag können die zahlreichen Probleme, die das Gesetz aufwirft, nicht erschöpfend behandelt werden, siehe aber: Stefan Schmid/Micha Herzog, Dringliche Gesetzgebung auf dem Prüfstand. Ein Blick auf das Covid-19-Gesetz und das nachträgliche Referendum anlässlich der Volksabstimmung vom 28. November 2021, Jusletter vom 22. November 2021; Andreas Kley, Der Bundesrat kann, kann, kann, NZZ vom 20.10.2021, S. 17; Thomas Sägesser/Daniel Kettiger, Fragwürdiges Covid-19-Gesetz, NZZ vom 3.9.2020, S. 7; Felix Uhlmann/Martin Wilhelm, Verwaltungsrechtliche Herausforderungen, in: Felix Uhlmann/Stefan Höfler (Hrsg.), Notrecht in der Corona-Krise, 19. Jahrestagung des Zentrums für Rechtsetzungslehre, Zürich 2021, S. 49ff., S. 52.

17 Bundesgesetz über die gesetzlichen Grundlagen für Verordnungen des Bundesrates zur Bewältigung der Covid-19-Epidemie, SR 818.102 (Stand: 18. Dezember 2021).

18 Z.B. Art. 5, 8 und 9 des Bundesgesetzes über die gesetzlichen Grundlagen für Verordnungen des Bundesrates zur Bewältigung der Covid-19-Epidemie und dazu der erläuternde Bericht vom 19. Juni 2020.

19 Giovanni Biaggini, Bundesverfassung der Schweizerischen Eidgenossenschaft, Kommentar, 2. Aufl., Zürich 2017, N. 12 zu Art. 164 BV; Judith Wyttenbach/Karl-Marc Wyss, N. 49ff. zu Art. 164 BV, in: Basler Kommentar, Basel 2015; Pierre Tschannen, Kommentar zu Art. 164 BV, N. 39, in: St. Galler Kommentar, 3. Aufl., St. Gallen/Zürich 2014.

20 Tschannen (Anm. 19), N. 39, der BGE 128 I 113 E. 3f., S. 125 anführt.

21 Es sind dies die vier Teilrevisionen vom 18. Dezember 2020 (Kultur, Härtefälle, Sport, Arbeitslosenversicherung, Ordnungsbussen), AS 2020 5821; vom 19. März 2021 (Härtefälle, Arbeitslosenversicherung, familienergänzende Kinderbetreuung, Kulturschaffende, Veranstaltungen), AS 2021 153, 878 Ziff. II Abs. 3; vom 18. Juni 2021 (Erwerbsausfallentschädigung, Sport und Kapazitätsbeschränkungen), AS 2021 354, 878 Ziff. II Abs. 1; vom 17. Dezember 2021, AS 2021 878.

22 Über den 16. Mai 2020 hinaus und bis spätestens 16. September 2020, Geschäft Nr. 20.3467.

23 Bundesgesetz über die Bundesversammlung (Parlamentsgesetz, ParlG) vom 13. Dezember 2002, SR 171.10.

24 AB 2020 N 986.

25 AB 2020 967, Intervention der Ratspräsidentin, dass der Antrag Art. 116 Abs. 1 ParlG verletzt.

26 Amtliche Sammlung des Bundesrechts (AS) 2020 2729 und Medienmitteilung vom 1.7.2020, Corona-Erwerbsersatz für Selbständigerwerbende wird bis 16.9.2020 verlängert.

27 Es gibt in der Vergangenheit unzählige Beispiele, wo Politiker versuchten, Verfahrensvorschriften der Demokratie zu verletzen, weil es sich dabei um blosse «Formalismen» handle: Votum Huber und Holenstein betreffend Verletzung des Geschäftsverkehrsgesetzes, AB 1950 N 462f.; Votum Bisig und Brändli betreffend Verletzung des Ratsreglements, AB 1998 S. 1264f.

28 Antrag Romano, Fluri, Gredig, Gysin Greta, Marti Samira vom 1. Dezember 2021, gutgeheissen am 2.12.2021 im Nationalrat, AB 2021 N vom 2.12.2021.

29 Gutachten des Bundesamtes für Justiz an die Kommission für soziale Sicherheit und Gesundheit (N) vom 1. April 2021, Az 615-1240/1.

30 AS 2021 878.

31 Votum an der Sitzung vom 6. Dezember 2021, AB 2021 S (im Druck).

32 Carl Schmitt, Politische Theologie, Berlin 1922, S. 19.

33 Walther Burckhardt, Die Krisis der Verfassung, Schweizer Monatshefte 17 (1937/38), S. 425–438, S. 432.

34 Alexis de Tocqueville, Über die Demokratie in Amerika, Zürich 1987, Zweiter Teil, Teil IV, 7. Kapitel: Fortsetzung der vorangehenden Kapitel, S. 469ff., hier S. 474f.

35 Rudolf von Ihering, Geist des römischen Rechts auf den verschiedenen Stufen seiner Entwicklung, II. Teil, 2. Abteilung, Leipzig 1858, S. 497.

36 Wie schon in früheren Zeiten, z.B. während des Vollmachtenregimes: AB 1941 N 34, Votum Nationalrat Walther, wonach man in Verfassungsfragen «dickhäutig» geworden sei.

37 Burckhardt (Anm. 33), S. 432.

3

Felix Uhlmann

Das Recht und die Krise

1 Einleitung

Die Lektion lernt man erst, wenn die Schulstunde zu Ende ist. In diesem Sinne ist es möglicherweise zu früh, in der laufenden Coronakrise bereits von *lessons learned* zu sprechen. Das Erscheinen einer neuen Virusvariante Ende 2021 zeigt die ganze Unberechenbarkeit der Pandemie. Gleichwohl lohnt es sich, bereits in der Krise Erkenntnisse festzuhalten, die einer vertieften Diskussion bedürfen. In diesem Sinne werden für den vorliegenden Beitrag die Vorgaben der Herausgeber verstanden. Es soll ein kritisch-konstruktiver Dialog entstehen. Die vorliegenden Überlegungen erfolgen in erster Linie aus einer rechtswissenschaftlichen Perspektive.

2 Denken in der Schönwetterlage

Vielleicht als wichtigste Lektion aus der momentanen Krise kann man festhalten, dass ein Denken in der Schönwetterlage für jede Gesellschaft gefährlich ist. Dies gilt nicht nur, aber in ausgeprägtem Masse für die Rechtswissenschaft. Fragen des Notrechts sind vor der Coronakrise einigermassen bescheiden diskutiert worden, mindestens in den letzten zehn Jahren.[1] Selbstverständlich finden sich wertvolle Erörterungen über die jüngeren Krisenfälle der Schweiz, etwa bezüglich der Rettung der UBS oder des Steuerstreits mit den USA,[2] doch sind viele Fragen, welche eine länger dauernde Krise betreffen, von der Rechtswissenschaft nur ungenügend aufgearbeitet worden.[3]

Das ist insofern bedauerlich, als eigentlich gerade die Rechtswissenschaft in Krisen denken sollte. Das Denken in Konflikten und Abwägungen ist der Rechtswissenschaft inhärent.[4] Es zeigt sich denn auch, dass ein grundlegendes Prinzip wie die Verhältnismässigkeit seine überragende Bedeutung für die Beurteilung einzelner Massnahmen auch in der Krise behält.[5] Jeder Rechtsfall ist eine Krise.

Verschiedene Konfliktsituationen hat die Rechtswissenschaft aber schlecht antizipiert. Ungeachtet der eigenen Position in dieser Frage gewinnt man den Eindruck, dass elementare Wertentscheidungen wie eine allgemeine Impfpflicht oder die Zuweisung knapper Spitalbetten (Triage) die Rechtswissenschaft erst in der Pandemie zu interessieren begonnen haben.[6] Harte Eingriffe in Grundrechte war man sich vielleicht am Rande der Gesellschaft bewusst, etwa im Asyl- und Ausländerrecht sowie natürlich im Strafrecht, aber wohl kaum für die breite Allgemeinheit mitten in der Gesellschaft. Und die «Verwaltung des Mangels»[7] hat man vergessen.

Dabei ist es gerade eine zentrale Funktion des Rechts, in Konflikten deeskalierend zu wirken und schwierige gesellschaftliche Entscheidungen in einen rationalen Rahmen zu giessen oder mindestens einem rationalen Verfahren zuzuführen.[8] Der Blick zurück auf die Krise wird zeigen, ob das Recht seine Kernfunktion in der Krise hinreichend erfüllen konnte und welche Fragen für weitere Krisen letztlich besser zu klären sind.

3 Wichtiges gehört ins Gesetz

Das Legalitätsprinzip gehört zum Kern rechtsstaatlicher Prinzipien (Art. 5 Abs. 1 BV).[9] Es lässt sich, vereinfacht gesagt, auf zwei Hauptausprägungen reduzieren, nämlich erstens die Pflicht des Gesetz- und Verordnungsgebers, hinreichend bestimmt zu formulieren (Normdichte), und zweitens, dass der Gesetzgeber wichtige Entscheide selbst treffen muss und nicht an die Exekutive delegieren darf (Normstufe).[10] Das erste Erfordernis dient der Rechtssicherheit und der Berechenbarkeit des Rechts,[11] das zweite demokratischen Anliegen.[12]

Auch in dieser Frage ist es zu früh für eine abschliessende Bewertung. Gerade mit Blick auf die eidgenössischen Institutionen schleicht sich indessen das Gefühl ein, dass die öffentliche Wahrnehmung sich stark vom Parlament zum Bundesrat verlagert hat. Das Parlament hat sich – unglücklicherweise – in dieser Krise zunächst aus dem Spiel genommen und scheint unvermindert unsicher über seine Rolle.[13] Dass der Bundesrat bei wichtigen Entscheidungen die Führung übernimmt und dem Parlament Lösungen vorschlägt, ist nichts Aussergewöhnliches und in der Bundesverfassung ausdrücklich vorgesehen (Art. 181 BV). Dass aber alle Augen zum Bundesrat hochschauen und dort ruhen, entspricht nicht der schweizerischen Demokratiekonzeption.

Es trifft zwar zu, dass in Teilbereichen die Frage aufgeworfen wurde, was der Bundesrat entscheiden kann und was das Parlament. Dies gilt beispielsweise für einen eher untergeordneten Punkt dieser Krise, nämlich die Verteilung von Impfgutscheinen (wobei diese Idee wohl in erster Linie aufgrund der politischen Ablehnung gescheitert ist).[14] Das Parlament hat im Covid-19-Gesetz[15] einige wichtige Entscheide gefällt.[16] Ein kohärentes System wichtiger Grundentscheidungen für die Bekämpfung der Pandemie lässt sich aber schwerlich erkennen. Das zeigt sich auch daran, dass das zweite gegen das Covid-19-Gesetz gerichtete Referendum insofern seltsam war, als dass die wirklich wichtigen Fragen im Zusammenhang mit dem Covid-19-Zertifikat für Geimpfte, Genesene und Getestete vom Gesetzgeber gar nicht geregelt worden waren. So hat das Parlament in Art. 6a Covid-19-Gesetz nur die Anforderungen an die Zertifikate teilweise geregelt; über deren zulässigen Einsatzbereich schwieg sich das Gesetz hingegen aus.[17]

Insgesamt bleibt der Eindruck, dass das Parlament zu wenig entschieden und zu viel delegiert hat,[18] selbst unter Berücksichtigung der offensichtlich praktischen Schwierigkeiten, innerhalb der Krise rasch zu reagieren.[19] In dieser Frage tut ein Blick auf das Verhältnis zwischen Legislative und Exekutive in den Kantonen not.[20] Die Schweiz hat den Vorteil, dass die Notrechtsregelungen der Kantone zwar unterschiedlich sind, immer aber das Grundverhältnis zwischen Parlament und Regierung betreffen. Die Kantone sind bereits an der Aufarbeitung und Auswertung ihrer Erfahrung. Man darf hoffen, dass die entsprechenden Lektionen auf der kantonalen Ebene auch eine umfassende Diskussion über die Rollenverteilung auf Bundesebene erlauben.

4 Stärken und Schwächen der direkten Demokratie

Betrachtet man die beiden Referenden, welche über das Covid-19-Gesetz abgehalten wurden, herrscht Zwiespältigkeit. Die direktdemokratischen Rechte in der Schweiz haben traditionsgemäss eine befriedende Wirkung.[21] Die Abstimmungsverliererinnen und -verlierer mögen mit dem Ergebnis nicht zufrieden sein, akzeptieren das Resultat aber als Ergebnis eines fairen und korrekten Verfahrens. Es mag ein Zufall sein, dass das deutsche Bundesverfassungsgericht und der schweizerische Souverän fast zeitgleich über die Aufrechterhaltung verschiedener Massnahmen in der Krise entschieden haben.[22] Man darf unterstellen, dass in Deutschland die Absicherung durch das Bundesverfassungsgericht traditionsgemäss eine ähnliche legitimierende Wirkung erzielt wie ein Referendum in der Schweiz. In beiden Fällen geht es um die Legitimität eines bestimmten Verfahrens.

Rein praktisch hat das Ergebnis eines Urnengangs in der Schweiz auch zur Folge, dass ein bestimmtes Thema in der Regel während mehrerer Jahre nicht mehr aufgegriffen wird; leicht würden die Stimmberechtigten eine zu frühe Wiedervorlage als «Zwängerei» verstehen. Diese Wirkungen des Referendums mögen in jüngerer Vergangenheit zwar schwächer geworden sein, doch ist die Legitimität des Ergebnisses nicht grundsätzlich in Zweifel gezogen worden – immer vorbehältlich der missratenen Abstimmungen über die Unternehmenssteuerreform II oder über die Volksinitiative «Für Ehe und Familie – gegen die Heiratsstrafe».[23]

Aus dieser Perspektive ist erschreckend, dass Gegnerinnen und Gegner des Covid-19-Gesetzes Behörden und Gerichte mit Abstimmungsbeschwerden überziehen.[24] Wer am Abstimmungsabend erklärt, er akzeptiere das Resultat eines Urnenganges nicht, stellt eine zentrale Institution der schweizerischen Demokratie in Frage. Es sei nochmals betont, dass es nicht darum geht, dass jemand sich auch bei einer erneuten Änderung des Covid-19-Gesetzes gegen dieses zur Wehr setzt. Die Wahrnehmung politischer Rechte ist jedermann unbenommen. Es geht darum, dass das Ergebnis eines politischen Prozesses nicht mehr als legitim empfunden wird. Ausländische Erfahrungen mit Blick auf solche Haltungen lassen nichts Gutes erahnen.

Erst im Rückblick wird man sagen können, ob sich hier ein gefährlicher Paradigmenwechsel abzeichnet oder ob es sich um Nebengeräusche einer pandemiemüden Gesellschaft handelt. Derzeit herrscht der Eindruck, dass sich Massnahmengegnerinnen und -gegner im In- und Ausland zunehmend radikalisieren.

In der Schweiz ist es mit den Institutionen der direkten Demokratie bisher einigermassen gut gelungen, radikale Kräfte einzubinden. Man kann über die wiederholten verschärften Bestimmungen im Ausländerrecht (u.a. Art. 121 Abs. 3ff. BV), die Begrenzung der Zuwanderung (Art. 121a BV) und das Minarettverbot in der schweizerischen Bundesverfassung (Art. 72 Abs. 3 BV) verständlicherweise geteilter Auffassung sein und diese Entwicklungen bedauern. Gerade im Vergleich mit Deutschland dürfte die Schweiz aber bezüglich rechts- und linksextremer Gewaltdelikten einigermassen verschont geblieben sein. Es lässt sich spekulieren, ob dies in erster Linie auf die demokratische Tradition oder auf andere Faktoren zurückzuführen ist. Man darf aber hoffen, dass trotz gewisser Misstöne die Abstimmungen über das Covid-19-Gesetz letztlich die Befriedungsfunktion eidgenössischer Urnengänge auch in der Krise einlösen konnten.

5 Funktionsfähigkeit der Institutionen

Die Pandemie hat gezeigt, dass Institutionen auch in der Krise funktionieren können müssen. Dies gilt insbesondere für die Deliberation der Parlamente,[25] weniger für kleinere, agilere Organe wie Exekutive und Judikative. Es ist sinnvoll, dass diesbezüglich Lücken geschlossen werden und der Einsatz elektronischer Kommunikationsmittel im Krisenfall auf eine solide rechtliche Grundlage gestellt wird.[26]

Allerdings wäre die vorliegende Krise vielleicht auch Anlass, über den Fall der Pandemie hinauszudenken. Niemand weiss, wie die nächste Krise aussehen wird. Aber dass eine Krise kommen kann, sollten wir begriffen haben. Wenn die nächste Krise ausgerechnet den Ausfall jeglicher elektronischer Kommunikationsmittel bewirken sollte, wären die jetzigen Nachbesserungen der institutionellen Funktionsfähigkeit einigermassen nutzlos, um nicht zu sagen geradezu ironisch.

Vielleicht sollte uns die Krise radikalere und unangenehme Fragen anmahnen: Was, wenn der Bundesrat in seiner Gesamtheit ausfallen würde? Wie wäre die Rechtslage, wenn eine kantonale Regierung mit weniger als der Hälfte der Mitglieder bestückt werden könnte? Welche Prozesse müssten vorgesehen werden, um solche drastischen Lücken einigermassen schliessen zu können, um nicht im Zeitpunkt der Krise elementare institutionelle Fragen zu diskutieren? Denn dass die angestammten politischen Organe für die Bewältigung der Krise notwendig sind, steht ausser Frage.

Diese Lektion lässt sich zuverlässig vor dem Ende der Krise lernen.

Referenzen

1 Grundlegend immerhin: Ralph Trümpler, Notrecht, Eine Taxonomie der Manifestationen und eine Analyse des intrakonstitutionellen Notrechts de lege lata und de lege ferenda, Diss. Zürich 2011, Zürich 2012; David Rechsteiner, Recht in besonderen und ausserordentlichen Lagen, Unter besonderer Berücksichtigung des Rechts bei Katastrophen, Diss. St. Gallen 2016, Zürich/St. Gallen 2016; Caroline Lehner, Notverordnungsrecht, Die Kompetenzen des schweizerischen Bundesrats, des spanischen Ministerrats und des französischen Staatspräsidenten, Diss. Bern 2015, Bern 2016.

2 Insbesondere: Giovanni Biaggini, Die polizeiliche Generalklausel: ein verkanntes Rechtsinstitut, Bemerkungen aus Anlass des Urteils des Bundesgerichts v. 15.7.2011 in Sachen FINMA/UBS (2C_127/2010), Schweizerisches Zentralblatt für Staats- und Verwaltungsrecht (ZBl) 1/2012, S. 35ff.; Andreas Kley, Die UBS Rettung im historischen Kontext des Notrechts, ZSR 2/2011 I, S. 123ff.; Markus Schott/Daniela Kühne, An den Grenzen des Rechtsstaats: exekutive Notverordnungs- und Notverfügungsrechte in der Kritik, ZBl 8/2010, S. 409ff.; Luzius Mader, Aushöhlung des Budgetrechts in Krisenzeiten? Die Fälle Swissair und UBS, in: SVVOR-Jahrbuch 2009, Bern 2010, S. 107ff.; Andreas Lienhard/Agata Zielniewicz, Zum Anwendungsbereich des bundesrätlichen Notrechts, ZBl 3/2012, S. 111ff.

3 Vgl. auch Felix Uhlmann, Die Rolle des Rechts in der Pandemie, recht 2/2021, S. 113ff.

4 Vgl. Uhlmann (Anm. 3), S. 113ff.

5 Vgl. Felix Uhlmann/Martin Wilhelm, Verwaltungsrechtliche Herausforderungen, in: Felix Uhlmann/Stefan Höfler (Hrsg.), Notrecht in der Corona-Krise, 19. Jahrestagung des Zentrums für Rechtsetzungslehre, Zürich/St. Gallen 2021, S. 49ff., 54ff.; Uhlmann (Anm. 3), S. 114f.

6 Vgl. bezüglich Impfpflicht immerhin: Lorenz Langer, Impfung und Impfzwang zwischen persönlicher Freiheit und Schutz der öffentlichen Gesundheit, ZSR 1/2017 I, S. 87ff.

7 Wilfried Berg, Die Verwaltung des Mangels, Verfassungsrechtliche Determinanten für Zuteilungskriterien bei knappen Ressourcen, Der Staat 1/1976, S. 1ff.

8 Zur Konfliktbereinigung und zum Ausgleich widerstreitender Interessen als Funktionen des Rechts im Allgemeinen: Manfred Rehbinder, Rechtssoziologie, Berlin/New York 1977, S. 142ff.; vgl. zu den Funktionen des Rechts in Krisen auch: Anika Klafki, Kontingenz des Rechts in der Krise, Rechtsempirische Analyse gerichtlicher Argumentationsmuster in der Corona-Pandemie, JöR 1/2021, S. 583ff., 585.

9 Felix Uhlmann, Legalitätsprinzip, in: Oliver Diggelmann/Maya Hertig Randall/Benjamin Schindler (Hrsg.), Verfassungsrecht der Schweiz, Bd. 2, Zürich 2020, S. 121ff., Rz. 12.

10 Uhlmann (Anm. 9), Rz. 3.

11 Uhlmann (Anm. 9), Rz. 5.

12 Uhlmann (Anm. 9), Rz. 4.

13 Zur Rolle des Parlaments bei der Bewältigung der Covid-19-Pandemie u.a.: Odile Ammann/Felix Uhlmann, Switzerland: The (Missing) Role of Parliament in Times of Crisis, in: Matthias C. Kettemann/Konrad Lachmayer (Hrsg.), Pandemocracy in Europe, Oxford 2021, S. 179ff., 179ff. u. 184ff.; Giovanni Biaggini, Das Verfassungsgefüge im Stresstest der Pandemie, Über Defizite im rechtsstaatlich-demokratischen Schutzdispositiv (ausgehend von den Beispielen «Notrecht» und Covid-Zertifikat), ZBl 2/2022, S. 59ff.; Andreas Glaser/Katja Gfeller, Das Ringen des Parlaments um mehr Macht, Rückschlag infolge der Corona-Pandemie?, Jusletter v. 5.10.2020, Rz. 40f.; Andrea Caroni/Stefan G. Schmid, Notstand im Bundeshaus, Die Rolle der Bundesversammlung in der (Corona-)Krise, AJP 6/2020, S. 710ff., 710ff.; Andreas Stöckli, Regierung und Parlament in Pandemiezeiten, ZSR Sondernummer Pandemie und Recht (2020), S. 9ff., 10f.; Andreas Stöckli, Gewaltenteilung in ausserordentlichen Lagen, Lehren aus der Corona-Krise, Jusletter v. 15.2.2021, Rz. 1ff.
Allgemein zur Rolle des Parlaments in Krisensituationen auch: Florian Brunner/Martin Wilhelm/Felix Uhlmann, Das Coronavirus und die Grenzen des Notrechts, Überlegungen zu einer ausserordentlichen ausserordentlichen Lage, AJP 6/2020, S. 685ff., 699ff.; Martin Wilhelm/Felix Uhlmann, Herausforderungen für Parlamente in der Corona-Krise – Versuch eines Überblicks, Parlament 2/2020, S. 4ff., 4ff.

14 Vgl. zur entsprechenden Diskussion: Balz Oertli, Gibt es gar keine Rechtsgrundlage für die 50-Franken-Gutscheine?, SRF, Heute Morgen v. 5.10.2021, abrufbar unter https://www.srf.ch/news/schweiz/impfoffensive-des-bundesrats-gibt-es-gar-keine-rechtsgrundlage-fuer-die-50-franken-gutscheine.

15 Bundesgesetz über die gesetzlichen Grundlagen für Verordnungen des Bundesrates zur Bewältigung der Covid-19-Epidemie vom 25.9.2020 (Covid-19-Gesetz; SR 818.102).

16 Etwa über die bei den verschiedenen Unterstützungs- und Härtefallmassnahmen sowie Erwerbsausfallentschädigungen Anspruchsberechtigten (Art. 11ff. Covid-19-Gesetz).

17 Biaggini (Anm. 13), S. 59.

18 Zur Problematik der Delegationen im Covid-19-Gesetz: Uhlmann/Wilhelm (Anm. 5).

19 Ähnlich Biaggini (Anm. 13), S. 59ff.

20 Zum entsprechenden Verhältnis im Kanton Bern: Felix Uhlmann/Martin Wilhelm, Notrechtskompetenzen von Regierungsrat und Grossem Rat im Kanton Bern, Unter besonderer Berücksichtigung der Ausserkraftsetzung der Schuldenbremse in der Corona-Krise, ZBJV 12/2020, S. 657ff.
Für eine Übersicht über alle Kantone: Martin Wilhelm, Kantonales Notrecht: Bewährungsprobe bestanden?, in: Irina Lehner/Caroline Rausch/Lea Schneider/Anna Stauffer (Hrsg.), Recht in der Krise, Analysen und Perspektiven von Assistierenden des Rechtswissenschaftlichen Instituts der Universität Zürich (APARIUZ), Bd. XXIII (erscheint im Sommer 2022).

21 Dazu etwa: Daniel Kübler, Schweizerische Demokratie im internationalen Vergleich, in: Oliver Diggelmann/Maya Hertig Randall/Benjamin Schindler (Hrsg.), Verfassungsrecht der Schweiz, Bd. 1, Zürich 2020, S. 317ff., Rz. 21.

22 BVerfG 1 BvR 781/21 u.a. sowie BVerfG 1 BvR 971/21 u.a.; Volksabstimmung v. 28.11.2021, Änderung des Bundesgesetzes über die gesetzlichen Grundlagen für Verordnungen des Bundesrates zur Bewältigung der Covid-19-Epidemie (Covid-19-Gesetz) (Härtefälle, Arbeitslosenversicherung, familienergänzende Kinderbetreuung, Kulturschaffende, Veranstaltungen).

23 In BGE 138 I 61 betreffend die Volksabstimmung über die Unternehmenssteuerreform II stellte das Bundesgericht eine Verletzung der Abstimmungsfreiheit fest. Die eidgenössische Volksabstimmung v. 28.2.2016 über die Volksinitiative «Für Ehe und Familie – gegen die Heiratsstrafe» hob das Bundesgericht im Urteil 1C_315/2018 u.a.v. 10.4.2019 auf.

24 Gemäss einem Medienbericht wurden bei den Kantonen rund 750 Abstimmungsbeschwerden eingereicht, siehe René Donzé/Mirko Plüss, Ein grosses Misstrauen vergiftet die Schweiz, NZZ am Sonntag v. 21.11.2021, S. 12f., 13.

25 Dazu u.a.: Wilhelm/Uhlmann (Anm. 13); Caroni/Schmid (Anm. 13); Stöckli, Regierung und Parlament in Pandemiezeiten (Anm. 13), S. 39ff.; Giovanni Biaggini, Demokratie in Zeiten des Coronavirus: Dürfen Parlamente nur tagen, wenn die Regierung will?, Parlament 2/2020.

26 Betreffend virtuelle Kommissionssitzungen: Stöckli, Regierung und Parlament in Pandemiezeiten (Anm. 13), Fn. 213. Auf die Covid-19-Pandemie beschränkt erlaubt Art. 10a ParlG eine Stimmabgabe in Abwesenheit bei den Sitzungen des Nationalrats.

4

Werner Vontobel

Die Medien kannten die Antworten, bevor sie die Fragen gestellt haben

Die Leitmedien haben sich punkto Corona bewusst in den Dienst der Pandemiebekämpfung gestellt – und haben uns damit einen schlechten Dienst erwiesen.

Am Anfang ging es auch um Auflagesteigerung und Einschaltquoten. Särge in Bergamo, Tote auf den Gängen bringen Klicks. Doch das war nicht ein Tsunami im Fernen Osten, sondern etwas, was jeden auch selbst treffen könnte. Disziplin war gefragt. Abstand halten, zuhause bleiben, Leben retten. Angsteinflössende Bilder und Nachrichten trugen zur Festigung der Disziplin bei und stärkten später den Impfwillen. So wurden die Medien zu Pandemiebekämpfern und zu Erfüllungsgehilfen der Regierungen.

Zumindest in der Ringier-Gruppe war dies sogar ein Befehl von ganz oben: «Wir hatten in allen Ländern, wo wir tätig sind – und da wäre ich froh, wenn das in diesem Kreis bleibt –, auf meine Initiative hin gesagt: ‹Wir wollen die Regierung unterstützen durch unsere mediale Berichterstattung, dass wir alle gut durch die Krise kommen.›» Das hat, wie er inzwischen selbst bestätigte, Ringier-Chef Marc Walder im Rahmen einer Veranstaltung der Schweizerischen Management-Gesellschaft gesagt. Und weiter: «Die Medien haben in der Corona-Krise eine zusätzliche Dimension an Verantwortung.»[1]

Hinterher stellt sich die Frage, ob unsere Medien dem Land damit einen Dienst erwiesen haben. Dafür spricht, dass eine verängstigte Bevölkerung mehr Abstand hält und sich eher impfen lässt. Dagegen spricht erstens, dass Angst das sympathische Nervensystem aktiviert und damit möglicherweise die Immunabwehr schwächt. Zweitens sind die Medien mit daran schuld, dass der Einsatz von Hausmitteln, die sich gegen normale Grippen bewährt hatten (Vitamin C und D, Zink, Echinaforce, Gurgeln mit Listerin etc.) von Anfang an verpönt war. Das waren «Fake News, die Ihre Gesundheit gefährden». Nur schon die Idee, dass solche Mittel helfen könnten, bedeutete, dass man Corona mit einer Grippe verglich – und damit verharmloste.

So kam es, dass es gemäss den Gesundheitsbehörden der westlichen Länder und den Leitmedien auch nach zwei Jahren (bis auf das teure und nur beschränkt verfügbar Paxlovid) kein Mittel für die frühzeitige Behandlung von Covid-19 gibt. Erst nachdem die Atemnot eintritt, solle man sich in Spitalpflege begeben. Doch weltweit mussten Millionen von Ärzten und Abertausende von Kliniken irgendetwas unternehmen, um ihre Corona-Patienten zu retten. Sie mussten zu diesem Zweck voneinander lernen. Hat dieser globale Lernprozess wirklich nichts gebracht? Kann Covid-19 weiterhin erst im Spital behandelt werden, nachdem die Atemnot eingetreten ist? Können wir unser Immunsystem wirklich nur mit Impfen und Boostern stärken? Oder anders gefragt: Stimmt das Narrativ der Leitmedien und der Gesundheitsbehörden wirklich?

Die Frage stellt sich umso mehr, als sich die Lernkurve der Ärzte und Kliniken inzwischen in Tausenden von Erfahrungsberichten und Hunderten von Studien niedergeschlagen hat. In den USA etwa hat die Association of American Physicians and Surgeons AAPS diese Erkenntnisse schon früh zu einem (laufend aktualisierten) Behandlungsprotokoll zuhanden der Hausärzte zusammengefasst. Die AAPS-Ärztinnen und Ärzte betonen, dass eine Ansteckung bei den unter 50-Jährigen nur in 0,05% der Fälle tödlich verläuft, aber – wenn nicht rechtzeitig behandelt – bei den Senioren und Risikopatienten schwerwiegende Folgen haben kann. Deswegen sei es fahrlässig, die Krankheit erst im Spital mit Präparaten zu behandeln. Die AAPS rät deshalb, vorbeugend und sofort nach den ersten Symptomen die Vitamine D und C sowie Zink einzunehmen. Dann in Absprache mit dem Arzt auch Hydroxychloroquin (HCQ), Azithromycin, Doxycyclin und Ivermectin.[2] Unter den Erfahrungsberichten sticht jener von Prof. Didier Raoult hervor, dessen Universitätsklinik in Marseille bis Mitte November 2021 mehr als 13 000 Covid-Patienten mit einem auf Hydroxychloroquin und Azithromycin basierenden Protokoll behandelt hat, wovon nur 11 gestorben seien.[3]

Es geht hier nicht darum, festzustellen, ob diese Behandlungsprotokolle funktionieren oder nicht. Das fällt nicht in den Kompetenzbereich von Journalisten. Diese müssen bloss beurteilen, ob die entsprechenden Informationen berichtenswert sind. Und daran kann es kaum einen Zweifel geben. Wenn mitten in der Pandemie der meistzitierte Virologe der Welt, die AAPS und viele andere Ärzte (weitgehend) übereinstimmend sagen, sie hätten ein Mittel gefunden, dann muss man natürlich kritisch nachfragen, aber man darf diese Informationen nicht einfach ignorieren oder sie gar als «Fake News» hinstellen.

Genau das aber haben unsere Leitmedien getan. Sie haben – wie auch immer – «gewusst», dass es gegen Covid-19 keine einfachen, billigen Mittel gebe, dass Raoult irrt und dass sie ihre Leser vor diesen falschen Rezepten warnen müssen. Mit der Folge, dass frau als Konsumentin der Leitmedien während der ganzen Pandemie zwar detailliert über alles informiert wurde, was sich in den Labors der (börsenrelevanten) Pharmafirmen tat. Wer sich über den hoch spannenden Lernprozess der Ärzte vor Ort auf dem Laufenden halten wollte, war auf die «sozialen Medien» angewiesen.

Unter dem bunten Angebot auf den Youtube-Kanälen stechen die Beiträge von Syed Mobeen, John Campbell und Roger Seheult durch ihre Sachkompetenz hervor.[4] Mit Einschaltquoten von oft über einer Million Interessierter pro Beitrag sind diese drei Ärzte zur wichtigsten Anlaufstelle nicht nur für Laien, sondern auch für viele Fachpersonen geworden, die ihre Corona betreffenden Erkenntnisse einem breiteren Publikum bekannt machen wollen. Dabei wird kein Aspekt ausgelassen: So geht es etwa um die Frage, wie genau Ivermectin wirkt und wie sich dieser Wirkungsmechanismus von demjenigen des hundertmal teureren Paxlovid von Pfizer unterscheidet.[5] Oder es wird erörtert, welche Form von Vitaminen auch auf der Intensivstation noch wirkt, wie Saunagänge die Produktion von Interferonen ankurbeln oder wie Gurgeln zum Beispiel mit Povidon die Viren schon in den Schleimhäuten um das Hundert- bis Tausendfache reduziert.

Die Leitmedien haben diese komplexen Informationen mit dem Mittel der Absender-Heuristik verarbeitet. Anstelle der Botschaft schaute man sich den Absender kritisch an oder man bastelte sich einen Ersatz-Absender. So wurde Hydroxychloroquin zu «Trumps Wundermittel». Fall klar. Gegen die eigentlichen Absender, wie etwa die französischen Professoren Raoult und Christian Perronne, wurden Disziplinarverfahren angestrengt, und seither haben sie in den französischen Leitmedien die Etikette «très controversé» (sehr umstritten). Als «Recherchen» ergaben, dass Ivermectin auch in der Tiermedizin angewendet wird, sprach man nur noch vom «Pferdeentwurmungsmittel» – das natürlich bei Menschen nur Schaden anrichten könne. Ist ja klar.

Meistens wurden die alternativen Covid-Mittel jedoch totgeschwiegen oder man berichtete über sie nur noch in der Form der üblen Nachrede. Beispiele: Im «Bund» bzw. in den TA-Medien erschien im Oktober 2021 die Schlagzeile «Covid-Kranke als Versuchskaninchen missbraucht».[6] Im Lauftext las man: «Nun ermitteln brasilianische Behörden, in welchem Zusammenhang der Tod von 200 Menschen steht, die Proxalutamid bekommen hatten.» Und: «Alle Betroffenen sollen an einer Studie teilgenommen haben, die insgesamt wohl mehr als 600 Menschen umfasste, von denen die Mehrheit wahrscheinlich nichts von ihrer Teilnahme wusste und von denen am Ende rund 200 Patienten tot waren.» Weiter: «Angehörige haben angekündigt, Klage einzureichen. Sie sagen, man habe ihre Familienmitglieder ohne ihr Wissen als Versuchskaninchen missbraucht.» Zudem habe auch Bolsonaro für Proxalutamid geworben und man wisse ja, was von dem zu halten sei.

Damit scheint die Sache klar, es sei denn, man klickt die verlinkte Studie an.[7] Dort erfährt man nämlich, dass je gut 300 schwer erkrankte Covid-Patienten entweder mit Proxalutamid oder mit Placebo behandelt wurden. In der Placebo-Gruppe starben 162, in der Proxalutamid-Gruppe 35 Patienten. Zusammen ergibt das die erwähnten rund 200 Toten. Wen die Angehörigen weswegen verklagt haben, geht aus dem Text nicht hervor. Wenn jemand Grund zum Klagen hatte, dann wohl am ehesten die Hinterbliebenen der Patienten in der Placebo-Gruppe.

Proxalutamid ist aber nur ein Nebenschauplatz. Das meistzitierte und -angewandte Mittel im Arsenal der Ärzte an der Front ist Ivermectin. Deshalb wollen wir uns genauer anschauen, wie die Leitmedien darüber (nicht) berichtet haben. Ein typisches Beispiel dafür ist einer der wenigen einschlägigen Texte in den TA-Medien. Es geht darum, dass eine der angeblich wichtigsten Studien zu Ivermectin auf gefälschten Originaldaten beruhe. Das habe der britische Biomedizin-Student Jack Lawrence recherchiert.[8] In diesem «Tages-Anzeiger»-Text erfährt man aber nicht, dass Dr. Ahmed Elgazzar, der Autor der betreffenden Studie, dies klar in Abrede gestellt hat. Die ihm vorgelegten gefälschten Originale hätten mit seinen Daten nichts zu tun. Anders als Lawrence behaupte, habe er die Originaldaten auch nie aufgeschaltet. In der Tat passiert das – wegen dem Schutz der Patientendaten – nie, womit ungeklärt bleibt, wie Lawrence in den Besitz der Daten gelangt sein soll. Auf Anfrage erfuhr der «Infosperber», der Journalist habe von diesem Dementi gewusst, habe es aber nicht für glaubwürdig erachtet und deshalb auch nicht erwähnt.[9]

Ein weiteres Beispiel für die einseitige Berichterstattung ist die von den Leitmedien oft zitierte Metastudie der Arbeitsgemeinschaft Cochrane,[10] wonach die Wirksamkeit von Ivermectin nicht erwiesen sei. Nie erwähnt wird jedoch, dass diese Metastudie in Fachkreisen stark umstritten ist. Selbst ein interessierter Laie kann – wenn er denn die ganze Studie liest – leicht erkennen, dass da etwas faul sein muss. Dazu nur ein Beispiel: Ivermectin wirkt vor allem im frühen und vorbeugenden Stadium. Dazu gibt es 14 klinische Studien. Die Cochrane-Analyse wählt davon nur eine aus und sagt dazu in der Schlussfolgerung, es sei nicht klar, ob Ivermectin das Todesfallrisiko senke. Stimmt. Doch in der Studie ging es nicht um Todesfälle, sondern um Hospitalisierungen, und die sind im Vergleich zum Placebo um 90 Prozent reduziert worden.

Dass unsere Leitmedien punkto alternative Corona-Medikamente nur noch im Kampfmodus agieren, zeigt auch diese Schlagzeile in der «Luzerner Zeitung»:[11]

«Impfskeptiker setzen auf Entwurmungsmittel für Pferde». Gemeint ist Ivermectin. «Für das Mittel werben auch prominente Köpfe der Zertifikatsgegner», erfährt man weiter. Womit offenbar alles gesagt ist. Etwas worauf «Impfskeptiker» und «Zertifikatsgegner» setzen, kann nicht wirksam sein. Die zu über 80 Prozent von der Pharma-Industrie finanzierte Zulassungsbehörde Swissmedic mischt bei der Anti-Ivermectin-Kampagne aktiv mit. Etwa mit diesem in den Medien viel zitierten Tweet: «Angebliches Wundermittel Ivermectin: Das Antiparasitikum wurde nicht von Swissmedic geprüft. Seien Sie vorsichtig: Wer Ivermectin unkontrolliert einnimmt, gefährdet seine Gesundheit.»

Dazu ist zu sagen, dass Ivermectin, dessen Entdecker 2005 mit dem Nobelpreis ausgezeichnet wurde, weltweit schon milliardenfach angewendet worden ist und – in den empfohlenen Dosierungen – als sehr sicher gilt. Dass eine «unkontrollierte» Einnahme gefährlich werden kann, gilt für alle Medikamente. Richtig ist auch, dass Swissmedic das Mittel nicht zugelassen hat, da bisher keine Zulassung beantragt wurde. In vielen Ländern ist Ivermectin jedoch *das* Mittel gegen Corona. Gemäss der Webseite ivmstatus.com wurde es per Ende 2021 von 28 Prozent der Weltbevölkerung zu diesem Zweck eingesetzt – vorwiegend in Ländern der Dritten Welt. In Indien etwa hat das nationale Gesundheitsministerium eine Richtlinie für die Frühbehandlung von Covid-19 ausgearbeitet.[12] Danach soll man in den ersten 3 bis 5 Tagen Ivermectin schlucken und allenfalls eine Inhalation mit Budesonid einleiten.

In unseren Breitengraden haben es die billigen Anti-Covid-Mittel schwer. Offensichtlich wird hier mit zwei Ellen gemessen. Ein Beispiel: Bei dem pro Behandlung 700 Euro teuren Molnupiravir hat eine einzige Studie des Herstellers Merck mit 775 Patienten für die Zulassung gereicht. Das hundertmal billigere Ivermectin hat in 67 Studien mit 49 500 Patienten eine Wirkung von durchschnittlich 66 Prozent. Bei Molnupiravir waren es nur 33 Prozent. Dennoch wurde Ivermectin bisher nicht zugelassen, unter anderem wohl auch deshalb, weil Merck als wichtigster Hersteller keinen entsprechenden Antrag gestellt und es abgelehnt hat, Ivermectin gegen Covid zu testen. In den USA kommt es auch immer häufiger vor, dass Spitäler den Belegärzten verbieten, ihre Patienten mit Ivermectin zu behandeln.

Dies ist ganz im Interesse der Pharma-Industrie. Deren Impfstoffe hätten keine Notfallzulassung erhalten dürfen, wenn es ein wirksames und offiziell anerkanntes Mittel gegen Covid gibt. Dass dabei sehr viel Geld und satte Gewinnmargen auf dem Spiel stehen, zeigt das Zwischenergebnis von Moderna per Ende September 2021: Bei 10,7 Milliarden Dollar Vakzin-Umsatz resultiert ein Reingewinn von 7,3 Milliarden. Von den 1,34 Milliarden Forschungskosten stammt rund ein Drittel vom National Institute of Health, also vom Staat, der jedoch nicht am Gewinn beteiligt ist.

Sind die Gesundheitsbehörden und Spitäler Marionetten an den Fäden der Pharma-Industrie? Normalerweise reichen den Medien geringere Verdachtsmomente, um sich in Recherchen zu stürzen. Doch davon hat man bisher nichts gelesen. Noch nicht einmal das Empörungspotential der stark überrissenen Impfstoff-Preise wurde bewirtschaftet. Heisst das, dass auch die Medien von Big-Pharma gesteuert werden? Oder von den grossen Finanzkonglomeraten, die in beiden Branchen investiert sind? Zumindest in den USA oder in Frankreich ist dieser Zusammenhang aktenkundig.

In der Schweiz wirken – wie ich aus Erfahrung weiss – subtilere Mechanismen. Wer regelmässig über die Pharma-Industrie berichtet, ist in den Komplex der evidenzbasierten Medizin eingebettet. Dort gilt der Grundsatz, dass die Wirksamkeit von Medikamenten einzig durch «multizentrische», an vielen Universitätskliniken gleichzeitig durchgeführte, placebokontrollierte und randomisierte Studien bewiesen werden kann. Doch solche können sich nur die grossen Pharmamultis leisten. Erscheint dennoch ein positiver Beitrag beispielsweise zu Ivermectin, genügt ein mit Fachjargon gespickter Beschwerdebrief an den Chefredaktor, um diesen davon zu überzeugen, dass Ivermectin – oder was auch immer – eben doch nicht wirksam und vermutlich sogar toxisch sei.

Dass selbst spezialisierte Zeitschriften offenbar Mühe bekunden (?), grosse Studien richtig einzuordnen, zeigt das Beispiel von zwei Studien, die beide «bewiesen» haben, dass Hydroxychloroquin mehr schadet als nützt. Bei der am 22. Mai 2020 im renommierten «Lancet» veröffentlichten Surgisphere-Studie wurden in Nachhinein Daten von 100 000 Corona-Patienten aus 671 Spitälern in sechs Kontinenten ausgewertet.[13] Die Studie machte weltweit Schlagzeilen und führte unter anderem dazu, dass Frankreichs Ärzten am 28. Mai die Anwendung von Hydroxychloroquin untersagt wurde. Das Schweizer Taskforce-Mitglied Prof. Battegay fragte im «Tages-Anzeiger», «ob es nach der neusten Veröffentlichung ethisch überhaupt noch zulässig ist, weitere Studien durchzuführen?». Eine Woche danach hat «Lancet» die Studie zurückgezogen und eingeräumt, dass gravierende Mängel an der Datenqualität vorliegen. Am Verbot änderte das nichts. Auch in der Schweiz wurden keine weiteren Versuche mehr durchgeführt.

Bei der mit Hilfe der WHO durchgeführten, multinationalen Recovery-Studie[14] waren die Daten echt und auch die Schlussfolgerung, wonach die Sterblichkeit bei den 1076 mit HCQ behandelten Patienten höher war als in der Placebo-Gruppe, wurde von niemandem bestritten. Das Problem war bloss, dass die in der Studie verwendeten Dosierungen drei- bis viermal zu hoch waren. Und dies, obwohl man seit bald 50 Jahren weiss, dass zu hohe Dosen toxisch sind. Kommt dazu, dass HCQ in dieser Studie bloss als Monopräparat getestet worden ist, obwohl es in der klinischen Praxis fast immer (so auch bei Raoult) im Rahmen eines ausgeklügelten Protokolls zusammen mit anderen Medikamenten angewendet wird.

Sich ein Urteil über die Wirksamkeit von Ivermectin oder HCQ zu bilden, mag die Kompetenz- und Kapazitätsgrenzen der Leitmedien überfordern. Dass die Vitamine D und C unser Immunsystem stärken und dass Letzteres unter anderem auch Zink, Selen und Omega-3-Fette braucht, sollte hingegen Allgemeinwissen sein. Dass grosse Teile der Bevölkerung namentlich mit Vitamin D, C und Zink unterversorgt sind, lässt sich leicht recherchieren. Ebenfalls allgemein bekannt ist, dass mindestens 90 Prozent derer, die sich mit Corona anstecken, mit einem leichten bis asymptomatischen Verlauf rechnen können. Sämtliche Gesundheitskanäle auf dem Internet – sowie auch mein Hausarzt – haben sich daraus gleich zu Beginn der Pandemie einen Reim gemacht und die genannten Substanzen vorsorglich empfohlen. Auch wenn eine Wirkung gegen Covid-19 noch nicht erwiesen sei, so könne es doch nichts schaden.

Im September 2020 fasste dann die Schweizerische Gesellschaft für Ernährung die Ergebnisse von einschlägigen Studien in einem «Positionspapier» zusammen und empfahl, das Immunsystem unter anderem mit den Vitaminen D und C sowie mit Zink und Selen zu stärken. Was dann geschah war erstaunlich: Ausser dem «Blick» reagierte niemand, dieser aber immerhin gleich mit einer Schlagzeile auf der Frontseite: «Mediziner fordern Nahrungsergänzung gegen Covid-19.»[15] Doch noch am selben Tag folgte auf blick.ch das Dementi. «Darüber kann die Taskforce des Bundesrates nur den Kopf schütteln. Sogar Seife wirkt besser.» Ein «Effekt von solchen Cocktails spezifisch für Sars-CoV-2 ist nicht erwiesen», wird der Infektiologe Prof. Manuel Battegay zitiert. Und dessen Taskforce-Kollege Marcel Tanner doppelt nach: «Vitamin-Cocktails sind keine Corona-spezifischen Behandlungen.» Wenige Tage darauf, entfernte die SGE die Studie von ihrer Homepage und bat «für das Missverständnis um Entschuldigung». Damit war das Thema für den Mainstream wieder genauso tot wie zuvor.[16]

Was die nichtmedizinischen Massnahmen betrifft, waren die Leitmedien kritischer, allerdings meist bloss in eine Richtung. Das einzige Medium, das die Massnahmen beidseits kritisch begleitet und dazu die einschlägigen Studien zitiert hat, ist die Internet-Zeitung «Infosperber». Sie stellte etwa die Frage nach dem Nebenwirkungs-und-Nutzen-Verhältnis der Impfung für unter 40-jährige. Oder erörterte, wie gut der PCR-Tests geeignet ist, die Nicht-Ansteckenden von den Ansteckenden zu unterscheiden und nur diese in Quarantäne zu bringen, und ob der viel billigere Schnelltest diese Aufgabe besser lösen kann.

«Infosperber» gehörte auch zu den ersten, die darauf aufmerksam machten, dass die Impfung die Ansteckungsgefahr nicht wesentlich verringerte. Und sie zog daraus den Schluss, dass auch Geimpfte getestet werden sollten. Auch in der NZZ konnte man zuweilen Informationen lesen, die geeignet waren, den Impfwillen der Bevölkerung zu schwächen. So berichtete sie etwa auf einer ganzen Seite samt Graphik über die schwedische Studie, wonach die Wirkung der diversen Impfstoffe schon nach wenigen Monaten stark abnimmt. Den anderen Medien war das allenfalls ein Randnotiz wert.

Im Gegensatz dazu stützte der «Blick» seine Meinung weniger auf Studien ab als auf die Volksmeinung, die er mit seiner Berichterstattung massgeblich selbst beeinflusst hat. So hat die Boulevardzeitung etwa kurz vor der Covid-Abstimmung im November 2021 eine Meinungsumfrage in Auftrag gegeben, deren Ergebnisse – nicht überraschend – weitgehend die vom «Blick», aber auch von der Tamedia-Gruppe vertretenen Positionen widerspiegelt. Am Montag nach der Abstimmung schrieb «Blick»-Chef Christian Dorer unter dem Titel «Genug herumgeeiert» einen Kommentar, in dem er den Bundesrat wissen liess, was nun zu tun sei: «Es ist klar, was der Bundesrat als nächstes tun muss: die 2G-Regel einführen. Auch in diesem Punkt hat er eine satte Mehrheit von zwei Dritteln der Bevölkerung hinter sich.» Und: «Die Solidarität der Geimpften mit den Ungeimpften ist am Ende. Die Mehrheit von 76,5 Prozent Geimpften (über 12 Jahren) hat es satt, sich für die Minderheit von 23,5 Prozent Ungeimpften einschränken zu müssen. Spätestens seit einem Jahr dürfte wirklich jeder wissen, dass die Pandemie allein durch konsequentes Impfen beendet werden kann.»

Die von Dorer genannten Prozentzahlen beziehen sich nicht etwa auf die Abstimmungsergebnisse, sondern auf die «Blick»-Umfrage. Damit wird eine «repräsentative» Meinungsbefragung unter 1000 Personen zum für den Bundesrat verpflichtenden Volkswillen erhoben. Das ist gefährlich. Meinungsumfragen können keinen demokratischen Meinungsbildungsprozess ersetzen – auch dann nicht, wenn sie sich direkt an eine Volksabstimmung anlehnen. Demokratie ist nicht die Diktatur des Mehrheitswillens. Dieser darf erst nach einem ausführlichen Prozess der Meinungsbildung festgestellt werden. Erstens, weil damit die Chance auf einen guten Entscheid erhöht wird. Zweitens, weil die unterlegene Minderheit das Gefühl haben muss, dass ihre Argumente und Anliegen ausreichend und wohlwollend erwogen worden sind.

Dieses Abwägen aller Argumente, das kritische Hinterfragen, wäre eigentlich die Aufgabe der «vierten Gewalt». Im Falle von Corona haben die Medien ihren Part in der Demokratie schlecht gespielt. Sie haben die Antworten gewusst, längst bevor sie die Fragen gestellt haben. Wer stolz darauf ist, zu denen zu gehören, die – um Dorer zu zitieren – nicht erst seit einem Jahr «wissen, dass die Pandemie allein durch konsequentes Impfen beendet werden kann», würde fahrlässig handeln, wenn er den allgemeinen Impfwillen durch unnötige Fragen schwächt. Folglich haben die Leitmedien diese Fragen gar nicht erst gestellt. Wozu auch? Sie «wissen» ja, was Sache ist.

Die Leitmedien in dieser Pandemie haben nicht nur uns einen schlechten Dienst erwiesen, sondern sie haben auch ihre eigene Glaubwürdigkeit untergraben.

Referenzen

1 Philippe Gut: CEO Marc Walder zwang alle Ringier-Medien weltweit auf Regierungskurs, in: Die Ostschweiz, 31.12.2021. Verfügbar unter: https://www.dieostschweiz.ch/artikel/ceo-marc-walder-zwang-alle-ringier-medien-weltweit-auf-regierungskurs-Wo9jwzQ

2 A Guide to Home-Based COVID Treatment. AAPS | Association of American Physicians and Surgeons. 2022 [zitiert 21. Januar 2022]. Verfügbar unter: https://aapsonline.org/covidpatientguide/

3 Didier Raoult, IHU Mediterranee-Infection. Kill the winner. 2021 [zitiert 21. Januar 2022]. Verfügbar unter: https://www.youtube.com/watch?v=c_Sxv6IRWmw

4 Dr. John Campbell. New Pfizer drug and ivermectin. 2021 [zitiert 21. Januar 2022]. Verfügbar unter: https://www.youtube.com/watch?v=ufy2AweXRkc

5 Zaidi AK, Dehgani-Mobaraki P. The mechanisms of action of ivermectin against SARS-CoV-2—an extensive review. J Antibiot. 21. Dezember 2021;1–12.
Frances-Monerris A, Garcia-Iriepa C, Iriepa I, Hognon C, Miclot T, Barone G, u.a. Microscopic interactions between ivermectin and key human and viral proteins involved in SARS-CoV-2 infection. Physical Chemistry Chemical Physics. 2021;23(40):22957–71.

6 Medizinskandal in Brasilien – Covid-Kranke als «Versuchskaninchen missbraucht». Der Bund. [zitiert 21. Januar 2022]. Verfügbar unter: https://www.derbund.ch/covid-kranke-als-versuchskaninchen-missbraucht-897223590377

7 Flávio Adsuara Cadegiani, Daniel do Nascimento Fonseca, John McCoy et al. Efficacy of Proxalutamide in Hospitalized COVID-19 Patients: A Randomized, Double-Blind, Placebo-Controlled, Parallel-Design Clinical Trial. medRxiv preprint, verfügbar unter: https://www.medrxiv.org/content/10.1101/2021.06.22.21259318v1.full.pdf

8 Nik Walter: Wundermittel gegen Corona oder nur billiges Wurmmittel? Tages Anzeiger 16.10.2021. Verfügbar unter: https://www.tagesanzeiger.ch/wundermittel-gegen-corona-oder-nur-billiges-wurmmittel-462992248564

9 Urs P. Gasche: Die SoZ zerpflückt Ivermectin-Studie auf dünnem Eis, Infosperber, 23.10.2021, verfügbar unter: https://www.infosperber.ch/gesundheit/public-health/die-soz-zerpflueckt-ivermectin-studie-auf-duennem-eis/

10 Popp M, Stegemann M, Metzendorf M-I, Gould S, Kranke P, Meybohm P, u.a. Ivermectin for preventing and treating COVID-19. Cochrane Database of Systematic Reviews. 2021 [zitiert 21. Januar 2022];(7). Verfügbar unter: https://www.cochranelibrary.com/cdsr/doi/10.1002/14651858.CD015017.pub2/full

11 Vgl. Christoph Bernet: Impfskeptiker setzen auf Entwurmungsmittel für Pferde. Aargauer Zeitung, 31.10.2021. Verfügbar unter: https://www.aargauerzeitung.ch/schweiz/ivermectin-impfskeptiker-setzen-auf-entwurmungsmittel-fuer-pferde-ld.2208442

12 Guidelines for Home Isolation of Mild/Asymptomatic COVID-19 Cases: Treatment for Patients with Mild/Asymptomatic Disease (2/2). [zitiert 21. Januar 2022]. Verfügbar unter: https://transformingindia.mygov.in/covid19/guidelines-for-home-isolation-of-mild-asymptomatic-covid-19-cases-treatment-for-patients-withmild-asymptomatic-disease-2-2/
Uttar Pradesh government says early use of Ivermectin helped to keep positivity, deaths low. The Indian Express. 2021 [zitiert 21. Januar 2022]. Verfügbar unter: https://indianexpress.com/article/cities/lucknow/uttar-pradeshgovernment-says-ivermectin-helped-to-keep-deaths-low-7311786/

13 Mehra MR, Desai SS, Ruschitzka F, Patel AN: Hydroxychloroquine or chloroquine with or without a macrolide for treatment of COVID-19: a multinational registry analysis. Lancet. 2020; (published online May 22, withdrawn June 5 2020.) Verfügbar unter: https://www.thelancet.com/journals/lancet/article/PIIS0140-6736(20)31324-6/fulltext

14 Crafa A, Cannarella R, Condorelli RA, Mongioi LM, Barbagallo F, Aversa A, u.a. Influence of 25-hydroxycholecalciferol levels on SARS-CoV-2 infection and COVID-19 severity: A systematic review and meta-analysis. EClinicalMedicine. 1. Juli 2021 [zitiert 21. Januar 2022];37. Verfügbar unter: https://www.thelancet.com/journals/eclinm/article/PIIS2589-5370(21)00247-9/fulltext
WHO and UK trials use potentially lethal hydroxychloroquine dose--according to WHO consultant. The Palmer Foundation. 2020 [zitiert 21. Januar 2022]. Verfügbar unter: https://www.palmerfoundation.com.au/who-and-uk-trials-use-potentially-lethal-hydroxychloroquine-dose-according-to-who-consultant/

15 www.blick.ch, 11.10.2020

16 www.blick.ch, 6.11.2020

5

Daniel Kübler

Demokratien im Stresstest

Einleitung

Für demokratische Regierungen ist das Coronavirus ein Albtraum. Massnahmen wie Kontaktbeschränkungen, Reiseverbote, Lockdowns, Ausgangssperren, Zertifikats- und Impfpflicht sind nicht nur Unannehmlichkeiten im Alltagsleben. Manche dieser Massnahmen führen auch zu Einschränkungen von Grundrechten oder tangieren die Ausübung von politischen Rechten, welche für die Demokratie zentral sind. Die Dynamik der Pandemie mit ihren manchmal rasant anrollenden Ansteckungswellen zwingt Regierungen ausserdem zu schnellen Reaktionen. Entscheidungsprozesse müssen beschleunigt und abgekürzt werden, die Gewaltenteilung verschiebt sich zugunsten der Exekutive, wodurch sich die demokratische Kontrolle verringert.

Beide Aspekte – die freie Rechtsausübung sowie die Gewaltenkontrolle – sind Grundpfeiler der liberalen Demokratie. Für sie ist die Pandemie ein Stresstest. Wie schlägt sich die Demokratie, wie schlagen sich verschiedene Demokratien in der Pandemie? Welche Auswirkungen hat die Covid-Krise auf die Qualität von Demokratie? Seit dem Ausbruch der Pandemie treiben diese Fragen Demokratieforscherinnen und -forscher weltweit um. Und je länger die Pandemie dauert, desto dringender wird es, sie zu beantworten. Entsprechend gross ist die Zahl von Studien und Publikationen, die zum Thema Pandemie und Demokratie bisher erschienen sind. Auch wenn noch nicht alle Fragen restlos geklärt sind, lassen sich bereits jetzt gewisse Tendenzen feststellen und Handlungsempfehlungen für den weiteren Verlauf der Covid-Krise bzw. für weitere Krisen formulieren.

Die Demokratiequalität wirkt sich auf die Massnahmen zur Bekämpfung der Coronapandemie aus

Als sich das Coronavirus im Frühjahr 2020 auf der ganzen Welt auszubreiten begann, ergriffen die allermeisten Regierungen Notfallmassnahmen zur Reduktion der Ansteckungen. Dabei zeigte sich ein erster grundlegender Unterschied zwischen verschiedenen Staatsformen: Diktaturen reagierten schneller und mit einschneidenderen Massnahmen als Demokratien (Cheibub et al. 2020).

Aber auch zwischen demokratischen Ländern waren bedeutende Unterschiede zu beobachten, wie die Untersuchung von Engler et al. (2021) zeigt (Abbildung 1). Einerseits waren die ergriffenen Massnahmen und die daraus sich ergebenden Einschränkungen von individuellen Freiheiten bei weitem nicht überall dieselben. In Europa fanden sich während der ersten Pandemiewelle Länder wie Island, Schweden oder Finnland mit relativ wenig verbindlichen Einschränkungen, aber auch solche mit strikten Lockdowns, Ausgangssperren, Versammlungsverboten

Abbildung 1: Freiheitseinschränkungen (linke Grafik) bzw. Machtverschiebung zugunsten der Exekutive (rechte Grafik) in europäischen Ländern während der ersten Corona-Welle

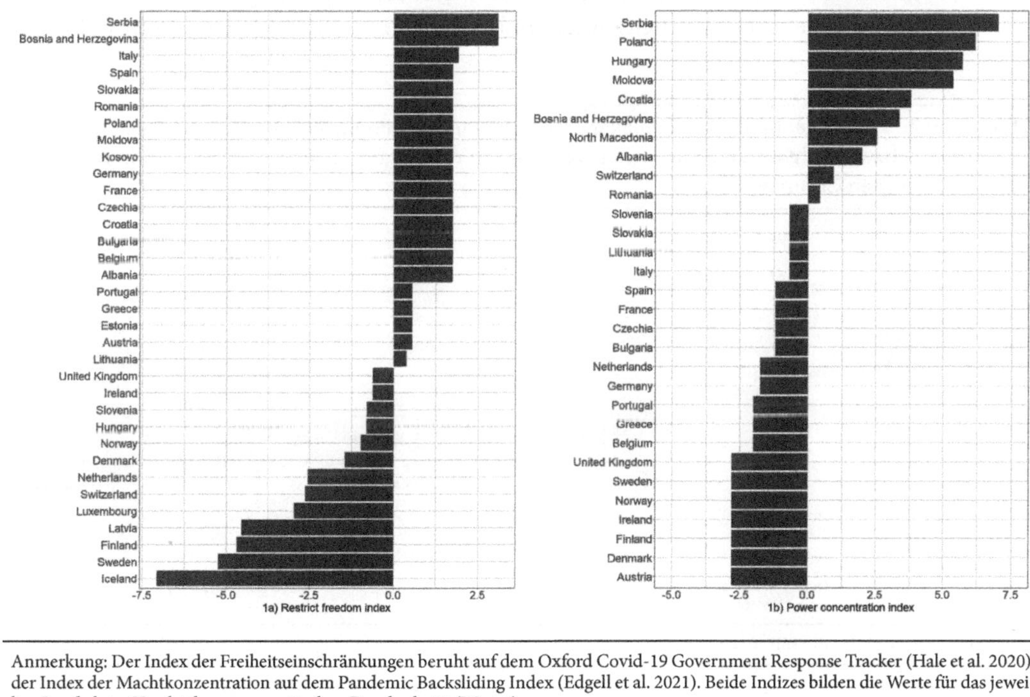

Anmerkung: Der Index der Freiheitseinschränkungen beruht auf dem Oxford Covid-19 Government Response Tracker (Hale et al. 2020), der Index der Machtkonzentration auf dem Pandemic Backsliding Index (Edgell et al. 2021). Beide Indizes bilden die Werte für das jeweilige Land ab im Vergleich zum europäischen Durchschnitt (Wert 0).
Quelle: Engler et al. (2021: 12)

und Schulschliessungen wie etwa Serbien, Spanien oder Italien. Andererseits zeigten sich auch Unterschiede hinsichtlich der demokratischen Gewaltenkontrolle. Während die Parlamente in den meisten Ländern Nord- und Westeuropas – mit Ausnahme der Schweiz[1] – weiterhin tagten und die Entscheide ihrer Regierungen kontrollieren konnten, kam es in vielen Ländern Mittel- und Osteuropas zu einer eigentlichen Entmachtung der Parlamente und sogar, wie in Ungarn, Serbien oder Moldawien, zu Einschränkungen der Pressefreiheit.

Gemäss Engler et al. (2021) sind die Unterschiede zwischen diesen Ländern nur zum Teil zurückzuführen auf die länderspezifische Bedrohungslage (wie etwa die Zahl der Covid-Toten) oder Ressourcen im Gesundheitswesen (wie etwa die Anzahl Intensivbetten). Ebenso wichtig ist die Demokratiequalität eines Landes[2], welche die getroffenen Massnahmen im Kampf gegen die Pandemie ebenfalls stark beeinflusst. Je stärker die Demokratie vor der Krise, desto weniger wurden die individuellen Freiheiten in der Krise eingeschränkt und desto weniger wurde die Macht der Exekutive ausgeweitet. Die Qualität der Demokratie bemisst sich anhand verschiedener Dimensionen. Nicht alle haben im Zusammenhang mit den Reaktionen auf die Pandemie die gleiche Bedeutung. Die grösste Rolle spielen Grundrechtsschutz und Rechtsstaatlichkeit: Wo diese in normalen Zeiten hochgehalten und geschützt werden, hielten sich die Regierungen in der ersten Pandemiewelle mit einschneidenden, unbefristeten und pauschalen Beschränkungen zurück.

Abbildung 2: Zusammenhang zwischen Demokratiequalität und Freiheitseinschränkungen (linke Grafik) bzw. Machtverschiebungen zur Exekutive (rechte Grafik) in europäischen Ländern während der ersten Coronawelle

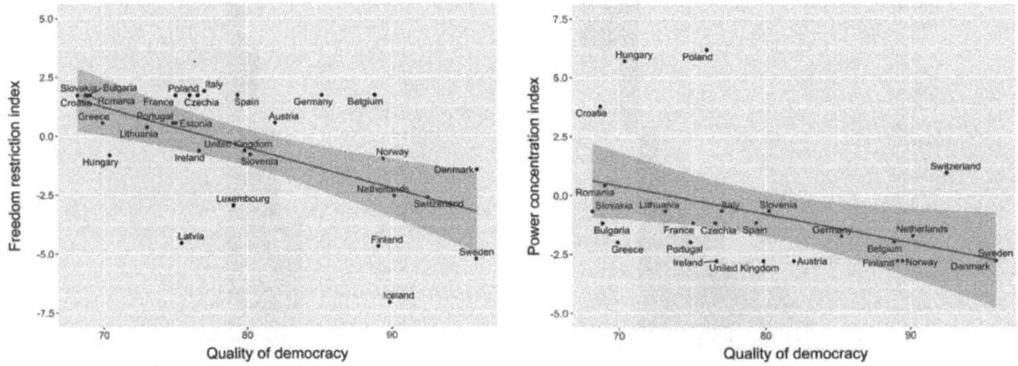

Quelle: Engler et al. (2021: 15–16)

Die Verletzung von demokratischen Standards leistet keinen Beitrag zur effektiven Bekämpfung von Covid-19

Gute Demokratien leben also auch in Krisenzeiten nach demokratischen Prinzipien. Weniger gute Demokratien hingegen tendieren zu einschränkenderen Massnahmen. Diese Erkenntnisse sind aus demokratiepolitischer Perspektive grundsätzlich begrüssenswert. Hinsichtlich des Ziels einer wirksamen Bekämpfung der Pandemie stellt sich jedoch die Frage, ob sich demokratische Zurückhaltung in der akuten Krisenlage nachteilig auswirkt.

Diese Frage versucht die Studie von Edgell et al. (2021) anhand von weltweiten Datenreihen zu beantworten. Sie untersucht zunächst die Verbreitung von Massnahmen, welche im Kampf gegen Covid-19 beschlossen wurden und demokratische Standards verletzen. Darunter verstehen sie Massnahmen, die als «illiberal» (Diskriminierungen, Verweigerung von unveräusserlichen Rechten, unnötig gewaltsame Durchsetzung von Massnahmen) bzw. «autokratisch» (unbefristeter Ausnahmezustand, unverhältnismässige Einschränkung der Gewaltenkontrolle, Desinformationskampagnen) bezeichnet werden können oder die freie Zirkulation von Informationen verhindern (Einschränkung der Medienfreiheit). Abbildung 3 zeigt, dass viele Länder im Kampf gegen Covid-19 demokratische Stan-

Abbildung 3: Ausmass der Verletzung demokratischer Standards im Kampf gegen Covid-19 (März bis Dezember 2020)

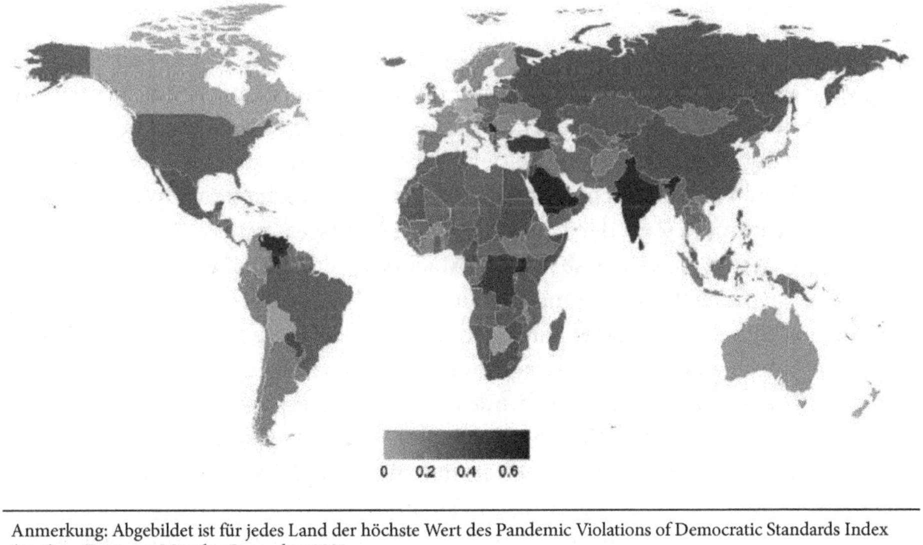

Anmerkung: Abgebildet ist für jedes Land der höchste Wert des Pandemic Violations of Democratic Standards Index (0–1) im Zeitraum März bis Dezember 2020.
Quelle: Edgell et al. (2021: 5)

dards verletzt haben. Dies geschah sowohl in Autokratien als auch in Demokratien – in Letzteren jedoch in geringerem Ausmass.

In einem zweiten Schritt diskutieren Edgell et al., ob der Zweck, das heisst die möglichst effektive Bekämpfung der Pandemie, allenfalls die Mittel, das heisst die Verletzung demokratischer Standards, heiligt. Dazu analysieren sie den Zusammenhang zwischen dem Ergreifen solcher Massnahmen und der bevölkerungsgewichteten Anzahl Covid-Toten im Zeitraum von März bis Dezember 2020. Ein solcher ist statistisch jedoch bei weitem nicht signifikant, selbst unter Berücksichtigung einer Vielzahl von Kontrollvariablen. Dieses Resultat zeigt, folgern Edgell et al., «dass illiberale und autokratische Massnahmen keinen signifikanten Beitrag zur Reduktion von Covid-19-Todesfällen leisten» (2021: 8 – Übersetzung DK). Die Verletzung von demokratischen Standards lohnt sich also in epidemiologischer Hinsicht nicht.

Um Missverständnissen vorzubeugen: Diese Erkenntnis bedeutet keineswegs, dass die verfügten Einschränkungen der individuellen Freiheiten im Kampf gegen die Pandemie wirkungslos waren oder sind. Aus demokratiepolitischer Sicht legt sie lediglich nahe, dass diese Massnahmen innerhalb des bestehenden, demokratisch-rechtstaatlichen Rahmens beschlossen werden sollten. In der Tat können wirkungsvolle Massnahmen – durchaus auch solche mit einschneidendem Charakter – ergriffen werden, ohne demokratische Standards zu verletzen.

Die Schweizer Demokratie in der Covid-19-Krise

Die Schweiz stellt in diesem Zusammenhang ein interessantes Anschauungsbeispiel dar. Auf dem Höhepunkt der ersten Coronawelle im Frühjahr 2020 regierte der Bundesrat weitgehend alleine. Den ersten Lockdown beschloss er im Alleingang aufgrund der im Epidemiengesetz für die «ausserordentliche Lage» vorgesehenen notrechtlichen Befugnisse. Es war jedoch vor allem der Unterbruch auf unbestimmte Zeit der laufenden Parlamentssession am 15. März 2020, der sich in einer vergleichsweise starken Machtkonzentration bei der Exekutive niederschlug (siehe auch Abbildung 1) und eine Verletzung demokratischer Standards darstellte. Dass sich das Parlament die pandemische Pause selbst verordnete, ist dabei unerheblich. Bis zur Wiederaufnahme des Parlamentsbetriebs am 4. Mai 2020 war die oberste Gewalt des Bundes lediglich Zaungast, währenddem die Exekutive das Land mit einem diffusen Notrecht regierte (siehe den Beitrag von Kley zu Demokratie auf Seite 26ff.). Die mittel- und langfristigen Folgen dieser parlamentarischen Selbstverzwergung in der grössten Krise der Nachkriegszeit müssen erst noch aufgearbeitet werden. Auffallend ist jedenfalls, mit welcher Verve die Parlamentarierinnen und Parlamentarier, kaum tagten sie wieder, ins Konzert der

Lockerungsforderungen branchenspezifischer Interessen einstimmten (Sager und Mavrot 2020). Wer sich der politischen Verantwortung fürs Krisenmanagement entziehen konnte, dem fällt es womöglich leichter, sich für die Aufhebung der damit verbundenen Unannehmlichkeiten einzusetzen.

Eine Wiederholung dieser demokratiepolitisch bedenklichen Episode blieb uns in den weiteren Pandemiewellen glücklicherweise erspart. Im Juni 2020 hat der Bundesrat die «ausserordentliche Lage» beendet, und die Massnahmen zur Bekämpfung der Covid-Pandemie wurden ins ordentliche Recht übergeführt. Im Rahmen des Gesetzgebungsprozesses zum Covid-19-Gesetz wurden diese Massnahmen in die Vernehmlassung geschickt und konnten vom Parlament ausführlich diskutiert werden. In der Folge wurde die Covid-19-Gesetzgebung in zwei Volksabstimmungen durch solide Mehrheiten der Stimmenden bestätigt. Insgesamt ist sie somit bestens demokratisch legitimiert. Sie erlaubt durchaus weitreichende Massnahmen zur wirksamen Pandemiebekämpfung, wie der landesweite Lockdown Anfang 2021 in der zweiten Coronawelle zeigt.

Abgesehen von der Parlamentspause im ersten Lockdown hat die Schweizer Demokratie in der Pandemie somit grundsätzlich funktioniert. Vorwürfe einer «Corona-Diktatur», wie sie von einigen Akteuren – darunter absurderweise der SVP als grösster Regierungspartei – in der zweiten Pandemiewelle vorgebracht wurden, sind daher ziemlich aus der Luft gegriffen. Bemerkenswert in diesem Zusammenhang ist insbesondere, dass auch die in der Schweiz bekanntlich stark ausgebauten direktdemokratischen Instrumente zum Einsatz kamen. Wie in zahlreichen anderen Ländern gab es auch in der Schweiz anhaltende Demonstrationen gegen die Coronamassnahmen der Behörden, und zahlreiche Bewegungen wurden gegründet, um den Protest zu organisieren. Diese ergriffen zweimal erfolgreich das Referendum gegen dringliche Bundesbeschlüsse im Rahmen der Covid-19-Gesetzgebung. In der ersten Abstimmung vom 13. Juni 2021 votierten 60,2 Prozent der Stimmenden für das Gesetz. In der zweiten Abstimmung vom 28. November 2021 legte die Unterstützung der Covid-19-Gesetzgebung sogar auf 62 Prozent zu – und dies trotz einer aussergewöhnlich intensiven und emotional geführten öffentlichen Debatte und einer von den Gegnern des Gesetzes klar dominierten Abstimmungskampagne (Heidelberger und Bühlmann 2021). In der Folge nahmen die Proteste gegen die Massnahmen zur Bekämpfung der Pandemie deutlich ab und einige der Protestbewegungen zerfielen.

Die direktdemokratischen Institutionen konnten somit auch in der Covid-Krise eine ihrer wichtigsten Funktionen im schweizerischen politischen System unter Beweis stellen: die Integration der Opposition. Tatsächlich lautet ein klassisches Argument der Schweizer Politikwissenschaft, dass die direktdemokratischen Institutionen hierzulande zur Entradikalisierung von Protestbewegungen beitragen (Kriesi und Wisler 1996). Anders ausgedrückt: Wer Unterschriften sammeln und Abstimmungskampagnen führen kann, braucht keine Steine zu werfen oder das Parlament zu stürmen, um seinen Forderungen Ausdruck zu verleihen. Indem der Protest institutionell kanalisiert wird, führt er nicht zu einer Destabilisierung des Systems.

Fazit

Die Covid-Pandemie zwang Regierungen weltweit, wirksame Massnahmen zur Eindämmung von Ansteckungen zu ergreifen. Demokratien standen vor dem zusätzlichen Dilemma, eine Güterabwägung zwischen verschiedenen Grundrechten vornehmen zu müssen: dem Schutz des Lebens und der Gesundheit auf der einen Seite, dem Schutz von individuellen Freiheiten auf der anderen Seite. Auch schnelles Handeln war gefragt – was die demokratischen Verfahren unter (Zeit-)Druck setzte. Unterschiedliche Demokratien reagierten sehr unterschiedlich auf die akute Krisenlage. In der ersten Pandemiewelle hatten starke Demokratien Mühe mit dem Ergreifen von einschneidenden Massnahmen, während schwächere Demokratien zu überdurchschnittlich strengen Reaktionen tendierten. Ob eine hohe Demokratiequalität die Bekämpfung der Covid-19-Pandemie somit behinderte, ist noch nicht geklärt. Diese Frage kann vermutlich erst im Rückblick beantwortet werden – wenn die Pandemie vorüber ist. Aufgrund der verfügbaren Evidenz ist jedoch bereits jetzt festzuhalten, dass die Verletzung demokratischer Standards keine Voraussetzung für eine wirksame Bekämpfung der Pandemie ist. Ein demokratischer Ansatz ist einem autokratischen Ansatz also nicht unterlegen.

Wie das Schweizer Beispiel nach der ersten Pandemiewelle zeigt, können wirksame Massnahmen auch innerhalb des demokratisch-rechtstaatlichen Rahmens ergriffen werden. Natürlich wird dieser Rahmen durch die Krisenlage unter Spannung gesetzt. Und es liegt auf der Hand, dass Überlegungen angestellt werden müssen zur Stärkung der demokratischen Institutionen in Krisenzeiten – insbesondere zum materiellen und verfahrensmässigen Einbezug des Parlaments (siehe Glaser und Gfeller 2020). Die Schweiz ist weltweit das einzige Land, in dem die Stimmberechtigten über die Covid-19-Gesetzgebung abstimmen konnten. Die klaren Resultate der beiden Abstimmungen zeigten eindrücklich die breite Unterstützung der bisherigen Coronamassnahmen durch die Bürgerinnen und Bürger – trotz der einschneidenden Einschränkungen der individuellen Freiheiten, die damit verbunden waren.

Bisher hat die Demokratie den Covid-19-Stresstest bestanden. Auch Demokratien können Krise (vgl. dazu den Beitrag von Frey und Osterloh auf Seite 70ff.). Dies ist eine wichtige Erkenntnis angesichts des gegenwärtig immer intensiveren Systemwettbewerbs zwischen Autokratien und Demokratien. Und sie relativiert auch die zunehmend lauter werdenden Forderungen nach einem autokratischen Vorgehen in anderen Krisen – wie beispielsweise dem Klimawandel (Mittiga 2021). Die Erfahrungen aus der Covid-Krise legen nahe, dass das keine gute Idee wäre.

Referenzen

1 Das Parlament beschloss am 15. März 2020, einen Tag vor dem bundesrätlich verordneten Lockdown, seine laufende Frühjahrssession zu unterbrechen, um die Gesundheit der Parlamentarierinnen und Parlamentarier nicht zu gefährden.

2 Zur Bestimmung der Demokratiequalität verwenden Engler et al. (2021) die Datensätze des Demokratiebarometers. Dieser wurde vom Zentrum für Demokratie Aarau mitentwickelt und misst die Qualität von Demokratie in verschiedenen Ländern anhand eines Systems von mehr als 100 Indikatoren (Bühlmann et al. 2012).

Literatur

Bühlmann, Marc, Wolfgang Merkel, Lisa Müller, et al. (2012): Demokratiebarometer: ein neues Instrument zur Messung von Demokratiequalität. *Zeitschrift für Vergleichende Politikwissenschaft* 6 (Supplement 1), 115–159.

Cheibub, José A., Ji Yeon Jean Hong und Adam Przeworski (2020): Rights and deaths: Government reactions to the pandemic. *Available at SSRN 3645410.*

Edgell, Amanda B., Jean Lachapelle, Anna Lührmann, et al. (2021): Pandemic backsliding: Violations of democratic standards during Covid-19. *Social Science & Medicine* 285, 114244.

Engler, Sarah, Palmo Brunner, Romane Loviat, et al. (2021): Democracy in times of the pandemic: Explaining the variation of Covid-19 policies across European democracies. *West European politics,* 1–22.

Glaser, Andreas und Katja Gfeller (2020): Das Ringen des Parlaments um mehr Macht: Rückschlag infolge der Corona-Pandemie?, *Jusletter* (05.10. 2020), online.

Hale, Thomas, Samuel Webster, Anna Petherick, et al. (2020): Oxford Covid-19 government response tracker (OxCGRT). *Last updated* 8, 30.

Heidelberger, Anja und Marc Bühlmann (2021): APS- Zeitungs- und Inserateanalyse zu den Abstimmungen vom 28. November 2021. Zwischenstand vom 18.11.2021. *Année Politique Suisse.* Bern: Institut für Politikwissenschaft.

Kriesi, Hanspeter und Dominique Wisler (1996): Social movements and direct democracy in Switzerland. *European Journal of Political Research* 30 (July), 19–40.

Mittiga, Ross (2021): Political Legitimacy, Authoritarianism, and Climate Change. *American Political Science Review,* 1–14.

Sager, Fritz und Céline Mavrot (2020): Switzerland's Covid-19 policy response: Consociational crisis management and neo-corporatist reopening. *European Policy Analysis* 6 (2), 293–304.

6

Andreas Kley

Die Covid-19-Rechtsetzung des Bundesrates als Krisen- und Angstkommunikation

Überstürzter Auftakt vom 28. Februar 2020: Elf legistische Fehler

Die Legistik bewegt sich im Grenzgebiet zwischen Rechts- und Sprachwissenschaften und beschäftigt sich mit der Textsorte der Gesetzestexte. Dabei stellt sie Regeln über die Kunst der guten Rechtsetzung auf. Diese betreffen Grammatik, Lexik, Bauform und besondere Elemente wie Zweckartikel, Legaldefinitionen, Geltungsbereiche, Verweisungen und vieles andere mehr.[1] Die Verwaltung fasst diese Regeln einer guten Gesetzgebung in verschiedenen Verwaltungsverordnungen zusammen, namentlich in den Gesetzestechnischen Richtlinien des Bundes von 2013 (GTR)[2].

Damit die Rechtsnormen die politisch erwünschten Ziele überhaupt erreichen, müssen sie den formalen Anforderungen der Legistik oder Gesetzestechnik genügen.[3] Insbesondere müssen sie einen normativen Gehalt, ein Sollen, aufweisen. Sie wollen in der Zukunft einen Zustand oder ein Geschehen herbeiführen.[4] Sie müssen bestimmte sprachliche Eigenschaften haben, damit sie die Gesellschaft wirksam steuern können. Rechtsnormen müssen zu diesem Zweck klar, verständlich, widerspruchsfrei, praktikabel und in der sachangemessenen Präzision abgefasst sein[5]. Sie haben in aller Regel eine konditionale Form, das heisst, sie sind Wenn-dann-Sätze mit Tatbestand und Rechtsfolge.[6] Die Rechtssätze geben den Rechtsunterworfenen *verbindlich* bekannt, wie sie sich zu verhalten haben und welche Sanktionen sie im Widerhandlungsfalle zu gewärtigen haben. Rechtssätze haben stets einen unbedingt verpflichtenden Charakter. Sie dürfen keine Wünsche, Empfehlungen oder Tatsachenfeststellungen enthalten. Rechtsnormen müssen über längere Zeit gelten, um wirksam zu sein, und selbstverständlich müssen sie nicht nur publiziert, sondern praktisch auffindbar sein.

Im Folgenden soll die Einhaltung dieser Kunstregeln am Beispiel einer Covid-19-Verordnung und weiterer Erlasse überprüft und reflektiert werden.

Der Bundesrat erliess am 28. Februar 2020 die erste Covid-19-Verordnung[7]. Sie lautete:

> Verordnung über Massnahmen zur Bekämpfung des Coronavirus (Covid-19) vom 28. Februar 2020
>
> Der Schweizerische Bundesrat, gestützt auf Artikel 6 Absatz 2 Buchstabe b des Epidemiengesetzes vom 28. September 2012, verordnet:
>
> Art. 1 Zweck
> [1] Diese Verordnung bezweckt, Massnahmen gegenüber der Bevölkerung zur Verminderung des Übertragungsrisikos des Coronavirus (Covid-19) zu treffen.
> [2] Die Massnahmen dienen dazu:
> a. die Verbreitung des Coronavirus (Covid-19) in der Schweiz zu verhindern oder einzudämmen;
> b. die Häufigkeit von Übertragungen zu reduzieren, Übertragungsketten zu unterbrechen und lokale Ausbrüche zu verhindern oder einzudämmen;
> c. besonders vulnerable Personen sowie Personen mit erhöhtem Komplikationsrisiko zu schützen.
>
> Art. 2 Veranstaltungsverbot
> [1] Es ist verboten, öffentliche oder private Veranstaltungen bei der sich gleichzeitig mehr als 1000 Personen aufhalten, in der Schweiz durchzuführen.
> [2] Bei öffentlichen oder privaten Veranstaltungen, bei denen weniger als 1000 Personen teilnehmen, müssen die Veranstalter zusammen mit der zuständigen kantonalen Behörde eine Risikoabwägung vornehmen, ob sie die Veranstaltung durchführen können oder nicht.
> [3] Das Veranstaltungsverbot gilt bis zum 15. März 2020.
>
> Art. 3 Kontrollen der Vollzugsorgane und Mitwirkungspflichten
> [1] Die zuständigen kantonalen Behörden dürfen an Veranstaltungsorten jederzeit unangemeldet Kontrollen durchführen. Ihnen ist der Zutritt zu den Räumlichkeiten und Veranstaltungsorten zu gewähren.
> [2] Bei Kontrollen vor Ort bei Veranstaltungen sind die Anordnungen der Kantone unverzüglich umzusetzen.
>
> Art. 4 Vollzug
> Die Kantone überwachen die Einhaltung der Massnahmen nach Artikel 2 auf ihrem Gebiet.
>
> Art. 5 Inkrafttreten
> Diese Verordnung tritt am 28. Februar 2020 um 10.00 Uhr in Kraft und gilt bis zum 15. März 2020.

Diese Verordnung weist elf zum Teil grobe gesetzestechnische («legistische») Fehler auf. Der Titel und Art. 1 erwähnen das Virus mit «Coronavirus (Covid-19)». Das Coronavirus, medizinisch bezeichnet SARS-CoV-2 («Severe acute respiratory syndrome coronavirus type 2»), kann eine Krankheit verursachen, die die WHO offiziell mit «coronavirus disease 2019», kurz Covid-19, bezeichnet[8]. Die Verordnung setzt also das Virus an die erste Stelle und dann in Klammer die dadurch verursachte Krankheit. Was ist nun gemeint? Es sind verschiedene Vorgehensweisen, wenn der Staat das Virus oder die Krankheit oder beide zusammen bekämpft. Die ungenaue Bezeichnung des Gegenstandes der Verordnung ist ein erster Fehler (Fehler 1).

Art. 1 nennt in Abs. 1 den Zweck der Verordnung und in Abs. 2 Bst. a–c den Zweck der Massnahmen. Diese Unterscheidung in total vier Zwecke der Verordnung und der Massnahmen ist verwirrend. Die Auflistung der Zwecke folgt dem Muster einer abstrakten Zwecknennung in Abs. 1 bis hin zu einer konkreten Zwecknennung in Abs. 2 Bst. c. Diese Kaskade im Abstraktionsgrad von hoch zu tief ist unnötig, da die Verordnung ja nur eine einzige Massnahme in Art. 2 (Verbot von Veranstaltungen von mehr als 1000 Personen) vorsieht. Dafür reicht die Zwecksetzung des Abs. 2 Bst. b aus, die übrigen Zwecke sind redundant (Fehler 2), oder der Zweck des Art. 1 Abs. 2 Bst. c (Schutz vulnerabler Personen) kann mit dieser einzigen Massnahme ohnehin nicht erreicht werden. Dieser Zweck gehört daher nicht in die Verordnung (Fehler 3). Textlich gesehen nimmt der Zweckartikel 29% des Textes der ersten Covid-19-Verordnung ein. In einer Notsituation mit Zeitknappheit ist diese Zwecklastigkeit auffällig.

Art. 2 verwendet unterschiedliche Verben für dieselbe Tätigkeit (versammeln in Abs. 1, aufhalten in Abs. 2). Sind hier unterschiedliche Tätigkeiten gemeint? Die Varianten schaffen unnötige Unsicherheit (Fehler 4). Abs. 1 begrenzt das Verbot auf das Gebiet der Schweiz (wie der Zweck von Art. 1 Abs. 2 Bst. a nur für die Schweiz gilt). Diese Begrenzung auf die Schweiz ist unnötig, weil grundsätzlich das völkerrechtliche Territorialitätsprinzip gilt. Die Verordnung kann nicht ohne Zustimmung des betroffenen Staates im Ausland gelten. Die Begrenzung auf die Schweiz ist redundant und gehört generell nicht in eine schweizerische Rechtsnorm (Fehler 5). Ebendies gilt auch in Art. 4[9] für die Begrenzung der kantonalen Kompetenzen auf das Gebiet des betreffenden Kantons. Art. 2 Abs. 2 ist hinsichtlich der Konsequenzen unklar: Eine Veranstaltung «kann» man immer durchführen. Es geht nicht um das «Können», sondern um das rechtliche «Dürfen». Abs. 2 lässt den Inhalt der Pflicht weitestgehend offen. Was geschieht, wenn die Behörde und die Veranstalter bei der Risikoabwägung uneinig sind? Eine inhaltlich derart offene Feststellung gehört nicht in eine Verordnung (Fehler 6). Die Gültigkeitsdauer des Veranstaltungsverbots bis zum 15. März ist überflüssig, weil die Verordnung in Art. 5 ja ohnehin bis zum 15. März befristet ist (Fehler 7). Die überstürzte

Arbeitsweise offenbart sich im groben Grammatikfehler von Abs. 1 (im Vergleich zu Abs. 2). Es muss auch in Abs. 1 heissen: «Es ist verboten, öffentliche oder private Veranstaltungen, *bei denen* sich ...» (Fehler 8)

Art. 3 über die Kontrollen geht viel weiter als die eigentliche Massnahme. Was kontrollieren die zuständigen kantonalen Behörden an den Veranstaltungsorten und erst noch unangemeldet? An sich dürften sie nur die Einhaltung der Zahl von 1000 Personen kontrollieren, weitere Pflichten sieht die Verordnung nicht vor. Art. 3 Abs. 2 sieht «Anordnungen der Kantone» vor. Das ist unbestimmt und reicht nicht aus als Rechtsgrundlage für Eingriffe, Verbote oder Pflichten. Die Vollzugsanordnung in Art. 4 wiederholt in viel knapperer Form den Kontrollartikel. Beide Artikel zusammen sind redundant; aus Gründen eines knappen und präzisen Sprachgebrauchs ist Art. 4 vorzuziehen. Art. 3 ist überflüssig (Fehler 9).

Eine Auffälligkeit und den Fehler 10 stellt die übergenaue Zeitangabe des Inkrafttretens dar[10], die bei allen Covid-19-Verordnungen vorkommt. Warum tritt die erste Covid-19-Verordnung um 10.00 Uhr in Kraft? Warum nicht um 9.57 oder 11.00 Uhr? Eine Uhrzeitangabe beim Inkrafttreten von Rechtssätzen ist entbehrlich, ausser es gehe um die Sperrung von Potentatengeldern auf Konten von Schweizer Banken[11]. In diesen Fällen kommt es auf jede Stunde an, da die Uhrzeit über die Gültigkeit von Rückzügen von Bankkonten entscheidet. Die Zeitangabe bei allen Covid-19-Verordnungen erfüllt eine dramaturgische Funktion. Sie signalisiert, dass der Bundesrat rasch etwas tun möchte und dass es auf jede Stunde ankommt. Sie hat eine psychologisch-kommunikative, nicht aber sachliche Bedeutung. Denselben kommunikativen Gehalt weisen die Covid-19-Verordnungen auf, die um 00.00 Uhr in Kraft treten[12]. Das aus dem Stellenwertsystem der Zahlen bekannte Lückenzeichen «0» gibt in dieser Darstellung keine zusätzliche Information, weshalb die Gesetzestechnischen Richtlinien in diesen Fällen keine Uhrzeitangabe vorsehen.[13] Denn es ist üblich, dass Rechtssätze auf ein Datum hin in Kraft treten. Dieses beginnt mit dem Datumswechsel auf den betreffenden Tag, das heisst in der ersten Sekunde nach Mitternacht. Die Angabe der Uhrzeit des Inkrafttretens der Covid-19-Verordnungen teilt dramatisch mit: «Es ist dringlich.»[14]

Ein letzter Fehler (Fehler 11) in der Verordnung zeigt sich hinsichtlich ihrer Bezeichnung. Die Verwaltung hatte die Nachfolgeverordnungen nummeriert, so am 13. März 2020 (Nr. 2) und am 19. Juni 2020 (Nr. 3)[15]. Sie setzen voraus, dass die Verordnung vom 28. Februar die Ordnungsnummer 1 trägt, das ist aber nicht der Fall. Offenbar ist die Verordnung 2 zusammen mit der ersten Verordnung konzipiert worden, irrtümlicherweise fehlte aber die Ordnungsziffer 1 für die Verordnung vom 28. Februar 2020.

Diese elf Fehler für die kurze Verordnung mit nur einer einzigen Massnahme sind gravierend. Sie stellen zusammen mit der Aufblähung des Textes infolge eines überbordenden Zweckartikels und den Redundanzen den Sinn der bundesrätlichen Rechtsetzung in Frage. Auch die später erlassenen Covid-19-Verordnungen weisen grobe Fehler auf, die unter der Herrschaft des Rechts (also von Normen) nicht geschehen dürfen. Die Normadressaten können aufgrund der unklaren, widersprüchlichen und irrtümlichen Sprache zum Teil nicht erkennen, welches ihre Pflichten sind.

Die Verordnung müsste korrekt wie folgt lauten:

> Verordnung über Massnahmen zur Bekämpfung des Coronavirus (SARS-CoV-2) vom 28. Februar 2020
>
> Der Schweizerische Bundesrat, gestützt auf Artikel 6 Absatz 2 Buchstabe b des Epidemiengesetzes vom 28. September 2012, verordnet:
>
> Art. 1 Zweck
> Diese Verordnung bezweckt, die Häufigkeit von Übertragungen des Coronavirus (SARS-CoV-2) zu reduzieren.
>
> Art. 2 Veranstaltungsverbot
> Es ist verboten, Veranstaltungen, bei denen sich mehr als 1000 Personen aufhalten, durchzuführen.
>
> Art. 3 Vollzug
> Die Kantone überwachen die Einhaltung der Massnahme nach Artikel 2.
>
> Art. 4 Inkrafttreten
> Diese Verordnung tritt am 28. Februar 2020 in Kraft und gilt bis zum 15. März 2020.

Die ungenügende Qualität der Rechtsetzung setzte sich fort, wie das Beispiel von Art. 73 der aufgehobenen Covid-19-Verordnung 2[16] zeigt: «Gehen die von einem Kanton getroffenen Massnahmen über die Ermächtigung des Bundesrates hinaus, so entfällt für *diesen* die Kurzarbeitszeitentschädigung des Bundes.» Die Bestimmung ist wörtlich verstanden unsinnig, da sich «diesen» auf den Bundesrat bezieht.

Eine weitere sprachlich komplizierte und teleologisch gesehen unverständliche Norm bildet der Art. 3c^{bis} Covid-19-Verordnung 2[17]:

> «Für Ausländerinnen und Ausländer, die eine Aus- oder Weiterbildung nach Artikel 27 AIG absolvieren, fallen bei der Zulassung zu einem Aufenthalt die Belange des Schutzes der öffentlichen Gesundheit ausser Betracht, sofern es sich um eine Aus- oder Weiterbildung mit einer Dauer von mehr als 90 Tagen handelt.»

Ist es tatsächlich möglich und sinnvoll, dass für diese Ausländerinnen und Ausländer «die Belange des Schutzes der öffentlichen Gesundheit» generell ausser Betracht fallen? Das würde bedeuten, dass weder die Coronaverordnungen noch die übrigen Vorschriften zum Schutz der Gesundheit für diese Personen gelten würden. Das kann nicht der Normsinn sein. Aber was wollte die Norm erreichen?

Mit einem Bundesratsbeschluss vom 27. Januar 2021[18] erliess der Bundesrat u.a. als Art. 13 Bst. f der Covid-19-Verordnung besondere Lage die Strafe der

Busse, wer «in öffentlich zugänglichen Innenräumen und Aussenbereichen von Einrichtungen» keine Gesichtsmaske trägt. Die Norm ist völlig offen. Niemand kann sein Verhalten danach ausrichten, dass er potentiell nicht der Sanktion verfällt, ausser jemand trägt überhaupt immer eine Maske. Was ist eine «Einrichtung»? Was ist der «Aussenbereich»? Die Strafnorm verletzt offensichtlich das von Art. 1 StGB geforderte Bestimmtheitsgebot.[19]

Die Liste un- und missverständlicher Coronanormen liesse sich nahezu beliebig verlängern. Sie belegen, dass Bundesrat und Verwaltung Normen übereilt geschaffen haben. In Krisenzeiten ist die Verständlichkeit für Rechtsnormen zentral, da sie nur auf diese Weise wirksame Instrumente sein können. Eine unverständliche oder mehrdeutige Norm kann das Ziel der Verhaltenssteuerung nicht erreichen. Stattdessen sorgt sie für Desorientierung. Damit haben diese unsorgfältig erarbeiteten Normen eine unbeabsichtigte kommunikative Wirkung. Sie mimen rechtsstaatlich unterlegten Handlungswillen, aber genau besehen zeigen sie ein hilfloses Agieren von Verwaltung und Bundesrat an.

Verwechslung von Rechtsetzung und Information

Art. 10b Abs. 1 der Covid-19-Verordnung 2[20] formulierte: «Besonders gefährdete Personen sollen zu Hause bleiben und Menschenansammlungen meiden. Verlassen sie das Haus, so treffen sie besondere Vorkehrungen, um die Empfehlungen des Bundesamts für Gesundheit (BAG) betreffend Hygiene und soziale Distanz einhalten zu können.» Dieser Normtext ist ungewöhnlich, weil gesetztes Recht keine Empfehlungen oder Wünsche, sondern stets sanktionsbewehrte Pflichten aufweist. Art. 10b Abs. 1 ist eine Empfehlung und gehört als solche nicht in einen rechtsetzenden Erlass.

In einer Information und Empfehlung für Institutionen wie Alters- und Pflegeheime sowie Einrichtungen für Menschen mit Behinderungen des BAG vom 2. April 2020 findet sich folgende Aussage: «Besuche von Familie, Freunden und Bekannten in Institutionen wie Alters- und Pflegeheimen sowie Einrichtungen für Menschen mit Behinderungen sind verboten. Dieses Besuchsverbot gilt nicht für Angehörige, die eine sterbende Person besuchen.» Dieses Verbot gehört nicht in eine Information oder eine Empfehlung; sie kann als blosse Information gar keine Rechtswirkung erzeugen.[21] Vielmehr können nur die von zuständigen Behörden in einem förmlichen Verfahren beschlossenen Rechtssätze Gültigkeit erlangen und durchgesetzt werden. Es ist erstaunlich, dass diese grundrechtsbeschränkenden Verbote durchgesetzt wurden, obwohl der Bundesrat sie nicht als Rechtssätze beschloss.

Art. 4 der Covid-19-Verordnung besondere Lage[22] bestimmt: «Jede Person beachtet die Empfehlungen des BAG zu Hygiene und Verhalten in der Covid-19-Epidemie.» Die Bestimmung erklärt BAG-Empfehlungen als verbindlich und sucht das Vorgehen im Falle der Altersheime zu verallgemeinern. Blosse Wünsche und Informationen, also Nicht-Rechtssätze, sollen so verbindlich werden wie Rechtssätze.

Diese Beispiele zeigen, dass Bundesrat und Verwaltung Information und Rechtsetzung verwechselten.[23] Dabei handelt es sich um einen kategorialen Fehler, der die Herrschaft des Rechts untergräbt.

Ersatz für mangelhafte Rechtsetzung: Die «Erläuterungen»

Im März 2020 stritten sich der Bund und der Kanton Tessin darüber, ob angesichts der dramatischen Lage Baustellen und Industriebetriebe geschlossen werden dürfen.[24] Der Kanton Tessin drängte auf weitergehende Massnahmen und ordnete diese auch gleich selber an. Der Bundesrat und die Verwaltung hielten ihre Zuständigkeit für abschliessend. Nach einem öffentlichen Hin und Her fügte der Bundesrat am 27. März 2020 eine Ausnahme für Betriebsschliessungen durch Kantone in besonderen Gefährdungslagen in die Covid-19-Verordnung 2 ein und gab nach.[25]

Der Kanton Uri beschloss am 19. März 2020 ein Ausgehverbot für über 65-Jährige[26], was Bundesrat und Verwaltung als unzulässig betrachteten. Die Neue Zürcher Zeitung mahnte am 21. März angesichts der anrollenden «Welle» von Infektionen die Kantone: Die Kantonsregierungen «sollen nun bitte von weiteren Sololäufen absehen». Ein schlechtes Beispiel habe der Kanton Uri mit dem Ausgehverbot für Senioren geliefert. «Der Föderalismus in Ehren, aber die Glaubwürdigkeit des Kampfs gegen das Virus leidet, wenn jetzt regional immer neue Varianten von Ausgangssperren verhängt werden.»[27] Die Konflikte zwischen Bund und Kantonen zeigten nicht nur Spannungen im bundesstaatlichen Verhältnis an. Sie offenbarten auch, dass die Covid-19-Verordnungen des Bundesrates mindestens mehrdeutig waren.

Der Bundesrat beschloss deshalb am 8. April 2020, dass zu sämtlichen Covid-19-Verordnungen «Erläuterungen» zu publizieren sind[28]. Er wollte damit vordergründig seine Rechtsetzung unterstützen und offene Fragen klären. Das ist zwar nachvollziehbar, zeigt aber die Schwäche der eiligen Notrechtsetzung. Diese ist offenbar nicht verständlich und bedarf zusätzlicher Texte. Damit werden offene Fragen nicht geklärt, sondern Widersprüche hervorgerufen. Dies zeigt das Beispiel der Zuständigkeit der Kantone. Die Erläuterungen vom 16. April 2020[29] erklären die bundesstaatliche Kompetenzordnung und wollen den widerspenstigen

Kantonen klar machen, dass sie keine eigenen Massnahmen mehr treffen dürfen. Im Fall des Kantons Uri erläutert das BAG: «Der Bundesrat verzichtet auf eine explizite Regelung in der Absicht, dass der betreffende Bereich in der ausserordentlichen Lage nicht geregelt werden soll (sogenanntes ‹qualifiziertes Schweigen›), auch nicht durch die Kantone. Er belässt den Kantonen bewusst keine Regelungsbefugnis. Beispiel: Der Bund regelt das Ausgehverbot nicht, weil er kein Ausgehverbot will. Hier ist die (negative) Regelung abschliessend, die Kantone sind nicht befugt, ein Ausgehverbot zu erlassen.»

Diese Erklärung klingt vernünftig, wendet sie doch eine Auslegungsmethode für parlamentarische Gesetze an. Die Covid-19-Verordnung 2 hat nun allerdings nicht das Parlament, sondern der Bundesrat erlassen. Das beanspruchte qualifizierte Schweigen lässt sich nur dann eruieren, wenn der Ausleger in den sogenannten «Materialien», den Protokollen der parlamentarischen Verhandlungen, nachschlägt und erkundet, was der Gesetzgeber in dieser Frage geäussert hat. Im Falle des Bundesrates ist das deshalb nicht möglich, weil die Sitzungen vertraulich sind und keine Protokolle zur Verfügung stehen. Mit andern Worten lässt sich auf keinen Fall in einer Verordnung herausfinden, ob eine Nichtregelung als ein qualifiziertes Schweigen zu verstehen ist. Die Ausführungen in den Erläuterungen sind unsinnig. Letztlich weiss nur der Bundesrat, worüber er verhandelt hat. Er kann dann stets mitteilen, eine kantonale Regelung sei unzulässig, weil ein qualifiziertes Schweigen vorliege.

Das Beispiel zeigt, dass die Erläuterungen nicht mehr Rechtssicherheit geben und die Defizite der übereilten Rechtsetzungen nicht ausgleichen können. Die Erläuterungen sind zusätzliche Ursachen für die Rechtsunsicherheit. Diese zeigen Mängel der Verordnungen an, aber sie können diese nicht beheben. Damit schwächen sie die normative Kraft der Verordnungen zusätzlich und stellen sie grundsätzlich in Frage. Das Problem kann nur auf eine einzige Art gelöst werden: Die Normen, speziell als «Notrecht» erlassene Normen, müssen von Anfang an klar und sofort verstehbar sein. Ernst Jünger formulierte einen für Schriftsteller geltenden Grundsatz, der speziell für die Notrechtsetzung gilt: «Wer sich selbst kommentiert, geht unter sein Niveau.»[30]

Galoppierende Rechtsetzung

Der Bundesrat hatte die Covid-19-Verordnung 2 im Lauf ihrer dreieinhalbmonatigen Geltungszeit insgesamt 27 Mal geändert[31]. In der Rechtsanwendung verunmöglichen diese rasche Änderungskadenz sowie das gestaffelte Inkrafttreten einzelner Verordnungsartikel die individuell-konkrete Umsetzung. Es ist unmöglich, dass die Verwaltungsbehörden und die Rechtsunterworfenen sich danach richten können. Diese Art der Rechtsetzung läuft leer.[32] Sie beruht nicht auf «langer Erfahrung» und kann nicht zu einer Herrschaft des Gesetzes führen[33]. Der Bundesrat erlässt zwar Normen, diese ändern sich aber so schnell und ruckartig, dass niemand folgen kann. In der Sache tut der Bundesrat damit so, als werde Recht gesetzt. Tatsächlich ist diese Art der «Steuerung» weitgehend wirkungslos.

Die Rechtsetzung hat sich im Lauf der Monate nach dem Ausbruch der Epidemie verbessert. Der Bundesrat hat die «verwaltungsinterne Redaktionskommission des Bundes»[34] – wie eigentlich sonst üblich – später bei den Covid-19-Verordnungen beigezogen.[35] Das Problem einer eiligen Rechtsetzung bleibt indessen: Schnell änderndes Recht ist ein Widerspruch in sich. Rechtsnormen können nicht normativ wirken, wenn sie alle paar Tage im Takt der ansteigenden Infektionszahlen geändert werden. Die hohe Änderungskadenz macht es schwer, wenn nicht faktisch unmöglich, das in einem Zeitpunkt geltende Recht in Erfahrung zu bringen. Das BAG erläutert dieses Problem in leichter Sprache: «Welche Regeln gelten? Die Regeln ändern sich immer wieder».[36] Das ist keine Antwort auf die Frage und trifft trotzdem einen wunden Punkt der Covid-19-Rechtsetzung. Diese Form der Rechtsetzung ist blosse Aufgeregtheit, welche die Krise dokumentiert und verschärft.[37]

Die Covid-19-Rechtsetzung des Bundesrates arbeitet häufig mit unterschiedlichen Geltungsdauern von Normen. Das wird allerdings nur versteckt in den Schlussbestimmungen der Verordnungen deutlich gemacht, wie es das folgende Beispiel zeigt. Art. 6 Abs. 1 und 2 der Covid-19-Verordnung 2[38] ordnen Folgendes an:

> «[1]Grossveranstaltungen mit über 1000 Personen sind verboten.
> [2]Veranstaltungen mit über 300 Personen sind verboten.»

Hier stellt sich die Frage, was eigentlich verboten ist. Das Problem löst sich, wenn anhand der Bestimmungen zum Inkrafttreten und zur Befristung deutlich wird, «dass die beiden Regelungen gar nicht zur gleichen Zeit gelten sollten».[39] Vielmehr war ein gestaffeltes Vorgehen geplant. Der gewöhnliche Normadressat kann diese zeitversetzte Regelung nicht verstehen. Erst die Lektüre der Zeitbestimmung zum Inkrafttreten und Ausserkrafttreten am Ende der Verordnung macht die Regelungen verständlich.

Das Phänomen der Zeit und des Zeitdrucks zeigt sich daran, dass die Covid-19-Verordnungen zu ungewöhnlichen oder unklaren Zeitpunkten in Kraft traten[40]. Die ungewöhnlichen Zeitangaben in den Covid-19-Verordnungen wollen präzises Massnahmenhandeln und Dringlichkeit suggerieren. Sie ermuntern die Adressaten zum genauen Beachten der Verordnungen.[41]

Massenmediale Krisen- und Angstkommunikation als Steuerungsinstrument

Es bedarf keiner ausführlicheren Darlegung, dass die beispielhaft dargestellten Covid-19-Verordnungen gegen die Grundsätze der Legistik verstossen. Diese Verordnungen vermögen wegen ihrer Unklarheit und Unbestimmtheit die Normadressaten nicht zu steuern und erfüllen ihren Zweck nicht. Zusätzlich können die geltenden Rechtsnormen angesichts der hohen Änderungskadenz und der Vielzahl der sich thematisch überschneidenden Covid-19-Verordnungen praktisch nicht aufgefunden werden.[42] Die Bundesbehörden verbreiten mit dieser Art von Instant-Rechtsetzung auf unfreiwillige Art die Botschaft «Wir sind aufgeregt und wissen nicht, was tun».[43] Die Coronakrise hat bei Bundesrat und Verwaltung zu hektischem Aktivismus geführt. Unter diesen Bedingungen ist die Normherrschaft als Instrument des Rechtsstaates in erheblichem Umfang ausgefallen, soweit es um die Bekämpfung des Virus und der verursachten Krankheit geht.

Die Verordnungen können die Menschen nicht «auf Sicht navigieren»[44], damit Ansteckungen unterbleiben. Im Übrigen «federt» die Staats-Maschinerie die harten Massnahmen in Form von Lockdowns wirtschaftlich «ab»[45]. Bundesrat und Verwaltung wollten mit diesem technokratischen Ansatz die Krise beherrschen. Rechtssoziologisch herrschten allerdings weniger die bundesrätlichen Covid-19-Normen, wie Bundesrat Alain Berset in der «Sternstunde Philosophie» vom 27. Dezember 2020 deutlich machte: «Man kann schreiben, was man will, in einer Verordnung. Das spielt keine Rolle. Was eine Rolle wirklich spielt, ist das, was wirklich umgesetzt wird in der Gesellschaft.» Es ist die von den Massenmedien gestützte Behördenkommunikation, welche die Gesellschaft wirksam steuert. In den kaum mehr zählbaren Wellen der Epidemie lebt(e) die Gesellschaft aufgrund der Angst und Aufregung mit einer Aufmerksamkeitsspanne von wenigen Tagen. Es herrscht dauernde Gegenwart mit täglichen Meldungen von Infektions-, Todes- und Inzidenzzahlen sowie der Belegung der Intensivpflegeplätze. Die zahlreichen kommunikativen Widersprüche erregten zusätzliche Aufmerksamkeit. In dieser nur auf den Moment bezogenen Aufmerksamkeit der Öffentlichkeit hat die Kommunikation des Bundesrates und des BAG eine steuernde Wirkung erhalten. Die zeitweiligen Lockdowns von Betrieben und Schulen behielt die Adressaten zu Hause, und diese konnten die häufigen Medienkonferenzen und deren mediale Reproduktionen verfolgen.[46] Die behördliche Kommunikation traf auf – medial vermittelt – offene Ohren.

Diese kommunikativen Ersatzmechanismen ersetzen oder ergänzen zumindest die Rechtsetzung: Der Bundesrat erliess zwar Covid-19-Verordnungen, aber die Massnahmen setzte er über die in vielen TV- und Internetkanälen verbreiteten Medienkonferenzen um. Die Effekte der Steuerung erreichten Bundesrat und Verwaltung über die massenmediale, angstdurchsetzte Kommunikation. Diese erfolgte aber ausserhalb der demokratisch-rechtsstaatlichen Instrumente, welche die Verfassung bereitstellt. Die Situation ist aus der Sicht der Herrschaft des Gesetzes in einer beachtlichen Schieflage. Es ist an der Zeit, die Pfade der emotionalen Behördenkommunikation zu verlassen und zur nüchternen Herrschaft der Normen zurückzukehren.

Referenzen

1 Georg Müller/Felix Uhlmann, Elemente einer Rechtsetzungslehre, 3. Aufl., Zürich 2013, Rz. 59.
2 Gesetzestechnische Richtlinien des Bundes von 2013 (GTR), Ausgabe 2019.
3 Diesem Zweck dient die 415-seitige Verwaltungsverordnung der GTR (Anm. 2), welche die Anforderungen sammelt und systematisiert.
4 Müller/Uhlmann (Anm. 1), S. 194f.
5 Müller/Uhlmann (Anm. 1), S. 50.
6 Müller/Uhlmann (Anm. 1), S. 168f.
7 Amtliche Sammlung des Bundesrechts (AS) 2020 573. Der Abdruck übernimmt grammatische und Kommafehler unverändert, siehe unten Fehler 8.
8 Festlegung der WHO vom 11. Februar 2020, Ruedi Grüring, Daniel Koch. Stärke in der Krise, Zürich 2020, S. 236.
9 Die Begrenzung des territorialen Geltungsbereichs kommt selten vor, z.B. wenn eine Bundesrechtsnorm nur für das Gebiet einiger, aber nicht aller Kantone gilt.
10 Markus Nussbaumer/Miriam Sahlfeld, Erfahrungsbericht aus der Rechtsetzungsbegleitung der Bundesverwaltung, in: Felix Uhlmann/Stefan Höfler (Hrsg.), Notrecht in der Corona-Krise. 19. Jahrestagung des Zentrums für Rechtsetzungslehre, Zürich 2021, S. 175ff., S. 198.
11 Z.B. AS 2014 573, Verordnung über Massnahmen gegen gewisse Personen aus der Ukraine vom 26. Februar 2014, gestützt auf Art. 184 Abs. 3 Bundesverfassung mit Inkrafttreten am 28. Februar 2014 um 12.00 Uhr.
12 Nussbaumer/Sahlfeld (Anm. 10), S. 198 sprechen von «Marotte».
13 GTR (Anm. 2), Ziff. 55.
14 GTR (Anm. 2), Ziff. 61: Tritt eine Verordnung noch während des Tages der Verabschiedung in Kraft, so ist «dringliche Veröffentlichung erforderlich».
15 AS 2020 773 und 2195.
16 AS 2020 1101.
17 AS 2020 1823.
18 AS 2021 52, durch Verordnung vom 8. September 2021 (Ausweitung der Verwendung des Covid-19-Zertifikats), aufgehoben mit Wirkung vom 13. September 2021 bis zum 24. Januar 2022, AS 2021 542; Systematische Sammlung des Bundesrechts (SR) 818.101.26 (Stand 10.1.2022).
19 Marcel Alexander Niggli, Corona-Massnahmen und Verfassung, Anwaltsrevue 2021, S. 426–430, S. 430.
20 AS 2020 1249.
21 Stefan Höfler, Legistische Herausforderungen, in: Uhlmann/Höfler (Anm. 10), S. 81ff., S. 104f. Das Bundesgericht hat freilich im Rahmen des Datenschutzes entschieden, dass die Empfehlungen des Beauftragten «verbindlich» wirken, BGE 138 I 6 E. 7.7 S. 40.
22 AS 2020 2213 (Art. 3); wie auch in der revidierten und aktuellen Fassung vom 23. Juni 2021, SR 818.101.26 [Stand 14.12.2021].
23 Höfler (Anm. 21), S. 101ff.
24 NZZ vom 24.3.2020, S. 1.
25 AS 2020 1101, NZZ vom 28.3.2020, S. 1.
26 NZZ vom 20.3.2020, S. 9.
27 NZZ vom 21.3.2020, S. 9.
28 Bericht des Bundesrates über die Ausübung seiner Notrechtskompetenzen und die Umsetzung überwiesener Kommissionsmotionen seit Beginn der Coronakrise vom 27.5.2020, S. 4. Die «Erläuterungen» bestehen insofern schon, als das antragstellende Departement die Verordnungstexte für die Bundesratssitzungen jeweils erläutert. Diese Unterlagen sind allerdings nicht öffentlich.
29 Erläuterungen zur Verordnung 2 vom 13. März 2020 über Massnahmen zur Bekämpfung des Coronavirus (Covid-19-Verordnung 2), Fassung vom 16. April 2020, S. 2f.
30 Ernst Jünger – Carl Schmitt Briefwechsel, Stuttgart 1999, S. 280, Erstzitat in Ernst Jünger, Epigramme zu Blätter und Steine, 1934.
31 AS 2020 2205 Anm. 19.
32 Felix Uhlmann, Die Rolle des Rechts in der Pandemie, recht 2021, S. 113ff., S. 115.

33 Platon, Politikos, 300b,c, in: Platon, Sämtliche Werke in zehn Bänden, Band VII, nach der Übersetzung Friedrich Schleiermachers, ergänzt durch Übersetzungen von Franz Susemihl u. a., Frankfurt a.M. 1991, S. 427.

34 Markus Nussbaumer, Der Verständlichkeit eine Anwältin! Die Redaktionskommission der schweizerischen Bundesverwaltung und ihre Arbeit an der Gesetzessprache, in: Karin Eichhoff-Cyrus/Gerd Antos (Hrsg.): Verständlichkeit als Bürgerrecht? Die Rechts- und Verwaltungssprache in der öffentlichen Diskussion, Mannheim 2008, S. 301 ff.; Stefan Höfler, Gute Gesetzessprache aus dem Blickwinkel der Verwaltung: Die Redaktionskommission der schweizerischen Bundesverwaltung, in: Felix Uhlmann/Stefan Höfler (Hrsg.), Gute Gesetzessprache als Herausforderung für die Rechtsetzung, Zürich 2018, S. 65 ff.

35 Stefan Höfler, Notrecht als Krisenkommunikation? Redaktionelle Fallgruben der Covid-19-Verordnung 2, Aktuelle Juristische Praxis 2020, S. 702 – 709, S. 703.

36 https://www.bag.admin.ch [besucht am 15.12.2021].

37 Die handwerkliche Qualität der Covid-19-Verordnungen hat 2021 gebessert, aber ihr normativer Gehalt und ihre Unbestimmtheit sind mit einer rechtsstaatlichen Rechtsetzung weiterhin nicht zu vereinbaren. Beispiel: Die Änderung der Covid-19-Verordnung besondere Lage vom 3. Dezember 2021, AS 2021 813 auferlegt den Hochschulen bei Zugangsbeschränkungen zusätzlich «angemessene Schutzkonzepte» (Art. 19). Was heisst das? Die Norm wurde indessen mit Verordnung vom 17. Dezember 2021, AS 2021 882 für die Zeit vom 20. Dezember 2021 bis 24. Januar 2022 geändert. Die Rechtslage ist wegen des raschen Änderungstaktes verworren.
Das Vorgehen in der Coronakrise unterscheidet sich fundamental von jenem zur Zeit der Grippeepidemie 1918 bis 1920. Der Bundesrat hatte nur wenige Verordnungen erlassen und das Massnahmenhandeln den Kantonen überlassen, vgl. Andreas Kley, «Ausserordentliche Situationen verlangen nach ausserordentlichen Lösungen.» – Ein staatsrechtliches Lehrstück zu Art. 7 EpG und Art. 185 Abs. 3 BV, Schweizerisches Zentralblatt für Staats- und Verwaltungsrecht 2020, S. 268 – 276, S. 270 Anm. 13 und 15.

38 AS 2020 1815.

39 Höfler (Anm. 21), S. 116.

40 Siehe Anm. 12.

41 Höfler (Anm. 35), S. 708 f. mit weiteren Beispielen zum Phänomen «Zeit».

42 Siehe zur labyrinthartigen Architektur der Coronarechtsordnung Höfler (Anm. 21), S. 88 ff.

43 Höfler (Anm. 35), S. 709 versteht Notrecht als Teil der Krisenkommunikation.

44 So der Titel «Navigieren auf Sicht» des Beitrags der Vizedirektorin des Bundesamtes für Justiz, Susanne Kuster, in ihrer Funktion als Leiterin des Krisenstabs Recht, Jusletter vom 15. Februar 2021.

45 So der Titel der einschlägigen Verordnungen, z. B. Verordnung über die Abfederung der wirtschaftlichen Auswirkungen des Coronavirus (Covid-19) im Kultursektor (Covid-Verordnung Kultur) vom 20. März 2020, AS 2020 855, SR 442.15 (nicht mehr in Kraft).

46 Siehe Anm. 12 auf Seite 33 in meinem Beitrag «Demokratie im Coronazeitalter» in diesem Band.

7

Bruno S. Frey und Margit Osterloh

Coronavirus: Die Stunde der benevolenten Diktatoren

Das Coronavirus hat die Welt in eine Krise gestürzt. Allenthalben wird eine entschiedene und rasche Politik gefordert, mit der dieses unvorhergesehene Ereignis bewältigt werden soll. Dabei wird häufig auf die Regierungen von Singapur und Südkorea verwiesen, wo autoritäre Massnahmen die Ausbreitung des Virus gestoppt hätten. Manche sehen die Politik der Volksrepublik China und seiner diktatorischen Führung als Grund dafür, dass in diesem Land neue Ansteckungen vermieden worden seien, und auch das hohe Wirtschaftswachstum dieser Länder wird häufig einer autoritären Führung zugeschrieben.

Selbst in gut etablierten Demokratien wie Frankreich, Italien, Österreich oder Deutschland wird nicht selten argumentiert, in einer derart grossen Krise müssten Politiker an die Macht, welche die erforderlichen Massnahmen rasch und entschieden durchsetzen und sich nicht um als kleinlich erachtete Gegenargumente kümmern. Diese Forderung ist nicht nur in repräsentativen Demokratien, sondern zuweilen auch in der direkt-demokratischen Schweiz zu hören.

Auch in unseren Demokratien besteht eine grosse Gefahr, den Rechtsstaat ungebührlich einzuschränken, persönliche Freiheitsrechte unnötig einzuengen und Aktivitäten der Zivilgesellschaft zu behindern. Die Grundverfassung der Demokratie und des Föderalismus wird in Frage gestellt, nicht zuletzt, weil die entscheidenden Massnahmen zur Bekämpfung von Covid-19 meist durch die Zentralregierung konzipiert und zumindest durchgesetzt werden (vgl. dazu auch die Beiträge von Kley, Seite 26ff. und 58ff., Uhlmann, Seite 35ff., Kübler, Seite 50ff., und Eichenberger/Stadelmann, Seite 179ff., in diesem Buch).

Viele Leute tolerieren diese Einschränkungen des Rechtsstaates und der Demokratie, weil sie der Ansicht sind, dass sie unbedingt erforderlich seien um den selbstdeklarierten «Krieg» gegen das Coronavirus zu gewinnen.

Braucht es autoritäre Politiker?

Stimmt denn die Vorstellung, es brauche eine autoritäre Politik, um grosse und dringende Aufgaben zu bewältigen? Stephanie Rizio und Ahmed Skali haben 2020 eine umfassende Untersuchung darüber vorgelegt, ob Diktatoren die Wirtschaftslage positiv beeinflussen.[1]

Die Autoren verwenden moderne ökonometrische Methoden mit Daten über die lange Periode von 1858 bis 2010 und betrachten nicht weniger als 133 Länder. Dazu wird die heute als massgebend erachtete Methode des Regression Continuity Designs benutzt, bei dem die wirtschaftlichen Verhältnisse kurz vor und kurz nach Machtantritt einer autoritären Regierung analysiert werden. Insbesondere wird die Richtung der Kausalität analysiert: Sind autoritäre Herrscher fähig, das Wirtschaftswachstum zu steigern oder kommen Politiker in eine autoritäre Position, wenn das Wirtschaftswachstum hoch ist?

Die Untersuchung führt zu drei wichtigen Ergebnissen. *Erstens* bewirken Autokraten häufig eine *Verminderung* des Wirtschaftswachstums, also genau das Gegenteil, was von manchen erwartet wird. Zweitens gibt es einige wenige Autokraten, die ein überdurchschnittliches Wirtschaftswachstum zustande bringen, aber dies ist sehr *selten* der Fall. Eine solche Konstellation tritt nicht häufiger auf als es dem Zufall entspricht. *Drittens:* Die wenigen wachstumsfreundlichen Autokraten bewirken nicht eine Steigerung der wirtschaftlichen Aktivität, sondern *reiten auf einer Welle,* die schon *vor* ihrer Machtübernahme bestand.

Insgesamt erlaubt diese sorgfältige Untersuchung den Schluss, dass autoritäre Regierungen keineswegs notwendig sind, um ein überdurchschnittliches Wirtschaftswachstum zu erreichen. «Starke Führer»[2] versagen in der Regel auch bei der Verfolgung anderer wichtiger gesellschaftlicher Ziele. Demokratien sind dazu oft besser in der Lage. Ein wesentlicher Grund dafür ist die kontroverse Diskussion in offenen Gesellschaften. Diese zeigt neue Wege auf und fördert damit die wirtschaftliche und gesellschaftliche Entwicklung. Demgegenüber hängen Diktaturen oft überholten und unfruchtbaren Ideologen nach, die wirtschaftlich und gesellschaftlich schädlich sind. Dafür gibt es in der Geschichte eine grosse Zahl von Beispielen wie etwa Mobutu in der (sogenannten) Demokratischen Republik Kongo oder Bokassa, der selbsternannte Kaiser der Zentralafrikanischen Republik.

Die Ergebnisse der erwähnten Studie lassen sich nicht direkt auf die heutige Situation der Coronakrise übertragen. Aber immerhin lässt sich entschieden in Frage stellen, ob es wirklich autoritäre Regierungen braucht, um grosse gesellschaftliche Probleme erfolgreich anzugehen.

Vorbeugende Massnahmen

Gegen eine Unterhöhlung der Demokratie und zur Aufrechterhaltung eines Rechtsstaates braucht es vor allem eine Diskussion in der Öffentlichkeit, die unterschiedliche Überlegungen und Politikmassnahmen zulässt. Leider war dies besonders am Anfang der Coronakrise in vielen Ländern keineswegs der Fall. Ein demokratischer Umgang mit dem Risiko wurde vernachlässigt. Gleichzeitig wurde der Einfluss der Parlamente zurückgestutzt oder völlig ausser Kraft gesetzt. Stattdessen wurden die von der Exekutive als richtig betrachteten Massnahmen durchgesetzt. Diese Auffassung hat auch das Verhalten der staatlichen Verwaltung geprägt. So hatten etwa manche Polizisten keine Ahnung, was mit «Abstandhalten» (neudeutsch und gleichzeitig falsch «social distancing» genannt) gemeint war. Deshalb wurden Personen, die auf einer Parkbank ein Buch lasen, weggewiesen. Paare, die in einer Wohnung zusammen leben, wurden polizeilich getadelt, wenn sie sich an den Händen hielten.

Daraus sollte eine Lehre gezogen werden. Wenn wieder eine Bedrohung wie Covid-19 auftritt, muss auf der Verfassungsebene garantiert sein, dass die bürgerlichen Freiheiten und der Rechtsstaat nicht mit den Füssen getreten werden. Insbesondere müssen staatlich alimentierte Medienorgane, wie die grossen Fernsehsender, gehalten werden, auch unterschiedliche Meinungen zu kommunizieren und nicht nur als Erfüllungsgehilfen der Exekutive zu handeln.

Libertärer Paternalismus und Stupsen

Neuerdings wird eine Alternative zu autoritären Massnahmen diskutiert: Stupsen (das heisst ein leichter Anreiz) oder auf Neudeutsch «Nudging».[3] Einige Regierungen, insbesondere das Vereinigte Königreich mit seiner «Nudging Unit», haben dieses Verfahren schon eingesetzt. Mit geringen oder sogar kostenlosen Massnahmen soll den Einzelnen geholfen werden, in ihrem eigenen Interesse zu handeln, so, als wenn sie über vollständige Informationen, perfekte Willenskraft und die kognitiven Fähigkeiten des homo oeconomicus verfügen würden. Die Entscheidungen von Individuen sind jedoch Verzerrungen unterworfen. Individuen entscheiden auf der Grundlage von Heuristiken. Diese Verfahren funktionieren in vielen Situationen gut, aber sie können auch zu geringerem Nutzen führen. Sie können als systematische (d.h. nicht zufällige) Abweichungen vom Standardmodell der Rationalität definiert werden.

Eine in der Glücksforschung[4] empirisch identifizierte Verzerrung betrifft die falsche Prognose des zukünftigen Nutzens. Individuen unterschätzen zum Beispiel systematisch die zukünftige Zufriedenheit, die sie durch Beziehungskontakte mit Freunden, Nachbarn und Verwandten gewinnen. Im Gegensatz dazu überschätzen sie den zukünftigen Nutzen materieller Güter wie ein neues Heim oder ein Auto.

Das Stupsen bietet eine elegante Lösung, die Grenzen des homo oeconomicus vermeintlich zu überwinden: Individuen werden «sanft» dazu gebracht, bessere Entscheidungen zu treffen. Der Staat, vertreten durch Politiker und Beamte, bietet Entscheidungsarchitekturen an, welche Menschen veranlassen sollen, ihren eigenen Nutzen zu maximieren. Die einzelnen Entscheidungsträger werden nicht gezwungen, diese Option zu verfolgen, sondern können sich auch dagegen entscheiden. Stupsen schränkt die Entscheidungsfreiheit des Einzelnen nicht ein – jedenfalls nicht fühlbar. Daher werden diese politischen Interventionen oft unter dem Etikett «liberaler Paternalismus» subsumiert. Die Individuen würden zu derselben Entscheidung kommen, wenn sie diese kognitiv mit ausreichender Information reflektieren würden, anstatt sich auf intuitive oder automatische Entscheidungsverfahren zu verlassen.

Gegen den liberalen Paternalismus lassen sich jedoch zwei wichtige Argumente anführen.

Erstens: Politische und bürokratische Entscheidungsträger unterliegen selbst ähnlichen oder sogar gleichen Problemen wie andere Menschen. Sie schlagen den einzelnen Entscheidungsträgern daher Optionen vor, die ihr gegenwärtiges oder künftiges Wohlergehen nicht verbessern. Man könnte sogar behaupten, dass sie weniger sorgfältig handeln, weil sie über das Geld anderer Menschen und nicht über ihr eigenes Geld entscheiden.

Zweitens: Die Befürworter des liberalen Paternalismus scheinen ganz selbstverständlich davon auszugehen, dass die öffentlichen Entscheidungsträger das Wohlergehen der Bevölkerung erhöhen wollen. Sie folgen damit dem «wohlwollenden Diktator-Ansatz» und nehmen an, dass die Politiker eine Maximierung des sozialen Wohlergehens anstreben und Beamte zu entsprechendem Handeln zwingen können.

Diese Annahme wird seit jeher von der Public-Choice-Theorie stark kritisiert.[5] Öffentliche Entscheidungsträger sind genauso eigennützig wie andere Personen. Ihr wichtigstes Ziel ist, an der Macht zu bleiben. In Demokratien hängt dies davon ab, wiedergewählt zu werden. Dazu nutzen sie aktiv eine besondere Voreingenommenheit aus, nämlich den kurzen Zeithorizont der Wähler. Vor der Wahl geben sie

Geld für besonders populäre Projekte aus oder verteilen Geld an die Bevölkerung. Vor allem aber unterstützen sie starke Interessengruppen, indem sie ihnen besondere Privilegien einräumen, zum Beispiel durch die Einführung von Importbeschränkungen und die Senkung der Steuern für die Exportindustrie.

Wir haben die liberale Bevormundung bisher im Zusammenhang mit demokratischen Ländern diskutiert. Aber viele Länder in der Welt werden von autoritären Herrschern oder gar von Diktatoren regiert. Obwohl sie ständig behaupten, im Interesse ihres Volkes zu regieren, geschieht dies selten. Sie werden versuchen, die Verzerrungen bei der Entscheidungsfindung, zu denen Mitglieder der Bevölkerung neigen, aktiv auszunutzen. Sie werden zusätzliche Optionen anbieten mit dem Ziel, die Menschen in die Richtung zu stupsen, die ihnen und ihrer Klientel zugutekommt.

Deshalb ist die Annahme, dass Stupser immer im Interesse der Bevölkerung eingesetzt werden, höchst fragwürdig, wenn nicht sogar falsch.

Schlussfolgerungen

Die diskutierten Reaktionen auf die Politik zur Bekämpfung des Coronavirus können nicht befriedigen. Die Vorstellungen, es brauche autoritäre politische Führer, um derartige Krisen zu bewältigen, sind verfehlt. Dahinter steht die Vorstellung wohlwollender Diktatoren, die nichts anderes wollen als das Glück der Menschen bestmöglich zu fördern. Die Geschichte zeigt drastisch, dass eine solche Vorstellung falsch ist.

Aber auch eine Krise mittels «Stupsen» zu bewältigen, ist nicht zielführend. Selbst wenn erfolgreich gestupst werden könnte, ist es zweifelhaft, ob die dahinterstehenden Politiker und Bürokraten damit tatsächlich sinnvolle gesellschaftliche Ziele ansteuern oder nicht doch eher ihre eigenen Interessen verfolgen.

Wir schlagen einen anderen Ansatz zur Krisenbewältigung vor. In einer Krise, in der ungewöhnliches Handeln notwendig erscheint, soll ein *zufällig aus der Gesamtgesellschaft auserwählter Krisenrat* berufen werden.[6] Die (im mathematischen Sinne) zufällig ausgewählten Mitglieder vertreten automatisch ein breites Spektrum von Meinungen und Interessen, so dass Diversität gesichert ist. Um notwendige Informationen zu erhalten, können die Mitglieder des Krisenrates Experten um deren Meinung befragen.

Die Regierung und die ihr unterstellte staatliche Bürokratie müssen auf die Beschlüsse des Krisenrates eingehen. Sie können einen Gegenentwurf erarbeiten und vorstellen. Die Entscheidung, ob der Vorschlag des Krisenrates oder der Regierung befolgt werden soll, muss das Parlament – oder zumindest ein Ausschuss des Parlamentes – entscheiden.

Ein Krisenrat wird jeweils für eine bestimmte Krise – in unserem Fall die Coronakrise – auf beschränkte Zeit ausgewählt. Damit wird einer Versteinerung entgegengewirkt und der zeitliche Aufwand der Mitglieder hält sich in Grenzen. Sinnvoll ist eine Grössenordnung von rund 30 Mitgliedern, damit Diversität erreicht wird, aber gleichzeitig eine intensive Diskussion und eine rasche Beschlussfassung möglich sind. Da die Mitgliedschaft freiwillig ist, aber gefördert werden soll, ist eine grosszügige Vergütung notwendig. Es muss auch festgelegt werden, dass die zufällig ausgelesenen Mitglieder den Anspruch haben, von ihren vorherigen Funktionen freigestellt zu werden.

Selbstverständlich löst ein solcher aleatorischer Krisenrat nicht alle Probleme, die während einer Krise entstehen. Er eröffnet jedoch die Möglichkeit, die entstehenden Probleme zugleich demokratisch und erfolgreich anzugehen.

Referenzen

1 Rizio, Stephanie und Ahmed Skali (2020). How Often Do Dictators Have Positive Economic Effects? Global Evidence, 1858–2010. *The Leadership Quarterly* 31 (3), Article 101302.

2 Brown, Archie (2014). *Der Mythos vom starken Führer. Politische Führung im 20. Und 21. Jahrhundert.* Berlin: Propyläen.

3 Thaler, Richard H. und Cass R. Sunstein (2008). *Nudge: Wie man kluge Entscheidungen anstößt.* Berlin: Ullstein, 5. Aufl.

4 Zum Beispiel Frey, Bruno S. und Claudia Frey Marti (2010). *Glück. Die Sicht der Ökonomie.* Zürich, Chur: Rüegger, 2. Auflage; Frey, Bruno S. (2017). *Wirtschaftswissenschaftliche Glücksforschung.* Cham: Springer; Stutzer, Alois (2009). Happiness when Temptation Overwhelms Willpower. Chapterhttps://ideas.repec.org/s/elg/eechap.html 5 in: Amitava Krishna Dutt & Benjamin Radcliff (eds.), *Happiness, Economics and Politics.* Cheltenham, UK, Northampton, MA: Elgar.

5 Zum Beispiel Mueller, Dennis C. (2003). *Public Choice III.* Cambridge: Cambridge University Press; Frey, Bruno S. (1977). *Moderne Politische Oekonomie.* München: Pieper.

6 Dieser Ansatz ist ausführlicher dargestellt in Frey, Bruno S. (2020). *Für einen Krisenrat.* Meinung und Debatte. NZZ, Montag, 25. Mai 2020.

8

Werner Widmer

Sechs Lehren für die Spitäler im Hinblick auf eine nächste Pandemie

1 Was war das wirkliche Problem im Gesundheitswesen während der Pandemie?

«Den *Kollaps des Gesundheitssystems* zu verhindern» war neben der Vermeidung von Todesfällen der häufigste vom Bundesrat angeführte Grund für die Lockdowns, das heisst für gesamtgesellschaftliche Kosten von Dutzenden von Milliarden Franken. (Und auch Beck stellt in seinem Beitrag die Überlastung des Gesundheitswesens als eines von zwei, die Massnahmen legitimierendes Risiko dar; siehe Abschnitt 2.2 auf Seite 193 ff.)

Das Schweizer Gesundheitswesen ist kaufkraftbereinigt und pro Kopf der Bevölkerung das teuerste in Europa. Wir haben pro 100 000 Einwohner mehr Pflegende (mit einer mindestens dreijährigen Ausbildung)[1] und mehr Ärzte als die meisten anderen Länder. Lange bevor das Schweizer Gesundheitswesen kollabieren würde, lägen die Gesundheitssysteme anderer Länder schon am Boden. Solange es sich um eine mit Covid-19 vergleichbare Pandemie handelt, kommt das Schweizer Gesundheitswesen nicht an den Rand des Abgrunds. «Den Kollaps des Gesundheitssystems zu verhindern» ist in einer solchen Situation in der Schweiz kein plausibler Grund für Massnahmen.

Lehre 1: Einen Kollaps des Gesundheitswesens müssen wir nicht befürchten, bevor nicht in allen anderen europäischen Ländern das Gesundheitswesen schon kollabiert oder mindestens massiv überlastet ist.

Das pauschal formulierte Argument wurde vielfach auch spezifischer gefasst: In den Nachrichten hiess es zum Beispiel, «es müsse eine *Überlastung der Spitäler* verhindert werden».

In den Schweizer Spitälern, genauer in den Akutspitälern (also ohne die psychiatrischen und Rehabilitationskliniken mitzuzählen), hat es rund 24 000 Betten. Im Durchschnitt sind sie zu 85 Prozent belegt, das heisst knapp 5000 Betten bleiben leer. Im Durchschnitt treten jeden Tag etwa 2700 Patientinnen und Patienten für einen mehrtägigen Spitalaufenthalt ein.[2] Nur gerade zu Beginn der zweiten Welle (im November 2020) belegten Patienten mit Covid-19 (leicht) mehr als 10 Prozent aller Spitalbetten. Im Extremfall hätte es in den normalen Bettenstationen jeden Tag noch Platz gehabt für doppelt so viele Covid-19-Patienten.

Der Schweizer Bundespräsident und frühere Tessiner Kantonsarzt mit konkreter Pandemieerfahrung, Ignazio Cassis, teilt diese Ansicht. Sogar in Bezug auf den Flaschenhals der Intensivstationen gibt er Entwarnung. «Im ‹Sonntagsblick› erklärt er, eine Belegung der Intensivstationen von 80 Prozent sei nicht aussergewöhnlich. ‹Die Schwierigkeit der Triage erleben Mediziner auf Intensivstationen jeden Tag.› Die Schweiz könne die Kapazitäten steigern, er halte das aber nicht für nötig.»[3]

Irritierend war vor allem das Verhalten einzelner Exponenten von Spitälern, die aufgrund der aktuell angespannten Arbeitssituation in ihrem Spital an die Medien gelangten, ihr Erlebnis verallgemeinerten, die ganze Spitalwelt der Schweiz kurz vor dem Kollaps wähnten und von der Politik eine Verschärfung der Massnahmen forderten. Hätten sie (oder die Journalisten) vorher einen Blick auf die gesamte Situation aller Spitäler geworfen (die Intensivbetten waren im 15-Tagesschnitt insgesamt nie zu 80 Prozent belegt), wären die Politiker weniger unter Druck gekommen, unverhältnismässige Massnahmen anzuordnen, und die Bevölkerung wäre weniger in Angst versetzt worden.

Beispielsweise hatte die NZZ am Sonntag im Dezember 2020 die lokal begründete Sorge von drei Infektiologen, Chefärzte des Kantonsspitals Winterthur (KSW), des Zürcher Stadtspitals Triemli und des Universitätsspitals Zürich (USZ), ernst genommen, aber ohne Bezug zum ganzen System implizit als Aussage für das ganze Land den Leserinnen und Lesern vorgesetzt:

«Wir laufen seit Wochen einem Abgrund entlang», sagt einer von ihnen, «der Grat ist stets leicht ansteigend, es wird immer etwas härter.» Patienten mit anderen Krankheiten als Covid-19 könnten nicht mehr optimal versorgt werden. Mit fatalen Folgen. Und Patienten, die mit anderen Krankheiten ins Spital kommen, steckten sich im Viererzimmer mit Corona an – und stürben daran. Das Personal drehe im Hamsterrad. Die drei Chefärzte machen Druck auf die Politiker: «Die Politik hat noch nicht verstanden, wie dramatisch die Situation in den Spitälern ist. Das Gesundheitssystem ist jetzt schon überlastet. Seit Wochen.» Die am 4. Dezember vom Bundesrat beschlossenen Massnahmen genügten bei Weitem nicht. Wenn die Fallzahlen schweizweit nicht rasch unter 700 pro Tag gedrückt würden und die Quote der positiven Tests unter 5 Prozent sinke, dann kollabiere das System.[4]

Doch wie sah die Wirklichkeit aus? Die täglichen Fallzahlen blieben bis Ende 2020 im Bereich von 3000 und lagen auch im Februar 2021 noch immer über 1000. Das System ist nicht kollabiert. Auch später nicht. Und auch die Intensivstationen der drei Spitäler haben nach dem Besuch der Chefärzte auf der Redaktion der NZZ am Sonntag noch Tage mit mehr Covid-19-Patienten bewältigt. In allen 15 Spitälern im Kanton Zürich, die eine Intensivstation führen, waren in der Woche vom 7. Dezember maximal 95 Betten von Covid-19-Patienten belegt (10.12.2020). Eine Woche später, am 16.12.2020, wurden 105 Covid-19-Patienten in den Intensivstationen behandelt, also 10 mehr. War das System in der Woche vom 7. Dezember tatsächlich kurz vor dem Absturz?[5]

Wir haben grossen Respekt vor den Leistungen des Spitalpersonals. Es gab zweifellos in vielen Spitälern Bereiche, in denen Ärzte und Pflegende sehr stark gefordert waren und sich ausserordentlich eingesetzt haben, insbesondere in der Inneren Medizin und auf den Intensivstationen, die sich schwergewichtig um die Covid-19-Patienten kümmern. In diesen Bereichen gab es Ärzte, die im ganzen Jahr 2020 keine Ferien bezogen. Solche individuellen Leistungen verdienen Anerkennung und Würdigung der ganzen Gesellschaft. Aber es bleiben individuelle Erfahrungen. Doch, wie schon in der ersten Welle, wurde auch in den späteren Wellen verschiedentlich von Einzelerfahrungen auf das ganze System geschlossen. Aber Einzelerfahrungen, auch wenn sie dramatisch erscheinen, sind keine Grundlage für eine seriöse Pandemie-Politik. Eine evidenzbasierte Pandemie-Politik muss das ganze System im Auge haben, also alle Spitäler im Land. Wenn einige Intensivstationen gleichzeitig voll belegt sind, die übrigen Spitälern aber freie IPS-Plätze melden, steht «das System» nicht vor dem Kollaps.

Gerade in einem Land mit einer hohen Spitaldichte wie die Schweiz können Spitzenbelastungen auf mehrere Spitäler verteilt werden. Individuelle Aufschreie ohne realen Bezug zur Gesamtsituation wirken allerdings selber systemisch: Sie verängstigen die Bevölkerung unnötigerweise und sie setzen die Politik gewollt unter Druck, Massnahmen zu verordnen, die sie sonst vielleicht nicht verordnen würde.[6]

Lehre 2: Wenn ein Spital in den Medien meldet, es sei voll belegt, heisst das noch lange nicht, dass die Gesamtheit der Spitäler überlastet ist. Es ist unsachlich, vom Einzelfall auf die Gesamtheit zu schliessen. Einzelne Spitaldirektoren und -direktorinnen, Chefärztinnen und -ärzte sollten sich mit anekdotischen Evidenzen in der Öffentlichkeit zurückhalten.

Und schliesslich, was soll der Radiohörer mit der Meldung in den Nachrichten anfangen, «Heute mussten 86 Patienten mit Covid-19 in ein Spital überwiesen werden»? Er weiss nicht, dass das nur 3 (!) Prozent aller Spitaleintritte sind.

Lehre 3: Quantitative Informationen zur Pandemie machen nur Sinn, wenn sie in einem relevanten Verhältnis zu einer expliziten Grössenordnung ausserhalb der Pandemie stehen.

Etwas näher ans Problem als die Angst vor einem Kollaps des Gesundheitssystems oder vor einer Überlastung der Spitäler kommt das Argument, «es müsse ein *Engpass auf den Intensivstationen* vermieden werden». In den grossen und mittelgrossen Akutspitälern gibt es eine oder mehrere Intensivstationen für sehr schwer kranke Patienten. Der Engpass lag nie bei der Anzahl Betten der Intensivstationen. Davon gab es während der ganzen Covid-19-Pandemie jeden Tag mindestens 200, die nicht gebraucht wurden. Aber ein Bett nützt nichts, wenn das Personal nicht vorhanden ist, um den Patienten darin zu pflegen. Die entsprechende Qualifikation wird über eine mehrjährige Aus- und Weiterbildung erreicht: Drei Jahre bis zur Fachangestellten Gesundheit, dann zwei Jahre bis zur Pflegefachperson HF (Höhere Fachschule) und anschliessend ein zweijähriges Nachdiplomstudium in Intensivpflege. Schon vor der Pandemie war es schwierig, alle vakanten Pflegestellen auf einer Intensivstation zu besetzen. Entsprechend fehlte dann auch das Personal, um zusätzlich zu den 860 betriebenen Betten weitere Intensivbetten in Betrieb nehmen zu können. Zudem haben einige der voll ausgebildeten Pflegenden im Verlaufe der Pandemie ihre Stelle in einer Intensivstation gekündigt und es wurde noch schwieriger, die Lücken zu füllen. Das wirkliche Problem im Gesundheitswesen war die *zu knappe Zahl der Pflegenden auf den Intensivstationen.* Das ist der relevante Grund für die Lockdowns und all die anderen angeordneten Massnahmen.

Könnte dieses Problem im Hinblick auf eine nächste Pandemie gelöst werden, wäre das unter Umständen ein wesentlicher Schritt, dass künftig zumindest auf einen Teil der Massnahmen mit Kosten in Milliardenhöhe verzichtet werden könnte.

2 Drei Lösungsansätze für die Zukunft

Wie kann in Zukunft verhindert werden, dass es zu wenig qualifizierte Pflegende gibt, um bei Bedarf die Zahl der Betten in den Intensivstationen zu erhöhen?

2.1 «Skill-Grade-Mix» auch auf Intensivstationen

Nicht alle Pflegetätigkeiten auf einer Intensivstation erfordern ein zweijähriges Nachdiplomstudium. Ein Teil könnte ebenso gut von diplomierten Pflegenden oder Fachangestellten Gesundheit ausgeübt werden. Auf den normalen Bettenstationen wird ein solcher Skill-Grade-Mix in allen Spitälern praktiziert. Allerdings gibt es immer noch Intensivstationen, die ausschliesslich Pflegende mit zweijährigem Nachdiplomstudium einsetzen, auch für weniger anspruchsvolle Aufgaben. Damit werden die hochqualifizierten Pflegenden unnötigerweise noch knapper gemacht, als sie es ohnehin schon sind. Das ist eine Ressourcenverschwendung und sollte gestoppt werden.

Lehre 4: Auf den Intensivstationen sollen Pflegende mit dem zweijährigen Nachdiplomstudium in Intensivpflege nur für Tätigkeiten eingesetzt werden, die ohne dieses Nachdiplomstudium tatsächlich nicht erbracht werden können.

2.2 Militärischer Ansatz: Wiederholungskurse und Mobilmachung

Es gibt Hunderte von Pflegenden, die auf einer Intensivstation gearbeitet haben, dann pensioniert wurden oder die Stelle gewechselt haben. Auf sie könnte die Gesellschaft zurückgreifen, wenn in einer künftigen Pandemie ein Engpass beim Pflegepersonal auf den Intensivstationen droht. Damit sie als Reservisten wirksam eingesetzt werden können, müssten sie sich, nachdem sie die Intensivstation verlassen haben, fachlich à jour halten.

Pflegende mit zweijährigem Nachdiplomstudium in Intensivpflege, welche ihre Tätigkeit auf einer Intensivstation aufgeben, sollten per Gesetz verpflichtet werden, während beispielsweise vier Jahren jährlich einen Wiederholungskurs zu absolvieren, sodass sie fachlich so fit bleiben, dass sie bei Bedarf in einer Intensivstation mitarbeiten könnten. Dasselbe Gesetz sollte den Bundesrat ermächtigen, solche Reservisten im Falle eines pandemiebedingten Engpasses auf den Notfallstationen für eine begrenzte Zeit einzuberufen.

Lehre 5: Es muss darüber nahgedacht werden, per Gesetz eine Reservekapazität von Intensivpflegerinnen und -pflegern aufzubauen, auf die der Bundesrat im Notfall zurückgreifen kann.

2.3 Ökonomischer Ansatz: Angebot und Nachfrage mit dem Preis ins Gleichgewicht bringen

Anstelle des militärischen Ansatzes mit Wiederholungskursen und Mobilmachung könnte die erhöhte Nachfrage nach Pflegenden mit zweijährigem Nachdiplomstudium in Intensivpflege auch ökonomisch bewältigt werden:

Sobald sich ein Engpass auf den Intensivstationen ankündigt, könnte der Bundesrat den Betrag erhöhen, den die Spitäler für die Behandlung eines schwer kranken Pandemiepatienten auf der Intensivstation erhalten. Er könnte zum Beispiel die Baserate für diese Fälle um 50 oder 100 Prozent erhöhen. Die Spitäler wären so in der Lage, den Lohn des hochqualifizierten Pflegepersonals auf den Intensivstationen massiv zu erhöhen. Dabei müsste vermieden werden, dass die schlagartig höher bezahlten Pflegenden dann ihren Beschäftigungsgrad reduzieren. Der deutlich höhere Lohn könnte Teilzeitpflegende auf den Intensivstationen stark motivieren, ihren Beschäftigungsgrad vorübergehend auf 100 Prozent zu erhöhen. Vorübergehend, weil der höhere Betrag, den die Spitäler erhalten, wieder fallen würde, wenn die Zahl der pandemiebedingten Intensivpatienten zurückginge. Selbst wenn die Löhne der vollzeitlich angestellten Pflegenden mit zweijährigem Nachdiplomstudium in Intensivpflege auf über 20 000 Franken pro Monat zu liegen kämen, wäre eine solche Überwindung des Pflegeengpasses auf den Intensivstationen für die Gesellschaft immer noch viel günstiger als alle anderen Massnahmen, mit denen in der Covid-19-Pandemie versucht wurde, die Intensivstationen vor zu vielen Patienten zu schützen.

Lehre 6: Der Bundesrat sollte im Falle einer Pandemie, welche bestimmte Kapazitäten des Gesundheitswesens überlastet, die Kompetenz erhalten, dort gezielt und vorübergehend die Tarife zu erhöhen, so dass die betroffene Einheit in der Lage ist, ihre (personelle und infrastrukturelle) Kapazität der Notlage anzupassen.

Werden die Punkten 4 bis 6 umgesetzt, muss niemand mehr den «Kollaps des Gesundheitswesens», eine «Überlastung der Spitäler» oder einen «Engpass auf den Intensivstationen» befürchten. Und es gibt keinen Grund mehr, wegen solchen Befürchtungen pandemiepolitische Massnahmen anzuordnen (mit Ausnahme der in den Lehren 4 bis 6 genannten und weniger schwerwiegenden Massnahmen). Das Gesundheitswesen wird dann bei einer nächsten Pandemie – wie vor Covid-19 schon immer – wieder für die Bevölkerung da sein, und nicht umgekehrt erwarten, dass die Politik das halbe Land lahmlegt, um die Spitäler vor zu vielen Patienten zu schützen.

Referenzen

1 Zum Vergleich mit anderen Ländern: Erstens gibt es infolge des dualen Berufsbildungssystems in der Schweiz viel mehr Pflegende auf der Sekundarstufe II («Fachangestellte Gesundheit»), während in anderen Ländern diese Schulstufe fehlt und die Pflegenden auf der Tertiärstufe ausgebildet werden. Im Pflegealltag werden die auf tertiärer Stufe Ausgebildeten aber auch die Tätigkeiten ausüben, die bei uns Fachangestellte Gesundheit machen.
Zweiten weist die OECD-Statistik Köpfe und nicht Vollzeitäquivalente aus. In der Schweiz arbeitet die Mehrheit der Pflegenden in einem Teilzeitpensum. Der durchschnittliche Beschäftigungsgrad ist niedriger als in den meisten europäischen Ländern.
Quelle: Bundesamt für Statistik (2019): Pflegepersonal. Die Schweiz im internationalen Vergleich, Ergebnisse und Methodik.

2 Vgl. dazu auch: Widmer, Werner (2020): Einführung in das Gesundheitswesen der Schweiz. 3. Auflage, Careum Verlag, Zürich

3 Aus: Eric Gujer (22.1.2022). Die Freiheit beginnt im Kopf, NZZ Leitartikel.

4 Alle Zitate aus: Stefan Bühler und Theres Lüthi (12.12.2020). Drei Chefärzte klagen an: «Die Politik hat nicht verstanden, wie dramatisch die Situation ist», in: NZZ am Sonntag.

5 Internes Papier der Zürcher Spitäler: Auslastungsverteilung nach Betten, COVID – Spitäler im Kanton Zürich, Stand jeweils 09.15 Uhr.

6 Vgl. dazu auch: K. Beck K und W. Widmer. 2021. Corona in der Schweiz. Eigenverlag, S. 135–137; zu beziehen unter www.corona-in-der-schweiz.ch.

9

Peter Rohner

Leadership in der Krise

Beobachtungen und Fragen zur Corona-Krise aus Leadership-Perspektive sowie Anregungen zur konstruktiv-kritischen Aufarbeitung

Einleitung: Die Corona-Krise als grösste Leadership-Herausforderung der Schweiz

Die Corona-Krise ist die bisher grösste Leadership-Herausforderung für die Schweizer Landesführung in unserer Zeit. Komplexität, Grösse, Dauer und Auswirkungen auf Staat, Gesellschaft und Wirtschaft übertreffen die Krisen der vergangenen Jahrzehnte bei weitem, beispielsweise die Bankenkrise im Herbst 2008. Keine andere Krise zeitigte nur annähernd so weitreichende Konsequenzen für so viele Menschen. In die Bewältigung keines anderen Problems, in kein anderes Vorhaben wurden derartige Finanzmittel gesteckt.[1] Keine Krise war aus Leadership-Sicht über so lange Zeit so anspruchsvoll. Für die in der Verantwortung stehenden Exekutivpolitiker sind die Herausforderungen enorm. Sie müssen unter Unsicherheit und Zeitdruck entscheiden. Die täglich durch die Medien verbreitete Angst vor dem Tod sowie die moralische Aufladung der Situation und Stimmung («Retten Sie Leben!») lassen eine kühle Bewertung und einen öffentlichen Diskurs aufgrund von klaren Daten nicht zu. Beruhigende Fakten zur Gesamtsituation, beispielsweise dass 99,87% der Bevölkerung die Krankheit überleben oder dass bei den Verstorbenen der Altersmedian mit 89 Jahren über der mittleren Lebenserwartung liegt,[2] finden in den tonangebenden Medien wenig Beachtung und gehen in einer kollektiven Hysterie unter.[3] Die Mehrheit der Bevölkerung[4] erwartet von der Politik deutliche Massnahmen und akzeptiert starke soziale und wirtschaftliche Einschränkungen gegen die neue Krankheit. Es wird die Einlösung eines umfassenden Schutzversprechens durch den Staat erwartet.[5] Die Akzeptanz von Risiken und die Toleranz für Fehler sind sehr beschränkt.[6]

Nach rund zwei Jahren im Corona-Krisenmodus kann man sich fragen: Was wäre gewesen, hätte man mit kühlem Kopf und klarem Verstand reagiert und gehandelt? Hätte man den Verstorbenen mit gezieltem Schutz zu mehr Lebensjahren verhelfen können? Wäre man durch weniger einschränkende Verbote und mehr eigenverantwortliche Massnahmen mit geringeren gesundheitlichen, wirtschaftlichen und gesellschaftlichen Kollateralschäden davongekommen? Es dürfte Jahre dauern, um durch Analysen und internationale Vergleiche hierzu Antworten zu finden.[7] Die Aufarbeitung der politischen Handlungen bzw. Unterlassungen und der Verantwortung dafür dürfte gar Jahrzehnte in Anspruch nehmen.[8] Was aber kann man bereits jetzt für die Bewältigung der aktuellen oder von zukünftigen ausserordentlichen Situationen auf nationaler Ebene lernen? Der vorliegende Beitrag bietet dazu eine erste Auslegeordnung aus der Perspektive Leadership an. Das Verständnis von Leadership folgt dabei keinen traditionellen Mustern (z.B. tayloristischen oder partizipativen) oder betriebswirtschaftlich-modischen Ansätzen (z.B. purpose-driven oder supportive). Unter Leadership wird hier und im Folgenden, basierend auf Interviews und Diskussionen mit Fokusgruppen aus gestandenen Führungspersönlichkeiten aus Wirtschaft, Militär, Politik und Wissenschaft zur aktuellen Krise, pragmatisch die Fähigkeit und Bereitschaft des Führungspersonals einer Organisation verstanden,

- in Teams zu agieren und zusammen für das Erreichen gemeinsamer Ziele zu sorgen,
- für die Beschaffung von Informationen zu Herausforderungen und für die Gestaltung von Lösungsansätzen dafür die besten Kräfte von innerhalb und ausserhalb der Organisation zusammenzubringen,
- konstruktiv um die besten Optionen zu ringen,
- Widerspruch systematisch zu fördern,
- in Varianten zu denken,
- methodische Führungsunterstützung (Stabsarbeit) zu nutzen,
- Entscheidungen aufgrund von ausgearbeiteten Grundlagen zu fällen und umzusetzen,
- die Ergebnisse in der Umsetzung laufend kritisch zu evaluieren, die Lage immer wieder neu zu beurteilen und Entscheidungen anzupassen,

- vorbehaltene Entschlüsse für Abweichungen vom Plan und entsprechende Reserven dafür vorzuhalten,
- durch Vorbild zu führen, u.a. zu tun, was man sagt, und zu sagen, was man tut,
- sich systematisch und periodisch als Führungsperson und -gremium selbst zu hinterfragen.

Für die Bewertung der Beobachtungen zu Leadership in der Corona-Krise und die sich für das Lernen für zukünftige Krisen dazu stellenden Fragen wird auf bewährte Praxis und Forschungsergebnisse aus unterschiedlichen Disziplinen zurückgegriffen, beispielsweise aus der Managementlehre, aus der Projektmethodik, aus militärischen Entscheidungsverfahren oder aus der Wissenschaftsmethodik. Ausgehend von einer Analyse der in der Corona-Krise aufgetretenen Leadership-Probleme werden die folgenden Schlüsselthemen vertieft behandelt:

Abbildung 1: Schlüsselthemen zu Leadership in der Krise

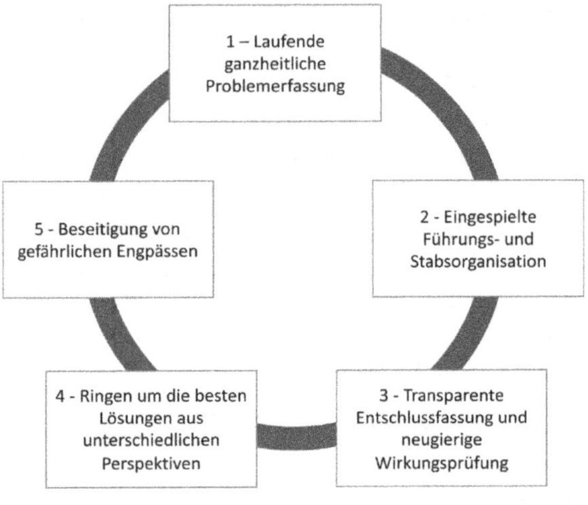

- Beim Schlüsselthema 1 «Laufende ganzheitliche Problemerfassung» geht es um die Beobachtung, dass die Problemerfassung in der Corona-Krise im Wesentlichen auf die Krankheit und das Gesundheitssystem konzentriert ist, und die Frage, ob die Analyse der Bedrohung dabei genügend differenziert erfolgt.
- Beim Schlüsselthema 2 «Eingespielte Führungs- und Stabsorganisation» geht es um die Frage, ob eingespielte Stäbe vorhanden sind und eingesetzt werden, wo diese angesiedelt sind, was von diesen erwartet werden kann und ob man von einem Fachamt wie dem BAG die Erfüllung der Anforderungen an eine krisenfeste Führungs- und Stabsorganisation fairerweise erwarten darf.
- Beim Schlüsselthema 3 «Transparente Entschlussfassung und neugierige Wirkungsprüfung» geht es um die Frage, inwiefern Absichten und Ziele der Pande-

mie-Bekämpfung klar sind, wie transparent die Abwägung von Wirkungen und Schäden ist und ob die entscheidenden Daten festgelegt, erhoben und analysiert werden.

- Beim Schlüsselthema 4 «Ringen um die besten Lösungen aus unterschiedlichen Perspektiven» geht es um Beobachtungen zur sogenannten Covid-19-Taskforce und die Frage, inwiefern deren personelle und organisatorische Ausgestaltung und der dort stattfindende Diskurs der Vielfältigkeit der Krise angemessen sind.
- Beim Schlüsselthema 5 «Beseitigung von gefährlichen Engpässen» geht es um die Beobachtung der andauernden Knappheit von Intensivbehandlungen und der fortgesetzten Nichtbehebung dieses Engpasses sowie um die Frage, wie diesem beizukommen ist.

Im Schlussabschnitt werden unter dem Titel «Ausblick: Herausforderungen und Vorschläge für das Lernen aus der Corona-Krise» die gewonnenen Erkenntnisse aus Lern-/Verbesserungssicht konsolidiert und ein Vorschlag zum Lernen aus dieser Krise für künftige Krisen unterbreitet.

Schlüsselthema 1: Laufende ganzheitliche Problemerfassung

Zu Beginn der Krise hat sich der Bundesrat als Grundlage für die Entschlussfassung in grosser Unsicherheit offenbar an Bildern aus Italien orientiert. Auf die Frage in der NZZ vom 18. April 2020: «Dann hat der Bundesrat nie fundierte Überlegungen dazu angestellt, wie viele soziale und wirtschaftliche Schäden er in Kauf nehmen will, um wie viele Leben zu retten?», antwortete die damalige Bundespräsidentin: «Erinnern Sie sich an die erschreckenden Nachrichten aus Norditalien? Das war Ende Februar. Wir wussten damals, dass wir schnell und entschlossen handeln müssen, um ähnliche Szenarien in der Schweiz zu vermeiden. Es wäre verantwortungslos gewesen, wenn wir zuerst theoretische Überlegungen oder Berechnungen angestellt hätten. Es ging darum, Leben zu retten.»[9] Inwiefern das Herunterfahren der wirtschaftlichen und gesellschaftlichen Aktivitäten zielführend und auch verhältnismässig war, wird die Forschung dereinst zeigen. Die Entscheidung vom März 2020 ist jedenfalls aus der Warte der politischen Verantwortung, der damaligen Kenntnisse zur Bedrohung, der Angst in der Bevölkerung sowie der diese schürenden Berichterstattung der Medien verständlich. In den Begriffen der Führungs- und Stabsorganisation befand man sich in der Phase der Problementdeckung, in der man zu einer drohenden Gefahr eine erste Einordnung hinsichtlich Neuartigkeit, Unbestimmtheit und Komplexität vornimmt. Charakteristisch ist für diese Phase, dass «die [eigentliche] Problemstellung oft nicht auf den ersten Blick erkennbar» ist.[10]

Auf die Problementdeckung folgt darum die Problemklärung. «Mit der Problemklärung wird durch Beschaffung, Sichtung und Verdichtung zusätzlicher Informationen der Überblick über die wesentlichen Aspekte der gestellten Aufgabe gewonnen.»[11] Im Kontext der Corona-Krise bedeutet dies, sich ein klares Bild von der Bedrohung durch das Virus zu machen. Mit diesem Bedrohungsbild können anschliessend differenzierte Teilprobleme und Teilaufgaben zur Erreichung von Teilzielen gebildet werden. Am Anfang der Problemklärung muss in der Corona-Krise deshalb die Bewertung der Bedrohung des Landes, der Gesellschaft und ihrer Teile durch das Virus stehen. Im März 2020 herrschte wie gesehen grosse Unsicherheit, welche Bedrohung von Corona ausgeht. Man befürchtete, dass 3% der Bevölkerung am Virus sterben würden. Innert Wochen wurde jedoch klar, dass diese Schätzungen der WHO, welche die Regierungen rund um den Globus zu massiven Reaktionen veranlassten, um Faktoren zu hoch lagen.[12] Nach 20 Monaten zeigen die Daten, dass in der Schweiz in dieser Zeitspanne 0,13% der Bevölkerung im Zusammenhang mit Corona gestorben sind[13] bzw. dass 99,87% der Einwohner die Pandemie überlebt haben, womit die Befürchtungen um den Faktor 23 zu hoch lagen. Zur Einordnung: Es sind in der Schweiz über 20 Monate rund 11 000 Menschen «mit einer laborbestätigten Covid-19-Infektion» gestorben. Dies macht unter 10% aller Todesfälle dieses Zeitraums aus. Der aktuelle Altersmedian der Verstorbenen beträgt (Stand Ende November 2021) 89 Jahre, was über dem aktuellen durchschnittlichen Sterbealter von 85 Jahren für Frauen und 81 Jahren für Männer liegt.[14] Legt man die Zahlen von BAG und BFS zur besseren Vorstellung des Ausmasses auf eine statistisch repräsentative Gemeinde mit 4000 Einwohnern um, wären dort innert 20 Monaten rund fünf Personen an der Krankheit Covid-19 gestorben bzw. alle vier Monate eine, während an anderen Ursachen jeden Monat mehr als zwei Menschen gestorben wären.

Die Todesfälle durch Covid-19 nehmen nach Alter markant ab. So sind beispielsweise unter den 50- bis 59-Jährigen innert 20 Monaten insgesamt rund 240 Menschen «an oder mit Corona» gestorben. Das sind für die ganze Schweiz etwa ein Dutzend Todesfälle pro Monat bzw. rund drei pro Woche oder rund jeden zweiten Tag eine Person. Insgesamt sterben an anderen Gründen als Corona statistisch 25 Menschen dieser Altersklasse jeden Tag.[15] Man kann a priori annehmen, dass diese im Vergleich zur in der breiten Öffentlichkeit angenommenen Gefährlichkeit des Virus geringe Sterblichkeit durch Corona bzw. die Krankheit Covid-19 den ergriffenen Massnahmen (PHI, Public Health Interventions wie z.B. Lockdowns) zu verdanken ist, welche Infektionen verhindert haben. Der Vergleich der Zahlen zwischen Ländern, die unterschiedliche Massnahmen ergriffen haben, zeigt jedoch, dass die Anzahl der Covid-19-Toten pro 100 000 Einwohner von der Härte der ergriffenen Massnahmen wenig beeinflusst zu sein scheint. So sind beispielsweise in Deutschland und Schweden etwa gleich viele Menschen im Vergleich zur Einwohnerzahl an oder mit Covid-19 verstorben,[16] trotz sehr unterschiedlicher Massnahmen bei vergleichbarem Urbanisierungsgrad der Bevölkerung (Deutschland 77%, Schweden 88%)[17].

Unabhängig von den ergriffenen Public-Health-Massnahmen lässt sich die Gefährlichkeit des Virus in der Sterblichkeitsrate für Infizierte erkennen. Diese differiert in der Schweiz wie folgt zwischen den Altersklassen. Sie beträgt über 80 Jahre circa 15%, zwischen 70 und 79 circa 5%, zwischen 60 und 69 circa 1%, zwischen 50 und 59 circa 0,18%, zwischen 40 und 49 circa 0,03%, zwischen 30 und 39 circa 0,01%, zwischen 20 und 29 circa 0,002% und bei noch Jüngeren faktisch null.[18] Wiederum für die Altersgruppe der 50- bis 59-Jährigen bedeutet dies, dass pro 1000 Personen, die positiv getestet werden, etwa zwei versterben. Bei der um zehn Jahre jüngeren Altersgruppe stirbt statistisch eine Person von 3000 positiv Getesteten. Bei den 30 Jahre Jüngeren stirbt noch eine Person aus 50 000. Insgesamt bedeutet dies: Das Virus wirkt ausserordentlich selektiv. Es trifft vor allem alte Menschen und solche mit bestimmten Vorerkrankungen.[19] Für die allermeisten im Erwerbsleben stehenden Personen stellt es statistisch jedoch mit oder ohne Impfung keine Bedrohung dar, die andere tägliche Lebensrisiken (Krankheiten, Unfälle) wesentlich übertrifft, die man aus beruflichen Gründen oder für das Freizeitvergnügen auf sich nimmt. Junge Erwachsene werden durch das Virus kaum ernsthaft krank. Für Kinder ist es statistisch weniger gefährlich als andere respiratorische Erkrankungen wie beispielsweise Influenza. Neben den Todesfällen sind auch die gesundheitlichen Langzeitfolgen von Covid-19 («Long Covid») zu berücksichtigen. Es kursieren dazu viele Anekdoten in der Presse und es haben sich Verbände für die Betroffenen gebildet. Das Phänomen ist allerdings nicht ordentlich abgeklärt und definiert.[20] Das BAG kann die Lage nicht quantifizieren: «Genaue Zahlen von Personen zu nennen, die Langzeitfolgen von Covid-19 haben, ist derzeit schwierig.»[21] Long Covid scheint jedoch seltener zu sein, als befürchtet wurde.[22]

Die alters- und vorerkrankungsabhängige Wirkung von Corona bzw. der Krankheit Covid-19 war einige Wochen nach dem Ausbruch der Krise statistisch klar, spätestens Ende April 2020. Wer jedoch damals diese Botschaft bereits formuliert hat, wird seither gerne als Verharmloser bezeichnet.[23] Eine Vielzahl an Analysen hat die Notwendigkeit einer Relativierung der Gefahr für die ganze Bevölkerung vielerorts ex post bestätigt.[24] Für die Problembeurteilung und die laufende Lagebeurteilung sind die Daten das Zeichen dafür, dass differenzierte Ansätze für den Schutz der Bevölkerung bedacht werden können. Die Bedrohung durch das Virus bzw. die dadurch ausgelöste Krankheit ist je nach Bevölkerungsgruppe sehr unterschiedlich. Die Todeswahrscheinlichkeit aufgrund einer Covid-19-Infektion unterscheidet sich zwischen der ältesten und der jüngsten Altersgruppe um mehr als das 1000-fache. Dementsprechend sind unterschiedliche Konzepte und Lösungen möglich. Eine undifferenzierte Antwort auf die Bedrohung durch das Virus bedeutet, für unterschiedlich bedrohte Gesellschaftsgruppen und unterschiedliche Situationen einheitlich zu reagieren. Dies bringt die Gefahr mit sich, dass gerade der Schutz der Risikogruppen nicht konsequent und konzentriert angegangen wird. Man verlässt sich stattdessen auf flächendeckende Massnahmen. Die Risikogruppen sollten jedoch konzentriert und ihrem Willen und Wunsch entsprechend mit allen Mitteln geschützt werden. Seit Beginn der Krise ist zu beobachten, dass nicht differenziert, sondern international in einer Art von mimetischem Isomorphismus[25] undifferenziert Massnahmen wie Lockdowns, Kontaktbeschränkungen oder Maskenpflicht ergriffen werden. Aus diesen ist politisch nur schwerlich ein Ausstieg möglich. Wie gelangt man zu differenzierten Massnahmen? Ein naheliegender Ansatz ist es, beispielsweise Gruppen in der Bevölkerung nach Alter, Lebenslagen oder Geografie zu bilden. Für diese Bevölkerungsgruppen kann die Gefährdung eingeschätzt und können differenzierte, situative Ansätze gebildet werden. Ein erster Anlauf für eine solche Clusterung könnte sich aufgrund der oben gezeigten Zahlen für die Altersgruppen zum Beispiel wie in Abbildung 2 darstellen.

Abbildung 2: Erste Ideen für differenzierte Ansätze für eine differenzierte Bedrohung

Altersgruppe	**Überlebensrate mit Infektion**	**Fragestellungen, die durch interdisziplinäre Teams geprüft und zu differenzierten, situativen Ansätzen ausgearbeitet werden können**
Leute ab 70 Jahren, Bewohner von Alters- und Pflegeheimen, durch Krankheit gefährdete Personen	von ca. 95% (70 bis 79 Jahre) bis ca. 85% (ab 80)	Bspw. Schutz des Perimeters sicherstellen (unterstützt durch z.B. Armee, Zivilschutz); ab deren Verfügbarkeit die Impfung gewährleisten; Eintritts-/Kontakt-Schutz durch Tests von Besuchern und Personal sicherstellen (inkl. Einbezug von Antikörpertestung zur Dokumentation durchgemachter Infektionen); Hauslieferdienste bereitstellen; spezielle Bedienungs- und Einkaufszeiten für vulnerable Personen anbieten; individuelle Unterstützung durch Heimpersonal, Spitex sowie Angehörige und Nachbarn ermöglichen; Augenmerk auf gefährliche «Nahtstellen» zu diesen und anderen Gruppen legen; originelle Lösungen für möglichst viel Geselligkeit, Unterhaltung und Nähe finden
Leute zwischen 60 und 69	ca. 99%	Bspw. individuellen Schutz propagieren; berufliche Tätigkeit ermöglichen; originelle Lösungen für Geselligkeit, Unterhaltung und Nähe finden
Leute mitten im Erwerbsalter, also von 20 bis 59 Jahren	von ca. 99,997% (20 bis 29) bis ca. 99,82% (50 bis 59)	Bspw. Konzentration auf das volle Leben in Familie, Gemeinschaft und Wirtschaft ermöglichen; Schutzmassnahmen wie z.B. freiwilliger Kontaktverzicht oder Tests an den Nahtstellen zu den anderen, gefährdeten Gruppen erklären und fördern
Kinder und Jugendliche	von ca. 99,994% (0 bis 9) bis ca. 99,999% (10 bis 19)	Bspw. Kindheit und Jugend geniessen; Schutzmassnahmen wie z.B. Kontaktverzicht oder Tests an den Nahtstellen zu den anderen, gefährdeten Gruppen sicherstellen

Differenzierte Ansätze, die hier nur beispielhaft als erste Ideen vorliegen, sollten mit den besten interdisziplinären Teams ausgearbeitet werden. Andere Teams können die Machbarkeit überprüfen. Falls diese gegeben ist, können weitere Teams die Ansätze im Detail ausarbeiten und zur Verfügung stellen. Die Umsetzung kann lokal adaptiert erfolgen. Die Massnahmen sollten laufend durch repräsentative und vergleichbare Studien evaluiert werden, um die Wirksamkeit, Zweckmässigkeit und Wirtschaftlichkeit der Massnahmen beurteilen und gegebenenfalls Anpassungen vornehmen zu können.

Die undifferenzierte Problemklärung als Quelle undifferenzierter Massnahmen ist in der Krise nicht nur zu Beginn zu beobachten gewesen. Sie zieht sich durch die Krise hindurch. Dies zeigt sich nach 20 Krisenmonaten beispielsweise in der kaum differenzierten, also für unterschiedliche Gruppen nicht klar nach Nutzen- und Schadenspotenzialen unterscheidenden Impfempfehlung und -priorisierung.

Was können wir für die Zukunft lernen? Wird ein komplexes Problem nicht differenziert verstanden und aufgefasst, entstehen keine angemessenen Lösungsansätze. Allein durch differenzierte Lösungsansätze kann jedoch die Konzentration auf die wichtigsten Schwierigkeiten gelingen. Ansonsten dürfte Energie für Teil- oder Scheinlösungen verschwendet werden – irgendwo zwischen zu viel am falschen Ort und zu wenig am richtigen Ort.

Möglicherweise wird sogar mehr Schaden angerichtet als Nutzen gestiftet. Aufgrund des undifferenziert verstandenen Problems können sich falsche Lösungen wiederholen. Was in der Problemerfassung versäumt wird, kann kaum nachgeholt werden. Die bereits in die falsche Lösung gesteckten Kosten können den Blick einengen und eine Neubeurteilung erschweren oder gar verhindern.

Fernsehbilder, anekdotische Medienberichte, Angst und Hektik sind schlechte Grundlagen für die Problemerfassung. Übertreibungen und nicht relativierte Zahlen als taktisches Mittel einzusetzen, um die Bevölkerung zu disziplinieren, kann eine Weile funktionieren, doch sollte man stets das Ende bedenken.

Benötigt wird Leadership, die sich durch Nüchternheit und Ruhe auszeichnet. So können vernünftige Beurteilungen erfolgen und massvolle Lösungen entstehen. Es ist zu überlegen, ob für die Führung in grossen Krisen statt der ständig den Medien ausgesetzten und für Aktionismus anfälligen politischen Führung ein General ernannt werden sollte. Dieser müsste demokratisch legitimiert sein, mit den notwendigen Mitteln ausgestattet werden sowie über eine leistungsfähige Führungs- und eine generalstübliche Stabsorganisation verfügen.

Schlüsselthema 2: Eingespielte Führungs- und Stabsorganisation

Die wöchentlichen Pressekonferenzen zu Corona von Politik und Behörden sowie der Covid-19-Taskforce sind in den vergangenen 20 Monaten von der Aneinanderreihung von Zahlen zu positiven Tests, Spitaleinweisungen, Todesfällen usw. geprägt gewesen. Den Zahlen sind regelmässig Bestätigungen oder Ankündigungen von Massnahmen gefolgt. Bundesräte, kantonale Exekutivpolitiker sowie führende Beamte, welche sich den Medien stellen und die neuesten Entscheidungen und Massnahmen mitteilen, sind in der Krise täglich auch intensiv in operative Themen und in die Kommunikation involviert. Sie müssen beispielsweise die eben beschriebenen wöchentlichen Pressekonferenzen bestreiten, Details beraten zu Impfkampagnen oder Interviews geben. Zeit und geistiger Freiraum sind für die Führung im hektischen Corona-Politik-Klima knapp. Für Reflexion und Diskussion zu grundsätzlichen, strategischen Fragen und die gemeinsame Formulierung von Absichten und Zielen sowie für das gemeinsame Durchdenken von Varianten im gesamten Führungsgremium steht wenig Zeit zur Verfügung. Damit diese optimal genutzt werden kann, ist eine gründliche Erarbeitung von Grundlagen durch einen Führungsstab die Voraussetzung. Die Führungsverantwortlichen können dann «aufgrund der Präsentation der Varianten [durch den Führungsstab] und deren Bewertung eine davon aus[wählen]»[26], um «daraus [die] definitive Absicht zu formulieren» sowie die angestrebten Ziele zu definieren. Um über solche guten Entscheidungsgrundlagen zu verfügen, werden eine nüchterne Problemerfassung, eine differenzierte Problembeurteilung und die Ausarbeitung von ganzheitlichen Lösungsansätzen benötigt. Damit kann der differenzierten Bedrohung differenziert entgegengetreten werden. Dies kann – gerade unter den widrigen Umständen der Corona-Krise[27] – nur in einer methodisch gefestigten, von der Bedrohung persönlich selbst unbeeindruckten, ruhigen und selbstsicheren menschlichen Umgebung mit interdisziplinären Teams gelingen. Dafür braucht es einen leistungsfähigen und eingespielten Stab mit politischer Legitimation. Dieser beurteilt die Lage laufend und eingehend. Er lässt Varianten durch interdisziplinäre Teams ausarbeiten. Er bewertet die Optionen ausgewogen und schafft für die Regierung dadurch optimale Grundlagen für das Fassen von Entschlüssen. Der Stab sollte danach auch das Erarbeiten und die Formulierung von klaren Absichten und Zielen, die Planung der Umsetzung sowie die Sicherstellung der Kontrollen bzw. Evaluationen der Umsetzung und der Überwachung im Ganzen übernehmen. Diese grundlegenden Voraussetzungen für die Ermöglichung von Leadership obliegen dem Bundesstab Bevölkerungsschutz. Dieser wurde dafür jedoch in der Corona-Krise nicht eingesetzt, ja gar nicht einberufen. Eine eingespielte Stabsorganisation hat somit gefehlt. Das Bundesamt für Gesundheit (BAG) hat versucht, diese Rolle einzunehmen und auszufüllen. Das BAG ist ein fachlich aufgestelltes Bundesamt, in dem sich Mitarbeitende aus Wissenschaft und Praxis mit Gesundheitsförderung und Prävention, Umweltgefahren, Sucht, Infektionskrankheiten, medizinischer Forschung, Kranken- und Unfallversicherung, Berufen im Gesundheitswesen und mit politisch-strategischen Fragen des Gesundheitswesens befassen.[28] Für die Führung in Krisen der Dimension von Corona gehen die Probleme aufgrund der Tragweite der Entscheidungen allerdings weit über Krankheits- und Public-Health-Fragen hinaus. Fragestellungen sollten deshalb interdisziplinär behandelt werden können. Bei der Erarbeitung von Szenarien, Varianten usw. besteht zudem ein enormer Zeitdruck. Vor diesem Hintergrund ist es unabdingbar, dass die oben gezeigten Problembearbeitungs- und Lagebeurteilungs- sowie Entschlussfassungs- und Führungsmethoden beherrscht werden und eingeübt sind. Für solche Aufgaben ist das BAG als fachlich orientiertes Amt a priori nicht ausgestattet. Der Aufbau der organisatorischen Fähigkeiten, des Führungsrhythmus sowie eines in Krisenführung geschulten und geübten Personalpools wäre ein Kraftakt, der Jahre in Anspruch nimmt. Insofern Fachspezialisten versuchen, sich ad hoc in Stabsarbeit zu üben,[29] besteht daher sowohl die Gefahr der zeitlichen Überforderung auf dem eigenen Gebiet als auch die von ungenügenden Leistungen in der in einer Krise vom Ausmass von Corona so wichtigen Stabsarbeit. Eine gute Kombination zwischen fachlicher Expertise und Entscheidungsmethodik ist rascher und besser zu erreichen, wenn einem in Problembearbeitungs-Entschlussfassungs-Methodik gut geschulten und geübten Stab die richtigen Spezialisten aus den unterschiedlichen Disziplinen zugewiesen werden. Sachlich besser – und für die Beteiligten persönlich fairer – wäre es, die inhaltlich voll geforderten Fachspezialisten des BAG von Stabsaufgaben und von interdisziplinärer Abstimmungsarbeit für die Schaffung von Entscheidungsgrundlagen für den Bundesrat zu entlasten.[30]

Aufgrund politischer Vorstösse zu den gezeigten Schwierigkeiten mit der Stabsarbeit hat der Bundesrat den «Bericht zur Auswertung des Krisenmanagements in der Covid-19-Pandemie» bei der Bundeskanzlei in Auftrag gegeben.[31] Mittels Umfragen unter den Beteiligten bei Bund und Kantonen unter anderem aus dem Ad-hoc-Krisenstab und den departementalen Krisenstäben wird «das Krisenmanagement der Bundesverwaltung während der ersten Phase der Covid-19-Pandemie, von Ende Februar bis Mitte August 2020» evaluiert. Im darauf basierenden Bericht werden Folgerungen zum Zusammenwirken innerhalb der Bundesverwaltung, zwischen Bund und Kantonen und mit internationalen Stellen präsentiert. Eine Analyse zum inneren Funktionieren der Stäbe und Gremien fehlt im Bericht jedoch weitgehend. Dies stellt eine erhebliche Lücke der Analyse dar. Seit dem Bericht zur «Steuerung und Führung von grossen Projekten in der Bundesverwaltung» aus dem Jahr 2015 (SFP)[32] weiss man um die Relevanz der Gruppendynamik für Bewertungen und Entscheidungen. Die SFP-Studie im Auftrag des Bundesrats basierte auf einer neutralen Analyse der Ursachen für das Scheitern von grossen, komplexen IKT-Projekten. Sie umfasste Massnahmen für den künftigen Umgang mit derartigen Megaprojekten. Es ging darum, «einen Beitrag zur Verbesserung der Rahmenbedingungen und der Fähigkeiten zur (...) Führung von IKT-Grossprojekten und damit zur Schaffung von neuem Vertrauen in die Fähigkeit der Bundesverwaltung (...) zu leisten». Natürlich unterscheiden sich Leadership in der Corona-Krise und Leadership in komplexen Grossprojekten in vielerlei Hinsicht. In der Corona-Krise stehen Wohl und Wehe von Menschen, ja deren Leben, auf dem Spiel und nicht der Bau eines neuen Tunnels oder das Gelingen einer digitalisierten Organisation. Die Krise bricht herein und wird nicht wie ein Projekt willentlich ausgelöst. Die organisatorischen, methodischen und personellen Fähigkeiten, die man für die Führung eines komplexen Grossprojekts benötigt, sind in einer Krise von nationalem Ausmass kaum hinreichend, jedoch minimal notwendig. Man darf daher annehmen, dass die Erfolgsfaktoren und Grundsätze, die für Leadership in komplexen Grossprojekten gelten, auch als Minimum der Prinzipien für die Führung während einer Krise gelten sollten. Eine der wesentlichen Feststellungen der SFP-Studie war die hohe Bedeutung von «Challengers», einer Rolle für die Stimulation von offenen Debatten und dem glaubwürdigen Austragen von Dissens. Eine weitere Analyse der Tätigkeit der Stäbe sollte diesen Aspekt aufnehmen und den gezielten Einsatz von «Hofnarren» bei der konstruktiv-kritischen Auseinandersetzung mit Entscheidungen bzw. deren Grundlagen prüfen. Der Begriff «Hofnarr» mag Assoziationen zu einem Spassmacher wecken. Der Hintergrund ist jedoch ein anderer: Am mittelalterlichen Hof spielte der Hofnarr eine wesentliche Rolle. Er war der einzige, welcher dem Fürsten im Gremium widersprechen, Ratschläge seiner Berater und Einflüsterer infrage stellen oder gar seine Entscheidungen hinterfragen durfte. Während der Fürst gegenüber anderen Mitgliedern des Hofes typischerweise mit Tadel oder gar Zorn auf unangenehme Nachrichten oder auf Widerrede reagierte, verhalf die Narrenfreiheit dem Hofnarren dazu, dass dessen Einwände den Fürsten stattdessen zum Nachdenken und Sinnieren brachten. Dasselbe galt für die Gegenrede gegenüber anderen hochgestellten Persönlichkeiten. Hofnarren leisteten so einen wichtigen Beitrag für die Entscheidungsfindung zu bedeutsamen Fragestellungen am Hof und zum politischen Ausgleich zwischen den höfischen Machtzentren.[33] Weshalb in modernen Zeiten beispielsweise in Lenkungsgremien von komplexen Grossprojekten oder in Krisenstäben kritische (externe) Impulse durch Hofnarren ausserordentlich wichtig sind, beschreibt der Nobelpreisträger Daniel Kahnemann in seinem Standardwerk «Thinking, fast and slow»[34]. Er hat das Funktionieren von Gremien analysiert und als die grössten Schwächen die folgenden Aspekte identifiziert: gemeinsame Überschätzung der eigenen Möglichkeiten, selektive Wahrnehmung und Ignoranz gegenüber auftauchenden Problemen, Schwäche für einen favorisierten Weg, bis zu irrationaler Beharrlichkeit auf einer einmal getroffenen Entscheidung, Eitelkeiten, Geltungsdrang, Gruppendenken und «soziales Faulenzen», gegenseitige persönliche Abhängigkeiten. Eine der wesentlichen

Forderungen des Berichts zur «Steuerung und Führung von grossen Projekten in der Bundesverwaltung» (SFP) war denn auch: Es «müssen ... [projektexterne] Spitzenkräfte rekrutiert werden, die ... in Steuerungsausschüssen als ‹Hofnarr› bzw. ‹Advocatus Diaboli› ... von grossen, komplexen Projekten wirken».

Übertragen auf die Corona-Krise bedeutet dies: Durch die Interventionen von erfahrenen Experten oder Generalisten würde eine laufende Überprüfung der Ergebnisse durch die Stäbe und in den Fachteams ein interdisziplinärer Diskurs eingefordert. Die weitgehend auf die Krankheit Covid-19 konzentrierte Sicht auf die Krise könnte ausgeweitet werden durch das Einfordern

- einer laufenden Evaluation der Massnahmen, um deren Wirkung zu prüfen, bei klarer Unterscheidung zwischen Korrelationen und Kausalitäten zum Beispiel hinsichtlich Inzidenz, R-Wert, Spitaleinweisungen, Intensivbehandlungen, Todesfällen,
- der Erhebung und Analyse der gesundheitlichen, gesellschaftlichen, seelischen und wirtschaftlichen Kollateralschäden, um die Verhältnismässigkeit sicherzustellen,
- von vorbehaltenen Entschlüssen für den Fall, dass die Massnahmen nicht greifen oder die Kollateralschäden zu gross werden (das Nutzen-Kosten-Verhältnis nicht gewahrt ist).

Es können dafür auch Teams engagiert werden, die diese Rolle beispielsweise unter dem Titel «Qualitätssicherung», «Risikomanagement» oder «strategische Unterstützung» in den Stäben oder Fachteams als konstruktiv-kritische Begleiter versehen.[35]

Was können wir für die Zukunft lernen? Ohne starke und eingeübte Stabsorganisationen sind einzelne Fachteams in komplexen Situationen wie der Corona-Krise hinsichtlich organisatorischer Fähigkeiten, Führungsrhythmus und Entscheidungsmethodik überfordert. Es fehlen ihnen zudem die Abstimmungsmechanismen für die interdisziplinäre Arbeit, die in einer Krise entscheidend sind. In der Folge hapert es, allem guten Willen zum Trotz, am integrativen Herangehen, am Denken in Varianten, an generalstäblicher Umsetzungsplanung, an vorbehaltenen Entschlüssen usw. Den Verantwortlichen fehlen somit die besten Handlungsoptionen. Der Mangel an Gesamtkoordination führt zu einem Stückwerk von Massnahmen.

Wenn Massnahmen nicht systematisch evaluiert und hinterfragt werden, kann ein einmal eingeschlagener Pfad kaum mehr verlassen werden. Wenn statt nüchterner Entscheidungsmethodik die fachliche Stellung von Experten und der Ruf von Politikern, die sich auf diese verlassen und medial unter Druck sind, im Vordergrund stehen, wird eine systematische und offene Evaluation der Massnahmen praktisch unmöglich.

Zu Beginn einer Krise fehlende Stäbe, die das alles leisten, können zwar ad hoc gebildet werden, benötigen aber Zeit, bis sie eingeschwungen sind. Krisenstäbe sollten vor der Krise gebildet, ausgebildet und in den Verfahren eingeübt sein. Ohne solche Vorbereitungen ist gute Leadership nahezu unmöglich. «Challengers» oder «Hofnarren» sollten für die Stimulation von offenen Debatten in den Stäben und dem glaubwürdigen Austragen von Dissens in den Spezialisten-Teams und Stäben sorgen.

Schlüsselthema 3: Transparente Entschlussfassung und neugierige Wirkungsprüfung

Die Erwägungen der Landesregierung zu den Optionen, die zu Entscheidungen (Massnahmen) führen, sowie die Prüfung der Wirksamkeit der angeordneten Massnahmen und der dafür in Kauf genommenen Kollateralschäden sind wenig transparent. Die Transparenz fehlt trotz der aufwändigen bundesrätlichen Kommunikation rund um die Massnahmen. Die Erwägungen sind kaum Teil der Berichterstattung durch die grossen Printmedien sowie durch die SRG. Sie finden daher nicht den Weg ins breite Publikum. Ob eine solche Transparenz hergestellt werden soll, ist einerseits ein politischer Entscheid. Andererseits hängt diese von der Recherchierfreude der Medienleute ab. Die FSO 17 rät jedenfalls zu Transparenz: «Der Kommandant [hier der Bundesrat] erläutert in der Regel anhand einer Darstellung seine Absicht und gibt die wesentlichen Überlegungen bekannt, die zu seinem Entscheid geführt haben.» Gegenüber der Bevölkerung wäre es aufgrund der massiv in die Freiheitsrechte eingreifenden Massnahmen angemessen, wenn die Absicht und die Ziele, welche mit der Eindämmung von Corona verfolgt werden, klar und differenziert benannt würden. Dazu gehören sowohl die angestrebten gesundheitlichen Ziele als auch die Beschreibung von Schäden[36] (z.B. durch andere körperliche Krankheiten aufgrund verzögerter Diagnosen oder Behandlungen, psychische Krankheiten aufgrund von Angst und Furcht, Einsamkeit sowie dadurch steigende Suizidneigung oder die Zerstörung von Existenzen) und Kosten (Steuergelder und wirtschaftliche Einbussen), die man für die Verfolgung der Absicht und die Erreichung der Ziele einzugehen bereit ist. Angesichts der selektiven Bedrohung durch das Virus sollten diese Zielkonflikte transparent gemacht und die Folgen unterschiedlicher Varianten für unterschiedliche Teile der Bevölkerung dargelegt werden (z.B. Schutz der durch das Virus gefährdeten Gruppen versus Schädigung der nicht gefährdeten Teile der Bevölkerung). Man mag einwenden, dass solche Abwägungen unethisch seien und zu gesellschaftlichen Spannungen führen können. Beurteilungen zu Kosten und Nutzen sind im Gesundheitswesen allerdings Usus. Das Bundesgericht hat in einem ethisch fundierten Leitentscheid bestimmt, dass eine Krankenkasse in der Grundversicherung pro zusätzliches Lebensjahr maximale Kosten von rund CHF 100 000 für eine Behandlung tragen darf.[37] Wie viel in der Corona-Krise für ein zusätzliches Lebensjahr finanziell durch die Gesellschaft zu tragen war, wird sich weisen. Die vorliegenden Kalkulationen lassen aktuell auf das 10- bis 50-fache der vom Bundesgericht festgelegten Limite schliessen.[38]

Wie differenziert sind die Verlautbarungen des BAG? Auf dessen Website wird unter dem Titel «Coronavirus: Massnahmen und Verordnungen» verlautbart: «Aufgrund der Epidemie gibt es verschiedene Massnahmen, Regeln und Verbote.

Diese haben alle dasselbe Ziel: die Eindämmung des Coronavirus»[39]. Diese Formulierung ohne Differenzierung von Absicht, Zielen und Mitteln passt nicht zur weiter oben gezeigten Selektivität der Krankheit Covid-19, die aus den Zahlen des BAG hervorgeht. Im Verlauf der Krise sind (wechselnde) Begründungen statt klarer Absichten und differenzierter Ziele genannt worden. Lässt man die vergangenen 20 Monate Revue passieren, dann ging es um: flatten the curve, (jedes) Leben retten, die Vulnerablen schützen, das Virus eindämmen, Long Covid vereiteln, die Überlastung des Gesundheitswesens verhindern, um nur einige Begründungen für Massnahmen zu nennen. Als Messgrösse wurden verschiedene Zahlen wie beispielsweise «R» oder «Fälle» oder die Impfquote genannt. Zu solchen Zahlen ist zu fragen, was eigentlich aus welcher Grundgesamtheit gezählt wird, welche Bedeutung diese Zahlen haben[40] und ob diese die Messung eines Mittels darstellen, um ein Ziel zu erreichen, oder ob die Zahlen selbst zum Ziel geworden sind. Diese Frage stellt sich ernsthaft, weil beispielsweise nach 20 Monaten auf nationaler Ebene keine umfassenden Kohortenstudien vorliegen, sondern in laufend ändernden Grundgesamtheiten immer wieder ändernde Variablen verglichen werden. Auf dieser Basis entstehen keine soliden Daten. Darauf angewendete Algorithmen, Modelle oder gar Voraussagen führen nicht zu belastbaren Entscheidungsgrundlagen. Selbst zu flächendeckenden Massnahmen wie beispielsweise dem Tragen von Masken fehlt klare Evidenz dafür oder dagegen.[41] Immerhin kann psychologisch gezeigt werden, dass mit diesen ein Gefühl der Gefahr (eine Atmosphäre des Ernstnehmens des Virus) und auch der Solidarität (wir tun etwas gegen die Pandemie) erzeugt wird: «Behavioural psychologists love masks (...) they promote collectivism (...) the feeling that we are all in this together (...) the signal [of safety] they create (...) when in fact not a single randomised controlled trial can demonstrate the value of mask-wearing outside clinical settings»[42]. So gibt sich vieles in dieser Krise den Anschein der wissenschaftlich unverrückbaren und durch Daten bewiesenen Fundierung, basiert jedoch tatsächlich auf Glauben, Einstellung, Haltung, Hoffnung.

Nach 20 Monaten Krise werden immer noch Klarheit und Transparenz zur Absicht («Worum geht es?»), zu den Zielen und zu den Wirkungen von Massnahmen vermisst. Die klare Formulierung von Absicht und Zielen könnte als Chance genutzt werden, um die zukünftigen Erwartungen zu steuern. Der Staat hat in der Corona-Krise für die Bekämpfung einer einzigen Krankheit eine allumfassende Verantwortung übernommen. Aufgrund der Entwicklung in die Richtung einer «Nullrisikogesellschaft»[43] besteht die Gefahr, dass inskünftig eine solche Sicherheit auch gegen andere Krankheiten oder Unfälle um jeden Preis erwartet wird. Dies würde Politik und Behörden in Zukunft unter enormen Druck setzen. Beispielsweise könnte in einer nächsten Grippesaison gefordert werden, wiederum bestimmte Unternehmen und Teile des öffentlichen Lebens auszuschalten, um

Leben zu retten. Es könnte berechtigterweise gefragt werden, warum man dies nicht machen sollte bzw. retrospektiv eine Erklärung dafür gefordert werden, warum man dies in früheren, heftigen Grippewellen wie 2015 mit über 2500 Toten innert wenigen Monaten[44] nicht gemacht hat.

Leadership bedeutet, die eigenen Aktionen (in der Corona-Krise die Massnahmen und die Erreichung der formulierten Ziele) immer wieder einer Evaluation zu unterziehen und die eigene Arbeitsweise kritisch zu hinterfragen. Für die Evaluation der Massnahmen sollten auch heikle Fragen gestellt werden können. Das Aufwerfen solcher Fragen ist in der Konzentration auf Corona als scheinbar einzigem Problem der teilweise verängstigten Bevölkerung[45] zugunsten eines allgemeinen Solidaritätsgefühls unterblieben. Die Diskussion kann wegen der moralischen bzw. ethischen Aufladung des Themas offenbar nur schwerlich geführt werden. Es sollte jedoch gefragt werden:

- Wer (z.B. welche Altersgruppen) soll geschützt werden? Kann man es, wenn man die Todeszahlen anschaut, wirklich schaffen, diese Gruppen zu schützen?
- Wie viele Todesfälle sind akzeptabel, beispielsweise im Vergleich zu anderen Krankheiten, im Vergleich mit früheren Grippewellen?[46]
- Welchen Nutzen (z.B. gemessen in quality-adjusted life years) erhofft man sich aus welchen Massnahmen für wen?
- Was bedeutet es aus ethischer Sicht, wenn das Medianalter der an Covid verstorbenen Menschen im Rahmen der Lebenserwartung liegt?
- Was bedeuten die schwachen Zusammenhänge zwischen der «Härte» der Massnahmen und den Todeszahlen relativ zur Bevölkerungsgrösse im internationalen Vergleich (z.B. zwischen Italien, Schweden und Südkorea[47])?
- Von welchen Ländern kann gelernt werden?
- Welche Erfahrungen mit vergleichbaren Situationen (Asiatische Grippe 1957, Hongkong-Grippe 1968) können genutzt werden?
- Welche anderen Ansätze als die seit März 2020 verfolgte «Eindämmung» stehen zur Verfügung (z.B. Focused Protection[48])?
- Welche Wirkung kann man mit Aufklärung, Transparenz, Ehrlichkeit, Aufrufen und Überzeugung durch gute Kommunikation statt mit Befehlen erzielen?
- Welche Fortschritte könnte man durch Präventionsmassnahmen der häufigsten Todesursachen unter 65 Jahren erreichen, wenn die Mittel, die man in die Corona-Eindämmung steckt, dort investiert würden (z.B. für die Prävention von Herz-Kreislauf-Krankheiten oder Krebs, die zu den Top-Todesursachen in der Schweiz zählen – weit vor Covid[49])?
- Sind die Massnahmen im Kontext der obigen Fragen im Sinne des in Art. 32 des KVG definierten Grundsatzes im Gesundheitswesen von Wirksamkeit-Zweckmässigkeit-Wirtschaftlichkeit wirklich verhältnismässig (hätte es mildere Mittel gegeben)?

- Schulden in welcher Höhe will man künftigen Generationen für welche Wirkungen gegen Corona zumuten?

Man sollte diese Fragen behandeln, falls der Wille dazu politisch besteht, die Bevölkerung für den Diskurs bereit ist und man die Antworten nicht scheut. Zum richtigen Zeitpunkt dafür vergleiche die Anmerkungen im Ausblick dieses Beitrags. Von der Wissenschaft darf erwartet werden, dass sie solche Fragen aufgreift, mit grosser Neugier angeht und vollständig ergebnisoffene Forschung betreibt. Damit liefert sie der Politik gute Grundlagen und ermöglicht eine gesellschaftliche Diskussion auf einer gemeinsamen Faktenbasis. Dies bedingt die Unabhängigkeit der Forschenden von der politischen Macht. Das ist bei einer weitgehend vom Bund dominierten Forschungsfinanzierung und der engen Verbindung zwischen Universitäten und Fachhochschulen mit den Kantonen schwierig. In anderem Kontext bestehen gegenüber beispielsweise privatwirtschaftlich organisierten Modellen mancherlei Vorteile. Bezüglich Forschungsfreiheit bei eng an staatliche Stellen gekoppelten Forschungsgruppen wie beispielsweise der Covid-19-Taskforce in der Schweiz oder der Leopoldina in Deutschland wird es aber schwierig.

Was können wir für die Zukunft lernen? In einer grossen nationalen Krise können die absolute Fixierung auf einen Aspekt eines komplexen Problems und der Glaube an alternativlose Massnahmen (z. B. Lockdowns, Impfung) dazu führen, dass die Verhältnismässigkeit verloren geht. Kommt eine moralisch aufgeladene Atmosphäre hinzu, besteht die Gefahr der Unterlassung einer kritischen Analyse von erwünschten Wirkungen und unerwünschten «unintended consequences». Der demonstrierte gute Wille und die beabsichtigte gute Tat lassen ein dauerndes Ändern von Zielen und Messgrössen sowie das Fehlen von validen und repräsentativen Daten als Entscheidungsbasis akzeptabel erscheinen. Für den Vergleich mit anderen Wegen, die zu alternativen Lösungen führen können, fehlen die Beweggründe, da scheinbar bereits alles getan wird, was man kann.

Echte Leadership sollte hier Klarheit suchen, sich hinterfragen und auch bereit sein zur Sicht und Klarstellung, dass man in komplexen Situationen nicht viel weiss, statt so zu tun, als ob man den Weg kennen würde. Die Medien sollten alles kritisch, aber ausgewogen beobachten und Evaluationen einfordern. Die Wissenschaftler sollten von der Neugier getrieben sein, den aktuellen Wissensstand laufend in Frage zu stellen, auch den eigenen.

Schlüsselthema 4: Ringen um die besten Lösungen aus unterschiedlichen Perspektiven

Eine besondere, zuweilen gar zentrale Rolle in der Corona-Krise in der Schweiz spielt die Covid-19-Taskforce. Ihre Wirkung ist umstritten[50] und es fehlt bisher eine ordentliche Evaluation dazu. Die öffentlichkeitswirksamen Stellungnahmen und Prognosen der Taskforce oder einzelner Exponenten zum Wachstum der positiven Tests, zur Entwicklung der Intensivbettenbelegung, zu Impfwirkung und Impfquoten usw. haben immer wieder für die Begründung von Massnahmen gedient. Die Covid-19-Taskforce wird vom Publikum und den Medien als die Stimme der Wissenschaft wahrgenommen. Es ist dokumentiert, dass die Covid-19-Taskforce durch die Einladung unter Kolleginnen und Kollegen zustande gekommen ist und nicht aufgrund der Erfüllung von Kriterien und der Auswahl durch ein Gremium.[51] Die Psychologin und Managementforscherin Charlan J. Nemeth[52] macht basierend auf ihrer Forschung klar, warum Eintracht in Entscheidungssituationen von grosser Tragweite a priori gefährlich sein kann. Sie zeigt auf, weshalb Rollen als «Troublemakers» in Gremien wichtig sind. In Gremien setzen sich Mehrheitsmeinungen durch. Wenn ein Gremium mit einer homogenen Meinung startet, dann intensiviert der Konsens den Glauben an die Korrektheit der eigenen Position. Der Einfluss der Mehrheitsmeinung auf den Willen zum Diskurs der Andersdenkenden wird unterschätzt. Wenn eine Mehrheit einer bestimmten Strategie folgt, wird diese weiter propagiert, allein weil die Mehrheit sie unterstützt, nicht weil es der beste Weg sein muss. Der Konsens kann zu einer für die Sache gefährlichen Eintracht werden, wenn er nicht herausgefordert wird. Eine einzige Person, die gegen die Mehrheitsmeinung argumentativ angeht, kann bei allen Mitgliedern des Gremiums die Fähigkeit zu unabhängigem Denken anregen und die Mehrheit davor bewahren, fehlerhafte Urteile zu fällen, indem ein Diskurs in Gang kommt. Wenn eine «Rebellin» da ist, fällt es anderen Mitgliedern eines Gremiums leichter, ihre wirkliche Meinung kundzutun. Sich dem Konsens entgegenzustellen, benötigt allerdings Mut. Man muss sich auch unbeliebt machen können. Dies ist ansteckend, und andere Mitglieder können dadurch auch couragiert werden. Nemeth empfiehlt für Gremien die Arbeit mit Alternativen, weil «what is often critically lost is any serious consideration of alternatives or reassessment of the preferred options. It should be no surprise, then, that the resulting decisions can be poor …»[53]. Dazu werden die Mitglieder in Gruppen organisiert, welche unterschiedliche Alternativen vertreten. Es werden Diskussionen geführt und gegenseitig sachliche Kritik geübt. Erst danach erfolgt die Präsentation der Alternativen an die Vorsitzende. Einen weiteren Ansatz zeigt der Psychologe Gary Klein,[54] der aufgrund der Untersuchung der Space-Shuttle-Katastrophe für die NASA das «Prä-mortem»-Verfahren für Gremien entwickelt hat. Er lässt die Mitglieder die Folgen ihrer Entscheidungen bedenken, indem er sie mit der Situation konfrontiert: «Wir sind nun 18 Monate in der Zukunft. Wir haben unseren Entscheid gemäss Plan durchgezogen. Das Ergebnis ist ein einziges Desaster. Sie sind gebeten, sich 10 Minuten Zeit zu nehmen, um, jede für sich, individuell den Verlauf des Desasters zu beschreiben.» Damit werden neue Sichten auf die Alternativen und die Entscheidungen geschaffen, die zu wichtigen Diskussionen führen.

Vor diesem Hintergrund wäre eine Bewertung der Organisation der Covid-19-Taskforce im Rahmen zukünftiger Evaluationen durch die Bundeskanzlei wichtig. Falls solche Untersuchungen (der Bericht der Bundeskanzlei umfasst bisher erst die Periode von Ende Februar bis Mitte August 2020) erfolgen sollten, wären im Sinne der obigen Darlegungen die folgenden Fragen zu klären:

- *Auftrag:* Wie ist die Covid-19-Taskforce beauftragt worden (welche Ergebnisse sollte sie als «Taskforce» liefern)?
- *Zusammensetzung:* Warum wurden welche Disziplinen einbezogen oder nicht (z.B. medizinische Fächer wie Epidemiologie, Immunologie, Virologie, aber auch Allgemein-/Hausarztmedizin, Psychiatrie; Recht; Volkswirtschaft; Betriebswirtschaft; Psychologie, Pädagogik, Soziologie)?
- *Konstituierung:* Wie ist die Covid-19-Taskforce konstituiert worden (welche die Disziplinen repräsentierenden Persönlichkeiten wurden aufgrund welcher Selektionskriterien eingeladen, wurden auch Vertreterinnen eingeladen, die nicht von staatlichen Institutionen entlohnt werden, ist die Zusammensetzung genügend ganzheitlich/interdisziplinär für die Komplexität der Krise)?
- *Dissens und Konsens:* Werden bewusst «Troublemakers» eingeladen, oder wurde auf Konsens unter den Mitgliedern geachtet?
- *Validierung:* Wie werden die eigenen Prognosen (Modellrechnungen) geprüft (wie wird ex post mit der Realität verglichen)?
- *Innovation für das Wesentliche:* Wird die Aufgabe «Sie eruiert Innovationsmöglichkeiten, bei denen Schweizer Wissenschafts-Know-how rasch zu Produkten oder Dienstleistungen mit Blick auf COVID-19 beitragen könnte»[55] auch auf die Behebung des alles entscheidenden Engpasses bezogen (vgl. nachfolgenden Abschnitt)?
- *Einbezug der Privatwirtschaft:* Für die Erfüllung welcher Aufgaben werden innovative, junge Kräfte, auch aus der Privatwirtschaft, einbezogen?
- *Rollenkonflikte:* Inwiefern gelingt es den Mitgliedern der Covid-19-Taskforce, die als Experten für Medien und die Politik auftreten und die in dieser Rolle nicht mehr Wissenschaftler im Sinne von Kontroversität sind, die mediale und politische Erwartung an sie, eindeutige Aussagen zu aktuellen Problemkreisen zu treffen, mit der Forschungsmethodik zu vereinbaren, die stipuliert, dass wissenschaftliche Erkenntnisse selten eindeutig und notwendigerweise vorläufig sind (kurzum: Wie gelingt es, sich nicht medial und/oder politisch instrumentalisieren zu lassen)?

- *Angstabbau:* Hat sich die Covid-19-Taskforce auch zum Ziel gesetzt, Vertrauen und Zuversicht als Gegengewicht zur in der Bevölkerung grassierenden Angst zu schaffen (z. B. durch die Relativierung der in den Medien dauernd präsenten Zahlen)?
- *Medienkontakt:* Wie soll das Problem gelöst werden, dass einzelne Mitglieder direkt mit den Medien kommunizieren und dabei als Vertreter der Covid-19-Taskforce bzw. der Wissenschaft wahrgenommen werden?

Es sollte nicht wieder vorkommen, dass eine Mehrheitsmeinung eines willkürlich zusammengesetzten Gremiums aus Wissenschaftlern als Wahrheit – statt als aktueller Stand der Erkenntnis und damit des Irrtums – aufgefasst wird. Würde Wissenschaft so funktionieren, dann würde sich die Sonne noch immer um die Erde drehen.

Was können wir für die Zukunft lernen? Grosse, komplexe Probleme können nur durch interdisziplinäre Teams erfolgreich gelöst werden. Fachlich-meinungsmässig homogen zusammengesetzte Teams führen tendenziell zu eindimensionalen Auffassungen. Teams ohne mit Bedacht eingebettete, eigenständige, originelle Denker neigen zu für die Mehrheit naheliegenden Lösungen und können sich im Verlauf einer Aktion nur schwer selbst korrigieren.

Echte Leadership sollte für die ausgewogene Vertretung der Disziplinen sorgen, welche für die fachliche Meisterung einer Krise benötigt werden. Die Teams sollten politisch legitimiert sein, in die Führungs- und Stabsorganisation integriert sein und dem Führungsrhythmus unterliegen. In die Teams sollten «Troublemakers» integriert sein. Alle Mitglieder des Teams, welche die Führung fachlich beraten, sind zu Stillschweigen zu verpflichten. Team-Mitglieder, die selbst direkt mit den Medien kommunizieren wollen, müssen das Gremium verlassen.

Schlüsselthema 5: Beseitigung von gefährlichen Engpässen

Seit Beginn der Krise im März 2020 herrscht Angst vor einer Überlastung der Intensivstationen. Welle um Welle werden von der Politik, von der Covid-19-Taskforce, von Epidemie-Modellierern und von den Gesundheitsbehörden immer neue Bedrohungen geschildert und Warnungen in Umlauf gesetzt.[56] In einem medial erzeugten Klima der Furcht werden mit dem Argument der drohenden Überlastung der Intensivstationen weitgehende Einschränkungen von Grundrechten begründet.[57] Die grossen Medien spielen dabei eine unerfreuliche Rolle. Ein Beispiel[58] zeigt den Mechanismus[59]: So meldet der «Blick» am 1.12.2021: «Das Unispital Zürich schlägt bereits Alarm. In nur einem Monat hat sich die Zahl der Covid-Patienten auf 177 mehr als verdoppelt. 43 liegen auf den Intensivstationen, 24 am Beatmungsgerät. Im ganzen Kanton gibt es keine freien Intensivbetten mehr! Alle Spitäler sind voll.» Der Text im «Blick» hält einer Überprüfung nicht stand, wenn man die Zahlen der Zürcher Gesundheitsdirektion zu Rate zieht.[60] Im USZ waren am 1.12.2021 acht (nicht 43) Patienten mit/wegen Covid auf der Intensivstation, neben 50 weiteren. Die Zahl 43 bezieht sich auf den ganzen Kanton, wo insgesamt 215 Intensivpflegeplätze zur Verfügung stehen. Am 1. Dezember sind im Kanton Zürich 86% der Intensivplätze belegt. Das ist zwar viel, aber nicht «voll», wie der «Blick» behauptet, und die Auslastung ist zudem recht unterschiedlich: Im KSW mit 18 Intensivbehandlungsplätzen liegt die Auslastung am 1. Dezember bei 72%. Von 19 Patienten sind vier mit/wegen Covid dort. Der «Blick» schürt hier Ängste durch Überzeichnungen.

Inwiefern eine objektive Überlastung je vorlag oder auf wessen Kosten diese vermieden werden konnte (z.B. durch die Unterlassung anderer Behandlungen), ob es in Grippewellen früherer Jahre ähnliche Überlastungseffekte ohne nachfolgende und nachhaltige (ausfinanzierte) Initiativen für die Stärkung des Systems der Intensivbehandlung auf nationaler und kantonaler Ebene gab, warum es während der Krise zu einem Abbau von Intensivkapazitäten (Betten oder Personal) kommen konnte (von über 1100 im Dezember 2020 auf rund 850 im Dezember 2021[61]) und ob dabei Fehlanreize bei der Vergütung eine ähnliche Rolle wie in Deutschland spielten,[62] ist kontrovers. Auf die Problematik der Kapazitäten und Anreize in den Akutspitälern wurde schon lange vor dem Ausbruch der Corona-Krise hingewiesen, beispielsweise vom Verband Zürcher Krankenhäuser (vzk)[63]. Die Intensivstationen werden jedenfalls seit mehr als 20 Monaten fortgesetzt als *der* Engpass für die Begründung von Massnahmen genannt. Rückblickend kann man Verständnis dafür haben, dass sich die Politik und die Gesundheitsbehörden in den ersten Wochen der Krise, als unklar war, wie sich der Bedarf für Intensivbehandlungen entwickeln würde, allein auf die Nachfrage-Seite konzentrierten. Nach 20 Monaten drängt sich jedoch aus Leadership-Sicht die Frage auf, ob der Angebotsengpass, dessen Nichtbehebung enorme Schäden gesundheitlicher, sozialer, gesellschaftlicher und wirtschaftlicher Natur verursacht hat, mit Konsequenz in der Sache und der gebotenen Entschlossenheit angegangen wurde. Natürlich ist einzuwenden, die Behebung von Engpässen in der intensivmedizinischen Behandlung sei ausserordentlich schwierig, weil diese eine komplexe Kombination aus ärztlichen, pflegerischen und technischen sowie infrastrukturellen Leistungen bedingt. Ein solcher Ausbau benötigt genügend Zeit, vor allem aufgrund der Personalrekrutierung oder -rückgewinnung und wegen der notwendigen Ausbildung.

Die Analyse und Behebung von Engpässen in grossen, komplexen Systemen sind gut erforscht. Es existiert eine Vielzahl an wissenschaftlichen Theorien und Modellen.[64] In der Praxis haben sich seit den 1980er-Jahren Methoden dazu etabliert, zum Beispiel die Critical Chain Path Method von Eliyahu Goldratt[65]. Es existiert umfangreiche Best Practice, um zu den Engpässen die logischen Ursache-Wirkungs-Beziehungen zu verstehen und zu analysieren, die Schlüsselthemen zu erkennen und Lösungen für die Engpässe zu finden. «Theories and Practices of Constraints» sind auch im Management des Gesundheitswesens akzeptiert.[66] Zu prüfen ist daher, inwiefern die vergangenen Monate dazu genutzt wurden, um den Engpässen der Intensivbehandlung in der Schweiz systematisch auf den Grund zu gehen und diese zu beheben. Aufbauend auf bisheriger Praxis wurde die vorhandene Kapazität mittels Verlegungen zwischen Spitälern optimiert. Die insgesamt vorhandene Kapazität wurde jedoch stets als nicht ausbaubar erachtet, ja sogar reduziert und das Personal als nicht behebbarer Engpass eingeschätzt. Die Intensivbehandlung war und ist durch die Personalknappheit denn auch ständig unter Druck – und war es immer wieder auch vor Corona. Es ist offensichtlich, dass das Problem nicht bei den Intensivärztinnen und -pflegern zu suchen ist und ihnen darum auch nicht die Lösung aufgebürdet werden kann. Es stellt sich stattdessen eine Leadership-Aufgabe für die Steuerung des Gesundheitswesens auf nationaler wie auf kantonaler Ebene. Die Verantwortlichen sollten den Blick für Lösungen gegen den Personalmangel über das Naheliegende und Gewohnte hinaus ausweiten und sich überlegen, welche Möglichkeiten und Mittel für eine neue Form des Herangehens an das Problem des Engpasses auf den Intensivstationen zur Verfügung stehen. Zieht man die mit den Engpässen in der Intensivbehandlung begründeten Massnahmen und die durch diese verursachten wirtschaftlichen Schäden sowie die fiskalischen Belastungen für die zukünftigen Generationen in Betracht, dürften mehrere Milliarden Franken zu Buche stehen. Würde man davon einen geringen Prozentsatz für zusätzliches Personal in Intensivstationen einsetzen, sollte es durch eine Erhöhung der Löhne gut gelingen, die Beanspruchungen angemessen zu vergüten und auch zusätzliches Personal (wieder) gewinnen zu können. Einige Spitäler gehen hier voran, beispielsweise das Kinderspital Zürich, das jährlich 700 000 Franken für Lohnerhöhungen für die Pflegefachpersonen der Intensivpflege bereitstellt.[67] Angesichts der durch die Covid-19-Taskforce, die Medien und die Politik andauernd betonten grossen Gefahr einer Überlastung der Intensivstationen und den daraus begründeten massiven gesamtgesellschaftlichen Massnahmen von Lockdowns bis zum Ausschluss für Ungeimpfte ist zu klären, was die Verantwortlichen davon abhält, das Beispiel des Kinderspitals Zürich im grossen Stil umzusetzen. Es ist zu fragen:

- Welches sind die Ursachen für die Belastung der Pflegenden?
- Was wäre mit einer Investition von beispielsweise 2 Milliarden Franken pro Jahr in das Personal für die Intensivbehandlung in der Schweiz zu erreichen?
- Wie könnte man einen Wettbewerb der besten Teams aus unterschiedlichen Disziplinen, aus erfahrenen Experten und aus jungen Talenten für die besten Ideen zur Optimierung und den Ausbau des Systems Intensivpflege auf nationaler Ebene entfachen, um dieses für Gesundheitspersonal attraktiv zu machen?
- Warum geschieht dies seit 20 Monaten nicht, warum werden keine personellen und infrastrukturellen Kapazitätsreserven geschaffen?

Es sollte nicht wieder vorkommen, dass das Argument «Wir müssen das Gesundheitswesen schützen» eigentlich bedeutet, dass es nicht gelungen ist, die breite Bevölkerung vor Engpässen im Gesundheitswesen zu schützen.

Was können wir für die Zukunft lernen? Die Nichtbehebung von Engpässen, die zu gefährlichen Situationen führen können, wird die Führung immer wieder einholen.

Gute Leadership sollte mit absoluter Konsequenz für die Lösung dieser Engpässe sorgen. Für die Beseitigung gefährlicher Engpässe darf nichts als unveränderbar oder gegeben erachtet werden. Nur mit einer solchen Einstellung können Engpässe beseitigt werden, die beispielsweise strukturell oder chronisch bestehen. Um scheinbar unverrückbare Probleme zu lösen, sollte originellen Wegen und Out-of-the-box-Ansätzen genügend Raum gegeben werden. Oftmals bringen nur ein ganz anderes Herangehen an ein Problem und die Infragestellung von Gegebenem eine neue Perspektive und neue Lösungsoptionen. Dies kann am besten mit gemischten, interdisziplinären und übergreifenden, für Innovationen und originelle Lösungen offenen und mit einem Blick über die unmittelbar sichtbare Situation hinaus ausgerüsteten Teams gelingen.

Ausblick: Herausforderungen und Vorschläge für das Lernen aus der Corona-Krise

Es ist damit zu rechnen, dass, nachdem einmal die Angst vor der Krankheit in der Bevölkerung zurückgedrängt sein wird, die Darstellungen durch grosse Teile der Wissenschaft, Politik, Behörden und Medien von der unheimlichen Gefahr für jede einzelne und der nationalen Bedrohung durch die Krankheit mit der Lebensrealität vieler, die niemanden oder nur im weiteren Umfeld jemanden kennen, der an Covid-19 gestorben ist oder anhaltende Schäden davongetragen hat, kollidieren wird. Dies dürfte eine Frage der Zeit sein. Wie wird man die Sache rückblickend anschauen? Wird die Gesellschaft die Geschehnisse aufarbeiten können und wollen?[68] Möglicherweise wird dies erst in historischen Dimensionen möglich. «Time will tell», ob kommende Generationen die Corona-Massnahmen für eine angemessene Reaktion auf eine grosse Gefahr halten werden oder für eine totale Übertreibung oder den gut gemeinten Versuch, eine Gruppe von Menschen zu schützen, ohne die Kollateralschäden für andere Gruppen von Anfang an abschätzen zu können.

Kann aus Leadership-Perspektive eine Aufarbeitung bald erfolgen, um für künftige Krisen, welcher Art auch immer, besser gewappnet zu sein? Das Lernen aus Schwierigkeiten oder Fehlern, die sich in komplexen Leadership-Situationen häufig erst im Nachhinein als solche zeigen, ist allein schon aus menschlichen Gründen schwierig. Die Redensart «Hinterher ist man immer klüger» kann hier als Schutz vor Aufarbeitung verstanden werden, denn wer befasst sich schon gerne mit den eigenen Fehlern?[69] Wie schwierig dies ist, zeigt sich schon bei der Misserfolgsforschung zu Projekten, obwohl auf diesem Feld die Auseinandersetzung mit gescheiterten Vorhaben möglicherweise mehr zum Lernen für zukünftige Vorhaben beigetragen hat als die Präsentation von gelungenen Vorhaben.

Die «Fallhöhe» bei Corona ist für die politisch Verantwortlichen, die involvierten Wissenschaftler, die Mitglieder der umsetzenden Behörden und grosse Teile der die Massnahmen solidarisch mittragenden Bevölkerung aufgrund der Schäden unvergleichlich, und es steht zu befürchten, dass dem Lernen psychologische Mechanismen wie Leugnung, Umdeutung, Rechtfertigung oder das Bestreiten der Kontrollfähigkeit («Die negativen Konsequenzen waren doch nicht beabsichtigt») entgegenstehen werden. Nur wenn auch in dieser Dimension grundsätzlich Misserfolge als Chance zu Kompetenzerwerb, Lernzuwachs und Fähigkeitserweiterung für Personen, Gremien und Organisationen betrachtet werden, kann ein Rückblick zum Ausblick werden. Es ist zu hoffen, dass es bald zu einer offenen und transparenten Aufarbeitung aus Leadership-Perspektive kommen kann.

Um die Corona-Krise aus Leadership-Perspektive für die Zukunft aufarbeiten zu können, bedarf es einer neutralen, konstruktiv-kritischen Analyse durch ein interdisziplinäres Team. Die Mitglieder dürfen keine Akteure in der Krise gewesen sein, und sie brauchen Zugang zu allen in der Krise handelnden Personen und zu Dokumenten beim Bund. Es darf bei dieser Untersuchung nicht darum gehen, ob Händedesinfektion, Distanzhalten, wirtschaftliche Teil-Lockdowns, Schulschliessungen, Zwang zu Homeoffice, Contact-Tracing, Maskenpflicht, Massentesten, Impfkampagne usw. gewirkt haben,[70] sondern allein um Leadership in der Krise, also um

- *die laufende ganzheitliche Problemerfassung als grundlegende Voraussetzung für die Bewältigung von komplexen Aufgaben,*
- *eine eingespielte Führungs- und Stabsorganisation,*
- *transparente Ziele, Entschlussfassung und Evaluation,*
- *das Ringen um die besten Lösungen als Quelle für originelle Varianten und ausgewogene Entscheidungen,*
- *die Konzentration auf Engpässe zur Verhinderung der gefährlichsten Entwicklung.*

Eine Untersuchung, die mit Blick auf die Zukunft und mit grosser Management-Forschungs-Neugierde danach fragt, was hier verbessert werden kann, dient allen. Eine solche Analyse muss dazu absolut ausserhalb von Fragen zur Verantwortung erfolgen können, sondern strikt auf das Lernen für die Zukunft ausgerichtet sein. Damit sollte auch der ethisch-moralischen Aufladung entgegengewirkt werden, die das Lernen und laufende Anpassen während der Corona-Krise zu grossen Teilen verunmöglicht hat.

Es drängen sich in der weiterlaufenden Corona-Krise aufgrund der vorliegenden Analyse auch kurzfristige Massnahmen auf, um

- *eine unabhängige Data-Analytics-Gruppe zu formieren (vgl. Schlüsselthemen 1, 3 und 5),*
- *einen integrativen Führungsstab zu schaffen und «Hofnarren» einzusetzen (vgl. Schlüsselthema 2),*
- *die Covid-19-Taskforce interdisziplinär zu gestalten, mit einem klaren Auftrag zu versehen, mit «Troublemakers» zu ergänzen und mit einem Kommunikationsverbot für einzelne Mitglieder zu belegen (vgl. Schlüsselthema 4),*
- *für die Attraktivierung und den Ausbau der Intensivpflege in den Kantonen unverzüglich Budgets bereitzustellen und Innovationsteams einzusetzen (vgl. Schlüsselthema 5).*

Der Autor hofft, dass – wenn die Ereignisse der Corona-Krise in der Schweiz einmal aufgearbeitet sein werden – die in dieser Krise junge Generation, für welche die Massnahmen mehr Schaden als Nutzen verursacht haben, dannzumal der in der Krise in der Verantwortung stehenden Generation deren Fehler und Schwächen wird verzeihen können und für sich daraus lernen wird.

Anmerkungen, Referenzen und Literatur

1 Bund und Kantone kostet die Corona-Krise rund 46 Milliarden Franken an Stabilisierungszahlungen und ca. 41 Milliarden Franken für Garantien und Bürgschaften (vgl. https://iff.unisg.ch/wp-content/uploads/02-WP-Schaltegger_Mair.pdf, abgerufen am 8.11.21). Zum Vergleich: Der Bau des Gotthard-Basistunnels benötigte ein Investitionsvolumen von rund 12 Milliarden Franken (vgl. https://www.uvek.admin.ch/uvek/de/home/verkehr/gotthard-basistunnel.html, abgerufen am 8.11.21).

2 Stand 25.11.21, vgl. die Daten im Abschnitt zum Schlüsselthema 1.

3 Vgl. Le Bon, G. Psychologie der Massen. Nikol, 2009 [Erstausgabe 1895].

4 Wenn man die Abstimmungsergebnisse zum Covid-19-Gesetz vom 14. Juni 2021 und vom 28. November 2021 als Indikator nimmt. Bemerkenswert und was den älteren Generationen zu denken geben sollte, ist die Abstimmungsanalyse, wonach die Mehrheit der Jungen zwischen 18 und 34 Jahren das Gesetz abgelehnt und bei den zwischen 35- bis 49-Jährigen nur eine knappe Mehrheit mit Ja gestimmt hat (vgl. https://www.bluewin.ch/de/ news/schweiz/die-jungen-haetten-das-covid-gesetz-abgelehnt-987252.html).

5 Vgl. Kessler, O. Die verdrängten Risiken der Null-Risiko-Gesellschaft, in: Kessler, O./Kappeler, B. (Hrsg.), Null-Risiko-Gesellschaft. Zürich 2021, S. 5–23.

6 Vgl. Ein Booster für die Vernunft, NZZ E-Paper vom 20.11.21.

7 Beispielsweise führten scharfe oder gemässigte Massnahmen (gemessen u.a. an Maskenpflicht, Zertifikatspflicht, Impfdruck) in den in vielerlei Hinsicht vergleichbaren US-Staaten Kalifornien und Florida bzw. North Dakota und South Dakota nur zu geringen Unterschieden der Anzahl Todesfälle, die pro 100'000 Einwohner Covid-19 zugerechnet werden (vgl. Our World in Data, https://github.com/CSSEGISandData/COVID-19, abgerufen am 28.11.21).

8 Zum Vergleich: Die Aufarbeitung einer wesentlich weniger komplexen Frage politischer Verantwortung, der Beteiligung Grossbritanniens am zweiten Feldzug gegen den Irak im Jahr 2003, die unter der sich später als falsch herausgestellten Prämisse, der Irak verfüge über «weapons of mass destruction», zustande kam, dauerte bis 2017 (Lessons still to be learned from the Chilcot Inquiry, https://publications.parliament.uk/pa/cm201617/ cmselect/cmpubadm/656/65604.htm, abgerufen am 28.11.21).

9 NZZ vom 18.4.2020.

10 Vgl. Führungs- und Stabsorganisation der Armee 2017 (FSO 17), S. 16.

11 Vgl. FSO 17, a.a.O., Absatz 88.

12 Ioannidis, J.P.A. Infection fatality rate of COVID-19 inferred from seroprevalence data, Bulletin of the World Health Organization, 14 October 2020 (Article ID: BLT.20.265892), https://www.who.int/bulletin/volumes/99/1/ 20-265892.pdf, abgerufen am 19.12.21.

13 https://www.covid19.admin.ch, abgerufen am 19.11.21.

14 https://www.bfs.admin.ch/bfs/de/home/statistiken/bevoelkerung/geburten-todesfaelle/todesfaelle.html#-1232994831, abgerufen am 8.11.21.

15 Die Daten von BAG und BFS sind nach Altersklasse unterschiedlich strukturiert, darum muss diese Zahl geschätzt werden.

16 https://de.statista.com/statistik/daten/studie/1111794/umfrage/todesfaelle-mit-coronavirus-covid-19-je-millionen-einwohner-in-ausgewaehlten-laendern/, abgerufen am 19.12.21.

17 https://de.statista.com/statistik/daten/studie/249029/umfrage/urbanisierung-in-den-eu-laendern/, abgerufen am 12.12.21.

18 Eigene Berechnungen auf Basis der BAG-Daten auf opendata.swiss, abgerufen am 8.11.21.

19 Vgl. https://www.zdf.de/nachrichten/panorama/corona-tote-todesursachen-studie-hamburg-uke-100.html, abgerufen am 21.11.21.

20 Vgl. bspw. https://jamanetwork.com/journals/jamainternalmedicine/fullarticle/2785832, abgerufen am 19.11.21.

21 https://www.bag.admin.ch/bag/de/home/krankheiten/ausbrueche-epidemien-pandemien/aktuelle-ausbrueche-epidemien/novel-cov/krankheit-symptome-behandlung-ursprung/long-covid.html#1752998302, abgerufen am 19.11.21.

22 https://www.ons.gov.uk/peoplepopulationandcommunity/healthandsocialcare/conditionsanddiseases/articles/technicalarticleupdatedestimatesoftheprevalenceofpostacutesymptomsamongpeoplewithcoronaviruscovid19intheuk/26april2020to1august2021, abgerufen am 8.11.21.

23 Vgl. bspw. FAZ vom 14.4.21, Süddeutsche Zeitung vom 30.1.21, NZZaS vom 31.10.20 über den Stanford-Professor John Ioannidis.

24 Vgl. bspw. https://www.aekno.de/aerzte/rheinisches-aerzteblatt/ausgabe/artikel/2021/juli-2021/keine-uebersterblichkeit-im-ruhrgebiet-im-jahr-2020, abgerufen am 21.11.21.

25 Zum Isomorphismus in und zwischen Institutionen vgl. die Grundlagenarbeiten von Meyer, J. W./Rowan, B. Institutionalized Organizations Formal Structure as Myth and Ceremony, American Journal of Sociology, Vol. 83, No. 2 (Sept. 1977), S. 340–363 sowie Roy, C./Séguin, F. The Institutionalization of Efficiency-Oriented Approaches for Public Service Improvement, Public Productivity & Management Review, Vol. 23, No. 4 (Jun. 2000), S. 449–468.

26 FSO 17, a.a.O., S. 30.

27 Einem vernünftigen Vorgehen, basierend auf einer nüchternen Beurteilung der tatsächlichen Bedrohung für die Bevölkerung, standen und stehen u.a. die Lautstärke der Angst verbreitenden Medien, die gleichzeitige Ignoranz gegenüber Stimmen aus der Wissenschaft, welche die Bedrohung relativieren helfen könnten, in der Folge die unverhältnismässige Wahrnehmung der Bedrohung durch die Bevölkerung und schliesslich der Druck, der damit auf der Politik lastet, entgegen.

28 Vgl. https://www.bag.admin.ch/bag/de/home/das-bag/organisation/direktionsbereiche-abteilungen/abteilung-direktionsstab.html, abgerufen am 11.12.21.

29 Vgl. Wegmann, R. Warum sich die Politik so schwertut mit der Pandemie, in: Führung während Covid-19: Strukturen, Stäbe, Menschen. Verein Sicherheitspolitik und Wehrwissenschaft, 2021, S. 4–6.

30 Vgl. Wegmann, a.a.O.

31 Vgl. https://www.newsd.admin.ch/newsd/message/attachments/64455.pdf, abgerufen am 10.10.21.

32 Vgl. dazu den Bericht des Bundesrats unter https://www.admin.ch/gov/de/start/dokumentation/ medienmitteilungen.msg-id-55440.html; die Weisungen des Bundesrats: https://www.newsd.admin.ch/newsd/ message/attachments/40169.pdf; Bericht des IWI-HSG: https://www.news.admin.ch/NSBSubscriber/ message/attachments/37501.pdf, alle abgerufen am 20.11.21.

33 Vgl. Otto, B.K. Fools Are Everywhere: The Court Jester Around the World. University of Chicago Press, 2001.

34 Kahnemann, D. Thinking, Fast and Slow. Penguin, 2011.

35 Ein Beispiel für den Einsatz eines solchen Teams liefert das VBS im mit grossen Risiken verbundenen Grossprojekt «Räumung ehemaliges Munitionslager Mitholz».

36 Vgl. Z'Graggen, Heidi. Bericht zu den Auswirkungen auf die Gesellschaft der Massnahmen zur Bekämpfung der Corona-Pandemie und Möglichkeiten zu deren Heilung, https://www.parlament.ch/de/ratsbetrieb/suche-curia-vista/geschaeft?AffairId=20213230, abgerufen am 19.12.21.

37 BGE 136 V 395 vom 23. November 2010 und http://relevancy.bger.ch/php/clir/http/index.php?highlight_docid=atf%3A%2F%2F136-V 395%3Ade&lang=de&type=show_document, abgerufen am 28.11.21.

38 Vgl. Beck, K./Widmer, W. Corona in der Schweiz: Plädoyer für eine evidenzbasierte Pandemie-Politik. Luzern 2021.

39 https://www.bag.admin.ch/bag/de/home/krankheiten/ausbrueche-epidemien-pandemien/aktuelle-ausbrueche-epidemien/novel-cov/massnahmen-des-bundes.html, abgerufen am 9.11.21.

40 Beispielsweise könnte mit dem Zählen von durch den sensiblen PCR-Test gefundenen «Fällen» in jeder Erkältungssaison aufgrund der Infektionszahlen eine Influenza-, Metapneumoviren-, Parainfluenza-, Adenoviren-, RS-Viren-, Coronaviren- oder auch Rhinoviren-Epidemie ausgerufen werden. Dies wurde bis vor Corona nie gemacht. Eine tatsächliche Erkrankung kann nur eine Ärztin aufgrund der persönlichen klinischen Diagnose feststellen. Auf den Beipackzetteln der Tests steht, dass sie nicht zu diagnostischen Zwecken geeignet sind. Die WHO weist ausdrücklich auf die Schwächen des Tests hin und rät beispielsweise zu einem sorgfältigen Umgang der Ergebnisse in Bezug zu den angewendeten Cycle Thresholds (CT Werte; vgl. https://www.who.int/news/item/20-01-2021-who-information-notice-for-ivd-users-2020-05?fbclid=IwAR1p0J6nWBGt6vbCcDA239gUDdJb9NA2_SYzptJYuHgdsz5VeRQjG2sNOKQ).

41 https://swprs.org/face-masks-and-covid-the-evidence/, abgerufen am 11.12.21.

42 Dodsworth, L. A State of Fear: How the UK Government Weaponised Fear During the Covid-19 Pandemic. London 2021, S. 111. Die Veranstalter kultureller Anlässe haben sich diesen Ansatz zu eigen gemacht. So schreibt beispielsweise das Zürcher Opernhaus zu den Vorstellungen im Winter 2021: «Darüber hinaus müssen Gäste ab 12 Jahren bis auf Weiteres bei ihrem Besuch eine Maske tragen. So soll (…) dem Sicherheitsbedürfnis des Publikums Rechnung getragen werden», vgl. https://www.opernhaus.ch/service/schutzmassnahmen/, abgerufen am 28.11.21.

43 Vgl. Blankertz, S. Gesundheitspaternalismus: Zu Risiken und Nebenwirkungen fragen Sie am besten nicht Ihren Virologen, in: Kessler, O./Kappeler, B. (Hrsg.), Null-Risiko-Gesellschaft. Zürich 2021, S. 103–117.

44 Vgl. https://www.bfs.admin.ch/bfs/de/home/statistiken/kataloge-datenbanken/ medienmitteilungen.assetdetail.3742835.html, abgerufen am 12.12.21.

45 Die gezielte Verängstigung der Bevölkerung ist in mehreren Ländern ein Teil der Lockdown-Politik. Ein Beispiel ist Deutschland: «Um die gewünschte Schockwirkung zu erzielen, müssen die konkreten Auswirkungen einer Durchseuchung auf die menschliche Gesellschaft verdeutlicht werden: (…) Kinder werden sich leicht anstecken, selbst bei Ausgangsbeschränkungen, z.B. bei den Nachbarskindern. Wenn sie dann ihre Eltern anstecken und einer davon qualvoll zu Hause stirbt und sie das Gefühl haben, Schuld daran zu sein, weil sie z.B. vergessen haben, sich nach dem Spielen die Hände zu waschen, ist es das Schrecklichste, was ein Kind je erleben kann» (vgl. Wie wir COVID-19 unter Kontrolle bekommen, Bundesinnenministerium, März 2020). Ein weiteres Beispiel ist England: «The perceived level of personal threat needs to be increased among those who are complacent, using hard-hitting emotional messaging» (vgl. Options for increasing adherence to social distancing measures by the Scientific Pandemic Influenza Group on Behaviour [SPI-B], 22 March 2020, zitiert in: Dodsworth, L. A State of Fear: How the UK Government Weaponised Fear During the Covid-19 Pandemic. London 2021, S. 111).

46 «Das Total der Übersterblichkeit während der ersten Corona-Welle beträgt 1054 Todesfälle – in der Grippesaison 2015 starben 1322 Menschen mehr, als statistisch erwartet worden war» (NZZ Online vom 13.5.2020) und https://

www.bfs.admin.ch/bfs/de/home/statistiken/gesundheit/gesundheitszustand/sterblichkeit-todesursachen.html, abgerufen am 28.11.21.
47 https://epha.org/wp-content/uploads/2021/12/hi-casestudy-covid19response.pdf, abgerufen am 28.12.21.
48 https://gbdeclaration.org/focused-protection/, abgerufen am 20.11.21.
49 Vgl. https://www.bfs.admin.ch/bfs/de/home/statistiken/gesundheit/gesundheitszustand/sterblichkeit-todesursachen/spezifische.html, abgerufen am 19.12.21.
50 Vgl. bspw. Faller, A. Mehr Schaden als Nutzen? Die Rolle der COVID-19 Task Force des Bundesrates, https://www.medinside.ch/de/post/mehr-schaden-als-nutzen-die-rolle-der-covid-19-task-force-des-bundesrates, abgerufen am 28.11.21.
51 Riva, C./Tinari, S. Wissenschaft im Pandemie-Modus: Der seltsame Fall der Swiss National COVID-19 Science Task Force, https://www.re-check.ch/wordpress/fr/wissenschaft-pandemie-task-force/, abgerufen am 19.12.21.
52 Nemeth, C. In Defense of Troublemakers: The Power of Dissent in Life and Business. New York 2018.
53 Vgl. Nemeth, a.a.O., S. 164.
54 Klein, G. Performing a Project Premortem, Harvard Business Review, Sept. 2007, S. 84–92.
55 https://sciencetaskforce.ch/mandat/, abgerufen am 16.11.21.
56 Vgl. Bagus, P./Sanchez-Bayon, A./Pena-Ramos, J.A. Covid-19 und die politische Ökonomie der Massenhysterie, in: Kessler, O./Kappeler, B. (Hrsg.), Null-Risiko-Gesellschaft. Zürich 2021, S. 119–152.
57 Gesellschaftlich und volkswirtschaftlich geht es um das Argument der externen Effekte: «Politische Koordinierung ist immer dann erforderlich, wenn Eigen- und Kollektivinteresse auseinanderfallen» (Stabilitätspolitik in der Corona-Krise, Kiel Institute for the World Economy [IfW], http://hdl.handle.net/10419/216208, abgerufen am 21.11.21).
58 Auf das der «Nebelspalter» vom 3.12.21 aufmerksam macht.
59 Die Schlagzeilen des «Blick» an den Tagen der Septemberpanik in der Woche 36/2021 folgen derselben Logik der Schreckensverbreitung.
60 Vgl. https://www.zh.ch/content/dam/zhweb/bilder-dokumente/themen/gesundheit/corona/hauptseite/gd_zh_corona_lagebulletin.pdf, abgerufen am 3.12.21.
61 Vgl. https://www.covid19.admin.ch/de/hosp-capacity/icu, abgerufen am 12.12.21.
62 Vgl. Schrappe, M./François-Kettner, H./Knieps, F./Knipp-Selke, A./Manow, P./Püschel, K./Glaeske, G. Die Pandemie durch SARS-CoV-2/CoViD-19: Zur intensivmedizinischen Versorgung in der SARS-2/CoViD-19-Epidemie, https://corona-netzwerk.info/wp-content/uploads/2021/07/sn3_erg2_210723_endfass-1.pdf, abgerufen am 10.11.21.
63 https://www.vzk.ch/downloadcenter/dokumente-vzk/2019_vzk_dossier_uberkapazitat_im_akutspitalbereich-dez.-2019.pdf, abgerufen am 28.10.21.
64 Google Scholar liefert über 20'000 Einträge zum Thema, allein für das Jahr 2021.
65 Goldratt, E. The Goal. Great Barrington 2017.
66 https://pubmed.ncbi.nlm.nih.gov/22907662/, abgerufen am 11.11.21.
67 https://www.kispi.uzh.ch/sites/default/files/d3-documents/kd00325257.pdf, abgerufen am 10.11.21. Anmerkung: Das Kispi hat keine Covid-Patienten auf der IPS.
68 Hierzu wird im Spectator vom 30.10.21 David McGrogan, Professor an der Northumbria Law School, wie folgt zitiert: «I am somebody who encourages students to investigate and debate facts for a living. So this has been a very bitter pill for me to swallow indeed, but the reality is that most people are just not actually interested in finding out the truth for themselves. They are much more interested in conforming with what they perceive to be the ‹moral truth› – the prevailing moral norm. The reason the vast majority of the public supported lockdowns is because they believed they were the ‹right› thing to do.»
69 Morgenroth, O./Schaller, J. Misserfolg und Scheitern aus psychologischer Sicht, https://www.researchgate.net/publication/305463222, abgerufen am 28.11.21.
70 Diese Fragen sollten von Vertretern der Disziplinen behandelt werden, die sich mit medizinischen, gesellschaftlichen, soziologischen, psychischen, volkswirtschaftlichen, politischen, ethischen und juristischen Fragen der Krise befassen.

10

Stefan Holenstein

Für ein besseres und professionelleres Krisenmanagement des Bundes

Fragestellung

Die Jahre 2020 und 2021 stehen global ganz im Zeichen eines fast alle Bereiche beherrschenden Themas: der Corona-Pandemie. Auch für die Schweiz stellt sie eine höchst anspruchsvolle gesundheitspolitische, gesellschaftliche und wirtschaftliche Herausforderung dar. Die seit bald zwei Jahren anhaltende Krise kratzt am Selbstverständnis der Schweiz. Denn die zur Bekämpfung der Ausbreitung des Coronavirus seither getroffenen Massnahmen schränken das gesellschaftliche, politische und wirtschaftliche Leben in einem Ausmass ein, wie es für freie und liberale Gesellschaften vorher kaum vorstellbar gewesen war.

Die Schweiz versteht sich nicht als Nationalstaat, sondern als Willensnation. Dabei gefällt sie sich in der Rolle als Kleinstaat oft als ewiger Klassenbester. Mittelmass und Durchschnitt sind fast schon verpönt. Ein Land, das aus dem Willen seiner Bevölkerung entstanden ist, sollte grundsätzlich danach streben, auch in der Krise besser zu sein als andere Staaten. Und doch hat uns die Bewältigung der Pandemie bisher klar und unmissverständlich vor Augen geführt: Wir haben unserem Perfektionsanspruch bei Weitem nicht genügt. Vielmehr wurden zahlreiche *Schwächen im Krisenmanagement der Schweiz* offengelegt, was als Weckruf zu betrachten ist und die es gemeinsam aufzuarbeiten gilt.[1]

Das einst perfektionierte Schweizer Krisenmanagement hat sich in der Corona-Krise nicht wie erwartet durchgesetzt. Vom durchkonzipierten Krisentraining in der Schweiz, das noch in den 1990er Jahren als vorbildlich bezeichnet werden durfte, ist in der gegenwärtigen Corona-Krise nicht mehr viel übriggeblieben. Allzu lange wurden zum Beispiel die sicherheitspolitischen Aspekte für die Bewältigung einer solchen Krise vernachlässigt.[2] Es geht im vorliegenden Beitrag darum, das Schweizer Krisenmanagement während der Corona-Krise zu analysieren, die Erkenntnisse daraus abzuleiten und die inhaltlichen sowie praktischen Schlüsse für die künftige Krisenorganisation in erster Linie des Bundes, aber auch der Kantone zu ziehen. Konkrete Empfehlungen, wie ein verbessertes organisatorisches Krisenmanagement des Bundes aussehen könnte, runden den Beitrag ab.

Analyse des Schweizer Krisenmanagements in der Corona-Krise

Die seit Anfang 2020 um sich greifende Corona-Pandemie stellt die *grösste Herausforderung* für die *Gesundheitspolitik,* die *Vorsorgeplanung* und das *Krisenmanagement* der Schweiz seit dem Zweiten Weltkrieg dar. Charakteristisch für diese Krise ist, dass gesundheitliche, gesellschaftliche, politische und wirtschaftliche Aspekte gleichermassen relevant sind. Der durch die Massnahmen zur Bewältigung der Pandemie ausgelöste zeitweilige gesellschaftliche und wirtschaftliche Beinahe-Stillstand war so in keiner Planung und in keinem Drehbuch vorhergesehen gewesen. Im internationalen Vergleich wurde der Schweiz im ersten Halbjahr 2020 von verschiedener Seite attestiert, die erste Welle der Pandemie in vielerlei Hinsicht recht gut gemeistert zu haben. Dies wurde insbesondere auf die stabilen politischen Institutionen, die präsente und gut funktionierende Kollegialregierung sowie die grosse Eigenverantwortung innerhalb der Gesellschaft und der Wirtschaft zurückgeführt, was in eine breite politische und gesellschaftliche Zustimmung zu den vom Bundesrat ergriffenen Massnahmen mündete. Insbesondere die rasche und unkomplizierte finanzielle Unterstützung von mittleren und kleinen Unternehmen sorgte international für Aufmerksamkeit.[3]

Allerdings zeigten sich hinsichtlich Vorsorge und Krisenmanagement bereits in der ersten Phase der Pandemie bedenkliche Schwachpunkte. So war die Versorgung der Bevölkerung mit Schutzmasken nicht zu jeder Zeit sichergestellt. Die offizielle Kommunikation über die Wirksamkeit von Masken erwies sich als widersprüchlich. Ferner offenbarte sich Nachholbedarf im Bereich der Digitalisierung und der Verfügbarkeit von epidemiologisch und gesundheitspolitisch relevanten Daten auf Bundesebene. Zudem führte die Komplexität der Krisenorganisation des Bundes zunehmend zu Reibungsverlusten, auch in der nicht minder komplexen Zusammenarbeit und Abstimmung zwischen Bund und Kantonen. Für den Epidemie- und Pandemiefall regelt das *Epidemiengesetz* die *Aufgabenteilung* zwischen *Bund* und *Kantonen* über drei Phasen hinweg. In der *normalen Lage* ist der Bund primär für die Festlegung der Ziele und Strategien zur Bekämpfung übertragbarer Krankheiten des Menschen zuständig. Für den Vollzug der Massnahmen sind die Kantone verantwortlich. In der *besonderen Lage* kann der Bundesrat in Absprache mit den Kantonen bestimmte Massnahmen gegenüber einzelnen Personen und der Bevölkerung anordnen. In der *ausserordentlichen Lage* darf der Bundesrat, gestützt auf seine Notrechtskompetenzen, für das ganze Land oder einzelne Landesteile die notwendigen Massnahmen anordnen.[4]

Die *Schweizer Milizarmee* hat ihre Bewährungsprobe gleich zu Beginn der Corona-Krise bestanden. Bei der grössten Truppenmobilisierung seit dem Zweiten Weltkrieg wurden rund 5000 Armeeangehörige für den Assistenzdienst aufgeboten. Die Teilmobilmachung gelang einwandfrei; die Armee erfüllte ihre Aufträge tadellos. Kader und Soldaten haben zu Beginn der Pandemie bewiesen, wofür uns die ausländischen Staaten so sehr beneiden: rasche, flexible Einsatzfähigkeit, gepaart mit hoher Kompetenz und viel Know-how aus dem zivilen Umfeld. Auch der *Zivilschutz*, dessen Einsatzbefugnis bei den Kantonen liegt, hat seine Ausbildungskompetenz und -bereitschaft als rasch mobilisierbare Ersteinsatzorganisation unter Beweis gestellt. Keine anderen Institutionen in unserem Land können aus dem Stand heraus so schnell in verschiedensten Bereichen – im Vordergrund stand 2020 das zivile Gesundheitswesen – Einsätze in einem Ernstfall leisten. Als strategische Reserve wahrt die Armee die Handlungsfreiheit von Bund und Kantonen in ausserordentlichen Lagen.[5]

Was uns die Pandemie mit fortschreitender Dauer im Weiteren lehrt: Sie lässt sich in ihren Auswirkungen weder auf den Gesundheitsbereich noch auf eine Regierungsebene begrenzen. Die Breite und Tiefe der Auswirkungen einer Pandemie auf Gesundheit, Gesellschaft, Wirtschaft, Staat und Sicherheit erfordern eine umfassende Koordination vielschichtiger Massnahmen und zahlreicher Akteure. Die hohe Komplexität der Krisenbewältigung und die dynamische Entwicklung der epidemiologischen Lage stellen das staatliche Krisenmanagement vor umfassende Herausforderungen. In der Schweiz bilden die Kollegialregierung, das Departementalsystem und der Föderalismus den entscheidenden staatspolitischen und verfassungsrechtlichen Rahmen der Pandemie- und Krisenbewältigung. Eine *effiziente und effektive Krisenbewältigung* hängt vom erfolgreichen *Zusammenspiel* in den drei unterschiedlichen Bereichen *Krisenorganisation, Vorsorgeplanung* und *Gesundheitsbereich* ab. Bei der Krisenorganisation geht es primär um die Frage, wie die strategischen und operationellen Führungsprozesse auf Bundesebene und an den Schnittstellen zwischen Bund und Kantonen definiert werden.

Deshalb hängt der Erfolg in der Pandemiebewältigung vor allem auch davon ab, wie gut diese drei Bereiche vor der Krise aufeinander abgestimmt wurden und wie gut die Umsetzung in der Krise erfolgte. Eine besondere Herausforderung liegt darin begründet, dass die drei Bereiche von spezifischen Verwaltungsstrukturen auf verschiedenen Staatsebenen bearbeitet werden, die normalerweise eher lose miteinander verbunden sind. Die *Gesundheitspolitik* stellt eine Domäne der Kantone dar, weshalb sie vor dem Hintergrund des Subsidiaritätsprinzips eher von unten (den Kantonen) nach oben zum Bund gedacht werden sollte. Ähnliches gilt für die generelle *Vorsorgeplanung*, bei der die Verantwortung im Allgemeinen bei den zuständigen Bundesämtern liegt, die dem Bundesrat Informationen und Entscheidungsgrundlagen liefern. Hingegen sollte die *Krisenorganisation* eher von oben nach unten verstanden werden, weil in der ausserordentlichen Lage der Bundesrat entscheidet, wobei die Kantone jeweils in die Entscheidungsfindung einbezogen werden.[6]

Das Management dieses *Gesamtsystems* stellt für alle Akteure zugegebenermassen eine grosse Herausforderung dar, weil es zahlreiche wechselseitige Abhängigkeiten an den Schnittstellen der drei Bereiche gibt. Im bewährten Verwaltungsmodus ist einer solch komplexen Krise jedenfalls nicht beizukommen. Es braucht den *Blick für das Ganze*. Je länger aber die Krise andauerte, desto mehr offenbarte sich die schwächelnde Krisenfähigkeit und das lavierende Krisenmanagement des Bundes. So konnte von einem vorausschauenden Krisenmanagement des Bundesrats insbesondere vor, während und nach der starken zweiten Welle keine Rede mehr sein. Das Vertrauen in das Krisenmanagement der Schweiz bröckelte zusehends. Nachdenklich stimmte im letzten Quartal 2020 und im ersten Quartal 2021 die wachsende Silomentalität der Entscheidungsträger auf Bundesebene. Dabei wären eine vernetzte Arbeitsmethodik und ein frühzeitiges Denken des Gesamtbundesrats in echten Varianten hilfreich gewesen.[7] Statt die Schweiz durch die Krise zu führen, hangelte sich die Landesregierung quasi von Woche zu Woche ohne strategisches Konzept weiter und blieb mit ihrer Politik der kleinen Schritte im Mikromanagement gefangen.[8]

Die Frage bleibt: Wieso hat es die Schweiz als kleines, reiches und international angesehenes Land nicht geschafft, das Coronavirus und damit die Krise schneller und besser in den Griff zu bekommen, zumal die Schweiz in der Vergangenheit weltweit als Vorbild bei der Bekämpfung von Seuchen und Gesundheitsrisiken galt? Die Antwortet lautet: Die *Krisenorganisation* und das *Krisenmanagement des Bundes* haben sich *nicht bewährt*, denn das *Bundesamt für Gesundheit (BAG)* ist schlicht keine Krisenorganisation wie die Armee, die Polizei oder die Feuerwehr. Die vielen Kommunikationspannen sind bezeichnend für das Bild, das das *Departement des Innern (EDI)* und das BAG seit Beginn der Pandemie abgeben. Widersprüchliche Aussagen gab es unter anderem zum Nutzen der Masken, zur Berechnung der Positivitätsrate, zur Anzahl der ausgelieferten Impfdosen und zum Anstieg der Fallzahlen.[9] Das BAG erwies sich in der Krise als träge und fehleranfällig, dabei sollte es Stabilität und Vertrauen vermitteln. Dies zu erreichen, ist den Verantwortlichen im BAG indes während der gesamten Krise nicht gelungen. Sie reagierten immer wieder überrascht von einer neuen Entwicklung, kommunizierten schlecht und agierten wenig vorausschauend. Schliesslich unterschätzten sie ihre eigene wichtige Rolle, auch wenn am Ende der Bundesrat entscheidet.[10]

Diese Feststellung hinsichtlich der mangelnde Krisen- und Führungstauglichkeit des BAG ist umso bedauerlicher, als die Schweiz noch unlängst über ein ausgefeiltes, praxistaugliches und allseits anerkanntes Krisentraining verfügte. Basierend auf den bewährten, militärisch geprägten Gesamtverteidigungsübungen profitierte unser Land lange Zeit von systematischen, breit abgestützten und effizienten Führungsprozessen und einem verlässlichen Krisenmanagement. Seit dem Kalten Krieg und nach zahlreichen, mehrheitlich missglückten Armeereformen hat sich das Schweizer Sicherheits- und Krisensystem infolge langer Schönwetterperioden fast unbemerkt von den *systematischen Entscheidungsprozessen* und den *militärischen Führungsprinzipien* verabschiedet. Die Folgen treten in dieser langanhaltenden Krisenlage deutlich und schmerzhaft zutage. Ungeeignet können militärische Führungsprinzipien auch in zivilen Krisen nicht sein, wenn selbst die Unternehmensberatungsfirma McKinsey & Company zur Führung in der Corona-Krise daran erinnert, dass militärische Kommandostrukturen Unsicherheit reduzieren und schnellere sowie bessere Entscheidungen ermöglichen.[11]

Im Folgenden sollen deshalb die allgemeinen Lehren und Erkenntnisse aus der Pandemie-Krise für einen nächsten umfassenden und komplexen Krisenfall gezogen werden. Zudem soll untersucht werden, wie die künftige Krisenorganisation des Bundes ausgestaltet sein könnte.

Lehren und Erkenntnisse in Bezug auf das Krisenmanagement des Bundes

Die Corona-Krise muss als *Lernchance* genutzt werden, wobei der Fokus vorliegend im Bereich der besseren Krisenorganisation und des verbesserten Krisenmanagements liegt. In der Krisenorganisation ist es primär der Bund, der die strukturellen Herausforderungen der strategischen und operativen Führung bewältigen muss. Hinsichtlich der *horizontalen Koordination* der Departemente im Krisenmanagement stellt sich die Frage, wie die Systeme der Führungsunterstützung (Früherkennung, Lagebeurteilung, Führungsprozesse) und die interdepartementalen Stäbe in die Krisenorganisation des Bundes eingebunden werden sollen. Bei der *vertikalen Koordination* des Krisenmanagements zwischen Bund und Kantonen ist zu prüfen, wie die Konzepte der nationalen Sicherheitskooperation und des Bevölkerungsschutzes in die Krisenorganisation des Bundes zu integrieren sind.

Seit der Aufhebung des auf das militärische Krisenmanagement ausgerichteten Gesamtverteidigungssystems in den 1990er Jahren durchlaufen die Krisenorganisationen von Bund und Kantonen einen Prozess der Ausdifferenzierung. Das Regierungssystem ist auf Konsens, Ausgleich und hohe Legitimität ausgerichtet und zeigt sich bei unerwartet eintretenden Ereignissen entsprechend schwerfällig. Die Krisenorganisation des Bundes wird vom *Primat* der *Kollegialregierung* und des *Departementalsystems* dominiert, und an den Schnittstellen zu den Kantonen vom *Föderalismus* bestimmt. Hinsichtlich Führungsunterstützung und Koordination herrschen *Ad-hoc-Lösungen* vor. Naturgemäss braucht es nun einen gewissen Handlungsdruck von aussen, damit die Verwaltungsstellen die strukturellen Hürden von Departementalsystem und Föderalismus überwinden und die politische Stufe die Änderungen ebenfalls mitträgt.[12]

Denn von einer einheitlichen Struktur des Krisenmanagements von der normalen über die besondere zur ausserordentlichen Lage ist die heutige Schweiz weit entfernt. Auch in der Phase «Impfen» erlebte die Schweiz ein weiteres Lehrstück in *mangelhaftem Krisenmanagement.* Es nützt nichts, wenn Schwierigkeiten immer wieder als Herausforderungen beschönigt werden. Das BAG führt auch hier nicht, sondern lässt sich von der Krise treiben. Die Konzentration der Krise auf das BAG und das Innendepartement (EDI) ist nicht Teil der Lösung, sondern stellt ein krisenorganisatorisches Unding dar. EDI und BAG kämpfen seit Monaten mit mehreren Teilkrisen gleichzeitig; dabei wirken sie schwerfällig und erschöpft. Die Pandemie dauert länger als erwartet, länger als eine Naturkatastrophe, und sie ist wesentlich komplexer. Aber sie lässt sich nicht in einem Departement und Bundesamt verwalten, wie die gemachten Erfahrungen zeigen. Der Bund braucht eine Struktur, die über sehr viele Monate rund um die Uhr durchhält und auch bei der nächsten Krise professionell funktioniert.[13]

Die Corona-Krise bringt die Schweiz offensichtlich an ihre Grenzen – nicht nur bezüglich *Durchhaltefähigkeit,* sondern auch hinsichtlich ihrer *politischen Kultur.* Der Streit um die Corona-Massnahmen hat im Herbst 2021 zu einer Verhärtung im Umgang mit dem politischen Gegner geführt, wie sie die Schweiz bisher selbst bei umstrittenen Themen noch nicht gekannt hat. So wurde vor der Abstimmung über das Corona-Zertifikat am 28. November 2021 teilweise mit Mitteln gekämpft, die von demokratischer Willensbildung weit entfernt waren. Begünstigt wird diese Entwicklung nicht zuletzt durch die unübersichtliche, intransparente und manchmal auch chaotische Informationstätigkeit der Behörden. Die Debattenkultur ist hierzulande bedingt durch das politische System zwar besser ausgeprägt als in anderen Ländern, hat jedoch stark gelitten.[14]

Im Folgenden wird untersucht, welche Rolle die bestehenden, übergeordneten Krisenorganisationen und -strukturen eingenommen haben und ob sie für ein nationales Krisenmanagement anstelle eines federführenden Bundesamts in Frage kommen. Wiederum werden aus dem aktuellen Fall allgemeine Erkenntnisse abgeleitet.

Als übergeordneter Koordinations- und Kooperationsmechanismus wurde 2010 der *Sicherheitsverbund Schweiz (SVS)* geschaffen, der sich mit Lagebeurteilungen und Vorsorgeplanungen an den Schnittstellen von Bund und Kantonen beschäftigt, jedoch nicht für das eigentliche Krisenmanagement vorgesehen ist. Je stärker sich die Kantone untereinander koordinierten, desto lauter wurde die Forderung nach einem permanenten Krisenstab auf Ebene Bund. Im Zuge der Verwaltungsreform des Eidgenössischen Departements für Verteidigung, Bevölkerungsschutz und Sport (VBS) wurde 2003 das *Bundesamt für Bevölkerungsschutz (BABS)* geschaffen, das auf der Stufe des Bundes für die Weiterentwicklung der Fachbereiche des Bevölkerungsschutzes und deren Koordination mit den anderen Instrumenten der Sicherheitspolitik verantwortlich ist. Diese Entwicklung wurde 2018 durch die Schaffung des *Bundesstabs Bevölkerungsschutz (BST B)* verstärkt, dessen Geschäftsstelle im BABS angesiedelt ist. Der BST B ist jedoch der Stab des Bundes und nicht ein Stab des BABS. Mit dem Aufbau des BST B kam der Bundesrat dem Wunsch der Kantone nach einem einzigen operativen Organ auf Bundesebene für alle bevölkerungsschutzrelevanten Ereignisse nach – in Abgrenzung zur polizeilichen und militärischen Gefahrenabwehr.[15]

Während der ersten Welle der Pandemie blieb unklar, welche Rolle der *BST B* übernehmen sollte. Gemäss Pandemieplan wurde der BST B dafür vorgesehen, als Krisenstab des Bundes eingesetzt zu werden. Er erhielt jedoch kein klares Mandat und konnte deshalb auch nur begrenzte Wirkung im vorgesehenen Sinne entwickeln. Die Aufgaben, Kompetenzen und Verantwortlichkeiten des BST B insbesondere im Verhältnis zur *Taskforce COVID-19 des BAG (BAG TF)* wurden formell nie geklärt. Das EDI und das BAG blockten offenbar zu Beginn der besonderen Lage strategische Diskussionen an den Sitzungen des BST B ab. Wohl deshalb fehlte unter anderem eine horizontal und vertikal abgestützte Eventualplanung.[16]

Mit dem Übergang von der besonderen in die ausserordentliche Lage verschob sich die Aufgaben- und Kompetenzverteilung zwischen Bund und Kantonen erneut. In der ausserordentlichen Lage führte der Bundesrat primär über die den einzelnen Bundesrätinnen und Bundesräten vertrauten *departementalen Krisenstäbe.* Das Prinzip der Führung über die Linie samt Ämterkonsultation ist in den Weisungen über das Krisenmanagement in der Bundesverwaltung verankert. Nicht den Planungen für das Krisenmanagement entsprach das Mandat des *Krisenstabs des Bundes Corona (KSBC),* der als Ad-hoc-Krisenstab des Bundesrats auf Antrag des EDI eingesetzt wurde. Gemäss Weisungen für das Krisenmanagement der Bundeskanzlei sollte er den anderen im Einsatz stehenden Krisenstäben übergeordnet sein und neben der Lagebeurteilung auch Entscheidungsgrundlagen zuhanden des Bundesrats erarbeiten. In Tat und Wahrheit agierte er aber bewusst im Hintergrund und eng auf den Gesundheitsbereich bezogen. In inhaltlicher Hinsicht konzentrierten sich die Beiträge des KSBC auf die politisch-strategische

Koordination departementaler Schnittstellenfragen wie Ressourcenfragen oder die Koordination der Kontaktstellen zur Wirtschaft und Forschung.[17]

Gemäss einem Strategiepapier des EDI und der kantonalen Gesundheitsdirektorenkonferenz (GDK) vom 22. Oktober 2020 koordinieren auf strategischer Stufe das BAG und das Generalsekretariat des EDI das Geschehen mit einem Steuerungsausschuss, der auch die Kantone miteinbezieht. Der Lead liegt weiterhin bei ihnen. Operativ laufen die Fäden somit bei der *BAG TF* und im *EDI* zusammen.[18] Damit kann festgehalten werden, dass auf der operativen Ebene des Krisenmanagements des Bundes *Ad-hoc-Lösungen* dominieren. Es schien die meisten Expertinnen und Experten im Verlauf der Krise zu überraschen, dass keiner der Krisenstäbe wie geplant zum Einsatz gelangte. Entsprechend blieb der Mehrwert, der namentlich mit dem *BST B* und dem *KSBC* erarbeitet werden konnte, unsystematisch und insgesamt begrenzt. Damit drängen sich zwei Feststellungen auf: *Erstens* lässt sich über die ganze Eskalationsphase hinweg *keine Gesamtkonzeption* der operativen Krisenorganisation des Bundes erkennen. Im besten Fall hätte die Dynamik der Krise Anpassungen in der Krisenorganisation nach sich gezogen. Entsprechend musste *zweitens* die unspezifische, nicht einheitliche Struktur der operativen Krisenorganisation zu *Überlappungen* und *Reibungsverlusten* führen. Umso wichtiger erscheint in diesem Zusammenhang, dass generell eine Gesamtkonzeption der operativen Krisenorganisation und ihrer Einbettung in die politisch-strategischen Führungsabläufe erarbeitet wird.[19]

Aufgrund dieses Ad-hoc-Charakters der operativen Krisenorganisation auf Bundesebene, wie er in der Corona-Krise manifest wurde, *fehlt* es also an einer *einheitlichen und gefestigten Struktur* des Krisenmanagements für alle Lagen. Dies hat mindestens drei negative Konsequenzen für ein vorausschauendes Krisenmanagement zur Folge: *Erstens* erschwert er in der Phase der Früherkennung und Strategieanpassung die Formulierung und Koordination eines gesamtheitlichen präventiven Ansatzes. *Zweitens* können die zunehmend wichtigen Mittel der Führungsunterstützung auf Stufe Bund nicht ihr volles Potenzial entfalten. *Drittens* wird eine strukturierte und enge Einbindung der Kantone in die gesamtheitliche operative Umsetzungsplanung erschwert. Die Frage, was die Schweiz während der Pandemie falsch gemacht hat und was man aus den Fehlern lernen kann, wird uns noch eine Weile beschäftigen. Ein grosses Manko im Krisenmanagement lässt sich indes schon jetzt benennen: Der Bundesrat hat es versäumt, einen *klar definierten und professionellen Krisenstab* zu bilden.[20]

Stattdessen übertrug er die Krisenorganisation dem EDI. Es hat sich im Laufe der Pandemie deutlich gezeigt, dass ein federführendes Bundesamt, das BAG, nicht auch noch die operative Koordination des gesamtheitlichen Krisenmanagements übernehmen sollte. Der Handlungsdruck auf das BAG war bereits in seinen gesundheitlichen und epidemiologischen Kernaufgaben von Anfang an sehr gross. Früh machten sich zudem die begrenzten Personalressourcen bemerkbar, was zur Überlastung von Schlüsselpersonen führte und sich negativ auf die Durchhaltefähigkeit des BAG auswirkte. Mit der Zeit übernahm zwar die BAG TF zusätzliche Aufgaben, die über das Pflichtenheft des BAG hinausgingen. Aber die gegenwärtige *Struktur mit Fokus auf das BAG widerspricht* allen bisherigen Erfahrungen und allem, was bisher geübt wurde. Das BAG als Bundes- und Fachamt muss sich auf seine Kernkompetenzen konzentrieren und darf sich nicht im komplexen Krisenmanagement versuchen. Was im BAG passierte, würde vermutlich auch in anderen Bundesämtern geschehen. Eigentlich wäre der *BST B* das passendere, zentrale Organ zur Krisenbewältigung auf Stufe Bund, da es als einziges operatives Organ auf der Stufe Bund von der normalen über die besondere bis zur ausserordentlichen Lage aktiv ist. Dennoch fristete der BST B in seiner Funktion als Informationsplattform an der Schnittstelle zu den Kantonen eher ein Mauerblümchendasein. Es ist allenfalls zu prüfen, ob dem BST B künftig nicht eine wichtigere und adäquatere Rolle zugedacht werden sollte.[21]

Fazit: Statt einer klaren Zuständigkeit mit der Bildung eines definierten Krisenstabs mit schlanken, einheitlichen Strukturen sind die Instrumente des Krisenmanagements auf unterschiedliche Departemente und Verwaltungsstellen verteilt und wirken wie Hilfskonstruktionen. Es fehlt eine zentrale Führung der Abläufe von der Früherkennung bis zur Bewältigung einer Ausnahmesituation. Das Malaise liegt nicht im angeblich so schwerfälligen föderalen System und dem vielgescholtenen Kantönligeist – selbst das Zusammenspiel zwischen dem Bund und den Kantonen funktioniert in der Pandemie leidlich. Die Wurzel des Übels ist das Fehlen des einstmals auch international vorbildlichen Risiko- und Krisenmanagements auf nationaler Ebene. Der Bund hielt sich im Ernstfall nicht an die Grundsätze, die er zusammen mit den Kantonen erarbeitet und wiederholt trainiert hatte, insbesondere auch für den Fall einer Pandemie.

Noch im November 2019 übte der Sicherheitsverbund Schweiz die Bewältigung eines Terroranschlags. Auch wenn das Szenario insbesondere die Polizei und den Nachrichtendienst betraf, gelten die Erkenntnisse für die Führung für alle Formen von Krisen. Eine der zentralen Erkenntnisse des Schlussberichts der *Sicherheitsverbundsübung 2019 (SVU 19)* lautet, dass die Krisenorganisation so vorbereitet sein muss, dass sie unverzüglich bereitsteht, und die Krisenführung fähig sein muss, in der Krise rasch und strategisch zu handeln, um nicht von den Ereignissen getrieben zu werden. Die grössten Herausforderungen stellen dabei die *Koordination der zahlreichen Akteure* auf *allen Staatsebenen* und in allen betroffenen Sektoren sowie die *Kommunikation* gegenüber der Bevölkerung und den Medien dar.[22] Und auch der Verein pro Militia erhob im September 2019 die Forderung, dass für die Führung im Verteidigungsfall und zur Bewältigung künftiger Krisen und hybrider Auseinandersetzungen neu ein ständiger Stab (Arbeitstitel: «Bundesführungsstab») geschaffen werden sollte.[23]

Schlussfolgerungen und Empfehlung: Etablierung eines permanenten Krisenstabs

Wie dargelegt benötigt die Schweiz für ein funktionierendes Krisenmanagement einheitliche Strukturen und Prozesse, die grundsätzlich für alle Szenarien gelten. Dies alles muss regelmässig geübt und eintrainiert werden. Der insgesamt harzige Umgang mit dem Krisenmanagement muss kritisch aufgearbeitet werden.

Eine solch systematische Aufarbeitung des Krisenmanagements nimmt der Bundesrat im *Entwurf zum Sicherheitspolitischen Bericht 2021 vom 14. April 2021* indes nicht vor. Dies mag wegen der zeitlichen Koinzidenz verständlich sein. Andererseits erstaunt die grundsätzlich positive Bewertung des Krisenmanagements während der Corona-Krise. Der Berichtsentwurf hält fest, dass in der Krisenlage Entscheide rasch gefällt und die Abläufe gestrafft werden müssen. Das Krisenmanagement auf Stufe Bund müsse der departementalen Struktur der Regierung Rechnung tragen, weshalb der Bund den Grundsatz verfolge, dass jenes Departement die Federführung übernimmt und Entscheide des Bundesrats vorbereitet, das fachlich am meisten betroffen ist und überdies die Mittel, Entscheidungskompetenzen und Fachkenntnisse für die Bewältigung einer spezifischen Krisenlage hat. Es werde ein massgeschneiderter, den Erfordernissen der Lage angepasster Stab auf Stufe Departement gebildet, der durch einen Stab auf operativer Ebene ergänzt werden kann, zum Beispiel durch den Bundesstab Bevölkerungsschutz (BST B). Diese Grundsätze, insbesondere die Federführung beim zuständigen Fachdepartement, hätten sich als richtig und praxistauglich erwiesen. Permanente übergeordnete Krisenstäbe, die in keinem Departement angesiedelt sind, hätten sich nicht bewährt, weil der fachliche Bezug und der direkte Zugang zu den Departementsführungen fehlen, ebenso wie die Integration in Entscheidungsabläufe.[24]

Auch die Chefin Sicherheitspolitik des VBS, *Botschafterin Pälvi Pulli,* äussert sich kritisch gegenüber einem übergeordneten Krisenstab. Sie argumentiert mit dem Hinweis auf ein Experiment mit einem permanenten Krisenstab, dem Stab Sicherheitsausschuss des Bundesrats, der dem Sicherheitsausschuss, bestehend aus drei Bundesräten, dienen sollte. Dieser Stab, der 2011 aufgelöst wurde, habe jedoch die Erwartungen bei weitem nicht erfüllt, weil er mit dem Schweizer Regierungs- und Departementalsystem nicht kompatibel gewesen sei.[25]

Deutliche Kritik an der Beurteilung des Krisenmanagements im Entwurf zum Sicherheitspolitischen Bericht 2021 kam im laufenden Vernehmlassungsverfahren hingegen aus der Ecke der *Schweizerischen Offiziersgesellschaft (SOG).* Ein spezifisches Bundes- oder Fachamt wie das BAG sei, so die SOG, grundsätzlich wenig geeignet, um Krisen vom Ausmass der Corona-Pandemie erfolgreich zu bewältigen. Es fehle den Departementen – mit Ausnahme des VBS – am Verständnis für systematische, ganzheitliche und belastbare Führungstätigkeiten. Organisations- sowie departemental übergreifende Stabs- und Projektstrukturen seien in den zivilen Departementen weder prioritär noch verankert. Für die SOG reicht es deshalb nicht aus, die bereits vorhandenen Systeme und Prozesse zu verbessern, wie es der Berichtsentwurf vorschlägt. Vielmehr verlangt die SOG eine *Reform der Strukturen auf Bundesebene,* damit die Schweiz für eine nächste Krise besser vorbereitet ist. Sie schlägt deshalb einen permanenten Bundesführungs- oder Krisenstab auf nationaler Ebene vor, der fallweise modulartig ergänzt werden kann.[26]

Kritik am Krisenmanagement des Bundes kam und kommt ebenfalls in den einschlägigen *Fachzeitschriften* auf.[27] Die Bewältigung einer Covid-19-Pandemie sei nicht die Angelegenheit eines Fachdepartements und eines Bundesamts, nur weil der Auslöser eine gesundheitliche Herausforderung ist. Die Covid-19-Krise belege eindrücklich, dass der Bund ein zentrales Organ zur Krisenbewältigung braucht, das über das notwendige Sensorium für systematische Führungsprozesse in Krisenlagen verfügt. Was in kantonalen Führungsstäben funktioniere, nämlich die Gesamtkoordination der Entscheidungsfindungsprozesse und der Ressourcenzuteilung, müsse auch auf Stufe Bund zum Standard werden.[28]

Ähnlich argumentiert die *Sicherheitspolitische Kommission des Ständerats (SiK-SR)* in ihrem Postulat vom 25. März 2021. Die bisherige Bewältigung der Corona-Krise habe deutliche Schwächen in der strategischen Planung und Führung offenbart. Die Strukturen und Prozesse für die Bewältigung einer ausserordentlichen Lage seien auf der politischen und strategischen Stufe ungenügend eingeübt. Die für die vorausschauende Bewältigung einer solchen Krise nötigen strategischen Optionen fehlen weitgehend. In der Folge führe die Landesregierung oft zu reaktiv und eindimensional aufgrund der gerade herrschenden und prognostizierten epidemiologischen Lage. Die ordentlichen Verwaltungsstrukturen seien zudem nicht in der Lage, aus den zahlreichen Teillagen ein integrales strategisches Lagebild zu generieren. Zwischen der operativen Ebene der Bundesämter und dem Bundesrat gebe es *keine Krisenstabsstrukturen,* welche in der Lage wären, eine Gesamtbeurteilung vorzunehmen und daraus strategische Handlungsoptionen in Varianten zu erarbeiten. Ein effizientes strategisches Krisenmanagement benötige die entsprechenden Strukturen, in erster Linie in Form einer der operativen Ebene *übergeordneten Krisenstabsorganisation.* Der in der ausserordentlichen Lage einberufene Krisenstab Corona des Bundesrates (KSBC) sei lediglich ein Koordinationsgremium gewesen.[29]

Die SiK-SR beauftragte mit ihrem Postulat den Bundesrat, zu prüfen und Bericht zu erstatten, wie das strategische Krisenmanagement der Schweiz zur Bewältigung von nationalen Krisenlagen gestärkt werden kann und wie die Führungskräfte dafür systematisch ausgebildet und beübt werden können. Der Bundesrat beantragte dem Ständerat (SR) Annahme des Postulates. Dieses wurde durch den Ständerat am 8. Juni 2021 *an den Bundesrat überwiesen* und ist derzeit in der Bundeskanzlei in Bearbeitung.

Bundeskanzler Walter Thurnherr räumte in diesem Zusammenhang ein, dass es in Bezug auf die Krisenstäbe noch Fragen zu beantworten gibt. Zu Beginn der Krise seien sehr viele Stäbe geschaffen worden. Es frage sich deshalb, ob man *zu viele Stäbe* habe und wie die *Zusammenarbeit* zwischen ihnen funktioniert habe. Der Bundesrat wünsche ebenfalls eine verbesserte Ausbildung der Führungs- und Schlüsselpersonen im Krisenmanagement. Man sei aktuell an der Folgeauswertung. Die bisherigen Erkenntnisse würden in die neue Gesamtplanung der Grossübungen miteinfliessen, welche die Bundeskanzlei mit dem VBS in Zusammenarbeit mit dem Sicherheitsverbund Schweiz erarbeitet.[30] Der Bundeskanzler wies an einer anderen Stelle in aller Offenheit auf die *Hauptgefahr* hin, dass man nach überstandener Krise nichts mehr von einer Krise wissen wolle und so tue, als habe die Schweiz die Krise sehr gut gemeistert. Das sei jedoch offenkundig nicht der Fall gewesen; man hätte einige Dinge besser machen können.[31]

Hier, bei der im *Postulat der SiK-SR* erwähnten *Krisenstabsstruktur* sowie der übergeordneten Krisenstabsorganisation, gilt es anzusetzen und zu definieren, wie ein permanenter Krisenstab aussehen könnte und wo er anzusiedeln wäre. Der Weg hin zu einem professionelleren Krisenmanagement auf Stufe Bund führt über schlanke und transparente Strukturen. Diese müssen nicht einmal neu erfunden werden; sie entsprechen dem historischen Selbstverständnis der Schweiz für eine qualitativ hochstehende Krisenbewältigung.[32] Man wird somit nicht darum herumkommen, ein starkes, zentrales und im Voraus definiertes Organ zur Krisenbewältigung auf Stufe Bund zu installieren, das als interdisziplinäres Lage- und Sicherheitszentrum Schweiz fungiert. Die Mitglieder des *permanenten Kernstabs* würden feste Aufgaben in den Departementen erfüllen. Dieser Stab bewahrte die Übersicht, hielte die Fäden permanent in der Hand und koordinierte die für eine Krise relevanten Abläufe. Natürlich müsste der Krisenstab regelmässig beübt werden, nur schon, um das unabdingbare Sensorium für die umfassenden Lagebeurteilungen und die systematischen Führungsprozesse in Krisenlagen zu entwickeln und zu erhalten, wie man sie von den militärischen Führungsprinzipien her kennt. Es geht jedoch nicht um die Militarisierung von Verwaltung und Politik, sondern darum, dass im Ernstfall *zivile und militärische Ressourcen* einander möglichst gut *ergänzen* sowie *dieselben Führungswerkzeuge und -abläufe* verwendet werden.[33]

Auch die *Kantone* fordern, dass für die Zusammenarbeit mit dem Bund in Krisenlagen künftig ein schlankes und *paritätisch zusammengesetztes Führungsgremium* auf politischer Ebene eingesetzt wird. Als staatliches und politisches Struktur- und Handlungsprinzip stellt der Föderalismus eine der zentralen Maximen des Schweizer Selbstverständnisses dar. Es lag jedoch nicht am Föderalismus, dass das Schweizer Krisenmanagement während der Pandemie nur sehr unzureichend funktionierte. Selbstverständlich ist auch das föderale Krisenmanagement aufzuarbeiten und falls nötig zu optimieren. Der Föderalismus muss dynamischer und krisenfester werden. Die *Konferenz der Kantonsregierungen (KdK)* hat bereits im letzten Jahr mit der Aufarbeitung des Krisenmanagements begonnen. Das von den Kantonen verlangte Führungsgremium sollte die Koordination sicherstellen, regelmässig Lagebeurteilungen vornehmen sowie die Grundlagen für klare und rasche Entscheide von Bundesrat und Kantonsregierungen erarbeiten. Da die meisten Entscheide des Bundesrats auf kantonaler und teilweise lokaler Ebene umgesetzt werden, könnte ein gemeinsames Gremium sicherstellen, dass die nationalen Entscheide auf kantonaler Ebene rasch, effektiv und einheitlich umgesetzt werden. *Vertikale und horizontale Kohärenz* sowie *Vollzugstauglichkeit* im Krisenmanagement von Bund und Kantonen wären gewährleistet.[34]

Es stellt sich die Frage, *wie* ein solcher permanenter Krisenstab *ausgestaltet* sein sollte und *wo* er *organisatorisch anzusiedeln* wäre. Die neue Krisenorganisation sollte eine *Gesamtkonzeption* der operativen Krisenelemente abbilden und in die politisch-strategischen Führungsabläufe auf Stufe Bund und Kantone für das dreistufige Eskalationsmodell des Pandemiefalls eingebettet sein. Für die wenigen *Gefahrenszenarien von nationaler Bedeutung,* nämlich: kriegerische Auseinandersetzungen, AKW-Störfälle, Strommangellagen und eben Pandemien – müssen die *Instrumente* des Krisenmanagements sowohl für risikospezifische Vorsorgelösungen als auch für eingeübte Führungs- und Koordinationsprozesse vorliegen. In multidimensionalen Krisen mit einem hohen nationalen und grenzüberschreitenden Koordinationsbedürfnis gewinnt ein nahe dem Bundesrat angesiedeltes, operatives Krisenorgan generell an Bedeutung.[35]

Dieses Führungs- und Krisenorgan der Eidgenossenschaft sollte idealerweise in die Zuständigkeit der *Bundeskanzlei* fallen, gemäss Bundesverfassung «die allgemeine Stabsstelle des Bundesrates». Die Bundeskanzlei müsste einen *permanenten Krisenstab* bilden und hätte Zugriff auf die verschiedenen Instrumente und Verwaltungseinheiten, etwa auf die Armee, den Bevölkerungsschutz bis auf die Zollverwaltung. Sie würde die strategischen Entscheide auf operativer Stufe vorbereiten. Ebenso wären die Kantone für die Zusammenarbeit mit dem Bund in einem solchen Krisenstab zu integrieren. Dasselbe gilt für die Vertreter der Wissenschaft, damit insbesondere der institutionelle Austausch der Experten mit der Politik besser funktioniert. Die Bundeskanzlei wäre als mehrdimensionale Stabsstelle des Bundes geeignet, aus den zahlreichen Teillagen ein integrales strategisches Gesamtbild zu erstellen, als Bindeglied zwischen dem Bundesrat und den operativen Verwaltungseinheiten. Das System Schweiz stellte sich so für die Risiken der Zukunft breiter, gesamtheitlicher und professioneller auf. Gemeinsame Strukturen und eine systematische Arbeitsweise würden helfen, die Probleme zu zerlegen, zu vereinfachen und die Kommunikation gegenüber der Bevölkerung konsistenter und einheitlicher zu fassen.[36] Die *Bundeskanzlei* als zuständiges Krisenorgan wäre zudem parteipolitisch weniger gebunden, stünde für Kontinuität sowie Stabilität und verfügte als zentrale Stabsstelle des Bundes über eine gute

Übersicht über die Arbeit in allen Departementen.[37] Die Schweiz wäre mit einer neuen Krisenstruktur, die in einem Krisengesetz zu formulieren wäre, nicht nur besser vorbereitet, sondern sie würde eine nächste Krise auch überzeugender und erfolgreicher meistern. Der *Bundesrat* muss seine Lehren aus der Pandemie ziehen und – mit Blick in die Zukunft – grünes Licht für die *Bildung eines Krisenstabs* geben, der auf der Basis einer klaren Strategie möglichst viele Aspekte berücksichtigt und für die Landesregierung Handlungsoptionen vorbereitet.

Der von der Bundeskanzlei eingesetzte permanente Krisenstab müsste insbesondere auch die *Armee und den Bevölkerungsschutz* aktiver in das Krisenmanagement einbeziehen. Denn beide Organisationen kennen den Führungsablauf in Krisenlagen sehr genau und verfügen über die nötige Kompetenz, in einem Krisenstab professionelle Stabsarbeit zu leisten. Im Weiteren verfügen beide Organisationen über die Ressourcen, um Ausbildungs- und Übungskonzepte zu erstellen und nationale Gesamtübungen zu planen. Es gilt, den Fächer zu öffnen und das hohe Potenzial in der Bundesverwaltung in Krisenlagen besser auszuschöpfen.[38] Es braucht hierfür den Mut und die Einsicht zu *militärisch geprägter Stabsarbeit,* um demokratische Entscheidungsprozesse unter Druck zu ermöglichen. Gefragt ist der Anspruch der Schweiz, auch in einer Krise besser zu sein und Spitzenleistungen zu erbringen.

Hierfür ist vor allem auch ein Umdenken vonnöten, was die *Schweizer Sicherheitspolitik* für unser Land generell in einer solch epischen Krise wie der Corona-Pandemie anbelangt. Die *Bundesverwaltung* müsste sich endlich einem ungezwungenen, gelasseneren Umgang mit der Armee und den sicherheitspolitischen Organen öffnen. Das *VBS und die Armeeführung* ihrerseits dürften in Krisenzeiten angesichts der erbrachten Leistungen und Erfahrungen selbstbewusster auftreten und sich pro-aktiver in das übergeordnete Krisenmanagement einbringen.[39]

Etwas neidvoll blicken wir auf das *Beispiel Israel,* das uns einmal mehr zeigt, wie die sicherheitspolitischen Primärtugenden und die Nutzung der militärischen Führungskompetenzen für die Bewältigung der Pandemie erfolgreich eingesetzt werden. Zwar ist die Situation von Israel, das in den letzten Jahren zahlreiche Echtkrisen zu bewältigen hatte, nicht eins zu eins auf die Schweiz anwendbar ist. Trotzdem ist festzuhalten, dass in Israel alle Arten von Krisen, auch die Corona-Pandemie, von den *sicherheitspolitischen Führungsverantwortlichen* und der «Security Community» mitgeprägt werden, womit das nationale Krisenmanagement strategischer wird.[40] Die Schweiz verfügt dank ihrer Milizarmee, dem Milizprinzip und ihren kompetenten sicherheitspolitischen Organen über analoge Strukturen und gewissermassen über eine vergleichbare sicherheitspolitische Kultur, die lediglich reaktiviert werden müssten.

Israel ist auch noch aus einem anderen Grund ein guter Gradmesser für die Schweiz: Israel funktioniert für unser Land in vielerlei Hinsicht als Frühwarnsystem. So hat sich in Israel etwa gezeigt, dass der Schutz der Impfung nach einigen

Monaten abnimmt und es zunehmend zu Impfdurchbrüchen gekommen ist. Zudem hat Israel in den Monaten August und September 2021 die jüngsten Pandemiewellen mithilfe der dritten Impfung erfolgreich gebrochen. Auch wenn die Schweiz die Pandemie in vielen Bereichen mit Augenmass bewältigt: Es ist leider nicht die Stärke unseres Landes und seines Krisenmanagements, Entwicklungen *frühzeitig zu antizipieren* und wenn nötig entschlossen zu handeln.[41]

Die *Arbeiten zur Stärkung des Krisenmanagements in der Bundesverwaltung* sind am Laufen. Die Überprüfung der Grundlagen des Krisenmanagements – bestehende Verordnungen, Weisungen, Strategiepläne und Konzepte – und der Zusammenarbeit der Krisenstäbe wurde noch im Jahr 2021 in einem Workshop mit den Vertretungen aller Departemente und der Bundeskanzlei thematisiert. Dabei wurde auch die Rollenteilung der Krisenorganisationen und der ordentlichen Departementsstruktur diskutiert. Mit den Aufträgen aus dem Auswertungsbericht vom Dezember 2020 sowie im Rahmen des zweiten Auswertungsberichts, der dem Bundesrat im Juni 2022 vorgelegt wird, soll das Krisenmanagement des Bundes in verschiedenen Bereichen nachhaltig gestärkt werden, auch im Hinblick auf künftige Krisen.[42]

Die Evaluation des Krisenmanagements, mit der der Bundesrat die Bundeskanzlei beauftragt hat, wird folglich noch eine gewisse Zeit in Anspruch nehmen. Es ist jedoch zu wünschen, dass möglichst viele Anliegen und Empfehlungen aus dem hier vorliegenden Beitrag im Rahmen der erwähnten Arbeiten auf Bundesebene berücksichtigt und aufgenommen werden.

Referenzen

1 Vgl. Georg Häsler Sansano, Die Schweiz muss besser sein als alle andern, in: Neue Zürcher Zeitung, 15.01.2021; Christina Neuhaus, Nächste Station: Mittelmass, in: Neue Zürcher Zeitung, 03.04.2021.

2 Vgl. Stefan Holenstein, Für ein besseres Krisenmanagement des Bundes, in: Allgemeine Schweizerische Militärzeitschrift (ASMZ) 03/2021, S. 43.

3 Andrin Hauri/Kevin Kohler/Benjamin Scharte/Andreas Wenger, Pandemievorbereitung in der Schweiz: Krisenvorsorge als laufender Lernprozess, in: Bulletin 2020 zur schweizerischen Sicherheitspolitik (CSS), S. 47f.

4 Vgl. Bundesgesetz über die Bekämpfung übertragbarer Krankheiten des Menschen (Epidemiengesetz, EpG) vom 28.09.2012.

5 Stefan Holenstein, Der externe Standpunkt: In der Corona-Krise zeigen sich die Vorteile der Milizarmee, in: Neue Zürcher Zeitung am Sonntag, 03.05.2020; Ders., Corona-Einsatz – Milizarmee spielt ihre Qualitäten aus, in: Allgemeine Schweizerische Militärzeitschrift (ASMZ), 05/2020, S. 13.

6 Vgl. Andrin Hauri/Kevin Kohler/Benjamin Scharte/Andreas Wenger, Pandemievorbereitung in der Schweiz: Krisenvorsorge als laufender Lernprozess, in: Bulletin 2020 zur schweizerischen Sicherheitspolitik (CSS), S. 60ff.

7 Georg Häsler Sansano, Krisenmanagement in der Pandemie: Die zweite Welle treibt den Bundesrat vor sich her, in: Neue Zürcher Zeitung, 12.12.2020.

8 Georg Häsler Sansano, Zaudernder Bundesrat: Die Krise ist nicht vorbei, sie hat erst begonnen, in: Neue Zürcher Zeitung, 13.03.2021.

9 Christina Neuhaus, Widersprüchliches zu den Fallzahlen: Die BAG-Kommunikation bleibt konfus, in: Neue Zürcher Zeitung, 20.07.2021.

10 Christof Forster/Larissa Rhyn/Andri Rostetter, Das Pannenamt, in: Neue Zürcher Zeitung, 29.05.2021.

11 Vgl. Bruno Lezzi, Die Schweiz verfügte einst über ein ausgefeiltes Krisentraining, in: Neue Zürcher Zeitung, 31.12.2020.

12 Andrin Hauri/Kevin Kohler/Benjamin Scharte/Andreas Wenger, Pandemievorbereitung in der Schweiz: Krisenvorsorge als laufender Lernprozess, in: Bulletin 2020 zur schweizerischen Sicherheitspolitik (CSS), S. 72 und 78f.

13 Vgl. Georg Häsler Sansano, Auch in der Phase «Impfen» genügt das Schweizer Krisenmanagement nicht, in: Neue Zürcher Zeitung, 20.04.2021.
14 Vgl. Daniel Gerny, Impfgegner sind keine Widerstandskämpfer, in: Neue Zürcher Zeitung, 12.11.2021.
15 Vgl. Andrin Hauri/Kevin Kohler/Benjamin Scharte/Andreas Wenger, Pandemievorbereitung in der Schweiz: Krisenvorsorge als laufender Lernprozess, in: Bulletin 2020 zur schweizerischen Sicherheitspolitik (CSS), S. 73ff.
16 Andreas Wenger/Andrin Hauri/Kevin Kohler/Benjamin Scharte/Jan Thiel, Schweizer Krisenmanagement: Die Coronavirus-Pandemie als fachliche und politische Lernchance, in: Bulletin 2020 zur schweizerischen Sicherheitspolitik (CSS), S. 125f.
17 Andreas Wenger/Andrin Hauri/Kevin Kohler/Benjamin Scharte/Jan Thiel, Schweizer Krisenmanagement: Die Coronavirus-Pandemie als fachliche und politische Lernchance, in: Bulletin 2020 zur schweizerischen Sicherheitspolitik (CSS), S. 127f.
18 Georg Häsler Sansano, Der Bund hat aus Fehlern im Krisenmanagement wenig gelernt, in: Neue Zürcher Zeitung, 14.01.2021.
19 Andreas Wenger/Andrin Hauri/Kevin Kohler/Benjamin Scharte/Jan Thiel, Schweizer Krisenmanagement: Die Coronavirus-Pandemie als fachliche und politische Lernchance, in: Bulletin 2020 zur schweizerischen Sicherheitspolitik (CSS), S. 129f.
20 Christina Neuhaus, Widersprüchliches zu den Fallzahlen: Die BAG-Kommunikation bleibt konfus, in: Neue Zürcher Zeitung, 20.07.2021.
21 Vgl. Andreas Wenger/Andrin Hauri/Kevin Kohler/Benjamin Scharte/Jan Thiel, Schweizer Krisenmanagement: Die Coronavirus-Pandemie als fachliche und politische Lernchance, in: Bulletin 2020 zur schweizerischen Sicherheitspolitik (CSS), S. 130f.
22 Vgl. Schlussbericht Sicherheitsverbundsübung 2019, VBS, November 2020.
23 Daniel Urech, Martin Oberholzer-Riss, Hans-Peter Brader, Theo Biedermann, Roman Jäggi & Jürg Steiner: Was muss die Armee können und warum? – Bedrohungsanalyse des Vereins Pro Militia, 5.9.2019; S. 24. https://www.promilitia.ch/positionen/positions-und-strategiepapiere
24 Vgl. Bericht des Bundesrates, Die Sicherheitspolitik der Schweiz, Entwurf, Stand: 14. April 2021, S. 39ff.
25 Vgl. Der Schweizer Weg – anders, aber zielführend, Interview vom 14.01.2021, in: stratos 1-21, S. 61.
26 Vgl. Stellungnahme der Schweizerischen Offiziersgesellschaft (SOG) zum Entwurf des Sicherheitspolitischen Berichts vom 14.04.2021, 16.08.2021, S. 3 und 10.
27 Vgl. die ausführliche Abhandlung von Daniel Urech/Martin Oberholzer, Arbeitet pro Militia an den richtigen Themen? In: Pro Militia 3/2022, S. 4–12.
28 Vgl. Olivier Savoy, Covid-19: Ein Business Continuity Management für die Gesellschaft tut not, in: Allgemeine Schweizerische Militärzeitschrift (ASMZ), 07/2021, S. 2f.
29 Vgl. Postulat 21.3449 der SiK-SR vom 25.03.2021, Strategisches Krisenmanagement.
30 Vgl. Votum Bundeskanzler Walter Thurnherr betr. Annahme des Postulats 21.3449 der SiK-SR vom 25.03.2021, Strategisches Krisenmanagement, anlässlich der Sechsten Sitzung des SR vom 08.06.2021.
31 Vgl. Interview mit dem Bundeskanzler: Was hat Corona mit der Schweiz gemacht, Herr Thurnherr?, in: Tages-Anzeiger, 19.07.2021.
32 Vgl. Bruno Lezzi, Die Schweiz verfügte einst über ein ausgefeiltes Krisentraining, in: Neue Zürcher Zeitung, 31.12.2020.
33 Vgl. Stefan Holenstein, Der externe Standpunkt: Dass die Führungsstärke des Militärs fehlt, zeigt sich jetzt deutlich, in: Neue Zürcher Zeitung am Sonntag, 09.05.2021.
34 Vgl. Christian Rathgeb, Gastkommentar: Es gilt, den Föderalismus krisenfester zu machen, in: Neue Zürcher Zeitung, 27.05.2021; Ders., Der externe Standpunkt: Der Zwilling des Kantönligeists heisst Pioniergeist, in: Neue Zürcher Zeitung am Sonntag, 13.06.2021.
35 Andreas Wenger/Andrin Hauri/Kevin Kohler/Benjamin Scharte/Jan Thiel, Schweizer Krisenmanagement: Die Coronavirus-Pandemie als fachliche und politische Lernchance, in: Bulletin 2020 zur schweizerischen Sicherheitspolitik (CSS), S. 147f.
36 Vgl. Georg Häsler Sansano, Das System Schweiz kann mehr, in: Neue Zürcher Zeitung, 14.08.2021.
37 Die Strategiekommission «Pro Militia» favorisiert für die Unterstellung eines sog. Bundesführungsstabs aus den erwähnten Gründen ebenfalls die Bundeskanzlei. Vgl. Strategiekommission «Pro Militia», in: Zeitung Pro Militia, Bundesführungsstab, Dezember 2020.
38 Vgl. Postulat 21.3449 der SiK-SR vom 25.03.2021, Strategisches Krisenmanagement.
39 Vgl. Stefan Holenstein, Der externe Standpunkt: Dass die Führungsstärke des Militärs fehlt, zeigt sich jetzt deutlich, in: Neue Zürcher Zeitung am Sonntag, 09.05.2021.
40 Vgl. Gil Murciano, Covid-19 and the Securitization of National Crisis in Israel's Strategic Approach, in: Stiftung Wissenschaft und Politik (SWP), No. 63 December 2020.
41 Vgl. Erich Aschwanden, Vermasselter Start zur Drittimpfung, in: Neue Zürcher Zeitung, 12.11.2021; Mario Stäuble, Wer nur noch hofft, hat schon verloren – Die Schweiz hat die Vorbereitungen für den zweiten Corona-Winter verpatzt (Leitartikel), in: Tages-Anzeiger, 13.11.2021.
42 Schriftliche Mitteilung des Bundeskanzlers an den Verfasser in Bezug auf den aktuellen Stand der Evaluation des Krisenmanagements, Bern im September 2021.

11

Roger Staub

… und bald noch eine Welle mit vielen Toten – and nobody cares?

Die Wirtschaft haben wir mit Milliarden gerettet, die (psychischen) Schäden am Humankapital unserer Gesellschaft überlassen wir künftigen Generationen. Jede 3. Jugendliche ist depressiv. Wollen wir uns wirklich eine «lost generation» leisten und die Zukunft der eben geretteten Wirtschaft und damit unserer Gesellschaft nachhaltig gefährden?

Warum ist trotz medialer Präsenz des Themas praktisch nichts passiert? Wie könnte man es in künftigen Pandemien besser machen? Warum sichern wir nicht jetzt mit Geld die Zukunft unserer Gesellschaft? Dafür ist es noch nicht zu spät!

Die Jugend ist die Zukunft unserer Gesellschaft

Aber: Die Jugend sieht nicht unbedingt eine Zukunft – sie macht sich Sorgen um die Zukunft und wird zunehmend depressiv.

- Eine von UNICEF Schweiz und Liechtenstein finanzierte Studie durch Unisanté[1] zeigt, dass ein Drittel der 14- bis 19-Jährigen von psychischen Problemen betroffen ist und dass jede 11. Jugendliche versucht hat, sich das Leben zu nehmen. Ein Drittel der Befragten bleibt mit den Problemen alleine, weniger als die Hälfte erhält professionelle Hilfe. Ein Viertel der Befragten gab an, ihre physische Gesundheit habe sich seit Beginn der Pandemie verschlechtert, fast die Hälfte (47,5%) bewertet hingegen die eigene psychische Gesundheit schlechter als vor der Pandemie.

- Die Spezialauswertung des SRG-Corona-Monitors im Auftrag des Bundesamtes für Gesundheit (BAG) zeigte schon im Juli 2021: «Die junge Generation kommt mit der Pandemie schlechter zurecht als der Durchschnitt und sehr viel schlechter als die ältere Generation.» Insbesondere litten die Jungen unter den Einschränkungen und unter sozialer Isolation, aber auch unter dem Gefühl, «die Entdeckung der Welt» unwiederbringlich zu verpassen.
- Dr. med. Oliver Bilke-Hensch von der Luzerner Psychiatrie erläuterte am 8. November 2021 an einer Tagung von Gesundheitsförderung Schweiz[2],wie sich die klinisch beobachtete Zunahme von Störungsbildern ab Herbst 2020 verstehen und einordnen lässt: Die an sich schon nicht einfachen Entwicklungsaufgaben im Jugendalter seien durch die Pandemie schwieriger geworden. Dem stünden wenig(er) eigene Ressourcen gegenüber, insbesondere fehle ein Gefühl der Selbstwirksamkeit (Jugendliche und junge Erwachsene haben keine Erfahrung mit einer Pandemie) und es gebe für sie weniger soziale Unterstützung. All dies belaste das «Denken – Fühlen – Wollen» der Jugendlichen. Das erkläre die klinisch beobachtete Zunahme von Störungsbildern ab Herbst 2020 wie Depressionen, Selbstverletzungen, Suizidgedanken und Suizidversuche, Essstörungen, Polytoxikomanie und Zwangsstörungen.
- Die neuste Umfrage der Universität Basel zur psychischen Belastung in der zweiten Covid-19-Welle hat ergeben, dass der psychische Stress im Vergleich zum Frühjahr deutlich zugenommen hat. Besonders stark betroffen sind junge Leute und Personen, die durch die Pandemie finanzielle Einbussen erfahren.[3] Die Häufigkeit schwerer depressiver Symptome beträgt 29 % bei den 14- bis 24-Jährigen, 21 % bei den 25- bis 34-Jährigen und sinkt dann kontinuierlich auf 6 % bei den über 65-Jährigen. Bei den Jugendlichen gibt also jede 3. Person an, bei sich depressive Symptome zu erkennen. Stress in der Ausbildung und Leistungsdruck sind die wichtigsten Auslöser – verstärkt durch coronaspezifische Ursachen.
- Stark angestiegen sind die Fallzahlen in der stationären Kinder- und Jugendpsychiatrie. Die bereits vor der Pandemie bestehende Unterversorgung (auch im ambulanten Bereich) hat sich aufgrund der Corona-Krise noch zugespitzt (Büro BASS[4]). Das zeigt auch die Untersuchung der Vereinigung Kinder- und Jugendpsychiatrischer Chefärzte/Swiss Mental Health Care (VKJC/SMHC) 2021 über die Entwicklung der Wartezeiten: Waren es 2019 einige bis zwölf Wochen haben sich die Wartezeiten 2021 auf zwölf bis zwanzig Wochen erhöht. So lange auf eine Therapie warten zu müssen, beinhaltet ein hohes Risiko von Chronifizierung.

Suizidgedanken gehören zum Krankheitsbild der Depression. Wenn statt 7 % (vor der Pandemie) heute 30 % der Jugendlichen, also viermal mehr, schwere Depressionen haben, dann ist damit auch die Zahl derjenigen, die Suizidgedanken hegen vervierfacht. Wenn viermal mehr junge Menschen Suizidgedanken haben, müssen wir auch mit viermal mehr Suizidversuchen und damit mit einer viermal höheren Zahl von Suiziden in dieser Altersgruppe rechnen. Und noch etwas: Depressionen heilen in den seltensten Fällen von selbst aus. Unbehandelte Depressionen haben die Tendenz, schlimmer zu werden und zu chronifizieren und gefährden so den Start ins Leben, weil sie zu schlechten Noten und Leistungen führen und das Sozialleben beeinträchtigen.

Psychische Gesundheit: Mehr öffentliche Wahrnehmung «dank Pandemie», aber ...

Es ist eindeutig, dass es die Themen psychische Gesundheit (und Krankheit) im Verlaufe der Pandemie häufiger als früher in die Medien geschafft haben. Stellvertretend für diese Beobachtung sei hier die Berichterstattung der NZZ unter der Schlagzeile «Ich fühle mich traurig und leer, doch niemand interessiert sich dafür»[5] zitiert: «Im Vergleich der ersten Jahreshälfte 2019 mit dem gleichen Zeitraum 2021 hat sich die Zahl der Notfall-Telefonkontakte verdoppelt.» Gregor Berger, Leiter des Zentralen Notfalldienstes der Klinik für Kinder- und Jugendpsychiatrie und Psychotherapie Zürich, sagt in diesem Artikel, der Anteil der Jugendlichen, die Suizidgedanken hatten, sei verglichen mit Frühling 2019 im gleichen Zeitraum 2021 um 15%, jener der Jugendlichen, die sich selbst verletzten, um 17% gestiegen. Einen bedenklichen Anstieg auf mehr als das Zwei- oder Dreifache habe es bei den Jugendlichen gegeben, die in der Erwachsenenpsychiatrie untergebracht werden mussten.

Die Fakten liegen auf dem Tisch, spätestens seit Pro Juventute Anfang 2021 ihren Corona-Report veröffentlicht hat. Im Update November 2021[6] fasste sie die neuen Ergebnisse aus der aktuellen Studienlage in folgender Absicht zusammen: «Nur wenn wir die Fakten kennen, können wir auch geeignete Massnahmen ergreifen, um den negativen Konsequenzen dieser Krise zu begegnen.»

Auch die Mitglieder der vereinigten Bundesversammlung (National- und Ständerat), des Bundesrates und der Gesundheitsdirektorenkonferenz können nicht behaupten, niemand hätte sie darauf hingewiesen. Während der Frühlingssession (1. Juni 2021) haben Telefon 143, Pro Mente Sana und Public Health Schweiz in einem offenen Brief über das Problem informiert und dringende Massnahmen gefordert (Zur Transparenz: der Autor war Mitautor des offenen Briefes).[7]

Warum passiert nichts? Ein erster Erklärungsversuch

Keineswegs als Entschuldigung für «Nichts-Tun» gedacht, soll an dieser Stelle in Erinnerung gerufen werden, dass der Umgang mit psychischen Krankheiten für Gesellschaften eine komplexe Herausforderung darstellt. Das war früher so und ist es auch heute noch. Bis in die 70er Jahre des letzten Jahrhunderts wurden psychisch auffällige Menschen, mindestens diejenigen aus den unteren Schichten unserer Gesellschaft, in (psychiatrischen) Anstalten stationär versorgt bzw. weggesperrt oder in Wohnheimen untergebracht. Seither hat sich zwar in und um die Psychiatrie viel zum Guten verändert, aber Eines ist geblieben: Über psychische Belastungen und Krankheiten sprechen wir nicht. Das Thema ist immer noch tabuisiert, auch wenn es in den letzten zehn Jahren Fortschritte gegeben hat. Die öffentliche Wahrnehmung und der öffentliche Umgang mit dem Thema hinken hierzulande englischsprachigen Ländern mindestens eine Dekade hinterher. Zu Themen, über die wir nicht sprechen, wissen wir in der Regel auch nichts oder (zu) wenig. Das Einzige, was alle kennen, sind die pejorativen Wörter, die wir verwenden, wenn wir zu verstehen geben wollen, dass mit jemandem «etwas» nicht stimmt. «Spinner» oder «Psycho» sind noch relativ freundliche Varianten auf der langen Liste von hässlichen Wörtern. Und tief verankert sind auch Vorurteile gegenüber psychisch Kranken und Mythen über deren Krankheiten. Psychische Erkrankungen unterscheiden sich wesentlich von einem Beinbruch: bei Letzterem ist die Funktion des Beines beeinträchtigt. Psychische Erkrankungen betreffen im Gegensatz dazu das Wesen des Menschen: das Denken, das Fühlen und das Handeln (das Wollen) sind beeinträchtigt. Gerade im Umgang mit Depressionen hält sich das Vorurteil hartnäckig, die Betroffenen müssten sich «nur etwas anstrengen» bzw. «sich einen Schupf geben». Und bestimmt hat die Stimmungsmache einer Bundesratspartei mit dem Schlagwort «Scheininvalide» in den letzten beiden Dekaden der Bevölkerung nicht geholfen, in der Gegenwart anzukommen. In einer Arbeitswelt insbesondere, in der durch die zunehmende Verlagerung von körperlicher Arbeit zu Kopfarbeit (Über-)Belastungen sich anders äussern als früher. Alle Studien – auch schon vor der Pandemie – deuten darauf hin, dass psychische Belastungen zum Leben eines Menschen dazugehören – also «normal» sind. Ob und wie der/die Einzelne mit Belastungen fertig wird, hat mit vielen verschiedenen Faktoren und der Ausstattung mit Ressourcen zu tun. In einer Sotomo-Studie von 2018[8] berichteten immerhin neun von zehn Befragten, im persönlichen Umfeld jemanden zu kennen, der psychisch belastet ist oder war. Das hätte vor fünfzig Jahren noch niemand «zugegeben». Und, noch ein Resultat aus dieser Studie: Die meisten würden gerne helfen, wissen aber nicht wie ...

Wie man als Gesellschaft mit einer tabuisierten Krankheit umgeht, wissen wir spätestens seit Aids: Information, regelmässige Aufklärung und Ausdauer schaffen es, Vorurteile abzubauen. Das BAG und die Aids-Hilfe Schweiz haben es 1986 mit der «Aids-Broschüre für alle Haushaltungen» und seit 1987 mit der STOP AIDS- bzw. LOVE LIFE-Kampagne bewiesen. Aber es hat ungefähr eine Dekade gedauert und über 50 Millionen Franken gekostet, bis die Mehrheit begriffen hatte, dass «man» sich vor Aidskranken nicht fürchten und diese nicht ausgrenzen muss.

Die Bundesverfassung gibt dem Bund in Artikel 118[9] «Schutz der Gesundheit» das Recht, Vorschriften über «die Bekämpfung übertragbarer, stark verbreiteter oder bösartiger Krankheiten von Menschen und Tieren» zu erlassen. Das Epidemiengesetz basiert auf dieser Verfassungsnorm und ermöglichte die Bekämpfung der HIV- und heute der Corona-Pandemie durch den Bund. Leider fehlt ein entsprechendes Gesetz über die zweifellos stark verbreiteten psychischen Krankheiten der Menschen und damit sind dafür gemäss Artikel 3 BV[10] die Kantone zuständig.

Angesichts der Zunahme chronischer, nichtübertragbarer Krankheiten hat sich der Bundesrat in seiner Strategie «Gesundheit 2020» für die Stärkung und die verbesserte Koordination der verschiedenen Aktivitäten ausgesprochen. Auf Massnahmenebene sollte nebst den Themen Sucht und nichtübertragbare Krankheiten allgemein auch die psychische Gesundheit angegangen werden: «Förderung der psychischen Gesundheit und Verbesserung der Vorbeugung und Früherkennung psychischer Krankheiten, um die Zahl der Erkrankungen zu reduzieren; dabei soll besonderes Augenmerk dem Ziel gelten, die Ausgliederung aus dem Arbeitsprozess bei psychischen Problemen zu verhindern.»[11] Der Dialog Nationale Gesundheitspolitik, die ständige Plattform von Bund und Kantonen, hat deshalb 2013 beschlossen, bis Ende 2014 einen Bericht zur psychischen Gesundheit verfassen zu lassen. Diesem Auftrag kam das BAG im Mai 2015 nach. Der Bericht stellt fest, dass psychische Krankheiten zu den häufigsten nichtübertragbaren Krankheiten gehören (sic!) und ortet Handlungsbedarf in vier Feldern: Sensibilisierung, Entstigmatisierung und Information; Umsetzung von Aktivitäten in den Bereichen Gesundheitsförderung, Prävention und Früherkennung; Advocacy und Wissensgrundlage; Strukturen und Ressourcen.

Dieser Bericht diente zur Beantwortung einiger parlamentarischer Aufträge und bildete eine wesentliche Grundlage für die Verdoppelung des Beitrags jeder versicherten Person für die allgemeine Krankheitsverhütung auf 4.80 Fr. pro Person und Jahr gemäss Artikel 19 und 20 KVG. Mit der Verdoppelung erhielt die Stiftung Gesundheitsförderung Schweiz den Auftrag, mit den zusätzlichen Geldern die Gesundheitsförderung und die Prävention von psychischen Erkrankungen zu stärken. Seit 2018 unterstützt die Stiftung die beiden Kampagnen «Wie geht's dir?» der Deutschschweizer Kantone und Pro Mente Sana und «santépsy» der lateinischen Kantone mit rund 2 Millionen Franken pro Jahr.

Es ist zwar löblich, dass sich Bund und Kantone über den Dialog Nationale Gesundheitspolitik abstimmen und koordinieren, aber solange für den Bund keine gesetzliche Grundlage besteht, fehlen sowohl Durchsetzungsmacht als auch die nötigen Ressourcen, und auf Dauer wird der Grundsatz verletzt, dass staatliches Handeln eine gesetzliche Grundlage braucht. Parlament und Verwaltung lavieren schon seit zwei Dekaden mit überwiesenen parlamentarischen Aufträgen, Berichten und Strategien mehr schlecht als recht im komplexen Thema psychische Gesundheit der Schweizer Bevölkerung.

Und dann kam Corona.

Wie hat der Bund auf die Covid-Herausforderungen an die Psyche reagiert?

Im staatlichen Handeln in Bezug auf die Pandemie-Herausforderungen für die Psyche lassen sich zwei Muster erkennen: entweder «etwas hilflos» oder «wie wenn es keine Pandemie gäbe».

In bisher keiner einzigen Bundesmedienkonferenz zur Corona-Pandemie waren die Herausforderungen für die psychische Gesundheit ein zentrales Thema. Im Amt gibt es aber ein paar wenige mit dem Thema vertraute Fachpersonen, die dafür gesorgt haben, dass zum Beispiel Telefon143, Pro Juventute und auch Pro Mente Sana im Frühling 2020 und noch einmal im Winter 2020/21 die bestehenden Beratungsangebote befristet ausbauen konnten. Auch soll es im Herbst 2020 in Bern Ideen gegeben haben, mittels einer Kampagne auf die von der Pandemie verursachten psychischen Probleme zu reagieren. Diese Pläne scheinen vom Departement gestoppt und durch den Aktionstag vom 10. Dezember 2020 ersetzt worden sein. Seit 2021 ist vom BAG keine weitere Unterstützung für Beratung oder andere Massnahmen mehr erhältlich. Die Auskunft lautet immer «keine gesetzliche Grundlage».

«Wie wenn es keine Pandemie gäbe» reagierte der Direktionsbereich Kranken- und Unfallversicherung (KUV) im BAG. Schon in den ersten Wochen des Lockdowns stellte die private Psychiatrie-Spitex fest, dass die Krankenversicherer nur Leistungen vor Ort, am Patienten zu Hause finanzieren. Auf eine entsprechende Eingabe, auch telefonische oder online Betreuungsleistungen während des Lockdowns zu finanzieren, reagierte KUV mit einer Konsultation der Versicherer und nach mehrwöchigen Verhandlungen wurde eine sehr beschränkte Zahl von «nicht vor Ort erbrachten Leistungen» bewilligt. Dass KUV dem Bundesrat hätte vorschlagen können, dies anzuordnen und so schnell Entlastung für besonders belastete Menschen zu ermöglichen, ist offenbar niemandem in den Sinn gekommen.

Nach zwei Jahren Pandemie ist evident geworden, dass vor allem ein anderes Bundesamt im Departement des Innern immer noch agiert, als ob es keine Pandemie gäbe, dabei ist das Amt sowohl für die behinderten Menschen als auch für Kinder- und Jugendliche zuständig: das Bundesamt für Sozialversicherungen. Schon die allerersten Untersuchungen zeigten, dass die Pandemie vor allem bereits vorbelastete Menschen stark beeinträchtigte, insbesondere psychisch kranke und behinderte Menschen. Kein Thema für den Geschäftsbereich Invalidenversicherung, keine Einladung an die privaten Organisationen der Behindertenhilfe, Vorschläge zu machen, wie das schwere Los von Vielen gelindert werden könnte. Informelle Anfragen hatten die Auskunft zur Folge, man könne die laufenden vierjährigen Leistungsvereinbarungen nicht ändern oder aufstocken. Auch aus dem Geschäftsfeld Familie, Generationen und Gesellschaft war nichts zu vernehmen zur dramatischen Verschlechterung der psychischen Gesundheit von Kindern, Jugendlichen und jungen Erwachsenen und der schweren Belastung von sozial benachteiligten Familien.

Nicht nur Bundesstellen, auch andere Organisationen haben in Bezug auf die pandemiebedingte Verschlechterung der psychischen Gesundheit suboptimal reagiert. Hier nur ein Beispiel: die Glückskette. Sie sammelte gemäss ihrer Website zwar über 40 Millionen Franken, um Corona-Not zu lindern. Für Projekte, welche die psychische Not bei besonders belasteten Menschen lindern wollten, gab es kein Geld, entsprechende Gesuche der Pro Mente Sana wurden abgelehnt – psychische Gesundheit sei kein Fokus in der Strategie der Glückskette und für eine Überarbeitung der gültigen Strategie sei jetzt nicht die Zeit …

Drei Vorschläge, um es nächstes Mal besser zu machen

Vorschlag 1: Die bisherigen «Verwalter» eines Problems eignen sich nicht für die Lösung pandemiebedingter (Zusatz-)Probleme. Die bisher Zuständigen haben Mühe, Verschlimmerungen eines bisher schon nicht optimalen Zustandes adäquat wahrzunehmen und Lösungen «out of the box» zu suchen. Lieber «bastelt» man weiter und versucht es mit Pflästerchen. Und auf entsprechende Anfragen aus dem Parlament zeigt man stolz auf, was man alles gemacht habe … Ganz nach dem Motto «Operation gelungen – Patient gestorben». Abhilfe könnte ein professioneller Krisenstab des Bundes schaffen, der neue Probleme unvoreingenommen prüft und Aufträge erteilt – im Sinne einer unabhängigen und «unverflochtenen» Governance-Struktur.

Vorschlag 2: Die Zivilgesellschaft besser einbeziehen. Bereits im ersten Lockdown informierte der Bund, dass die Covid-Task-Force ein Beratungsunternehmen mit dem Einbezug der Zivilgesellschaft beauftragt habe. Doch zu früh gefreut: Eine entsprechende Eingabe auf dem neuen, kurzen Dienstweg wurde Wochen später zwar beantwortet. Aber nicht von der Task-Force, sondern vom BAG. Siehe Vorschlag 1.

Vorschlag 3: Aus Fehlern lernen.

Was ist zu tun?

Die Corona-Pandemie hat die psychische Gesundheit bereits vorbelasteter und benachteiligter Menschen und ganz besonders von Jugendlichen und jungen Erwachsenen massiv verschlechtert. Dazu noch einmal die Swiss Corona Stress Study:[12] «Schwere depressive Symptome sind in der jüngsten Gruppe (14 bis 24 Jahre) mit einem Anteil von 33 Prozent am häufigsten.» Zu dieser Altersgruppe gehören insgesamt knapp 1 Million Menschen. 33% davon sind über 300 000 Personen. Unser vordringlichstes Ziel müsste sein, eine Chronifizierung der depressiven Symptome bei so vielen jungen Menschen zu verhindern – eine grosse Public-Health-Aufgabe! Denn wir können mehr tun, als nur einen – sicher nötigen – Ausbau der psychiatrisch-psychologischen Versorgung von Kindern und Jugendlichen zu fordern, für den die Kantone zuständig sind:

Unter dem Titel «Pandemie-Folgen beseitigen» alles mobilisieren, was schnell Entlastung bringen kann: Alle bestehenden Beratungsangebote (Pro Juventute, Telefon143, Pro Mente Sana etc.) ausbauen und bekannt machen. Angebote der ambulanten Früherkennung und Frühtherapie fördern. Wichtig zudem: Die Prävention nicht vergessen. Und die psychische Gesundheit (aller) stärken.

Für viele junge Menschen mit schweren depressiven Symptomen sind Erwachsene in verschiedenen Rollen «zuständig»: Eltern, Lehrpersonen, Berufsbildnerinnen und Lehrmeister, aber auch Jugendgruppen- und Sportgruppenleitende. «Stärkt man die Ressourcen und die psychische Gesundheit der Eltern (und weiterer Bezugspersonen)[13] für den Umgang mit Widrigkeiten und solch schwierigen Situationen, so wirkt sich das auch positiv auf deren Kinder (und auf Jugendliche) aus.»[14] Genau für diese Zielgruppe hat Australien ein wirksames Programm entwickelt: Mental Health First Aid Youth – Erste Hilfe für psychische Gesundheit Jugendlicher. In 14 Stunden lernen Erwachsene, denen Jugendliche anvertraut sind, das «kleine Einmaleins» der psychischen Gesundheit und Krankheit und die fünf Schritte der Ersten Hilfe nach ROGER und wissen nachher, ob Auffälligkeiten bei Jugendlichen «pubertätsbedingt» oder Anzeichen einer psychischen Störung sind.[15]

Die Begleitevaluation der Kampagne «Wie geht's dir?» zeigt, dass die Botschaften Jugendliche und junge Erwachsene erreichen, aber dass nur 50% der Bevölkerung die Kampagne kennen. Reichweite ist nur eine Funktion des Budgets, das in die Sichtbarkeit einer Kampagne investiert wird. Sollte man wollen, dass mehr Leute die Kampagne kennen, muss man nur mehr Geld investieren. Mediaplaner unserer hochentwickelten Kommunikations-Industrie könnten leicht und schnell berechnen, was es kosten würde, statt 50% zum Beispiel 80% der Bevölkerung zu erreichen, Nutzenpotential wahrscheinlich beträchtlich, Schadenspotential null oder nahe bei null.

Fazit: Das alles wäre für Geld zu haben. Es braucht jetzt umgehend einen Subventions-Topf, um die Pandemie-Schäden an der psychischen Gesundheit zu beheben. Falls die gesetzliche Grundlage dafür wirklich fehlt, kann sie das Parlament in der nächsten Session mittels dringlicher Revision des Covid-Gesetzes leicht schaffen. Klotzen statt kleckern würde sich auch hier allemal lohnen.

Es ist höchste Zeit, um die Lehren zu ziehen und aktiv zu werden!

Es gibt starke Hinweise darauf, dass die Schweiz sehr erfolgreich war mit der schnellen und wenig bürokratischen Rettung grosser Teile unserer Wirtschaft. Leider hat dabei niemand an das Humankapital unserer Wirtschaft gedacht. Wenn wir die an vielen Menschen angerichteten psychischen Pandemie-Schäden nicht umgehend beheben, beschädigen wir die Wirtschaft der Zukunft und damit das Fundament unserer Gesellschaft. Wir können uns in Zeiten des Fachkräftemangels keine verlorene Generation leisten, denn diese jetzt jungen Menschen müssen in den nächsten Dekaden unsere Wirtschaftsleistung erbringen.

Wenn wir jetzt nicht massiv in die psychische Gesundheit investieren, war die milliardenteure Rettung der Wirtschaft nicht nachhaltig beziehungsweise «für die Katz»!

Aus Fehlern lernen – siehe Vorschlag 3 – setzt leider voraus, dass es Grösse braucht, zugeben zu können, dass man sich getäuscht hat.

In einer Reihe von parlamentarischen Vorstössen[16] wurde im ersten Halbjahr 2021 vom Parlament gefordert, sich um die Auswirkungen der Pandemie auf die psychische Gesundheit zu kümmern. Der Bundesrat hat einen Postulatsbericht in Aussicht gestellt, der die verschiedenen Fragen behandeln soll. Allerdings hat er dafür 2 Jahre Zeit.

Der Autor gibt die Hoffnung nicht auf, dass sich der Vorsteher des Departements des Innern, Bundesrat Berset, in seinem Präsidialjahr 2023 bei der Präsentation des Postulatsberichts von der Suizidwelle bei Jugendlichen und jungen Erwachsenen seit der Pandemie nicht noch einmal «vollkommen überrascht» zeigen muss, weil bis dann nicht nur Berichte verfasst, sondern endlich auch gehandelt wurde.

Referenzen

1 Barrense-Dias Y, Chok L, Surís JC. A picture of the mental health of adolescents in Switzerland and Liechtenstein. Lausanne, Unisanté – Centre universitaire de médecine générale et santé publique, 2021 (Raisons de santé 323). https://doi.org/10.16908/issn.1660-7104/323 Novembre 2021
2 https://youtu.be/ScG02A4-Av0
3 Dominique de Quervain, Amanda Aerni, Ehssan Amini, Dorothée Bentz, David Coynel, Virginie Freytag, Christiane Gerhards, Andreas Papassotiropoulos, Nathalie Schicktanz, Thomas Schlitt, Anja Zimmer, Priska Zuber, The Swiss Corona Stress Study: second pandemic wave, November 2020
4 Stocker, D., Jäggi, J., Liechti, L., Schläpfer, D., Németh, P., & Künzi, K. (2020). Der Einfluss der COVID-19-Pandemie auf die psychische Gesundheit der Schweizer Bevölkerung und die psychiatrisch-psychotherapeutische Versorgung in der Schweiz (Kurzfassung erster Teilbericht). Bern: Bundesamt für Gesundheit.
5 NZZ vom 6. Dezember 2021 (Rebekka Haefeli)
6 Pro Juventute Corona-Report Update, Pro Juventute Schweiz, November 2021
7 https://www.promentesana.ch/ueber-uns/aktuelles/news/offener-brief
8 https://sotomo.ch/site/projekte/wie-gehts-dir/
9 https://www.fedlex.admin.ch/eli/cc/1999/404/de
10 Die Kantone sind souverän, soweit ihre Souveränität nicht durch die Bundesverfassung beschränkt ist; sie üben alle Rechte aus, die nicht dem Bund übertragen sind.
11 Zit. Nach Psychische Gesundheit in der Schweiz. Bestandsaufnahme und Handlungsfelder. Bericht im Auftrag des Dialogs Nationale Gesundheitspolitik. BAG. Mai 2015
12 https://www.coronastress.ch/
13 Einfügungen des Autors in Klammern
14 Pro Juventute Corona-Report – Update November 2021
15 https://ensa.swiss/de/ersthelfer/
16 z. B. 21.3220, Postulat Roduit: Die Auswirkungen von Covid-19 auf die Gesundheit von Kindern und Jugendlichen oder 21.3230 Postulat Z'graggen: Bericht zu den Auswirkungen auf die Gesellschaft … oder 21.3457 Postulat der Kommission für Wissenschaft, Bildung und Kultur (WBK) des Nationalrates: Psychische Gesundheit unserer Jugend stärken

12

Pietro Vernazza

Medizinische Grundlagen zum Umgang mit Covid

In diesem Artikel sollen medizinische, immunologische Themen aufbereitet werden, welche dann Grundlage darstellen für das Verständnis der Covid-Präventionsstrategie im übernächsten Beitrag (Seite 156ff.).

Unwissen löst Angst aus

Zu Beginn der Covid-19-Pandemie hörte man oft die Feststellung, dass wir nicht abschätzen können, wie sich die Krankheit ausbreiten werde. «Wir wissen es noch nicht», war das Wort der Stunde, auch die Aussage: «Wir haben keine Evidenz.» Was verstehen wir eigentlich unter Evidenz? In der Medizin hat sich seit 25 Jahren der von David Sacket vorgeschlagene Begriff der «evidence based medicine» (EBM) durchgesetzt (1). Auch in der Covid-Diskussion hört man oft, es würden noch Studien fehlen, welche diese oder jene Frage abschliessend klären. Doch diese Haltung widerspricht dem Vorgehen, das Sacket eingeführt hat: Im klinischen Alltag können wir uns für die meisten Fragen nicht auf eine sauber durchgeführte, ausreichend dokumentierte Studie berufen. Wir müssen für den individuellen Entscheid alles vorhandene Wissen zusammentragen und zusammen mit der persönlichen Erfahrung die beste Entscheidung für den Patienten fällen. Dazu gehört, dass wir jede mögliche Erfahrung, aber auch biologische Grundlagen in eine Entscheidungsfindung einbeziehen. Das ist die Grundlage der EBM, wie sie heute gelehrt wird. Es gibt keinen Grund, weshalb man solche prinzipiellen Aspekte der systematischen Wissensanwendung nicht auch bei einem Problem der öffentlichen Gesundheit anwenden sollte.

Tatsächlich haben sich die Verantwortlichen für die Umsetzung von Präventionsmassnahmen zum Umgang mit der neuen Pandemie immer wieder hinter der Aussage verschanzt, man wisse noch gar nichts über die neue Krankheit, daher müsse man vorsichtig vorgehen. Gleichzeitig hat diese weitverbreitete Aussage «Wir wissen noch nichts» auch unnötig viel Angst in der Bevölkerung geschürt (mehr dazu im Beitrag von Schott auf Seite 278 ff. in diesem Band).

Ein Beispiel aus der HIV-Epidemie mag diesen problematischen Umgang mit der Unsicherheit in öffentlichen Mitteilungen etwas illustrieren: Mitte der 1980er-Jahre war die Bevölkerung verunsichert wegen der Ausbreitung der neuen Krankheit AIDS. Die Angst vor einer Ansteckung bei alltäglichen Kontakten war gross. In dieser Phase der Unsicherheit hat Bertino Somaini, damals Vize-Direktor beim BAG sehr klar und eindeutig kommuniziert: «HIV kann durch Küssen nicht übertragen werden.» Es gab keine Studie, welche diese Aussage in dieser Klarheit hätte dokumentieren können. Doch es gab zahlreiche Hinweise aus der Epidemiologie und Biologie (z. B. Virusmessungen im Speichel), welche den Behörden genügend Evidenz vermittelten, um entschlossen und klar diese Aussage zu formulieren.

Natürlich breitete sich Covid rascher aus als AIDS. Dennoch gab es für zahlreiche Aussagen bereits ausreichend Evidenz, die genügt hätte, um die Verunsicherung in der Bevölkerung zu reduzieren. Umgekehrt wurden Konzepte und Behauptungen kommuniziert, für die es aus der früheren Erfahrung einfach sehr wenig Evidenz gab. Ich werde hier ein paar Beispiele aufzählen, bei welchen die damals bereits vorbestehende Evidenz nicht adäquat in die Entscheidung und Kommunikation eingeflossen ist.

1) Antikörperbestimmung ist sinnlos: «Wir wissen nicht, was die Tests bedeuten.» Diese Haltung hat das BAG seit Beginn der Pandemie bis mindestens Ende 2021 vertreten, weshalb auch die Finanzierung der Antikörpertests durch Krankenkassen untersagt wurde, obwohl die Finanzierung solcher Tests zu durchgemachten Infektionen im klinischen Alltag normal ist.

Doch tatsächlich wissen wir einiges: Wir wissen seit Jahrzehnten, dass wir mit einer Antikörperantwort eine durchgemachte Infektion beweisen können. Dies insbesondere durch einen Nachweis einer Serokonversion (Auftreten von positivem Antikörperbefund bei zuvor negativem Ergebnis). Wir wissen auch, dass der Mensch nach einer durchgemachten Virusinfektion eine Immunantwort aufbaut, welche ihn vor einer zweiten Infektion schützt, oder die Zweitinfektion milder ausfallen lässt. Es gab keinen vertretbaren Grund anzunehmen, dass sich diese Gesetzmässigkeiten bei Covid plötzlich anders verhalten sollten.

2) Exponentieller Anstieg der Fallzahlen: Epidemiologen haben hohe Fallzahlen für die erste und die folgenden Wellen vorausgesagt. Die Schätzungen für die erste Welle reichten von 30 000 bis 100 000 Todesfälle.

Diese Modelle beruhten auf dem SIR-Modell. Das Modell geht von einem exponentiellen Wachstum der Fallzahlen aus. Zu Beginn ist die ganze Bevölkerung empfänglich (S = susceptible), einzelne Individuen werden infiziert (I), um dann als geheilt (R = recovered, removed) zu gelten. Ohne Massnahmen würde ein grosser Teil der Bevölkerung über die Zeit die Krankheit durchmachen, wäre dann aber geheilt. Doch wir wissen nicht nur seit dem ersten Covid-Ausbruch in Wuhan, sondern schon seit Jahrzehnten, dass eine virale Atemwegserkrankung sich nicht ungebremst exponentiell ausbreitet. Tatsächlich beginnt die Ausbreitung mit einer exponentiellen Kurve. Vereinfacht illustriert heisst das: Wenn jede erkrankte Person während fünf Tagen zwei weitere Personen infiziert, so sehen wir alle fünf Tage eine Verdoppelung der Fallzahlen. Das ist der Kern des SIR-Modells. Doch dieser anfänglich exponentielle Anstieg ist nie ungebremst. Bei jeder Epidemie gehen Fallzahlen rasch hoch, kippen dann aber plötzlich, um wieder etwa gleich steil abzufallen. Die Gründe für den Knick der Kurve sind unklar. Jedenfalls ist der Abfall der Fallzahlen nicht Folge einer Sättigung, wie im SIR-Modell angenommen, sondern der Abfall kommt zu einem Zeitpunkt, bei dem nur ein kleiner Teil der Bevölkerung die Krankheit durchgemacht hat. Dieses als «epidemic curve» seit Jahrzehnten für Influenza und andere Virusinfektionen bekannte Phänomen ist gut studiert, auch wenn wir die Erklärung für dieses Verhalten immer noch nicht kennen (2).

Natürlich ist der Laie, ja auch der Politiker meist überzeugt, dass der Abfall der Fallzahlen bei Covid auf die getroffenen Massnahmen zurückzuführen sei. Doch die Tatsache, dass diese «epidemic curve» ein allgemeingültiges Phänomen darstellt, müsste uns mindestens stutzig machen: Es könnte auch sein, dass nur teilweise verstandene Phänomene, die wir von anderen Virusinfektionen kennen, auch bei der Covid-Pandemie eine Rolle spielen könnten.

3) Herdenimmunität – dann haben wir Ruhe: Sehr oft wurde diskutiert, dass es bei der Bekämpfung von Covid nur darum ginge, dass wir eine «Herdenimmunität» erreichen sollten. Eine trügerische Aussicht, wie wir gleich zeigen werden. Der Begriff Herdenimmunität kommt aus der Veterinärmedizin, hat sich aber auch in der Humanmedizin gut etabliert. Wir bestimmen damit die für den Schutz einer Bevölkerung notwendige Impfrate. Für Masern ist dies sehr schön belegt: Wenn ein gewisser Anteil der Bevölkerung immun gegen eine Infektion ist, dann wird auch ein einzelner Infektionsfall keine Ausbreitung der Krankheit verursachen. Denn das geringe Risiko, dass diese Person auf eine nicht immune Person treffen wird, macht eine weitere Ausbreitung der Krankheit unwahrscheinlich. Da Masern hoch ansteckend sind, berechnet man bei Masern die Rate an immunen Personen für den Zustand einer Herdenimmunität auf über 95%. Ist diese Impfrate erreicht, werden sich Masern tatsächlich eliminieren lassen.

Doch Masern ist nicht Corona. Masern zeichnen sich dadurch aus, dass die Andockungsstelle des Virus an der menschlichen Zelle extrem stabil ist. Obwohl auch Masernviren sich verändern können, bleibt dieser Teil des Virus unverändert. Daher sind wir nach durchgemachter Maserninfektion für den Rest des Lebens geschützt vor einer erneuten Ansteckung. Tatsächlich erkranken auch betagte Menschen nie an Masern: Ihre Immunantwort, die sie als Kind aufgebaut haben, bleibt lebenslang bestehen.

Doch wir wissen sehr gut, dass alle Coronaviren, genau wie Grippeviren, ihre Oberflächen-Eiweisse laufend verändern können. Auch das Spike-Protein, mit dem sich Coronaviren an die Wirtszelle binden, kann sich bekanntermassen ändern, sodass das Virus sich der schützenden Immunantwort des Menschen entziehen kann und eine Infektion mit einem etwas veränderten Virusstamm möglich ist. Aus diesem Grund ist die Idee einer Herdenimmunität bei Coronaviren evidenzlos. Die damit verknüpfte Vorstellung einer Elimination des Virus ist a priori zum Scheitern verurteilt. Weshalb der Begriff in den Medien so lange überlebt hat, ist mir schleierhaft. Möglich, dass man den Menschen suggerieren wollte, dass es einfach genügt, wenn sich möglichst viele Menschen impfen lassen, dann werde SARS-CoV-2 wie Masern verschwinden. Doch unsere wissenschaftlichen Grundlagen waren längst ausreichend, um vorauszusehen, dass dies nie eintreffen würde. Dennoch haben zahlreiche Medien die Möglichkeit der Herdenimmunität gebetsmühlenartig immer wieder wiederholt. Stellvertretend sei ein Newsartikel der Universität Zürich erwähnt, in welchem eine Impfrate von 60–70% für eine Herdenimmunität erwähnt wird (3).

Auch in diesem Punkt bin ich der Ansicht, dass es die Aufgabe einer evidenzbasierten *Public-health*-Kommunikation sei, solche Fehlinformationen zu beseitigen. Das BAG selbst hat nie von der Möglichkeit einer Herdenimmunität gesprochen, diese aber auch nie ausgeschlossen. In der Publikation zum Drei-Phasen-Modell vom 21. April 2021 bleibt das Departement des Innern weiterhin vage (siehe S. 8): «*Eine Herdenimmunität kann jedoch nur dann erreicht werden, wenn die erworbene Immunität dauerhaft oder mindestens langanhaltend ist. Für SARS-CoV-2 ist dies noch ungeklärt.*» (4) Auch hier wieder ein klares «ungeklärt», «wir wissen es noch nicht»! Natürlich wissen wir das: Nach allem, was wir von Coronaviren wissen, wird es nie eine Herdenimmunität geben.

Wir könnten noch mehr Beispiele aufführen. Ein weiteres Beispiel für schlecht fundierte Medienmitteilungen findet sich weiter unten beim Thema Virusmutationen. Und auch auf die sehr oft in den Medien wiederholten Mitteilungen, wonach wir nicht wissen, ob eine durchgemachte Krankheit ausreichend gegen erneute Erkrankung schütze, waren damals schon evidenzlos. Dazu später mehr …

Zusammenfassend sind dies Beispiele, bei welchen in der öffentlichen Kommunikation durch Vermittlung eines «Zustands des Nichtwissens» oder auch «Falschaussagen» eher Ängste und Sorgen geschürt wurden. Vermisst haben wir eine aktive Kommunikation der zahlreichen Fakten, welche der Bevölkerung viele Ängste genommen hätte.

Wenn wir offensichtliche Fakten nicht klar – oder sogar falsch – kommunizieren, so wird der Bürger den Mitteilungen des Bundes zunehmend misstrauen. Zu den oben genannten Beispielen wie Wert eines Antikörpertests, ungebremst exponentielle Ausbreitung einer Epidemie, fehlende Langzeit-Schutzwirkung einer Covid-Impfung, kommen auch Falschaussagen zur Schutzwirkung einer natürlichen Infektion dazu. Solche schlecht begründeten Aussagen können längerfristig einen nachteiligen Effekt für andere Anliegen der öffentlichen Gesundheit haben.

Orientierung am heutigen Wissen

Coronaviren

Um das Krankheitsbild Covid-19 zu verstehen, lohnt es sich, etwas mehr zur Familie der Coronaviren zu wissen. Schon vor dem Ausbruch von Covid-19 in Wuhan waren Coronaviren für Infektiologen nichts Neues. Noch besser kennen sich Veterinäre mit diesen Viren aus, denn sie sind im Tierreich weit verbreitet. Vermutlich beherbergen Fledermäuse ein riesiges «Reservoir» an Coronaviren. Insofern ist es auch nicht überraschend, dass jetzt ein solches Virus von einem Tier auf den Menschen übertragen wurde. Zuvor hatten wir schon zweimal eine solche Übertragung beobachtet: 2002 das SARS-Virus und 2013 das eng verwandte MERS-Virus. Beide Viren konnten sich nicht in der menschlichen Population etablieren. Einerseits führten sie relativ häufig zum Tod und andererseits – und dies war wichtig für die Kontrolle des Ausbruchs – waren infizierte Personen am meisten ansteckend zu einem Zeitpunkt, als sie bereits länger krank waren. Dies sind beides Voraussetzungen, die es für ein Virus schwierig machen, sich beim Menschen auszubreiten.

Neben diesen «modernen» Coronaviren gab es allerdings schon über Jahrzehnte weit verbreitet sehr viele andere Coronaviren. Wir nennen diese «endemische» Coronaviren, weil sie auf der ganzen Welt – wie auch Grippeviren – verbreitet sind und immer wieder kleinere Krankheitsausbrüche verursachen. Auch SARS-CoV-2 wird – daran zweifelt heute praktisch niemand mehr – relativ bald zu einem endemischen Coronavirus.

Beim Menschen sind uns vier Coronaviren bekannt. Diese Viren wurden in den frühen 1960er-Jahren erstmals isoliert und nachgewiesen, aber sie dürften schon sehr lange beim Menschen zirkulieren. Schon länger wird vermutet, dass eine dieser heute bekannten Coronaviren, das OC43, im ausgehenden 19. Jahrhundert vom Tier auf den Menschen übertragen wurde und 1889/90 die als «Russische Grippe» bezeichnete schwere Pandemie verursacht hat (5). Tatsächlich weisen einige Dinge darauf hin, dass es sich bei der Russischen Grippe tatsächlich um eine Coronavirus-Pandemie gehandelt hat (6). So waren bei der «Russischen Grippe» die Kinder wie bei Covid-19 meist mild oder kaum erkrankt und die Sterberate stieg mit zunehmendem Alter, was für eine Influenza-Pandemie eher untypisch ist.

Coronaviren – nicht nur «Schnupfen»

Alle endemischen Coronaviren verursachen milde Symptome der oberen und seltener auch der unteren Atemwege. Weil sie fast immer sehr milde, kaum die Alltagsaktivitäten einschränkende Symptome verursachen, werden diese Krankheiten heute auch kaum je diagnostiziert. Wir begnügen uns mit der Bezeichnung «Schnupfen», obwohl auch die endemischen Coronaviren – vor allem bei älteren Menschen – zu schweren Lungenentzündungen führen können.

Zu wenig bekannt ist die Tatsache, dass auch diese endemischen Coronaviren eine häufige Ursache von tödlich verlaufenden Atemwegsinfektionen bei betagten Menschen sind. Im Anschluss an den SARS-Ausbruch in Kanada wurde 2003 ein Krankheitsausbruch in einem Altersheim sorgfältig untersucht, da eine SARS-Erkrankung vermutet wurde. Doch es zeigte sich, dass die Erkrankungen nicht durch das gefährliche SARS-Coronavirus, sondern durch das endemische Coronavirus OC43 ausgelöst wurden (7). In dieser minutiös untersuchten Heimpopulation erkrankten zwei Drittel der Bewohner und nur ein Drittel der Mitarbeiter. Auffallend war in dieser Arbeit jedoch die hohe Letalität: Von den 95 infizierten Bewohnern hatten die meisten milde Zeichen einer Infektion, aber 12 entwickelten eine Lungenentzündung und 8 (8,4%) starben. Unter den 53 erkrankten Mitarbeitern gab es keine schweren Verläufe. Anhaltende Müdigkeit wurde auch hier nebst Halsschmerzen und Kopfschmerzen als prominentes Symptom genannt.

Die Autoren haben damals schon darauf hingewiesen, dass die hohen Ansteckungszahlen und die hohe Mortalität von endemischen Coronaviren bei betagten Menschen bisher zu wenig Beachtung fanden. Diese Tatsache blieb offenbar bis 2020 unverändert. Doch dieses Altersheim ist keine Ausnahme. Eine Analyse in Altersheimen in Marseille über einige Jahre hinweg kam zum gleichen Schluss (8). Auch hier wurde darauf hingewiesen, dass ein grosser Teil der Todesfälle durch Lungenentzündung im Alter gar nie diagnostiziert wird. Neben diesen endemischen Coronaviren können auch 16 weitere Viren zur Lungenentzündung und beim älteren Menschen zum Tod führen. Die gezielte Erregerdiagnostik auf diese Viren wird im klinischen Alltag nicht durchgeführt, weil sie ohne Konsequenzen bliebe und eine Abklärung mittels PCR prohibitiv teuer würde.

Hohe Mutationsrate – «survival of the fittest»

Grundsätzlich haben alle RNA-Viren eine mehr oder weniger ausgeprägte Tendenz, beim Kopiervorgang ihrer Erbsubstanz Fehler einzubauen. Diese Eigenschaft mag auf den ersten Blick fatal erscheinen, da die meisten Fehler beim Kopiervorgang zu «defekten» Viren führen. Doch die Natur hat mit dieser Methode einen Weg gefunden, dass RNA-Viren durch diesen Trick besonders anpassungsfähig sind. Das Resultat dieser Mutationsbereitschaft des Virus ist eine kontinuierliche Änderung der Eigenschaften dieser Viren. Dies trifft auch für Coronaviren zu. Die in der Bevölkerung zirkulierenden Viren werden sich laufend ändern. Doch die Änderung ist nicht zufällig. Zufällig sind die Mutationen, welche primär auftreten. Die meisten dieser Mutationen werden keine Chance haben, sich in der Umwelt durchzusetzen. Doch ein winziger Anteil der neu entstandenen Virusmutationen wird einen kleinen Vorteil bei der Virusvermehrung aufweisen. Nun selektioniert die Natur – wie bereits von Darwin beschrieben – auch hier die Mutationen mit den besten Eigenschaften.

Welche Eigenschaft dabei selektioniert wird, ist nun kein zufälliger Prozess mehr, sondern ein Resultat des «Selektionsdruckes».

Welche Varianten werden selektioniert?

Grundsätzlich werden durch den Prozess der natürlichen Selektion diejenigen Virusvarianten bevorzugt, welche sich in der Population besser behaupten können. Da ist sicher einmal eine Virusvariante im Vorteil, welche besser von einer Person auf die andere übertragen wird. Dies dürften Viren sein, welche sich stärker an die Zielzelle in den Luftwegen des Menschen binden, ihr Ziel also rascher finden. Aber sicher auch Viren, die bei der Vermehrung in der Zielzelle zu höheren Viruskonzentrationen führen, also eine grössere Chance haben, ein weiteres «Opfer» zu finden. Das Resultat ist, dass ein Coronavirus, das neu auf die Menschheit trifft, sukzessive eine höhere Infektiosität entwickeln wird. Paradoxerweise werden sogenannte Social-Distancing-Massnahmen eher die Entwicklung von infektiösen Viren fördern. Denn wenn wir durch Masken und Kontakteinschränkungen dem Virus weniger Chance zur Übertragung einräumen, müssen wir in Kauf nehmen, dass der Selektionsprozess dann solche Viren fördert, welche besonders hochansteckende Eigenschaften haben. Damit will ich nicht behaupten, dass diese Massnahmen den einzigen Grund darstellen für den im Laufe des Jahres 2021 beobachteten Anstieg der Übertragungseigenschaft von SARS-CoV-2. Jedes neue Virus wird bis zu einem gewissen Grad eine höhere Infektiosität entwickeln. Doch die Möglichkeit muss sicher in Betracht gezogen werden, wenn man solche Massnahmen beschliesst. Eine Folgerung aus dieser Überlegung könnte aber sein, dass man Social-Distancing-Massnahmen möglichst für kurze Phasen einführt, um Spitzen zu verhindern (*flattening the curve*, siehe oben), aber das Risiko einer Selektion hin zu besonders ansteckenden Varianten zu minimieren.

Werden Viren nun auch tödlicher?

Sehr oft hört man mit jedem Bericht über die zunehmende Infektiosität neuer Virusstämme, dass wir nicht wissen, ob die neu entstehenden Viren nicht vielleicht auch gefährlicher würden. Ein Beispiel ist die Berichterstattung über «Lambda» am 17. Juli 2021 durch den Tages-Anzeiger. Die Bildlegende unter dem Foto von Personen mit Atemschutzmasken und weissen Overalls besagt: «In Südamerika breitet sich neu die Variante Lambda aus. *Noch ist nicht bekannt, ob sie tödlicher ist.*» (9) Erneut ein Bespiel für unnötiges Schüren von Ängsten durch die Medien. Es ist sicher korrekt, dass die Zukunft nie präzis vorauszusagen ist. Aber aus dem Verständnis des Selektionsdruckes auf die Viruspopulation wissen wir, dass ein Schreckensszenario eher unwahrscheinlich ist. Ein Virus, welches seinen Wirt kränker macht, zwingt diesen durch Rückzug und Bettruhe auch zur Isolation. Das Virus kann sich weniger gut ausbreiten, wie der Evolutionsbiologe Ewald bereits 1983 beschrieb (10). Ein kranker Wirt dürfte dem Virus somit selten hilfreich sein. Wir können also ohne anderslautende Hinweise eher davon ausgehen, dass das Virus nicht in eine tödlichere Variante mutieren wird. Denn am besten wird das Virus auf andere Menschen übertragen, wenn es seinen Wirt nur mild beeinträchtigt, sodass es diesen weiterhin – vielleicht mit leichtem Schnupfen – aktiv am Leben teilnehmen lässt.

Immune-Escape

Nach jedem Kontakt mit einem Virus baut das Immunsystem eine spezifisch gegen den Erreger und seine Oberflächenmerkmale gerichtete Abwehr auf. Antikörper, welche direkt die Andockungsstelle des Virus an der Wirtzelle binden, können eine weitere Infektion verhindern. Mit dem Begriff «Immune-Escape» bezeichnen Virologen die Fähigkeit eines Virus, gegen solche Abwehrmassnahmen des Immunsystems eine «Lösung» zu finden. Der Selektionsfaktor ist jetzt nicht mehr die «bessere Übertragungsrate», vielmehr wird das Virus seine Andockungsstelle so verändern, dass die vom Wirt aufgebauten Antikörper diese nicht mehr erkennen. Es kommt nun trotzdem noch zur Infektion. Dann sprechen wir von «Immune-Escape». Das Virus ist der Immunantwort entwichen. Genau dies hat SARS-CoV-2 nun mit der Omikron-Variante durchgemacht. Das Virus wurde resistent gegen einen Teil der vom Immunsystem aufgebauten Antikörper.

Das Phänomen der «Immune-Escape» ist für alle Coronaviren gut bekannt. Es ist auch der Grund, weshalb wir nicht erwarten können, dass sich bei Coronaviren eine Herdenimmunität einstellen wird. Coronaviren haben die Fähigkeit, sich laufend so anzupassen, dass jemand nach durchgemachter Infektion einige Jahre später mit einem leicht veränderten Coronavirus wieder angesteckt wird.

Zelluläre Immunantwort bleibt aktiv

Nun könnte man glauben, dass der Mensch beim Auftreten einer «Escape-Mutation» dem neuen Virus schutzlos ausgesetzt ist. Doch die Escape-Mutation verhindert primär nur, dass die gegen die Andockungsstelle des Virus gebildeten Antikörper das Virus abblocken und neutralisieren können. Das erworbene Immunsystem hat aber nicht nur eine Antikörperantwort entwickelt, ebenso wichtig ist seine auf Abwehrzellen basierende Funktion. Versagen die neutralisierenden Antikörper, so kommt es, wie auch beim Erstkontakt mit dem Virus zu einer Infektion der Zielzelle. Bei Coronaviren sind dies Zellen der Atemwege (respiratorisches Epithel). Da das Virus damit eine körpereigene Zelle erreicht hat und sich dort vermehren kann, hat das Immunsystem nur noch die Möglichkeit, nicht das Virus, aber die vom Virus infizierte Zelle abzutöten. Das Immunsystem hat zu diesem Zweck sogenannte Killerzellen entwickelt, eine hoch effiziente Abwehrmethode für viele Erreger.

Bei einem Erstkontakt mit einem Erreger (oder einer Impfung) entwickelt das Immunsystem nicht nur Antikörper, sondern es mobilisiert und vermehrt auch Killerzellen, welche spezifisch gegen den Erreger ausgebildet sind. Beim zweiten Kontakt mit dem Erreger erkennen die Killerzellen eine vom Virus befallene Zelle sehr schnell und zerstören diese sofort. Das Resultat ist, dass eine Zweitinfektion bei unzureichend neutralisierenden Antikörpern zwar entstehen kann, doch die Symptome der Erkrankung milder verlaufen. Die zelluläre Immunantwort hat beim Erstkontakt etwas gelernt, hat gezielt Gedächtniszellen aufgebaut, die bei einem erneuten Kontakt rascher zur Stelle sind.

Wichtig für das Verständnis dieser Zusammenhänge ist, dass die zelluläre Immunantwort nicht ganz so präzise arbeitet wie die Antikörper. Die Immunzellen erkennen fremde Viren auch dann noch, wenn sie nicht ganz genau so aussehen, wie beim Erstkontakt. Diese geringere Präzision erklärt auch, dass wir immer einen gewissen Grad an «Kreuzimmunität» haben. So konnte man bereits zu Beginn der Pandemie feststellen, dass bei einzelnen Personen, welche eine Immunantwort gegen endemische Coronaviren hatten, auch eine gewisse zelluläre Kreuzimmunität gegen das neue SARS-CoV-2 bestand, ohne dass sie eine Covid-19-Erkrankung hatten. Vermutlich ist diese Kreuzreaktion nur in seltenen Fällen auch so gut wirksam, dass eine Krankheit vollständig verhindert werden kann (11).

Die reduzierte Präzision der Abwehrzellen ist aber auch ein Vorteil: Die zelluläre Immunantwort ist damit nicht so anfällig gegenüber Escape-Mutationen. So konnten zum Beispiel 2009 während der H1N1-Schweingrippe-Pandemie ältere Menschen, die bereits vor 1958 gelebt hatten, von ihrer in jungen Jahren erworbenen zellulären Immunantwort profitieren. Denn bis zu den 1950er-Jahren waren Grippe-Infektionen vom H1N1-Typ dominant. So erklären wir heute, weshalb ältere Personen nach einer Schweinegrippe-Infektion meistens nur mild erkrankten. Das Beispiel lehrt uns auch, dass das zelluläre Gedächtnis praktisch lebenslang erhalten bleibt. Und um Coronaviren abzuwehren, welche sich gerne und rasch ändern, kommt uns diese verminderte Präzision der Abwehrzellen entgegen. Die Coronaviren verändern sich über die Jahre, doch das nicht so präzise zelluläre Abwehrsystem erkennt sie trotz Immune-Escape weiterhin. Die Menschen werden somit erneut erkranken, doch in der Regel mit milden Symptomen. Mit jeder erneuten Erkrankung wird unser Immunsystem auch wieder gegen die veränderten Viren eine Immunantwort aufbauen.

Wird sich auch Covid-19 bald wie ein endemisches Coronavirus verhalten?

Um mögliche Präventionsszenarien besser zu verstehen, müssen wir uns überlegen, wie sich SARS-CoV-2 global entwickeln wird. Es gibt heute kaum noch jemand, der wirklich glaubt, dass das Virus verschwinden wird. Es gibt auch keinen Grund anzunehmen, dass das Virus sich anders verhalten wird, als andere Coronaviren. Wir hatten oben bereits die «Russische Grippe» von 1889 erwähnt. Vieles spricht dafür, dass die sehr schwer verlaufenden Atemwegsinfektionen durch das heutige Coronavirus OC43 verursacht wurden. Auch damals waren vor allem ältere Menschen schwer betroffen. In Stockholm erkrankten 1889 über 60% der Bevölkerung innert sechs Wochen, die meisten mild (12), 0,3% starben. Dennoch gab es Social-Distancing-Massnahmen, auch Schulen wurden für kurze Zeit geschlossen, Krankenhäuser waren massiv überlastet. Doch durch die rasche Immunisierung der Bevölkerung – eine Alternative mit Impfungen war nicht zur Hand – kam es nur an einigen Orten zu einer zweiten Welle im folgenden Jahr (6, 13). Doch danach war die «Epidemie» scheinbar vorbei, was nicht mit Herdenimmunität verwechselt werden darf. Wir dürfen davon ausgehen, dass die breite Durchseuchung zu einer sehr effizienten Immunantwort in der Bevölkerung führte. Folgekrankheiten gab es sicherlich, sonst wäre das Virus verschwunden, doch die Immunantwort führte offensichtlich zu einem meist milden, endemischen Verlauf, wie wir ihn von anderen Coronaviren kennen. Das bedeutet aber nicht, dass die Coronainfektionen für alle mild verlaufen.

Heute wissen wir, dass die jeden Winter auftretenden Erkältungen zum Teil auf solche endemische Coronaviren zurückzuführen sind. Unser Immunsystem entwickelt durch die wiederholten Infektionen über die Jahre eine stabile Immunantwort. Doch auch unser Immunsystem zeigt Alterungserscheinungen, ein Phänomen, das mit «immune senescence» umschrieben wird (14). Es ist daher nicht überraschend, dass Lungenentzündungen bei betagten Menschen dann auch wieder zu Todesfällen führen können. Wir hatten dies mit dem Ausbruch einer OC43-Infektion in einem kanadischen Altersheim 2003 illustriert.

Es gibt keinen Grund, anzunehmen, dass sich Covid-19 grundsätzlich anders entwickeln wird als OC43 vor 130 Jahren. Sobald die gesamte Bevölkerung immun ist, werden wir auf eine gute Wirkung unseres Immunsystems zählen dürfen und die Erkrankungen mit SARS-CoV-2 werden dadurch milder verlaufen. Aufgrund der sich ständig mutierenden Coronaviren werden die Erkrankungen uns aber immer wieder heimsuchen, hoffentlich und voraussichtlich in milder Form. Wir werden das sehen. Aber wir werden – wie bei den anderen Coronaviren auch – weiterhin mit Todesfällen bei betagten Menschen leben müssen.

Können wir die Immunantwort auch durch eine Impfung erreichen?

Wir werden im Beitrag zu Präventionsmassnahmen (Seite 156ff.) noch die Covid-19-Impfung erwähnen. Aber an diesem Punkt wird der Leser fragen, ob man sich nicht einfach regelmässig impfen lassen könnte, um einer Erkrankung zu entgehen. Wir müssen dazu noch einen wesentlichen Unterschied zwischen der Immunantwort nach Impfung und derjenigen nach einer Infektion erläutern.

Genau gleich wie bei einer natürlichen Infektion wird eine Covid-19-Impfung sowohl eine Antikörperantwort als auch eine zelluläre Immunantwort auslösen. Das primäre Ziel der Impfung ist die Bildung von neutralisierenden Antikörpern. Aber wie bereits erwähnt, wird die Wirkung dieser Antikörper durch die Veränderung des Virus rasch abfallen. Je mehr Personen eine Immunität aufgebaut haben (Selektionsdruck!), desto rascher werden Escape-Mutationen entstehen. Daher ist es keine Überraschung, dass sich die Escape-Mutation Omikron rasch global verbreitet hat.

Wie weiter oben ausgeführt, wird das Immunsystem bei der Escape-Mutation auf seine «fallback-option» zurückgreifen und bei einer Zweitinfektion oder bei einem Impfversagen die gegen das Virus gerichteten Abwehrzellen mobilisieren.

Doch nun sehen wir, dass wir einen grossen Nachteil der Impfung haben: Bei der Impfung zeigen wir dem Immunsystem ein einzelnes Eiweiss des Virus, das sogenannte Spike-Protein. Das Spike-Protein ist die Andockungsstelle, mit dem das Virus sich an die Wirtszelle heftet. Das Immunsystem bildet dadurch wunschgemäss die neutralisierenden Antikörper. Doch die zelluläre Immunantwort bei der Impfung bleibt bescheiden: Es können nur Abwehrzellen mobilisiert werden, welche das Spike-Protein erkennen.

Völlig anders ist dies bei der natürlichen Infektion: Hier gelangt das gesamte Virus mit all seinen Hüllen- und Kernproteinen und seinen viruseigenen Enzymen in den Körper. Das zelluläre Immunsystem erkennt sehr viele dieser Strukturen. Einige dieser Ziele der Abwehrzellen bleiben in der Evolution des Virus stabil, weil sie wichtige Funktionen für das Virus erfüllen müssen. Somit ist die zelluläre Immunantwort nach einer natürlichen Infektion sehr viel breiter aufgestellt und weniger anfällig auf Escape-Mutationen.

Man vermutet, dass die mRNA-Impfstoffe eine effizientere Immunantwort gegen das Spike-Protein hervorrufen als die Virusinfektion selbst, denn Viren bilden zusätzliche Enzyme, welche auch die Immunantwort des Menschen hemmen. Diese zusätzlichen Enzyme fehlen aber in einem Impfstoff. Dafür ist die Immunantwort bei einer Virusinfektion viel breiter, weil sie gegen viele verschiedene Virusproteine gerichtet ist. Dies reduziert auch das Risiko einer Escape-Mutation.

Wir haben immer wieder darauf hingewiesen, dass eine durchgemachte Infektion einen sehr guten Schutz vor einer schweren Zweitinfektion vermittelt, auch wenn dies von offizieller Seite und den Medien immer wieder abgelehnt wurde. Doch auch hier dürfen wir auf unsere Erfahrungen mit anderen Infektionskrankheiten zurückgreifen. Ich kenne keine Infektionskrankheit, bei der die natürliche Infektion einen schlechteren Schutz vor einer Reinfektion zeigt als eine Impfung. Sehr schön ist dies auch für die Influenza (Grippe) gezeigt (15). Deshalb haben wir auch immer betont, dass der Nachweis einer durchgemachten Infektion mit einem einmal korrekt durchgeführten Antikörpertest eine bessere Immunantwort dokumentiert, als dies für eine Impfung gegen das Spike-Protein der Fall sein kann (16). In der Zwischenzeit gibt es allerdings zahlreiche Publikationen, welche die überlegene Schutzwirkung einer durchgemachten Infektion gegenüber der Impfung dokumentieren (17, 18). Weshalb die Zertifikat-Gültigkeit dann im November 2021 trotzdem nur auf 3 Monate beschränkt wurde, entzieht sich meinem Verständnis der Immunologie (19).

Auch die Taskforce des Bundes zitiert die Deutsche Gesellschaft Virologie, die explizit schreibt: «In den ersten sechs Monaten nach durchgemachter Infektion ist der Schutz vor erneuter SARS-CoV-2 Infektion mindestens so gut ausgeprägt wie der Schutz von vollständig Geimpften. Darüber hinaus zeigen die Untersuchungen, dass eine durchgemachte SARS-CoV-2 Infektion auch nach einem Jahr noch sehr gut vor Reinfektionen und schweren COVID-19 Krankheitsverläufen schützt.» Nicht ganz nachvollziehbar ist deshalb die Anpassung der Gültigkeit des Genesen-Zertifikates an die verkürzte Gültigkeit des Impfzertifikates.

Lieber geimpft als nicht geimpft erkranken

Wir werden im Beitrag zu den Massnahmen (Seite 156ff.) noch auf die Impfung zu sprechen kommen. Es sei aber an dieser Stelle bereits betont: Auch wenn eine Covid-Erkrankung in der Regel mild verläuft, kann sie auch bei jüngeren Erwachsenen in Einzelfällen schwer verlaufen. Daher ist es nach heutigem Wissen sinnvoll, dass man einmal eine Grundimmunisierung hat. Wie oben ausgeführt, wird die Impfung keinen längerfristigen Schutz vor Infektionen bieten. Aber man darf davon ausgehen, dass eine Erkrankung eher mild verlaufen wird.

Vielleicht werden Sie jetzt einwenden, dass es dann aber besser sei, man erkranke nach einer Impfung eher jetzt als erst nach längerer Zeit. Das kann ich so einfach nicht beantworten. Aber vielleicht könnte das für jüngere Menschen tatsächlich ein Vorteil sein. Sicher ein Punkt, der vertieft diskutiert werden muss, auch unter Berücksichtigung der Überlegungen im Beitrag von Beck (Seite 201ff.).

Ich schliesse diesen Beitrag mit einem Auszug aus meinem Blog auf infekt.ch: Im Sommer 2021 verbreitete sich in Portugal die neue Delta-Variante rasant. Die meisten deutschen Touristen brachen ihre Ferien überstürzt ab. Mein Sohn weilte gerade dort, sodass ich im Blog «Brief an einen Sohn» mein damaliges immunologisches Wissen dazu zusammenfasste (20). Konkret empfahl ich ihm (Auszug):

> Was empfehle ich dir jetzt im «Virusvariantengebiet»?
> Du bist ja gegen Covid-19 (und andere Erreger) vorbildlich geimpft. Die Leute diskutieren jetzt, wie gut die Impfung vor einer Infektion schützt. Als gesunder junger Mensch machst du dir keine Sorgen um deine Gesundheit wegen einem Delta-Virus, das allenfalls doch noch zu einer milden Infektion führen könnte. Ich würde jetzt aber – vielleicht etwas provokativ – einen Schritt weiter gehen: Vielleicht würde dein Immunsystem sogar bei einem Kontakt mit einem Delta-Virus noch etwas dazu lernen, mit oder ohne Symptome einer Erkrankung. Es ist durchaus denkbar, dass das Immunsystem seine Immunantwort noch etwas verbreitern wird, und du in Zukunft noch mildere Symptome zeigen wirst, wie wir das von anderen Coronaviren jedes Jahr kennen.

Fazit

Zusammenfassend können wir festhalten:

- Mit einer evidenzbasierten Medizin versuchen wir bei einem medizinischen Problem aufgrund es vorbestehenden Wissens die beste vorhandene Evidenz zur Klärung eines Problems zu würdigen. Es ist keineswegs so, dass wir keine Evidenz zum Umgang mit SARS-CoV-2 hatten, als das Virus neu auf den Menschen übertrat.
- Endemische Coronaviren sind schon lange bekannt und verursachen in der Regel milde Symptome der oberen Atemwege, gelegentlich, vor allem im Alter, auch Lungenentzündungen.
- Tödliche Verläufe bei älteren Menschen sind bei endemischen Coronaviren keine Seltenheit, werden aber mangels klinischer Konsequenz kaum je diagnostiziert. Dieses Wissen wurde ungenügend bei der Beurteilung der Covid-19-Epidemie einbezogen.
- Coronaviren sind bekannt für ihre Fähigkeit, der Kontrolle des Immunsystems zu entgehen. Daher war es nie angebracht, von einer Herdenimmunität zu sprechen. Auch müsste man aufgrund dieses Wissens die Erwartungen an die Langzeitwirkung einer Covid-Impfung dämpfen. Die Impfung kann eine Infektion nicht verhindern, aber sie reduziert den Schweregrad der Erkrankung. Eine Konsequenz hätte sein können, dass wir uns konkret Konzepte überlegt hätten, wie man die Immunantwort nach einer Impfung bei wenig gefährdeten Personen, ausserhalb der «Spitzenzeiten» durch natürliche Infektionen hätte zulassen können.
- Die beste, weil auch breiteste Immunantwort wird durch eine natürliche Infektion erzielt. Eine vorausgegangene Grundimmunisierung durch Impfung reduziert das Risiko von schweren Verlaufsformen durch spezifische Vorbereitung des Immunsystems.

- Wir dürfen davon ausgehen, dass sich Covid-19 über kurz oder lang wie eine endemische Coronainfektion mit mildem Verlauf präsentieren wird. Dieser Zeitpunkt wird verzögert, solange wir durch Social-Distancing-Massnahmen bei jungen Personen die natürliche Immunisierung der Bevölkerung verzögern.
- Weiterhin werden betagte Menschen aufgrund des gealterten Immunsystems an Covid-19 sterben, wie dies bei allen anderen endemischen Coronaviren und weiteren viralen Atemwegsinfektionen immer schon der Fall war. Die Grundimmunisierung der Bevölkerung wird dazu führen, dass die Zahlen von solchen Todesfällen wieder auf das übliche Mass zurückgehen.

Referenzen

1 Sackett DL, Rosenberg WMC, Gray JAM, Haynes RB, Richardson WS. Evidence based medicine: what it is and what it isn't. BMJ. 13. Januar 1996;312(7023):71 – 2.

2 Schanzer DL, Langley JM, Dummer T, Viboud C, Tam TWS. Original Article: A composite epidemic curve for seasonal influenza in Canada with an international comparison. Influenza Other Respir Viruses. 2010;4(5):295 – 306.

3 UZH – News – «Sicher aus dem Lockdown». Universität Zürich; 2020 [zitiert 28. Dezember 2021]. Verfügbar unter: http://www.news.uzh.ch/de/articles/2020/Sicher-aus-dem-Lockdown.html

4 Eidg. Departement des Innern. Konkretisierung des Drei-Phasen-Modells. 2021. Verfügbar unter: https://www.bag.admin.ch/dam/bag/de/dokumente/mt/k-und-i/aktuelle-ausbrueche-pandemien/2019-nCoV/Unterlagen-Konsultationen-Kantone/konzept-dreiphasenmodell.pdf.download.pdf/Konkretisierung%20des%20Drei-Phasen-Modells.pdf

5 Corman VM, Muth D, Niemeyer D, Drosten C. Hosts and Sources of Endemic Human Coronaviruses. Adv Virus Res. 2018;100:163 – 88.

6 Brüssow H, Brüssow L. Clinical evidence that the pandemic from 1889 to 1891 commonly called the Russian flu might have been an earlier coronavirus pandemic. Microb Biotechnol. 13. Juli 2021;14(5):1860–70.

7 Patrick DM, Petric M, Skowronski DM, Guasparini R, Booth TF, Krajden M, u. a. An Outbreak of Human Coronavirus OC43 Infection and Serological Cross-Reactivity with SARS Coronavirus. Can J Infect Dis Med Microbiol. 2006;17(6):330–6.

8 Roussel Y, Giraud-Gatineau A, Jimeno M-T, Rolain J-M, Zandotti C, Colson P, u. a. SARS-CoV-2: fear versus data. Int J Antimicrob Agents. Mai 2020;55(5):105947.

9 Lambda in der Schweiz angekommen – Die neueste Corona-Variante ist da. Tages-Anzeiger. [zitiert 29. Dezember 2021]. Verfügbar unter: https://www.tagesanzeiger.ch/die-neueste-variante-lambda-ist-da-680051362660

10 Stewart PDS. Temperature Dependent Viral Tropism: An Explanation of the Seasonality and Pathogenicity of the Endemic Respiratory Viruses. 19. Januar 2021 [zitiert 8. Februar 2021]; Verfügbar unter: https://www.preprints.org/manuscript/202101.0389/v1

11 Swadling L, Diniz MO, Schmidt NM, Amin OE, Chandran A, Shaw E, u. a. Pre-existing polymerase-specific T cells expand in abortive seronegative SARS-CoV-2. Nature. 10. November 2021 [zitiert 30. November 2021]; Verfügbar unter: https://www.nature.com/articles/s41586-021-04186-8

12 Skog L, Hauska H, Linde A. The Russian influenza in Sweden in 1889-90: an example of Geographic Information System analysis. Euro Surveill Bull Eur Sur Mal Transm Eur Commun Dis Bull. 4. Dezember 2008;13(49):19056.

13 Kempińska-Mirosławska B, Woźniak-Kosek A. The influenza epidemic of 1889 – 90 in selected European cities – a picture based on the reports of two Poznań daily newspapers from the second half of the nineteenth century. Med Sci Monit Int Med J Exp Clin Res. 10. Dezember 2013;19:1131 – 41.

14 Sadighi Akha AA. Aging and the immune system: An overview. J Immunol Methods. 1. Dezember 2018;463:21 – 6.

15 Davies JR, Grilli EA. Natural or vaccine-induced antibody as a predictor of immunity in the face of natural challenge with influenza viruses. Epidemiol Infect. April 1989;102(2):325 – 33.

16 Covid-Antikörper-Test: Ist er wirklich wertlos?. infekt.ch. 2021 [zitiert 29. Dezember 2021]. Verfügbar unter: https://infekt.ch/2021/01/covid-antikoerper-test-ist-er-wirklich-wertlos/

17 Gazit S, Shlezinger R, Perez G, Lotan R, Peretz A, Ben-Tov A, u. a. Comparing SARS-CoV-2 natural immunity to vaccine-induced immunity: reinfections versus breakthrough infections. 2021 Aug [zitiert 6. November 2021] S. 2021.08.24.21262415. Verfügbar unter: https://www.medrxiv.org/content/10.1101/2021.08.24.21262415v1

18 Covid: Genesen-Zertifikat – Wie lange gültig?. infekt.ch. 2021 [zitiert 29. Dezember 2021]. Verfügbar unter: https://infekt.ch/2021/09/covid-genesen-zertifikat-wie-lange-gueltig/

19 Covid-Zertifikat: Am besten geschützt sind Genesene. infekt.ch. 2021 [zitiert 29. Dezember 2021]. Verfügbar unter: https://infekt.ch/2021/11/covid-zertifikat-am-besten-geschuetzt-sind-genesene/

20 Brief an einen Sohn. infekt.ch. 2021 [zitiert 29. Dezember 2021]. Verfügbar unter: https://infekt.ch/2021/06/brief-an-einen-sohn/

13

Andreas Radbruch

Immunität gegen SARS-CoV-2

Wie erkennt unser Körper, ob ein Bakterium oder ein Virus ein gefährlicher Krankheitserreger oder ein harmloser Zeitgenosse ist? Es sind die Zellen des Immunsystems, die im Körper verteilt, darauf spezialisiert sind, «gefährliches Fremdes» zu erkennen und abzuwehren. Schon die einfachsten Einzeller haben Erkennungssysteme, die «selbst» von «fremd» unterscheiden können. Auch wir haben ein solches angeborenes Immunsystem. Doch darüber hinaus haben wir ein anpassungsfähiges (adaptives) Immunsystem, das äusserst präzise Krankheitserreger erkennen und bekämpfen kann und ein immunologisches Gedächtnis für genau die Krankheitserreger entwickelt, denen es einmal begegnet ist. Wie wichtig dieses Immunsystem ist, sieht man vielleicht am besten daran, dass es in der Evolution gleich zweimal entstanden ist, mit denselben Komponenten, aber aus unterschiedlichen Bausteinen aufgebaut. Einmal bei den urtümlichen kieferlosen Wirbeltieren, zu denen das Neunauge gehört, und einmal bei den anderen Wirbeltieren, zu denen wir gehören (1).

Das adaptive Immunsystem

Die Zellen des adaptiven Immunsystems werden von den Zellen des angeborenen Immunsystems alarmiert und aktiviert, wenn fremde Organismen in uns eindringen. Über die lymphatischen Bahnen und das Blut wandern die Zellen in die Lymphknoten und die Milz. Es entsteht eine Immunreaktion, bei der verschiedene Zelltypen intensiv zusammenarbeiten. Die Zellen des angeborenen Immunsystems, vor allem sogenannte dendritische Zellen und Makrophagen, zerlegen den Fremdstoff in seine Einzelteile und zeigen diese den T-Lymphozyten (T-Zellen) des adaptiven Immunsystems. Die dendritischen Zellen und Makrophagen müssen sich dabei selber erstmal als körpereigene Zellen ausweisen. Das machen sie, indem sie die Fremdstofffragmente über ein Gewebeverträglichkeitsantigen präsentieren. T-Zellen haben einzigartige Rezeptoren für Fremdstoffe, die Antigenrezeptoren. Es gibt Millionen verschiedener Antigenrezeptoren der T-Zellen. Jede T-Zelle hat nur einen ganz bestimmten Rezeptor. An einer Immunreaktion nehmen nur die T-Zellen teil, deren Rezeptoren den Fremdstoff erkennen. Das sind am Anfang nur sehr wenige, deshalb dauert es etwas, bis sie sich vermehrt haben und die Immunreaktion in Gang kommt. Das gibt Viren einen gewissen Vorsprung, wenn sie uns das erste Mal infizieren.

Es gibt zwei Sorten von T-Zellen, aktivierte CD8-T-Zellen können vom Virus infizierte Zellen abtöten. Aktivierte CD4-T-Zellen koordinieren die Immunreaktion. Letztere aktivieren die B-Lymphozyten (B-Zellen), was notwendig ist für den Aufbau des immunologischen Gedächtnisses. Dadurch bleibt Immunität erhalten, auch wenn der Fremdstoff oder der Erreger schon lange verschwunden ist.

Das immunologische Gedächtnis des Immunsystems erhält nicht nur die Erinnerung an die gefährlichen Fremdstoffe seiner Umgebung, sondern passt sich auch an, wenn deren Konzentration zunimmt oder der Fremdstoff sich verändert, wie es zum Beispiel bei den Varianten von SARS-CoV-2 der Fall ist. Es arbeitet dabei äusserst «nachhaltig». Während der eigentlichen Immunreaktion, bei der die Fremdstoffe eliminiert werden, werden viele Antikörper und spezifische Abwehrzellen gebildet. Das heisst, die Antikörper und Zellen, welche den Fremdstoff erkennen, vermehren sich stark. Danach, wenn weniger Fremdstoff vorhanden ist, nimmt die Intensität der Immunreaktion langsam ab. Je weniger Fremdstoff noch da ist, desto exakter müssen die Oberflächenmarker auf den B- und T-Zellen den Fremdstoff an sich binden, ihn erkennen. Diese starke Bindung des Fremdstoffes an der Zelloberfläche löst die Aktivierung und Vermehrung dieser gegen den Fremdstoff spezialisierten Abwehrzellen aus. Man nennt das Affinitätsreifung. Am Ende bleiben nur noch die Immunzellen übrig, die auch geringste Mengen des Fremdstoffes erkennen können. Wenn der Fremdstoff ganz verschwunden ist, bilden die besten Zellen das immunologische Gedächtnis. Sie werden durch spezialisierte Bindegewebszellen am Leben erhalten, zum Beispiel im Knochenmark (2), manche zirkulieren auch eine Weile durch das Blut. Versteht man dieses Grundprinzip, ist es gar nicht verwunderlich, dass direkt nach einer Infektion oder Impfung viele Antikörper gebildet werden, deren Konzentration dann über ein halbes Jahr abnimmt, dann aber konstant bleibt über lange Zeiträume und uns trotzdem effektiv vor schweren Krankheitsverläufen schützt. Es sind eben die besten Antikörper im Gedächtnis, die Qualität entscheidet, und nicht die Menge (3).

Immunität durch das immunologische Gedächtnis

Die Immunität durch das immunologische Gedächtnis beruht auf drei Säulen.

- Säule 1: Die Immunität durch Antikörper im Blut und anderen Körpersäften wird auch «humorale» Immunität genannt, abgeleitet vom griechischen «humos» für «Saft». Die Antikörper werden von Plasmazellen produziert, die aus aktivierten B-Zellen entstehen. Eine Plasmazelle kann dabei mehrere tausend Antikörpermoleküle pro Sekunde ausscheiden. Die meisten Plasmazellen des immunologischen Gedächtnisses sitzen im Knochenmark und beschützen uns von dort über Jahrzehnte, wenn nicht ein Leben lang (2). Antikörper schützen uns auf viele Arten und es gibt mehrere Sorten von Antikörpern. IgA-Antikörper auf den Schleimhäuten können, wenn sie als sogenannte neutralisierende Antikörper die Bindungsstelle eines Virus an seine Zielzelle blockieren, eine Infektion je nach Menge der Viren verhindern oder abschwächen, man spricht von «sterilisierender» Immunität, weil sie eine Infektion verhindert. Antikörper können die Viren aber auch einfach verklumpen, so dass sie mit dem Schleim ausgeschieden oder leichter von Fresszellen gefressen werden. IgG-Antikörper des Blutes sorgen dafür, dass die Viren sich im Körper nicht so leicht ausbreiten können.
- Säule 2: Gedächtniszellen vom B- oder T-Typ sind in grosser Zahl vorhanden und bereits auf einen bestimmten Fremdstoff programmiert. Sie bilden die «reaktive» Immunität. B-Zellen erkennen einen Fremdstoff auf ihrer Oberfläche. Auch von ihnen gibt es Millionen verschiedene, und jede B-Zelle erkennt nur ein ganz bestimmtes Fremdstofffragment. Kommt ein Fremdstoff in den Körper, werden die wenigen B-Zellen aktiviert, die ihn erkennen. Sie müssen sich zunächst vermehren, eine erste Immunreaktion läuft deshalb langsam an. In der Immunreaktion vermehren sich diejenigen B- und T-Zellen, die den Fremdstoff erkennen und effektiv eliminieren. Je weniger Fremdstoff noch da ist, desto besser müssen die Zellen ihn erkennen können, damit sie noch aktiviert werden. Und am Ende entwickeln sich die besten Zellen zu Gedächtniszellen, die für eine gewisse Zeit im Blut zirkulieren, auf Dauer aber auch im Gewebe überleben, zum Beispiel in der Lunge oder im Knochenmark (4). Sie verhindern zwar nicht eine erneute Infektion, aber sie reagieren bei einem weiteren Erregerkontakt schnell und schützen uns dann vor schweren Krankheitsverläufen.
- Säule 3: Zytotoxische Gedächtnis-T-Zellen sind Zellen, die die vom Virus befallenen Zellen im Körper erkennen und gezielt abtöten können. Auch diese T-Zellen gehören zum «reaktiven» Gedächtnis. Sie verhindern eine erneute Infektion nicht, aber sie verhindern die Ausbreitung des Virus im Körper, sie schützen uns so vor schweren Krankheitsverläufen.

Das immunologische Gedächtnis ist eine einzigartige Eigenschaft unseres Immunsystems. Durch die Gedächtniszellen wird die Erinnerung an einen Fremdstoff respektive an einen Erreger aufrechterhalten, selbst wenn dieser schon lange verschwunden ist. Das humorale, auch protektiv genannte Antikörpergedächtnis fängt Fremdstoffe ab, das reaktive Gedächtnis der B- und T-Zellen schützt uns vor schweren Krankheitsverläufen, es bildet schnell mehr und bessere Antikörper und eliminiert infizierte Zellen. Das reaktive Gedächtnis wird durch einen erneuten Kontakt mit dem Fremdstoff stimuliert. Es verstärkt (engl. «to boost») dann unser immunologisches Gedächtnis. Beim «Boostern» wird sowohl das reaktive als auch das humorale Gedächtnis verstärkt, es entstehen also auch neue Gedächtnis-Plasmazellen. Doch diese Verstärkung kennt Grenzen. So wie uns die Antikörper des humoralen Gedächtnisses vor Infektionen schützen, schützen sie uns auch vor immer neuen Impfungen mit demselben Impfstoff in derselben Dosis. Das Gedächtnis ist gesättigt; wiederholte Kontakte führen nicht mehr zur Reaktivierung des reaktiven Gedächtnisses. Es wird nur noch reaktiviert, wenn sehr viel mehr Fremdstoff oder ein deutlich veränderter Fremdstoff den Antikörperschutz überwindet.

Immunität messen

Es wird oft behauptet, das immunologische Gedächtnis könne man nicht «messen», aber in Wirklichkeit ist es nur etwas mühsam, alle verschiedenen Komponenten zu messen und die Messungen vergleichbar zu machen und zu standardisieren. Am einfachsten ist die Messung der Antikörper in den Körperflüssigkeiten durch Bindung an den Fremdstoff. Dabei kann man auch gleich ihre Funktion feststellen, also ob es IgM-, IgG- oder IgA-Antikörper sind. Etwas komplizierter ist die Feststellung, wie gut die Antikörper an den Fremdstoff binden, auch Avidität genannt. Was die Gedächtnis-Lymphozyten betrifft, ist es relativ leicht, ihre Zahl im Blut festzustellen. Informativer ist ihre Zahl jedoch im Knochenmark. Findet man Gedächtnis-Plasmazellen im Knochenmark, ist das ein untrügliches Zeichen für ein stabiles Immungedächtnis (3, 5).

Infektion mit SARS-CoV-2 – die erste Immunreaktion

Nach diesen allgemeinen Überlegungen können wir jetzt skizzieren, was passiert, wenn wir uns mit einem Virus infizieren: Das Virus gelangt durch die Atemluft über eine spezielle Andockstelle auf der Zelloberfläche (ACE-2) in die Zelle, vermehrt sich in ihr und zerstört sie zuletzt. Die dabei frei gewordenen Viren infizieren nun weitere Zellen. Warum reagieren wir so unterschiedlich darauf? Bei einigen, vor allem Kindern, kommt es gar nicht zu einer Erkrankung, die Viren verschwinden, bevor sie grossen Schaden angerichtet haben. Andere werden krank, sie bekommen eine Erkältung, ihr Geschmackssinn leidet und so fort, aber nach ein paar Tagen erholen sie sich. Wieder andere, vor allem ältere Menschen, erkranken schwer, ihre Lunge wird zerstört und die Krankheit kann tödlich verlaufen. Die völlig unterschiedliche Reaktion der Menschen auf die Infektion hat nicht nur damit zu tun, mit wie vielen Viren wir uns angesteckt haben, sie zeigt, dass unsere Immunsysteme sehr unterschiedlich sind.

Die Gene des Immunsystems gehören zu den vielfältigsten überhaupt, und jedes Immunsystem ist geprägt von den unterschiedlichen (immunologischen) Erfahrungen, die wir im Laufe unseres Lebens gesammelt haben. Dazu gehören durchlebte Infektionen ebenso wie Impfungen, aber auch unser unterschiedliches Mikrobiom. Bestimmte Bakterien des Mikrobioms imitieren zum Beispiel das Spike-Protein des SARS-CoV-2-Virus und können Antikörper dagegen induzieren, auch wenn wir weder infiziert noch geimpft wurden (6). Manche von uns haben auch schon Gedächtnis-T-Zellen gegen SARS-CoV-2, obwohl sie weder infiziert noch geimpft sind. Solche «kreuzreaktiven» Gedächtniszellen aus anderen Immunantworten können entweder schützen (7) oder schaden (8). Schliesslich gibt es noch sogenannte «erworbene Immundefizienzen», zum Beispiel wenn das Immunsystem Autoantikörper gegen körpereigenes Interferon macht und so einen der wichtigsten Botenstoffe der Immunreaktion gegen Viren ausschaltet (9). Dies ist von besonderer Bedeutung bei Covid-19, weil das Virus selbst in den infizierten Zellen den Botenstoff aktiviert, der die Immunreaktionen unterdrückt und bei Covid-19 zu schweren Krankheitsverläufen beiträgt (10, 11).

Wenn unser Immunsystem allerdings den Kampf gegen SARS-CoV-2 gewinnt und wir überleben, merkt es sich das Virus gut. Die Immunreaktion gegen das Virus kann monatelang dauern, die Zahl der Antikörper nimmt über ein halbes Jahr hinweg kontinuierlich ab, das Virus verschwindet. In dieser Zeit werden die Antikörper zwar weniger an der Zahl, aber immer besser. Am Ende werden nur noch die B-Zellen aktiviert, die Antikörper bilden, die auch noch sehr geringe Mengen des Virus erkennen. Antikörper, die so stark binden, dass sie das Virus auch noch erkennen, wenn es leicht verändert ist. Sie schützen also auch besser gegen die Varianten von SARS-CoV-2 als die Antikörper, die am Anfang der Immunreaktion gemacht werden. Um die Antikörper immer besser zu machen, durchlaufen ihre Gene in den B-Zellen eine Welle von Mutationen. Dadurch entstehen immer neue, leicht veränderte Antikörper. Die B-Zellen und Plasmazellen mit den besten Antikörpern werden dann bei diesem Optimierungsverfahren («Affinitätsreifung») für das immunologische Gedächtnis gespeichert. Wenn gar kein Virus mehr vorhanden und die Immunreaktion abgeschlossen ist, nisten sich diese Zellen im Knochenmark ein und werden zu Gedächtniszellen. Für SARS-CoV-2-Infizierte wurde beides nachgewiesen (5), sowohl die Affinitätsreifung (3), als auch die stabile Ansiedlung von Gedächtnis-Plasmazellen im Knochenmark (12). Die Zahl der Gedächtnis-Plasmazellen war dabei vergleichbar mit der Zahl der Gedächtnis-Plasmazellen gegen andere Krankheitserreger, zum Beispiel Tetanus. Auch die Antikörperspiegel blieben nach sechs Monaten konstant, nachdem sie in den ersten sechs Monaten nach der Infektion kontinuierlich abgefallen waren. Wurden die Genesenen danach noch einmal geimpft, gingen ihre Antikörperspiegel noch einmal drastisch nach oben, und der Schutz vor Infektionen nahm noch einmal zu (3). Wir wissen also, dass die meisten Menschen nach einer Infektion bereits ein stabiles, aber noch nicht ganz gesättigtes humorales und reaktives immunologisches Gedächtnis entwickelt haben.

Impfung gegen SARS-CoV-2

Auch die Impfung gegen SARS-CoV-2 induziert ein stabiles Immungedächtnis. Die meisten eingesetzten Impfstoffe wurden in der klinischen Erprobung zunächst zweimal verabreicht, die Messenger-RNA-Impfstoffe von Moderna und BioNTech im Abstand von drei und vier Wochen, der Adenovirus-basierte Impfstoff von AstraZeneca im Abstand von drei Monaten. Für zweimal mit dem BNT162b2-mRNA-Impfstoff von BioNTech Geimpfte konnte gezeigt werden, dass (a) die Affinitätreifung gut sechs Monate nach der zweiten Impfung braucht, (b) sich nach dieser Zeit Gedächtnis-Plasmazellen im Knochenmark angesiedelt hatten und (c), diese Gedächtnis-Plasmazellen die besten Antikörper produzieren (13). Ein wirkungsvolles immunologisches Gedächtnis hatte sich etabliert. Dementsprechend waren die Geimpften auch noch sechs Monate nach der zweiten Impfung sehr gut gegen eine Covid-19-Erkrankung geschützt, zu mehr als 95% gegen schwere Krankheitsverläufe (14). Es ist vorhersehbar, dass dieser Schutz durch das immunologische Gedächtnis stabil weiter erhalten bleibt, so wie nach einer Infektion (siehe oben).

In der Öffentlichkeit wird von immunologischen Laien allerdings oft eine andere Erwartungshaltung kommuniziert. Offenbar ist es schwierig, zu verstehen, dass in der Immunreaktion gegen das Virus oder den Impfstoff zunächst einmal sehr viele Antikörper gebildet werden, so viele, dass Infizierte und Geimpfte nicht nur vor schwerer Erkrankung, sondern auch vor Infektionen geschützt sind, dass dann die Immunreaktion über ein halbes Jahr hinweg abklingt, aber nicht bei null endet, sondern dass die besten Immunzellen ein immunologisches Gedächtnis bilden, das uns über Jahre schützt, auch wenn Impfstoff oder Virus schon längst verschwunden sind. Immunität entsteht also in zwei Phasen, der Immunreaktion, solange der Fremdstoff da ist, und dem immunologischen Gedächtnis danach, das uns über Jahrzehnte schützt (5). In der Immunreaktion wird das Virus aktiv bekämpft, auch neu hinzukommende Viren (Neuinfektion) oder Impfstoffe werden gleich neutralisiert. In der Gedächtnisphase ist der Schutz vor einer Neuinfektion reduziert, aber der Schutz vor schwerer Erkrankung bleibt. Zum einen weil die Antikörper des immunologischen Gedächtnisses effizient viele Viren ausschalten, bevor sie uns infizieren können, zum anderen, weil die Zellen des immunologischen Gedächtnisses sofort eine wirksame «sekundäre» Immunreaktion starten, die die restlichen Viren und Virus-infizierte Zellen ausschaltet.

Besonders beeindruckend an dieser Arbeitsteilung zwischen protektivem humoralen auf der einen und reaktivem Gedächtnis auf der anderen Seite ist, wie sich das Gedächtnis insgesamt an das Vorkommen der Viren in unserer Umgebung anpassen kann. Bei jeder sekundären Immunreaktion werden am Ende neue Gedächtnis-Plasmazellen gebildet, und die Menge an Gedächtnis-Antikörpern im Körper steigt. Dadurch steigt auch der Schutz vor einer Neuinfektion, denn es werden immer mehr Viren neutralisiert, bevor sie unsere Zellen infizieren und eine sekundäre Immunreaktion auslösen können. Dementsprechend werden auch die sekundären Immunreaktionen immer schwächer, bis sie schliesslich ganz unterbleiben, das immunologische Gedächtnis ist gesättigt.

Das können wir auch beim Impfen beobachten. Impft man nach der zweimaligen Grundimmunisierung mit mRNA-Impfstoffen noch ein drittes Mal («Boost»), gibt es eine drastische sekundäre Immunantwort (15), und voraussichtlich wird sich auch die Zahl der Gedächtnis-Plasmazellen signifikant erhöhen, damit auch der Spiegel der Antikörper in der Gedächtnisphase. Ihre Qualität wird davon abhängen, wie viel Zeit man dem Immunsystem gelassen hat, um die Affinität seiner Antikörper zu optimieren. Wir wissen, dass die Affinitätsreifung bei der Impfung mit mRNA-Impfstoffen auch sechs Monate nach der zweiten Impfung oder Infektion noch nicht abgeschlossen ist (3, 13). Während der Schutz vor schwerer Erkrankung auch ohne dritte Impfung sehr hoch ist, wird der Schutz vor einer Infektion durch die dritte Impfung stark verbessert. Doch das protektive humorale Gedächtnis schützt uns nicht nur vor einer Infektion mit dem Virus, sondern auch vor dem Impfstoff. Schon eine vierte Impfung mit derselben Dosis von demselben Impfstoff ist nicht mehr sehr effektiv (16), das immunologische Gedächtnis für SARS-CoV-2 nähert sich seiner Sättigung und schützt uns vor einer Infektion und immunologischen Laien, die uns immer wieder boostern wollen (17).

Fazit

- SARS-CoV-2-Immunität durch Immunreaktion und immunologisches Gedächtnis
- Die Immunreaktion dauert Monate und dabei wird die Immunität immer besser
- Die besten Immunzellen bilden das immunologische Gedächtnis
- Das immunologische Gedächtnis schützt uns über viele Jahre
- Infektion und Impfen induzieren ein stabiles immunologisches Gedächtnis
- «Boostern» verstärkt das immunologische Gedächtnis
- Nach zwei-/dreimal boostern ist das immunologische Gedächtnis aber gesättigt

Referenzen

1 Boehm T, Hirano M, Holland SJ, Das S, Schorpp M, Cooper MD. Evolution of Alternative Adaptive Immune Systems in Vertebrates. Annu Rev Immunol. 2018 Apr 26;36:19-42. doi: 10.1146/annurev-immunol-042617-053028.
2 Chang HD, Radbruch A. Maintenance of quiescent immune memory in the bone marrow. Eur J Immunol. 2021 Jul;51(7):1592-1601. doi: 10.1002/eji.202049012.
3 Wang Z, Muecksch F, Schaefer-Babajew D, Finkin S, Viant C, Gaebler C, Hoffmann HH, Barnes CO, Cipolla M, Ramos V, Oliveira TY, Cho A, Schmidt F, Da Silva J, Bednarski E, Aguado L, Yee J, Daga M, Turroja M, Millard KG, Jankovic M, Gazumyan A, Zhao Z, Rice CM, Bieniasz PD, Caskey M, Hatziioannou T, Nussenzweig MC. Naturally enhanced neutralizing breadth against SARS-CoV-2 one year after infection. Nature. 2021 Jul;595(7867):426-431. doi: 10.1038/s41586-021-03696-9. Epub 2021 Jun 14. PMID: 34126625; PMCID: PMC8277577.
4 Okhrimenko A, Human memory T cells from the bone marrow are resting and maintain long-lasting systemic memory. Proc Natl Acad Sci U S A. 2014 Jun 24;111(25):9229-34. doi: 10.1073
5 Radbruch A, Chang HD. A long-term perspective on immunity to COVID. Nature. 2021 Jul;595(7867):359-360. doi: 10.1038/d41586-021-01557-z. PMID: 34127832.
6 Justus Ninnemann, et al. Induction of cross-reactive antibody responses against the RBD domain of the spike protein of SARS-CoV-2 by commensal microbiota. doi: https://doi.org/10.1101/2021.08.08.455272
7 Loyal L, et al. Cross-reactive CD4+ T cells enhance SARS-CoV-2 immune responses upon infection and vaccination. Science. 2021 doi: 10.1126/science.abh1823.
8 Bacher P, et al. Low-Avidity CD4+ T Cell Responses to SARS-CoV-2 in Unexposed Individuals and Humans with Severe COVID-19. Immunity. 2020 Dec 15;53(6):1258-1271.e5. doi: 10.1016/j.immuni.2020.11.016. Epub 2020 Nov 26. PMID: 33296686; PMCID. PMC7689350.
9 Bastard P, et al. Untimely TGFβ responses in COVID-19 limit antiviral functions of NK cells. Nature. 2021 Dec;600(7888):295-301. doi: 10.1038/s41586-021-04142-6.
10 Witkowski M, et al, Untimely TGFβ responses in COVID-19 limit antiviral functions of NK cells. Nature. 2021 Dec doi:10.1038/s41586-021-04142-6.
11 Ferreira-Gomes M, et al. SARS-CoV-2 in severe COVID-19 induces a TGF-β-dominated chronic immune response that does not target itself. Nat Commun. 2021 Mar 30;12(1):1961. doi: 10.1038/s41467-021-22210-3.
12 Turner JS, et al. SARS-CoV-2 infection induces long-lived bone marrow plasma cells in humans. Nature. 2021 Jul;595(7867):421-425. doi: 10.1038/s41586-021-03647-4
13 Wooseob Kim, et al, Germinal centre-driven maturation of B cell response to SARS-CoV-2 vaccination. (2021) bioRxiv. 2021 Nov 2:2021.10.31.466651. doi: 10.1101/2021.10.31.466651. Preprint.
14 Thomas SJ, et al. Safety and Efficacy of the BNT162b2 mRNA Covid-19 Vaccine through 6 Months. NEJM 2021. doi: 10.1056/NEJMoa2110345.
15 Gilboa M, Mandelboim M, Indenbaum V, Lustig Y, Cohen C, Rahav G, Asraf K, Amit S, Jaber H, Nemet I, Kliker L, Bar-Haim E, Mendelson E, Doolman R, Rubin C, Regev-Yochay G, Kreiss Y. Early Immunogenicity and safety of the third dose of BNT162b2 mRNA Covid-19 vaccine among adults older than 60 years; real world experience. J Infect Dis. 2021 Nov 29:jiab584. doi: 10.1093/infdis/jiab584. Epub ahead of print. PMID: 34850049.
16 Israel Finds Fourth Pfizer Dose Produces Five-fold Increase in Antibodies, as Country Prepares to Launch Moderna Fourth Shot Trial (https://healthpolicy-watch.news/israel-finds-fourth-pfizer-dose-produces-five-fold-increase-in-antibodies-as-country-prepares-to-launch-moderna-fourth-shot-trial/; aufgerufen 12.1.22)
17 Krause PR, Fleming TR, Peto R, Longini IM, Figueroa JP, Sterne JAC, Cravioto A, Rees H, Higgins JPT, Boutron I, Pan H, Gruber MF, Arora N, Kazi F, Gaspar R, Swaminathan S, Ryan MJ, Henao-Restrepo AM. Considerations in boosting COVID-19 vaccine immune responses. Lancet. 2021 Oct 9;398(10308):1377-1380. doi: 10.1016/S0140-6736(21)02046-8. Epub 2021 Sep 14. PMID: 34534516; PMCID: PMC8437678.

14

Pietro Vernazza

SARS-CoV-2: Ein neuer Erreger und unsere Präventionsstrategien

Am Anfang kommt das Virus ...

Mit SARS-CoV-2 hat ein neuer Erreger den «Speziessprung», die Übertragung vom Tier auf den Menschen, geschafft. Ein seltenes, aber nicht unbekanntes Ereignis.

Wir waren schon mehrmals Zeuge von solchen Ereignissen. Unsere Grosseltern haben die grosse Spanische Grippe erlebt. Schon Kant hat eine Grippepandemie beschrieben und festgestellt, dass sich diese so schnell verbreitet, wie die Postkutsche fährt. Er hat daraus geschlossen, dass die Krankheit nicht wie bei der Pest durch Tiere, sondern von Mensch zu Mensch übertragen wird. In den letzten Jahren haben wir die Vogelgrippe (H5N1), SARS-1, MERS und dann 2009 die Schweinegrippe (H1N1-09) beobachtet. Die Wissenschaft hat bei jedem Ereignis dazugelernt. Die WHO hat Ende 2019 ein ausführliches Dokument verabschiedet, welches die Methoden der nichtpharmazeutischen Kontrolle von Pandemien beschreibt (1). Ein Dokument, welches auf über 200 Seiten (inklusive Anhang) alle Evidenz zu Präventionsmassnahmen zusammenstellt.

… und dann die Strategie

Die Grundsätze sind von den internationalen Experten im WHO-Dokument klar umschrieben. Das Dokument beschreibt sowohl Strategien als auch einzelne Interventionen, wie Hygienemassnahmen (Händewaschen, Schutzmaske etc), «physical distancing»-Massnahmen (inklusive Contact Tracing, Isolation, Quarantäne und Lockdowns), dazu weitere Massnahmen wie Reisebeschränkungen oder Desinfektionsmassnahmen.

Die Evaluation der WHO ist ernüchternd. Die Evidenz zur Wirksamkeit von Massnahmen wird als minimal eingestuft. Das wird oft interpretiert im Sinne von «Wir wissen noch nichts». Tatsächlich kann man die Daten auch anders deuten: «Nach allem, was wir wissen, zeigen die nichtpharmazeutischen Massnahmen eine geringe Evidenz.» Die WHO identifizierte Massnahmen mit geringer Evidenz und solche, welche aufgrund einer limitierten Wirksamkeit nicht oder nur in speziellen Situationen empfohlen werden. Es wurde aber auch festgehalten, dass zu vielen allgemein empfohlenen Massnahmen kaum eine brauchbare Evidenz besteht. Die Arbeit fokussiert auf die Influenza (Grippe), aber es gibt keinen Grund, die hier untersuchten Prinzipien nicht auch auf andere epidemisch auftretende Atemwegsinfektionen anzuwenden. Alle von der WHO beschriebenen Massnahmen wurden immer auf deren Wirkung zur Reduktion (nicht Verhinderung) der Ausbreitung eines Erregers («Mitigation») beurteilt.

«Containment»: Ausbreitung im Keim ersticken

Wenn ein neuer Erreger beim Menschen auftritt, wird man zunächst immer versuchen, die Weiterverbreitung auf andere Regionen zu verhindern. Diese erste Abwehrstrategie wird als Containment bezeichnet: Man will die Ausbreitung eines Erregers im Keim ersticken. Dies ist bei SARS-1, bei MERS und auch bei Ebola gelungen. Doch der Grund liegt weniger in der Effektivität der dazu gewählten Massnahmen, ihr «Erfolg» ist weitgehend den unterschiedlichen Eigenschaften des Erregers geschuldet (hohe Letalität, kaum Übertragung durch symptomlose Personen).

Containment zwecklos

Zunächst will jeder Staat versuchen, mittels Containment das Land frei von einem Erreger zu halten. Das ist auch die Situation – wir kennen sie gut von der Veterinärmedizin –, in der man Grenzbestimmungen einführt. Diese Strategie, die noch sehr lange von Neuseeland und manchen Inselstaaten verfolgt wurde, wird gelegentlich auch als «zero-case strategy» bezeichnet. Doch mit der raschen globalen Ausbreitung von SARS-CoV-2 war schon früh klar, dass ein Containment des Erregers illusorisch ist. Irgendwann werden dies auch die genannten Inselstaaten einsehen müssen.

Es gab bereits früh Experten, welche das Versagen einer Containment-Strategie postulierten. Am 24. Februar 2020 erklärte der Harvard-Epidemiologe Marc Lipsitch, dass ein Covid-Containment unmöglich sei, ja dass wir alle mit SARS-CoV-2 angesteckt würden (2). Er sagte auch voraus, dass bis Ende 2021 40 bis 70% der Weltbevölkerung die Krankheit durchgemacht haben würden. Letztlich werde die ganze Bevölkerung ein- oder mehrmals mit dem Erreger in Kontakt kommen. Gleichzeitig hat er auch erwähnt, dass viele Erkrankungen mild oder ohne Symptome verliefen. Die Erkenntnis, dass ein Containment nicht mehr möglich ist, war somit bereits zu Beginn der Pandemie einigen Fachleuten bekannt.

Strategiewechsel *zwingend*

Mit dieser Erkenntnis war auch klar, dass die Präventionsarbeit in allen Ländern aufgebaut werden muss, unabhängig von lokalen Fallzahlen. Ein Strategiewechsel von «Containment» zu «Mitigation» wird zwingend: Die «Abschwächungsmassnahmen» sollen die Ausbreitungsgeschwindigkeit einschränken. Dabei kann das deklarierte Ziel sein, die Überlastung des Gesundheitssystems zu verhindern. In ihrem zuvor genannten Strategiepapier hat die WHO 2019 klar das Ziel «Flattening the curve» beschrieben: Das Gesundheitssystem wird vor Spitzenbelastungen bewahrt. Massnahmen zur Reduktion der Ausbreitung einer neuen respiratorischen Virusinfektion wie Influenza sollen durch eine Verzögerung des Anstiegs nicht die Gesamt-Fallzahlen, sondern deren Dynamik reduzieren.

Wenn nun Regierungen eine Präventionsstrategie entwickeln wollen, so müssen sie zunächst einmal eine klare Zielvorstellung haben. Diese wird sich bei uns am Zweckartikel des Epidemiengesetzes (Art. 2, Abs. 2f) ausrichten müssen: «Mit den Massnahmen (...) sollen (...) die Auswirkungen von übertragbaren Krankheiten auf die Gesellschaft und die betroffenen Personen reduziert werden.» Die Frage sei erlaubt, ob die Forderung eines Parteivorsitzenden «Jeder Tote ist einer zu viel» den Gesetzesauftrag «Auswirkungen reduzieren» nicht etwas absolut interpretiert (3).

In der Schweiz wurde dabei immer wieder betont, dass das primäre Ziel die Sicherstellung der Gesundheitsversorgung sei. Ein nachvollziehbares Ziel im Interesse der Öffentlichkeit. Somit war klar, dass man sich am WHO-Ziel «Flattening the curve» respektive «Mitigation» orientieren musste.

Doch die Zieldefinitionen vieler europäischer Länder haben sich im Laufe der Zeit immer wieder geändert, auch in der Schweiz. Es fehlte eine einheitliche und klare Kommunikation des Bundes zum übergeordneten Ziel aller Präventionsmassnahmen. Im März wurde «Flattening the curve» zur Entlastung des Gesundheitssystems angekündigt. In der Folge haben Bund und andere Instanzen immer wieder weitere Ziele hinzugefügt: Zuerst die Senkung der Todesfallzahlen, bald wurden die Gesamtfallzahlen in der öffentlichen Kommunikation ins Rampenlicht gerückt und blieben über zwei Jahre eine wichtige Zahl in den nationalen Nachrichten. Weitere Messgrössen kamen dazu: Die positive Testrate, dann der Anteil an neuen Varianten, Gamma, Delta und zuletzt Omikron. Als bekannt wurde, dass die meisten «Fälle» unspektakulär milde verlaufen, wurden neue Ziele formuliert, wie die Verhinderung von «Long Covid». Und plötzlich sprach man auch vom «PIMS», einer sehr seltenen, aber schweren Entgleisung des Immunsystems bei Kindern (4). Fraglich bleibt, ob dies überhaupt Präventionsziele sind, und wenn, ob diese tatsächlich noch dem gesetzlichen Auftrag (siehe oben) gerecht werden. Denn die staatlich verordneten Massnahmen zur Erfüllung des gesetzlichen Auftrages müssen nicht nur tauglich, sondern auch verhältnismässig sein. So kann es nicht Aufgabe des Staates sein, alle Gesundheitsanliegen der Bevölkerung abzudecken. Eine Public-Health-Strategie orientiert sich, dem gesetzlichen Auftrag folgend, an einer klaren Zieldefinition.

Natürlich gibt es noch untergeordnete Teilziele, so zum Beispiel der Schutz der besonders vulnerablen Population. Dieses Ziel dient auch gleichzeitig dem Schutz des Gesundheitswesens. Doch wenn Ideen in dieser Richtung geäussert wurden, dann eher als «Einsperren der Alten», kein wirklich attraktiver Vorschlag. Die Entwicklung von besseren Methoden zum gezielten Schutz der vulnerablen Personen könnte bestimmt noch gefördert werden. Die entsprechende Diskussion ist längst nicht abgeschlossen.

Zielfokussierung: Flattening the Curve

Wenn der Bund nun tatsächlich das Ziel «Schutz des Gesundheitswesens» formuliert, so müsste dies einige Anpassungen der Massnahmen zur Folge haben. Denn wir wissen seit Jahrzehnten, dass Ausbrüche von Infektionskrankheiten der Atemwege, einschliesslich der bekannten Coronaviren, erstens in Wellen verlaufen und zweitens in unseren Breitengraden im Sommer deutlich seltener auftreten. Tatsächlich ist das wellenförmige Auftreten solcher Epidemien als Phänomen sehr gut bekannt, auch wenn über die Gründe des Phänomens noch spekuliert wird. Aber wenn es nur um «Flattening the curve» geht, hätten wir in den ruhigen Sommermonaten 2020 eigentlich alle Massnahmen aufheben können. Eine Gefährdung des Gesundheitssystems bestand damals nicht.

Schutzmassnahmen, bis alle geimpft sind

Mit der im Herbst 2020 eher überraschenden Erkenntnis, dass eine Covid-Impfung bald verfügbar sein werde, ergaben sich verständlicherweise neue Optionen: Wir haben verstanden, dass alle Menschen in den folgenden Jahren mit dem Virus in Kontakt kommen werden. Gelingt eine weitere Verzögerung der Ausbreitung, könnten in Zukunft mehr Infektionen dank Impfung milder verlaufen. Sicher vernünftig: Ausbreitung verzögern, damit vor allem besonders gefährdete Personen noch rechtzeitig vor einem schweren Verlauf verschont bleiben (siehe Beitrag von Radbruch auf Seite 148 ff.).

Korrekt zu Ende gedacht müsste das dann heissen, dass man die Präventionsmassnahmen so lange weiterführt, bis alle gefährdeten Personen, die geimpft werden wollen, die Gelegenheit dazu hatten. Konsequenterweise hat Bundesrat Berset am 12.5.2021 in der Medienkonferenz verkündet, grossflächige Einschränkungen seien nicht mehr gerechtfertigt, wenn alle Impfwilligen geimpft sind (5). Doch obwohl bereits im Juni 2021 die meisten Impfzentren nicht mehr ausgelastet waren, war von Lockerungen nicht viel zu spüren (6).

Diese Aufschubstrategie beobachteten wir dann andernorts auch später wieder: Bereits wurde im Januar 2022, mitten im Omikron-Ausbruch, mit der Ankündigung von möglicherweise wirksamen Medikamenten für Risikopatienten gefordert, man solle doch jetzt die weitere Ausbreitung von Covid-19 mit allen Mitteln verhindern, damit diese besonders gefährdeten Menschen noch von den neuen Medikamenten profitieren können (7). Diese Forderung aus den USA hörte man in der Schweiz allerdings selten.

Massnahmen zur Zielerreichung

Im Folgenden beschränken wir uns auf Präventionsmassnahmen im Interesse der öffentlichen Gesundheit. Nicht Gegenstand dieser Überlegungen sind Massnahmen, die das Individuum für sich entscheiden kann oder welche zum Beispiel in einem Spital zum Schutze von Mitarbeitern oder Patienten eingesetzt werden. Angenommen, das Ziel der staatlichen Präventionsmassnahmen sei der Schutz des Gesundheitssystems, und angenommen, wir einigen uns darauf, dass eine Null-Covid-Strategie sinnlos sei: Dann können wir uns zur Zielerreichung zweckdienliche Massnahmen überlegen.

Vereinfacht können wir sie unterteilen in

- klassische nichtpharmakologische Massnahmen,
- technologische Ansätze wie Testen oder Zertifikatseinsatz,
- Schutzimpfung und frühzeitige Behandlung.

Zentral bleibt dabei immer die Kommunikation. Seit Beginn der Covid-Pandemie war die Berichterstattung teilweise angstgeprägt. Auch die in der Bevölkerung weit verbreitete Vorstellung, «Ich darf auf keinen Fall an Covid erkranken», basiert auf weitgehend unbegründeten Ängsten. Um sinnlosen Forderungen nach einer Null-Covid-Strategie zu begegnen, wäre eine Intensive Kommunikationsarbeit nötig, welche übertriebene Ängste abbaut. Über die Bedeutung der Angst berichtet Heinz Schott in diesem Band (Seite 278ff.). Doch Angst fördert irrationales Handeln und ist keine Hilfe bei der Präventionsarbeit, wie wir aus Erfahrungen bei der Nikotin- oder Aids-Prävention wissen. Daher ist es zentral, dass eine Präventionskampagne auch entsprechende angstreduzierende Massnahmen einbezieht.

Im Oktober 2020 hatte ich Gelegenheit, mit Personen aus der Amtsleitung des BAG Strategieaspekte zu diskutieren. Auf meine einleitende Einführung: «Das Hauptproblem bei der Covid-Epidemie sei doch die Angst», ist mein Gegenüber erstarrt und hat entsetzt erwidert: «Ja, aber man MUSS doch Angst haben!» Möglich, dass meine Strategieüberlegungen in dieser von Angst geprägten Stimmung ungehört blieben.

Unsichere Wirksamkeitsdaten erfordern Evaluation

Das erwähnte WHO-Dokument von 2019 empfiehlt die bekannten Hygieneregeln: Hände waschen, Hustenetikette und bei Krankheitsgefühl zu Hause bleiben als zentrale Massnahmen (1). Diese Massnahmen überzeugen vor allem wegen der Einfachheit ihrer Umsetzung und waren deshalb auch nie umstritten. Sie auf unbestimmte Zeit fortzusetzen, ist wohl unproblematisch. Corona ist nicht Influenza. Daher mussten die WHO-Empfehlungen mit Vorbehalt berücksichtigt werden, auch wenn biologisch viele Ähnlichkeiten bestehen. Angesichts der grossen Angst in der Bevölkerung musste zur Festlegung der anfangs einzuleitenden Massnahmen rasch entschieden werden. Ein Lockdown war – auch wenn Schweden einen anderen Weg einschlug – kaum zu umgehen. Auch aus den Erfahrungen zur Spanischen Grippe 1918 wissen wir, dass damals Schulschliessungen fast überall zum Massnahmenkatalog gehörten. Doch bereits am 6. April 2020 liessen neue Daten zur Epidemie bei Kindern vermuten, dass man auf Schulschliessungen verzichten könnte (8). Eine Öffnung der Schulen nach den Osterferien hätte man zumindest vertieft diskutieren können. Denn es zeichnete sich damals international schon sehr klar ab, dass die Kinder nicht die «Treiber» der Epidemie waren. Dies ist eine wichtige Erkenntnis, die gegen eine Schulschliessung spricht. Bereits 2011 hat der zuvor zitierte Epidemiologe Lipsitch in einer Analyse der Massnahmen aller Pandemien der letzten hundert Jahre festgestellt, dass aufgrund trockener Luftverhältnisse Schulschliessungen während der Wintermonate kaum wirksam sind (9). Drei Jahre später kam eine ausführliche Literaturanalyse des englischen Gesundheitsamtes zum gleichen Schluss (10); zusätzlich stellten die Autoren fest, dass Schulschliessungen nur dann wirksam sind, wenn Kinder häufiger infiziert werden als Erwachsene. Doch genau diese beiden Voraussetzungen, die gegen Schulschliessung sprachen (Wintersaison und geringere Infektionsrate bei Kindern), waren während des ersten Lockdowns erfüllt. Natürlich konnten die Berater des Bundesrates all diese Evidenzen nicht bei der Beschlussfassung am 13.3.2020 konsultiert haben. Aber der Bundesrat wäre gut beraten gewesen, hätte er auch weitere Experten einbezogen, welche nicht nur modernes Modellierwissen, sondern auch klinische Erfahrung im Umgang mit Pandemien mitgebracht hätten. Die Evidenz, welche eine mangelnde Wirksamkeit von Schulschliessungen begründet hätte, war auf jeden Fall vorhanden. Gerade wenn die Behörden unter grossem Zeitdruck und mangelnder Evidenzlage entscheiden müssen, scheint es zwingend, dass die Entscheidungen laufend überprüft und deren Auswirkungen überwacht werden. Eine Re-Evaluation der Schulschliessungen während der Osterferien und die Öffnung der Schulen nach den Ferien wären eine solche Option gewesen. Viele Eltern und Kinder hätten von dieser Massnahmenkorrektur profitieren können.

Evaluation ist Bestandteil jeder Intervention

Leider ist die hier gemachte Aussage zur mangelhaften Evaluation der Schulschliessung für viele Massnahmen zutreffend. Viele der zum Teil kostspieligen Massnahmen, auf die wir noch zu sprechen kommen, wurden kaum einer Begleitevaluation unterzogen. Oder diese wurde nicht bekannt gemacht. Wir können nur hoffen, dass das noch erfolgen wird. Aber für eine bereits zwei Jahre dauernde Pandemie wäre es notwendig, dass Massnahmen regelmässig überprüft, allfällige Strategieanpassungen evaluiert und auch öffentlich kommuniziert würden.

Quarantäne und Isolation/Contact Tracing

Zu den klassischen Massnahmen zur Prävention der Ausbreitung einer Infektionskrankheit gehören Isolation und Quarantäne. Zwei Begriffe, die immer wieder verwechselt werden, wie wir kürzlich wieder erfahren mussten (11). Quarantäne ist eine notwendige Massnahme bei der Containment-Strategie: Will man eine weitere Ausbreitung zu 100 % vermeiden, müssen Personen, welche mit einer infizierten Person Kontakt hatten, von anderen Personen getrennt werden. Doch in der Situation der Mitigation, in der wir uns seit spätestens März 2020 befinden, ist eine Quarantäne-Massnahme von geringem Nutzen. Im Mai 2020, als wir uns beim BAG nach den Erfahrungswerten der Quarantäne erkundigten, wurde uns mitgeteilt, diese Daten auszuwerten sei Aufgabe der Kantone. Jetzt sollen also 26 Kantone eine epidemiologische Untersuchung starten, aussichtslos! Wir hatten im

Kanton St. Gallen die Erfahrungen mit der Quarantäne überschlagsmässig ausgewertet: Von 100 Personen, die während 10 Tagen mit niemandem mehr Kontakt pflegen durften, erkrankten 3 bis 4 Personen während dieser 10 Tage an Covid. Doch praktisch alle diese erkrankten Kontaktpersonen gehörten auch in den Haushalt der ursprünglich als infiziert gemeldeten Person. Die Kantone durften also mit eigenen Mitteln herausfinden, dass die Quarantäne fast wirkungslos war, aber abschaffen durften sie sie nicht. Es dauerte dann bis Januar 2022, bis man die Aufhebung der Quarantäne diskutieren durfte. Als Grund wurde «Omikron» gehandelt. Aber tatsächlich gab es schon längst keine Argumente mehr für das Quarantäne-Regime. Insbesondere war es kaum vernünftig umsetzbar noch gab es einen Nachweis für dessen Wirksamkeit.

Contact Tracing – die Illusion der Sherlock-Holmes-Agenten

Anders ist die Situation mit der Isolation: Dabei geht es darum, eine weitere Übertragung von Personen, die krank sind, zu verhindern. Wer krank ist, geht nach Hause und bleibt 10 Tage isoliert. Am Schreibtisch ist diese Empfehlung rasch formuliert. Aber wer sich dann zu Hause mal isoliert und für Essen und Trinken sorgen muss, erkennt die Probleme bei der Umsetzung. Vernünftig ist, wenn Personen, die sich krank fühlen, zu Hause bleiben. Doch gut 50% aller Übertragungen sind erfolgt, bevor die Person selbst krank war. Wer Symptome hat, soll zuerst in ein Testzentrum mit der Empfehlung, sich danach zu isolieren. In der Regel 12 bis 24 Stunden später erhält man den Testbefund und bald das Telefonat des überlasteten Contact Tracing. Dieses wird nach Kontaktpersonen der letzten zwei Tage fragen. Erfasst werden dabei nur diejenigen, mit welchen die infizierte Person mehr als 15 Minuten Kontakt hatte, ohne eine Maske zu tragen. Diese infolge Praktikabilität der Umsetzung notwendige Einschränkung wird viele potentiell infizierte Personen ausschliessen. Eine ausführliche Argumentation zu den Mängeln dieses Vorgehens findet sich bei Madhi (12). Wir wollen gar nicht wissen, welche Lohnkosten all die gegen Tausend Contact Tracer in den Kantonen ausgelöst haben. Contact Tracing ist während der Ausbreitung einer Infektion ein Thema, aber bei einer etablierten Infektion grosser Bevölkerungsteile dürfte sich der Nutzen gegen null bewegen. Auch die zur Frühwarnung eingeführte Swiss Covid App hat so viel wie gar nichts erreicht. Eine abschliessende offizielle Evaluation des Contact Tracing steht noch aus.

Noch schwieriger zu beantworten dürfte die Frage nach der Evidenz für eine 10-tägige Isolationsdauer sein. Die kurze Antwort: Es gibt sie nicht. Eine kurze, dem BAG vorgelegte Literaturanalyse stellte fest, dass es durchaus vertretbar wäre, nach einem symptomfreien Tag wieder zur Arbeit zu gehen (13). Doch das BAG wollte in Anlehnung an unsere Nachbarländer bei den 10 Tagen Isolationsdauer bleiben. Diese Position kam erst im Januar 2022 ins Wanken, als Omikron uns dazu zwang.

Der zentrale Punkt bei der Beurteilung von Quarantäne und Isolationsmassnahmen ist erneut die Frage der Zielsetzung: Die Erwartung der Bevölkerung ist noch vielerorts, dass man ganz sicher sein will, dass keine einzige Ansteckung erfolgen wird, «Null-Risiko». Doch wenn man dies wie Madhi (12) zu Ende denkt, wird man bald erkennen, dass wir mit Kanonen auf Spatzen schiessen, währenddessen die Infektionen unbeachtet weiter übertragen werden. Denn das höchste Risiko der Übertragung auf weitere Personen besteht 0,7 Tage vor Symptombeginn (14). Nach Abklingen der Symptome dürfte der Anteil auf unter 20% absinken, was den Effekt einer 10-tägigen Isolationsdauer in Frage stellt.

Konkret heisst dies: Eine Krankheit, die je nach Alter in 30 bis 80% der Fälle ohne Symptome verläuft (15, 16), können wir nicht effizient bekämpfen, indem wir Massnahmen anordnen, welche einen kleinen Bruchteil der tatsächlich zu erwartenden Übertragungen avisiert. Eine solche Strategie erfüllt die geforderten Kriterien eines wirksamen, zweckmässigen und wirtschaftlichen Einsatzes von Präventionsmitteln in keiner Weise.

Erfüllen Masken die in sie gesteckten Erwartungen?

Nicht behandeln möchten wir hier gut gemeinte Abstandskleber am Boden, gesperrte Pissoirs oder die überall aufgebauten Plexiglastrennscheiben. Vermutlich ohne Evidenz, dafür einträglich für diejenigen, die sie installieren durften. Ob sie die Angst der Bevölkerung reduziert oder eher erhöht haben, bleibt offen. Auch weitere Massnahmen wie Desinfektionsmittelspender in jedem Eingangsbereich könnte man in Frage stellen.

Doch sicher lohnt es sich, nach all den Diskussionen zu den Masken die Evidenz ihrer Wirksamkeit zu diskutieren. In den Medien, aber auch unter Medizinern zirkulieren dazu viele Argumente, weshalb Masken doch ein wirksames Mittel darstellen. Ich würde auch nie behaupten, dass Masken keine Wirkung haben. Die Frage, die sich stellt, ist nicht, ob eine Maske das Risiko der Weitergabe eines Virus reduziert. Der Einzelfall oder die Anwendung im Spitalalltag ist nicht das, was es hier zu diskutieren gilt. Klären müssen wir die Frage, ob die Empfehlung des Maskentragens eine messbare Wirkung auf die Geschwindigkeit der Ausbreitung der Pandemie hat, so wie dies Rochelle Walensky, die Direktorin der US-Gesundheitsbehörde CDC im November 2021 twitterte: *«Masken können helfen, die Covid19-Infektionsrate um mehr als 80% zu senken»* (17).

Die bereits zitierte WHO-Analyse (1) bestätigt, wonach wir uns in der Medizin schon lange richten: Menschen, die selbst krank sind, können das Risiko einer Übertragung der Virusinfektion durch das Tragen einer chirurgischen Maske reduzieren. Die Wirkung von Masken zum Schutze gesunder Personen ist schwieriger nachzuweisen. Die WHO stellt fest, dass als Pandemievorsorge alle Personen mit Symptomen eine chirurgische Maske tragen sollen.

Sie schreibt aber auch, dass zwar wenig Evidenz für das Tragen einer Maske durch Gesunde spreche, aber dass man angesichts der einfachen Intervention bei besonders hohen Fallzahlen die Maske für ausgewählte Situationen allen empfehlen könne. Eine FFP2-Maske wird ausserhalb des medizinischen Settings nicht generell empfohlen. Natürlich kann eine Person, aus welchen Überlegungen auch immer, für sich entscheiden, eine FFP2-Maske zu tragen.

Tatsächlich wurde die Maske dann aber in der Schweiz und international zum ständigen Begleiter. Beim Einkaufen oder bei Fahrten im ÖV ist sie seit langem Pflicht, in anderen Ländern wird sogar eine FFP2-Maske vorgeschrieben.

Die Wirkung der Maske wurde in der Öffentlichkeit vermutlich überschätzt. In medizinischen Fachzeitschriften wurde immer wieder betont, dass trotz geringer Evidenz einer Wirksamkeit die einfache Anwendung – was mindestens für die chirurgischen Masken gilt – für deren Anwendung in der Öffentlichkeit und im Gesundheitsbereich spricht (18, 19). Auch eine aktualisierte Metaanalyse der Cochrane Library kommt zum Schluss, dass «wir unsicher sind, ob Masken eine Ausbreitung von Viruskrankheiten verlangsamen» (20). Dass die Wirkung der Masken tatsächlich auch für Covid überschätzt wird, konnten zwei Studien zeigen, welche die Schutzwirkung des Maskentragens in einem randomisierten Versuch untersucht haben.

Die erste der beiden Studien aus Dänemark hat keine Wirkung dokumentieren können (21). Allerdings haben diese Autoren eine Wirksamkeit von 50% erwartet. Das negative Resultat der Studie kann somit eine geringere Wirkung der Masken nicht ausschliessen. Doch wenn man bedenkt, dass einige Leute im ÖV sehr besorgt sind, wenn jemand keine Maske trägt, dann ist auch dieses Studienresultat wertvoll: Eine wirklich relevante Wirkung auf die Ausbreitung von Covid können wir vom Tragen der Schutzmasken nicht erwarten.

Die zweite, ebenfalls randomisierte Studie wurde in Bangladesh durchgeführt (22). Hier wurden nach Zufallsprinzip einzelne Ortschaften für eine intensivierte Maskenempfehlung ausgewählt, die Bewohner intensiv geschult und gratis mit Masken versorgt.

In dieser Studie war der Unterschied der Infektionsraten in den beiden Gruppen signifikant, aber der Netto-Effekt war bescheiden: In den Dörfern mit Maske wurden innert 3 Monaten 0,68% der Bevölkerung neu infiziert, verglichen mit 0,76% in den Kontrollgemeinden ohne Masken (Unterschied rund 10%). Allerdings wurde die Empfehlung zum Tragen der Maske nicht in 100% der Kontakte befolgt, sodass das Potential der Wirkung einer gesetzlich vorgeschriebenen Pflicht sicher höher sein dürfte.

In der HIV-Präventionsarbeit haben wir gelernt, dass die Motivation von Menschen zur Eigenverantwortung funktioniert. Ob Massnahmen mit eher bescheidener Wirkung als Zwangsmassnahmen einer Behörde sich längerfristig als sinnvoll erweisen, bleibt offen.

Mit den uns verfügbaren Daten hätten wir längst dazu übergehen können, den Menschen das Tragen einer Maske in ihrem eigenen Interesse zu empfehlen, ohne dabei eine Explosion der Fallzahlen befürchten zu müssen. Die vielen gesunden Personen, welche schon eine Covid-19-Krankheit durchgemacht haben, werden von der Maskentragpflicht kaum profitieren, denn Zweiterkrankungen sind selten und verlaufen in der Regel mild. Die Zahl von Genesenen wird mit der Omikron-Welle massiv ansteigen. Und diejenigen, die sich besonders schützen wollen, aus Angst oder wegen besonderer Risikofaktoren, sind immer noch gut beraten, dies mit einer chirurgischen oder einer FFP2-Maske zu tun. An dieser Stelle sei der Vergleich mit Schweden erlaubt: Hätten die Masken eine relevante Wirkung gezeigt, müssten wir deutlich besser dastehen als die Schweden, welche nie ein Maskenobligatorium einführten. Mehr dazu später.

Lockdown und «Physical Distancing» – sind sie wirksam?

Wie erwähnt, wird wohl niemand dem Bundesrat einen Vorwurf machen, dass er unter Zeitdruck und den Entwicklungen in den umliegenden Ländern folgend am 13.3.2020 einen Lockdown ankündigen musste. Doch wie bei der Massnahme Schulschliessungen müssen auch alle übrigen Massnahmen gut untersucht und vor allem muss deren Wirksamkeit permanent unter Einbezug interner und externer Daten überwacht werden.

Kritischer wird die Beurteilung von anderen Massnahmen. Auch wenn mir keine Evaluation der Lockdown-Massnahmen in der Schweiz bekannt ist, so sind doch Evaluationen in zahlreichen Ländern durchgeführt und publiziert worden. Die 2019 vorsichtig formulierte Zurückhaltung der WHO zur Wirksamkeit von Massnahmen wurde in der Übersicht der bis Herbst 2021 publizierten Daten von Joffe & Redmann bestätigt (23). Die am 22.11.2021 publizierte Arbeit fasst in Tabellenform die 16 publizierten Arbeiten (in Tab. 3) und die 11 nur als Preprint vorhandenen (in Tab. 4) zusammen. Die zitierten Arbeiten konnten entweder keine signifikanten Wirkungen nachweisen (meist nur «Trend») oder die signifikanten Wirkungen blieben insgesamt sehr bescheiden. So schrieb zum Beispiel D.W. Allen: «Lockdowns have at best a marginal effect», und stellt fest, dass die Sterberate über einen längeren Zeitraum betrachtet durch die Lockdowns unbeeinflusst blieb (24). Als besondere Arbeit ist der Review von Islam et al. hervorzuheben (25): Diese Autoren untersuchten Daten von 149 Ländern. Die Autoren kamen zum Schluss, dass insgesamt «physical distancing»-Anstrengungen die Infektionsrate um 13% reduziert haben. Dies ist in der gleichen Grössenordnung wie andere Studien, welche einen marginalen Effekt zeigen konnten. Zusätzlich haben sie aber versucht, den Effekt einzelner Massnahmen zu beschreiben, indem sie verschiedene Kombinationen von Massnahmen unterschiedlicher Länder verglichen haben. Dabei konnten sie zwölf Länder in den Vergleich einbeziehen, welche KEIN Verbot von Grossanlässen einführten. Sie fanden heraus, dass die Gesamtheit der Massnahmen in diesen zwölf Ländern nicht mehr zu einer signifikanten Reduktion der Fallzahlen geführt hat. Die Zahlen sind klein, aber es ist durchaus möglich, dass ein kurzfristiges Verbot von Grossveranstaltungen im Rahmen eines drohenden Kollapses des Gesundheitssystems den grössten Effekt haben könnte.

Das Hauptproblem dieser Evaluationen ist, dass dabei oft nicht das primäre Präventionsziel, der Schutz des Gesundheitssystems, sondern die Infektionszahlen als Messgrösse für die Effektivität verwendet werden. Die Hospitalisations- oder Sterbezahlen könnten als mögliche Kenngrösse eventuell nützlicher sein.

Ein Vergleich benachbarter Staaten

Eine interessante Datenquelle zur Beurteilung der Wirksamkeit von Massnahmen hat die Johns Hopkins Universität aufgebaut. Auf ihrer Homepage kann man die grafische Darstellung der Fallzahlen im Verlauf für jeden US-Bundesstaat aufrufen.

Abbildung 1: Fallzahlen und beschlossene Massnahmen in den benachbarten US-Staaten South und North Dakota

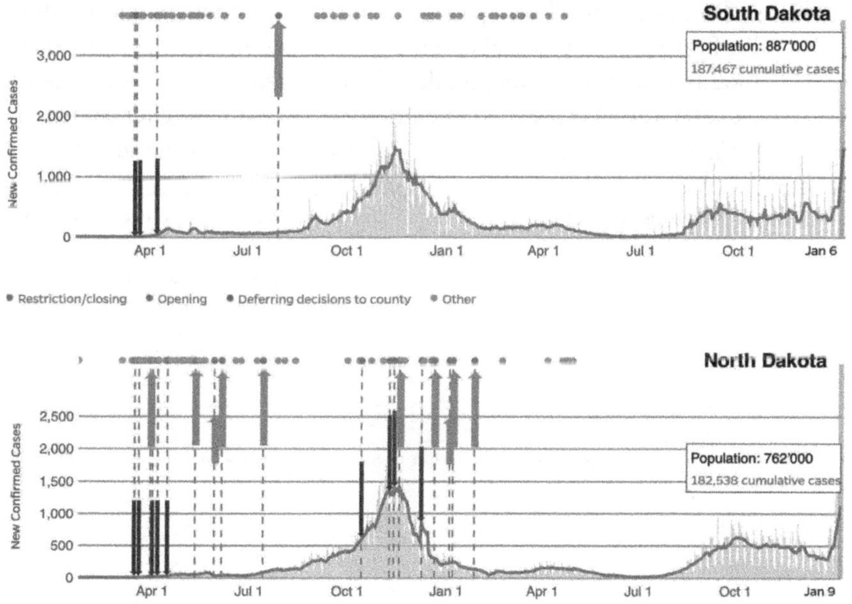

Quelle: Johns Hopkins University

Zusätzlich haben die Epidemiologen in der Grafik auch die Einschränkungen (Restrictions) und die Lockerungen (Openings) von Massnahmen dargestellt, in Abbildung 1 die entsprechenden Grafiken der beiden benachbarten Staaten South und North Dakota. Die beiden Staaten sind direkt benachbart, ungefähr gleich gross (Population South Dakota 16% grösser) und von der Altersstruktur her ähnlich. Auf den ersten Blick sieht man praktisch dieselben Fallzahlkurven in den beiden Staaten. Die gesamte Fallzahl bis zum 9.1.2022 ist ebenfalls vergleichbar (pro 100 000 Einwohner etwas höher in North Dakota). Aber auffallend ist der grosse Unterschied der getroffenen Massnahmen. So hat South Dakota zuletzt am 7. April 2020 noch neue, allerdings milde Einschränkungen empfohlen (allgemeine Hygieneempfehlungen der US-Gesundheitsbehörde CDC beachten sowie Empfehlung, dass Menschen über 65 Jahren mit besonderen Gesundheitsproblemen zu Hause bleiben sollen). Und am 29. Juli 2021 wurde auch der Verzicht von Masken in Schulen und Schulschliessungen kommuniziert. Die dunkelgrauen Pfeile nach unten in North Dakota zeigen die zahlreichen Massnahmen inklusive Schul- und Restaurantschliessungen. (Hinweis: In der farbigen Online-Darstellung auf *Corona-Elefant.ch* ist jede Massnahme über die Zeit durch Klick auf die Punkte oben referenziert.) Das Beispiel ist kein Einzelfall. Ähnlich verhält es sich mit anderen benachbarten, vergleichbaren Staaten, zum Beispiel Minnesota und Wisconsin. Auch die Mortalitätszahlen sind vergleichbar.

Bereits während der Spanischen Grippe 1918 wurde beobachtet, dass eine frühe Einführung von einschränkenden «physical distancing»-Massnahmen eine signifikante Senkung der maximalen Todesfallzahlen zur Folge hatte (26). Doch interessanterweise fand sich kein eindeutiger Einfluss solcher Massnahmen auf die gesamten Todesfallzahlen. Diese Erfahrungen legen nahe, dass sich die Strategie

Abbildung 2: Kumulative Übersterblichkeit Schweden vs. Schweiz pro 100 000 Einwohner

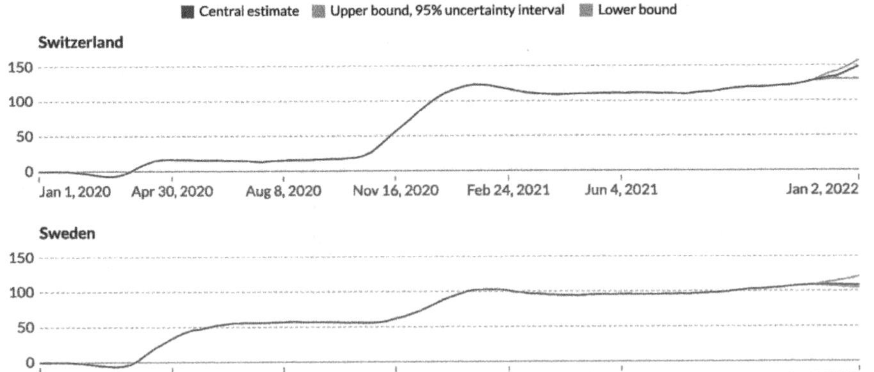

Quelle: OurWorldinData.org

«Flattening the curve» zum Schutz des Gesundheitssystem eignet, doch einen Einfluss auf die Gesamttodesfallzahlen nicht unbedingt zu erwarten ist.

Dieser minimale Einfluss von Massnahmen lässt sich auch grafisch (Abbildung 2) beim Vergleich der kumulativen Übersterblichkeit von Schweden und der Schweiz wiederfinden (27). Zu Beginn der Pandemie haben viele Menschen in der Schweiz die «lasche» Haltung des schwedischen Gesundheitsamtes angeprangert. Doch der Verlauf zeigt, dass die hohe Übersterblichkeit zu Beginn der Epidemie später überkompensiert wurde. Speziell an der Corona-Pandemie dürfte sein, dass die Todesfälle, gerade in Schweden, eine hochbetagte Population treffen, was wiederum nicht vergleichbar mit den Grippepandemien ist, wo deutlich mehr junge Menschen an der Infektion verstorben sind.

Wie würde eine Fallzahl-Kurve ohne Massnahmen aussehen?

Es scheint, dass die Wirkung unserer drastischen Massnahmen deutlich bescheidener ist, als wir dies vielleicht bisher vermutet haben. Im Beitrag zu den medizinische Grundlagen (Seite 134ff.) habe ich dargelegt, dass Epidemiologen zur Abschätzung der Prognose ein gut etabliertes Modell verwenden, welches eine Reproduktionsrate einbezieht. Die Zahl beschreibt, wie viele neue Infektionen eine infizierte Person auslöst. Ist diese grösser als 1, wird die Fallzahl – gemäss den Modellrechnungen – exponentiell ansteigen und sich in regelmässigen Abständen verdoppeln. Unsere naive Vorstellung von der Natur ist, dass ohne staatliches Wirken die Reproduktionsrate stabil bleiben würde und die Katastrophe unausweichlich sei. Doch Zweifel sind angebracht: Bereits Mitte April 2020 fiel auf, dass die Reproduktionsrate schon vor Einführung von staatlichen Massnahmen dramatisch abgesunken ist (28). Dieselbe Beobachtung hatte damals auch das Robert-Koch-Institut für Deutschland gemacht. Die Abnahme der Reproduktionsrate wirkt sich in den Fallzahlen erst fünf bis zehn Tage später aus. Der deutsche Ökonom Stefan Homburg hat diese Analyse für eine Reihe von Ländern erweitert und den Zeitpunkt der Infektion (nicht Symptombeginn oder Diagnosestellung) untersucht. Er kommt dabei zu einem interessanten Ergebnis (29): In allen untersuchten Staaten hat die Zahl der Neuinfektionen bereits zwei bis acht Tage vor der Verkündung von Massnahmen abgenommen. Der Autor betont, dass er damit nicht die zahlreichen Hygienemassnahmen in Frage stellen will. Was er in Frage stellt, ist Sinn und Nützlichkeit von drastischen Lockdowns.

Ins Auge sticht dabei, dass diese Beobachtung nicht neu ist. Der hier beschriebene Verlauf einer Epidemie mit «spontanem» Rückgang der Reproduktionsrate vor der Einführung von staatlichen Massnahmen wurde 2009 retrospektiv von Goldstein et al. für die Spanische Grippe 1918 untersucht (30). Die Autoren haben den Infektionszeitpunkt aufgrund der Todesfalldaten modelliert und fanden in New York und Philadelphia, wo Massnahmen sehr spät eingeführt wurden, einen Abfall der Reproduktionsrate unter eins vor Einführung der Massnahmen.

Wir können spekulieren, was die Gründe für diese «spontane» Abnahme der Reproduktionsrate ist. Die Tatsache, dass dieses Verhalten fast wie eine Gesetzmässigkeit zu beobachten ist, lässt vermuten, dass es sich dabei um subtile Verhaltensänderungen handelt, welche sich die Menschen spontan auferlegen, vielleicht fast instinktiv (vergleiche dazu auch den Beitrag von Beck zur Eigenverantwortung auf Seite 189ff.).

Wie auch immer man diese Daten interpretieren will, ich denke, der Bundesrat hat klug gehandelt, als er sich Anfang Januar 2022 gegen einen Lockdown entschieden hat, trotz dem Drängen von einzelnen Medien, Warnungen der Taskforce und ausländischen Vorbildern.

Kann «Physical Distancing» auch Schaden anrichten?

Sicher müssen wir immer mit psycho-sozialen Folgen rechnen, wenn «physical distancing»-Massnahmen unsere Interaktionen im Alltag einschränken. Einige sind im Beitrag von Staub geschildert (Seite 124ff.). Kinder und Jugendliche, welche kaum relevante Schäden vom Coronavirus direkt erleiden, sind besonders von solchen Massnahmen betroffen.

Es gibt weiter Beobachtungen, wonach «physical distancing»-Massnahmen auch einen medizinischen Schaden auslösen könnten. Man hört allgemein wenig über die Funktionsweise des angeborenen Immunsystems. Es sei hier nur erwähnt, dass die Natur das System seit Jahrmillionen entwickelt hat. Es verleiht jeder Zelle eine Möglichkeit, fremde Stoffe, auch RNA-Viren zu erkennen, ohne dass dazu ein Lernprozess wie beim erworbenen Immunsystem (siehe Beitrag von Radbruch auf Seite 148ff.) notwendig ist. Mit diesem angeborenen System sind Kinder bereits beim ersten Kontakt mit dem Virus in der Lage, ihre Abwehr anzukurbeln. Jede Zelle hat die angeborene Fähigkeit, RNA-Viren (dazu gehören auch die Coronaviren) auf der Oberfläche zu erkennen, und kann eine geeignete Abwehr unter anderem durch Produktion von Interferon aufbauen. Interferon ist eine potente Abwehr gegen viele Viren.

Nun wissen wir seit einigen Jahren, dass auch dieses angeborene Immunsystem eine gewisse Lernfunktion aufweist (31). Nach einem Kontakt mit einem RNA-Virus baut die Zelle ihre Produktionsstätten für Interferon aus. Bei einem nächsten Kontakt mit einem anderen RNA-Virus wird sie schneller Interferon produzieren. Die Abwehr wird trainiert. Allerdings hält dieser Trainingseffekt, wir sprechen von «trained immunity», nur wenige Monate an. Die Folge ist, dass wir im Winter nach wenigen viralen Erkältungen besser gewappnet sind für weitere «Herausforderungen». Tatsächlich haben wir im letzten Jahr global eine Reduktion von anderen banalen Infektionskrankheiten beobachtet. Dies wurde auch schon als positiver Effekt der Masken interpretiert. Doch tatsächlich konnten wir auch schon eine Folge des fehlenden Trainings des angeborenen Immunsystems beobachten: Auf der Südhemisphäre beobachteten wir einen massiven Ausbruch von RSV-Viren (eine häufige Erkrankung im Winter bei Kindern) während der Sommermonate und dann dasselbe Phänomen bei uns im Sommer 2021 (32, 33). Nun könnte man einwenden, dass diese Häufung von Infektionen kein Problem darstellt. Wir haben das Beispiel nur aufgeführt als deutlichen Hinweis dafür, dass unsere Massnahmen Defizite in unserer Infektabwehr verursachen könnten. Doch man bedenke, dass RSV-Viren, entgegen der Annahme von vielen Medizinern, nicht nur bei Kindern ein Problem darstellen. Sie sind gleichermassen wie Influenza und Coronaviren eine häufige Todesursache beim älteren Menschen, vielleicht sogar noch häufiger als Influenza (34).

Wir können zumindest nicht ausschliessen, dass «*physical distancing*»-Massnahmen längerfristig zu medizinischen Nachteilen führen können. Daher einmal mehr: Massnahmen sollen so kurz wie möglich verordnet werden, nämlich nur so lange, wie es zur Zielerreichung («Flattening the curve») notwendig ist.

Symptomlose Personen testen, testen, testen ...

Aus den zuvor genannten Daten zur Übertragung der Infektion vor oder ohne Auftreten von Symptomen ergibt sich die Forderung nach einer aktiven Teststrategie. Man will die ansteckenden Personen erkennen und sofort isolieren, bevor diese Symptome zeigen. Ein ambitiöses Anliegen. Die Logik dahinter ist nachvollziehbar. Wenn wir es schaffen, einen relevanten Teil der infizierten Personen zu identifizieren, bevor sie weitere Personen angesteckt haben, müsste die Strategie doch aufgehen.

Diese Strategie wurde breit propagiert und es wurden Gelder in Milliardenhöhe investiert, um sie erfolgreich umzusetzen. Die ersten Versuche mit repetitivem Testen wurden im Kanton Graubünden durchgeführt und die Resultate zeigten nach Einführung der Testungen einen deutlichen Rückgang der Fallzahlen. Leider muss man einschränkend erwähnen, dass zum gleichen Zeitpunkt die Fallzahlen auch in den umliegenden Kantonen sanken. Auch die Testung in Schulen wurde propagiert, der Entscheid einzelner Kantone gegen diese Strategie führte zu Irritationen beim Bund (35).

So intuitiv die Strategie des Testens tönen mag, auch diese Massnahme verdient eine Prüfung. Da der Bund für das repetitive Testen nur PCR-Tests zugelassen hat, muss ein wesentlicher Nachteil, die Verzögerung der Verfügbarkeit des Resultates um mindestens ein bis zwei Tage, berücksichtigt werden, denn die frühzeitige Isolation ist ja das gewichtige Argument der Strategie. Eine sorgfältige Prüfung der Wirksamkeit ist somit notwendig, bevor wir die Strategie als erfolgreich und auch für zukünftige Konzepte als valide erklären. Die Suche nach Evidenz für diese Massnahme verläuft allerdings frustrierend: Ich habe zahlreiche Experten nach Beweisen für die Wirksamkeit der Massnahme gefragt, doch immer nur die intuitive Antwort erhalten: «Wer früh getestet wird, gibt das Virus nicht weiter.» Einen Wirksamkeitsbeweis stellt diese Aussage allerdings nicht dar. Es gibt Daten, wonach man mit der Testung in Schulen die Zahl von Quarantäne- und Isolationstagen habe reduzieren können. Diese Massnahmen wurden von deren Verfechtern eingeführt, um Kinder vor den Kollateralschäden zu schützen. Alternativ hätte ein Verzicht auf schlecht begründete Quarantänemassnahmen aber das Testen in der Schule zum Schutz der Kinder vor quarantänebedingten Schulausfällen vollständig verhindert.

So gesehen müssen wir uns auch hier fragen, ob denn eine über Monate laufende Massnahme zum Schutz des Gesundheitssystems tatsächlich tauglich ist, wenn sie während einer epidemiologischen Phase fortgesetzt wird, in der wir keine solche Belastung erkennen können. Gerade gemessen am Ziel der Schonung des Gesundheitssystems hat die Teststrategie kläglich versagt: Genau dann, als wegen der Omikron-Welle die Taskforce vor einer drohenden Überlastung der Spitäler warnt (36), mussten Testpionier Graubünden wie auch andere Kantone wegen schierer Überlastung die Testungen in Schulen und anderswo stoppen (37). Damit wird die Teststrategie zur Schönwetterbeschäftigung, versagt aber als Methode zur Krisenbewältigung dann, wenn man sie braucht.

Impfungen und Behandlungen

Wie eingangs erwähnt bin ich klar der Meinung, dass Impfungen zu den besten Präventionsmassnahmen der Medizin gehören. Als Infektiologe gehe ich auch bei Covid primär von dieser Annahme aus. Allerdings werde ich in den letzten Monaten den Eindruck nicht los, dass wir uns mit dem aufkommenden Boost-Fieber ins eigene Fleisch schneiden könnten. Doch alles der Reihe nach …

Erwartungen und Hoffnungen

Wer die vorangegangenen Beträge zu den medizinischen Grundlagen und dem Immunsystem gelesen hat, wird auch verstanden haben, was der grosse Vorteil der Corona-Impfung sein dürfte: Eine Impfung ist eine Vorbereitung unseres Immunsystems auf einen möglichen Eintritt eines neuen Erregers. Das Immunsystem baut ein effizientes Gedächtnis auf. Bei Coronaviren wissen wir, dass ein vollständiger Schutz vor einer Infektion (sterilisierende Impfung) nicht möglich ist, weil das Virus (dies ist Fachpersonen längst bekannt) seine Oberflächenstruktur ändert und dadurch regelmässig sogenannte «Escape-Mutanten» bildet.

So gesehen ist es unverständlich, dass Bundesrat und BAG in der Präsentation des neuen Drei-Phasen-Modells am 12.5.2021 die Impfung als vollständigen Schutz anpriesen (38):

«Dem Bundesrat ist es deshalb ein Anliegen, dass sich die Gesellschaft damit auseinandersetzt, dass sich langfristig alle nicht-geimpften und nicht-genesenen Personen anstecken werden.» Denn bereits im Januar 2021 wurden in der Laienpresse wissenschaftliche Daten zur nicht selten vorkommenden Infektion von Geimpften diskutiert (39).

Die Kommunikation von BAG und Bund hätten sich durchaus auf die wesentliche Feststellung konzentrieren dürfen, dass diese Impfungen den Schweregrad einer Infektion abschwächen, wie im Beitrag von Radbruch (Seite 148ff.) argumentiert wird und unterdessen wissenschaftlich auch für die Omikron-Variante gut belegt ist (40).

Der Booster-Effekt

Eine besondere Erwähnung verdient vielleicht auch unser Umgang mit dem Booster. Es ist unbestritten, dass ältere Menschen auf Impfungen etwas schlechter ansprechen und dass eine Booster-Impfung ihnen hilft, ihre Immunantwort zu verbessern. Allerdings hat diese Booster-Wirkung ihre Grenzen, wie Radbruch im vorangehenden Beitrag ausführt. Doch wenn wir nach Evidenz für eine dritte Impfung bei Menschen unter 65 Jahren fragen, wird unser Argumentarium dünn. Die sorgfältig recherchierte Arbeit von Frederik Jötten hat das bereits im September 2021 gezeigt (41). Dennoch schreibt die NZZ am 18. Januar 2021 im Untertitel dezidiert: «Die dritte Impfdosis verringert das Hospitalisierungs- und Todesfallrisiko erheblich», und illustriert dies auch mit einer Grafik (42). Doch man muss den Artikel genau lesen, um zu sehen, dass der Autor diese Aussage nur für die Menschen über 60 macht. Mitte Januar, mit der raschen Verbreitung der Omikron-Variante, hat die Impfung ihre Wirksamkeit gegen diese Variante deutlich eingebüsst. Doch eine junge Person, die zweimal geimpft ist und aufgrund fehlender Kosten-Nutzen-Analyse auf den Booster verzichtet, verliert ihr Zertifikat und damit viele Möglichkeiten, sich frei zu bewegen.

Sind Zweifel an der Sicherheit der Impfung erlaubt?

Sie werden nun sagen, die Impfung sei ja keine wirklich relevante Gesundheitsbelastung. Daher sei eine Booster-Impfung auch ohne wissenschaftliche Evidenz eines zusätzlichen Nutzens selbst für jüngere Menschen ein vertretbar kleines Risiko und damit keine Zumutung. Doch ich denke, so wie auch die irrationalen Ängste gewisser Personen vor Covid ernst zu nehmen sind, müssen wir auch die Ängste vor dem Impfen ernst nehmen. Unverständlich ist für mich daher die kürzlich gemachte Interview-Aussage von Anne Lévy, Direktorin des BAG, als sie sagte: «Für Ungeimpfte fehlt mir das Verständnis» (43).

Ob jetzt die Ängste der «Ungeimpften» begründet sind oder nicht, ernst nehmen müssen wir diese alleweil. Eine Impfung ohne Nebenwirkungen hat es noch nie gegeben und wird es auch nie geben.

Grundsätzlich müssen wir für solche Entscheidungen das Nutzen-Risiko-Verhältnis abschätzen. Bei älteren Menschen dürfte dieses aufgrund des höheren Komplikationsrisikos der Erkrankung einfach sein. Es ist auch möglich, dass der Nutzen die Risiken schon ab einem Alter über 40 überwiegt. Doch die Evidenzlage wird mit absteigendem Alter immer dünner. Dies ganz allein aufgrund der Tatsache, dass der Nutzen (verhinderte Komplikation einer Erkrankung) mit jüngerem Alter immer kleiner wird. Das Risiko einer Impfung abzuschätzen, ist schwierig; die Gewichtung einzelner Risiken (von Impfung und Krankheit) dürfte immer schwieriger werden. Eine kürzlich publizierte Arbeit zum Risiko einer Herzmuskelentzündung (Myokarditis) nach Impfung kam zum Schluss, dass das Risiko einer Impfung bei gewissen Impfstoffen höher sei als das Myokarditis-Risiko nach einer Erkrankung (44). Wenn man nun nebst dem Myokarditis-Risiko noch andere Risiken einbeziehen will, so wird es komplex. Insofern habe ich Verständnis für Personen, die noch ungeimpft sind, auch wenn ich jeder erwachsenen Person – vielleicht auch aufgrund meiner *déformation professionelle* – die Impfung, nicht unbedingt den Booster, dezidiert empfehlen würde.

Zur Beurteilung des Nutzens einer Booster-Impfung bei jüngeren Erwachsenen fehlen mir bei Drucklegung dieses Textes ausreichende Daten, wobei ich nicht ausschliessen möchte, dass gewisse Gremien hier bessere Dateneinsicht haben. Es ist durchaus möglich, dass bis zum Erscheinen dieses Buches mehr Informationen dazu vorliegen. Ergänzende Informationen werden Sie dann auch auf der Homepage zum Buch «www.Corona-Elefant.ch» finden.

Können auch Therapien einen präventiven Nutzen haben?

Primär versuchen wir mit Präventionsmassnahmen die Übertragung von Infektionen zu verhindern. Wie eingangs erwähnt, kann aber auch eine Behandlung einen Nutzen im Interesse der öffentlichen Gesundheit haben: Wenn es gelingt, mit einer Frühbehandlung das Fortschreiten der Krankheit und eine Hospitalisation zu verhindern, so unterstützt dies durchaus unser Präventionsziel, das Gesundheitssystem zu schonen. Eine solche Massnahme ist zum Beispiel die vom Bundesrat empfohlene frühzeitige Behandlung von Personen mit Immunmangelzuständen. Der Bund hat bei zwei Pharmaunternehmern 3000 Dosen der Substanz eingekauft und die Abgabe an Immunsupprimierte empfohlen, ohne dass das Medikament eine Zulassung durch Swissmedic hatte (45). Die verfügbaren Daten zur Wirksamkeit der Antikörperinfusion zeigten, dass eine frühzeitige Behandlung von abwehrgeschwächten Personen (die selbst keine Antikörper bilden können) tatsächlich Hospitalisationen verhindern kann. Doch man muss 28 Personen rechtzeitig behandeln, um eine Hospitalisation zu vermeiden. Die Kosten für die Behandlung dieser 28 Personen belaufen sich auf rund 100 000 Franken. Wie viele Dosen von den eingekauften Antikörpern je verabreicht wurden, ist nicht bekannt. Doch bekannt ist, dass die initial eingekauften Substanzen bei

Omikron nicht mehr wirksam sind und daher durch ein neues Produkt ersetzt werden mussten. Neben diesen Antikörper-Therapien werden weitere neue und damit auch teure Therapieansätze medial breit diskutiert, teilweise sogar auf Titelseiten. Weniger Beachtung erhielt ein billiges, altes Medikament, welches – frühzeitig eingesetzt – tatsächlich einen relevanten Einfluss auf die Hospitalisationszahlen haben könnte. Bereits länger ist bekannt, dass infizierte Personen, die wegen einer Lungenerkrankung einen Cortison-haltigen Asthma-Spray benutzen, seltener schwere Verlaufsformen mit Lungenentzündungen aufweisen. Eine Forschergruppe aus St. Gallen hat einen möglichen Grund dafür gefunden (46): Das Spike-Protein des SARS-CoV-2-Virus hat eine grosse Ähnlichkeit mit einem Eiweiss der Lunge, welches die Lungenbläschen offenhält, dem sogenannten Surfactant-Faktor. Die Forschungsgruppe fand in der Lunge von schwer erkrankten Patienten Auto-Antikörper gegen den Surfactant-Faktor. Diese Antikörper werden vom Immunsystem gegen das Spike-Protein gebildet, zerstören aber versehentlich ein eigenes Protein, den Surfactant-Faktor. Dies ist ein sehr spezifischer Mechanismus, mit dem SARS-CoV-2 die Lunge schädigt. Nun ist bekannt, dass Cortison-Spray Auto-Immunerkrankungen hemmen kann. Eine englische Studie hat in einem kleinen Kollektiv den Einsatz des Sprays in den ersten fünf Tagen nach Hustenbeginn untersucht (47). Die Wirkung war so überwältigend, dass die Studie vorzeitig abgebrochen werden musste: Die Zahl der Notfalleinweisungen oder Hospitalisationen war um 13 % reduziert. Konkret: Man muss acht Patienten eine Woche lang mit einem gut verträglichen, günstigen Spray behandeln, um eine Notfalleinweisung oder Hospitalisation zu vermeiden. Mit dreihundert Franken eine Notfalleinweisung vermeiden, das ist kosteneffizient. Vermutlich wird ein Befall der Lunge mit Husten bei Omikron vergleichsweise selten auftreten. Aber es ist bedauerlich, dass der Spray nicht häufiger eingesetzt wurde. Es wurde auch Kritik an dieser günstigen Massnahme laut: Eine andere Studie hat mehrere Protokolle verglichen, aber nur einen geringen Vorteil für den Kortisonspray zeigen können (48). Doch in dieser Studie wurden nicht nur Patienten mit Lungebefall (Husten!) einbezogen und die Behandlung konnte bis 14 Tage nach Symptombeginn eingesetzt werden, was zu spät ist, um eine Autoimmunerkrankung zu verhindern.

Ein persönlicher Blick in die Zukunft

Zum Zeitpunkt der Manuskriptabgabe waren die Fallzahlen mit Omikron noch am Steigen, doch ich bin zuversichtlich, dass das Auftreten von Omikron nur die normale Entwicklung eines Virus darstellt, welches sich nach einem «Spezies-sprung» neu in einer Population etabliert und sich anpasst. Auch wenn jetzt noch viele Fachkollegen mit besorgter Miene in die Zukunft blicken, bin ich überzeugt, dass es das nun war. SARS-CoV-2 wird sich weiter mässigen und uns – wie andere Coronaviren auch – jeden Winter wieder besuchen. Es wird weiter Infektionen der oberen Atemwege auslösen und, auch davon werden wir nicht verschont bleiben, wie die anderen Coronaviren jedes Jahr auch zu tödlichen Verläufen bei älteren Menschen führen. Damit müssen wir leben.

Fazit

- In der Diskussion sollte unterschieden werden zwischen dem Nutzen von Massnahmen im Interesse des Individuums und solchen im Interesse der öffentlichen Gesundheit.
- Die Aufgabe des Staates ist es, mit geeigneten Präventionsmassnahmen die Auswirkungen von übertragbaren Krankheiten zu reduzieren.
- Präventionsmassnahmen sollen auf ein Präventionsziel ausgerichtet sein. Dieses muss verständlich und klar kommuniziert, nachvollziehbar, aber auch mit den beschlossenen Massnahmen erreichbar sein.
- Die Analyse des Infektionsgeschehens zeigt wiederholt, dass sich Infektionszahlen rückläufig verhalten, bevor Massnahmen verordnet werden. Der Einfluss eigenverantwortlichen Handelns darf nicht unterschätzt werden.
- Der Einfluss der verordneten Massnahmen auf die öffentliche Gesundheit wird überschätzt. Die Mortalität scheint durch diese Massnahmen wenig beeinflussbar zu sein.
- Einschneidende Massnahmen sollen der epidemiologischen Lage angepasst werden. Insbesondere sind Massnahmen zum Schutze des Gesundheitssystems nur sinnvoll, solange tatsächlich eine Bedrohung des Gesundheitssystems vorliegt.
- Die Saisonalität muss zur Beurteilung der Prognose von respiratorischen Infektionen mit einbezogen werden.
- Präventionsmassnahmen sollen laufend evaluiert und deren Wirksamkeit und Nebenwirkungen überwacht werden.
- Auch «physical distancing»-Massnahmen können unerwünschte Nebenwirkungen haben, welche ebenfalls zu überwachen sind.
- Impfungen gehören zu den wirksamsten Präventionsmitteln. Auch sie können Nebenwirkungen haben. Ängste von Personen, die sich nicht impfen lassen wollen, sind ernst zu nehmen. Das Nutzen-Schaden-Verhältnis von Corona-Impfungen dürfte mit jüngerem Alter abnehmen.
- Auch therapeutische Massnahmen können präventiven Charakter haben, müssen aber auch einer Kosten-Nutzen-Analyse unterzogen werden.

Referenzen

1 World Health Organization. Non-pharmaceutical public health measures for mitigating the risk and impact of epidemic and pandemic influenza: annex: report of systematic literature reviews. World Health Organization; 2019 [zitiert 10. Januar 2022]. Report No.: WHO/WHE/IHM/GIP/2019.1. Verfügbar unter: https://apps.who.int/iris/handle/10665/329439

2 Hamblin J. You're Likely to Get the Coronavirus. The Atlantic. 2020 [zitiert 10. Januar 2022]. Verfügbar unter: https://www.theatlantic.com/health/archive/2020/02/covid-vaccine/607000/

3 Nicht jeder Tote ist einer zu viel. [zitiert 14. Januar 2022]. Verfügbar unter: https://www.medinside.ch/de/post/nicht-jeder-tote-ist-einer-zu-viel

4 Payne AB, Gilani Z, Godfred-Cato S, Belay ED, Feldstein LR, Patel MM, u. a. Incidence of Multisystem Inflammatory Syndrome in Children Among US Persons Infected With SARS-CoV-2. JAMA Netw Open. 10. Juni 2021;4(6):e2116420.

5 Berset: «Sind alle Impfwilligen geimpft, lassen sich Schliessungen nicht mehr rechtfertigen». TeleZüri. [zitiert 12. Januar 2022]. Verfügbar unter: https://www.telezueri.ch/news/-berset-sind-alle-impfwilligen-geimpft-lassen-sich-schliessungen-nicht-mehr-rechtfertigen-141883851

6 Corona-Medienkonferenz – «Es scheint sich eine Sättigung beim Impfen abzuzeichnen». Tages-Anzeiger. [zitiert 12. Januar 2022]. Verfügbar unter: https://www.tagesanzeiger.ch/gehts-voran-mit-dem-covid-zertifikat-129602150471

7 Nyce CM. The Atlantic Daily: You Should Still Try to Avoid COVID Right Now. The Atlantic. 2022 [zitiert 12. Januar 2022]. Verfügbar unter: https://www.theatlantic.com/newsletters/archive/2022/01/omicron-surge-avoid-covid/621227/

8 Schulen schliessen – hilfreich oder nicht? infekt.ch. 2020 [zitiert 15. Januar 2022]. Verfügbar unter: https://infekt.ch/2020/04/schulen-schliessen-hilfreich-oder-nicht/

9 Shaman J, Goldstein E, Lipsitch M. Absolute Humidity and Pandemic Versus Epidemic Influenza. Am J Epidemiol. 15. Januar 2011;173(2):127–35.

10 Commissioned by the Department of Health and produced by Public Health England. Impact of School Closures on an Influenza Pandemic Scientific Evidence Base Review. 2014. Verfügbar unter: https://assets.publishing.service.gov.uk/government/uploads/system/uploads/attachment_data/file/316203/School_Closures_Evidence_review.pdf

11 Nachgehakt: Isolation ist nicht Quarantäne. infekt.ch. 2022 [zitiert 15. Januar 2022]. Verfügbar unter: https://infekt.ch/2022/01/legen-wir-oder-omicron-die-wirtschaft-lahm-2/

12 Madhi S, Nel J, Venter F. Updating Covid-19 Guidelines OP-ED: Covid-19 in South Africa: It's time to ditch quarantining and contact tracing. Daily Maverick. 2021 [zitiert 16. Januar 2022]. Verfügbar unter: https://www.dailymaverick.co.za/article/2021-12-15-covid-19-in-south-africa-its-time-to-ditch-quarantining-and-contact-tracing/

13 Legen wir oder Omicron die Wirtschaft lahm? infekt.ch. 2021 [zitiert 15. Januar 2022]. Verfügbar unter: https://infekt.ch/2021/12/legen-wir-oder-omicron-die-wirtschaft-lahm/

14 He X, Lau EHY, Wu P, Deng X, Wang J, Hao X, u. a. Temporal dynamics in viral shedding and transmissibility of COVID-19. Nat Med. 15. April 2020 [zitiert 16. April 2020]; Verfügbar unter: http://www.nature.com/articles/s41591-020-0869-5

15 Cohen C, Kleynhans J, Gottberg A von, McMorrow ML, Wolter N, Bhiman JN, u. a. SARS-CoV-2 incidence, transmission and reinfection in a rural and an urban setting: results of the PHIRST-C cohort study, South Africa, 2020-2021. 2021 Juli [zitiert 16. Januar 2022] S. 2021.07.20.21260855. Verfügbar unter: https://www.medrxiv.org/content/10.1101/2021.07.20.21260855v1

16 Buitrago-Garcia D, Egli-Gany D, Counotte MJ, Hossmann S, Imeri H, Ipekci AM, u. a. Occurrence and transmission potential of asymptomatic and presymptomatic SARS-CoV-2 infections: A living systematic review and meta-analysis. PLOS Med. 22. September 2020;17(9):e1003346.

17 Rochelle Walensky, MD, MPH. Masks can help reduce your chance of #COVID19 infection by more than 80%. Masks also help protect from other illnesses like common cold and flu. Wearing a mask – along w/ getting vaccinated – are important steps to stay healthy. #WeCanDoThis @HHSgov http://vaccines.gov https://t.co/6DGj8nwPgD. @CDCDirector. 2021 [zitiert 14. Januar 2022]. Verfügbar unter: https://twitter.com/CDCDirector/status/1456645731691925518

18 Greenhalgh T, Schmid MB, Czypionka T, Bassler D, Gruer L. Face masks for the public during the covid-19 crisis. BMJ. 9. April 2020 [zitiert 24. April 2020];369. Verfügbar unter: https://www.bmj.com/content/369/bmj.m1435

19 Klompas M, Morris CA, Sinclair J, Pearson M, Shenoy ES. Universal Masking in Hospitals in the Covid-19 Era. N Engl J Med. 21. Mai 2020;382(21):e63.

20 Jefferson T, Del Mar CB, Dooley L, Ferroni E, Al-Ansary LA, Bawazeer GA, u. a. Physical interventions to interrupt or reduce the spread of respiratory viruses. Cochrane Acute Respiratory Infections Group, Herausgeber. Cochrane Database Syst Rev. 20. November 2020 [zitiert 20. Januar 2022];2020(11). Verfügbar unter: http://doi.wiley.com/10.1002/14651858.CD006207.pub5

21 Bundgaard H, Bundgaard JS, Raaschou-Pedersen DET, von Buchwald C, Todsen T, Norsk JB, u. a. Effectiveness of Adding a Mask Recommendation to Other Public Health Measures to Prevent SARS-CoV-2 Infection in Danish Mask Wearers. Ann Intern Med. 16. März 2021;174(3):335–43.

22 Abaluck J, Kwong LH, Styczynski A, Haque A, Kabir MA, Bates-Jefferys E, u. a. Impact of community masking on COVID-19: A cluster-randomized trial in Bangladesh. Science. 2. Dezember 2021;eabi9069.

23 Joffe AR, Redman D. The SARS-CoV-2 Pandemic in High Income Countries Such as Canada: A Better Way Forward Without Lockdowns. Front Public Health. 2021;9:715904.

24 Allen DW. Covid-19 Lockdown Cost/Benefits: A Critical Assessment of the Literature. Int J Econ Bus. 29. September 2021;0(0):1–32.

25 Islam N, Sharp SJ, Chowell G, Shabnam S, Kawachi I, Lacey B, u. a. Physical distancing interventions and incidence of coronavirus disease 2019: natural experiment in 149 countries. The BMJ. 15. Juli 2020;370:m2743.

26 Hatchett RJ, Mecher CE, Lipsitch M. Public health interventions and epidemic intensity during the 1918 influenza pandemic. Proc Natl Acad Sci. 1. Mai 2007;104(18):7582–7.

27 Estimated cumulative excess deaths per 100,000 people during COVID-19. Our World in Data. [zitiert 15. Januar 2022]. Verfügbar unter: https://ourworldindata.org/grapher/excess-deaths-cumulative-per-100k-economist

28 Sind wir tatsächlich im Blindflug? infekt.ch. 2020 [zitiert 15. Januar 2022]. Verfügbar unter: https://infekt.ch/2020/04/sind-wir-tatsaechlich-im-blindflug/

29 Homburg S. Effectiveness of Corona Lockdowns: Evidence for a Number of Countries. Econ Voice. 1. Dezember 2020 [zitiert 15. Januar 2022];17(1). Verfügbar unter: https://www.degruyter.com/document/doi/10.1515/ev-2020-0010/html

30 Goldstein E, Dushoff J, Ma J, Plotkin JB, Earn DJD, Lipsitch M. Reconstructing influenza incidence by deconvolution of daily mortality time series. Proc Natl Acad Sci U S A. 22. Dezember 2009;106(51):21825–9.

31 Martinez-Gonzalez I, Mathä L, Steer CA, Takei F. Immunological Memory of Group 2 Innate Lymphoid Cells. Trends Immunol. 1. Juni 2017;38(6):423–31.

32 Foley DA, Yeoh DK, Minney-Smith CA, Martin AC, Mace AO, Sikazwe CT, u. a. The Interseasonal Resurgence of Respiratory Syncytial Virus in Australian Children Following the Reduction of Coronavirus Disease 2019-Related Public Health Measures. Clin Infect Dis Off Publ Infect Dis Soc Am. 2. November 2021;73(9):e2829–30.

33 Epidemiologie von RSV Infektionen. pädiatrie schweiz. [zitiert 14. Januar 2022]. Verfügbar unter: https://www.paediatrieschweiz.ch/news/epidemiologie-von-rsv-infektionen-2/

34 Ackerson B, Tseng HF, Sy LS, Solano Z, Slezak J, Luo Y, u. a. Severe Morbidity and Mortality Associated With Respiratory Syncytial Virus Versus Influenza Infection in Hospitalized Older Adults. Clin Infect Dis Off Publ Infect Dis Soc Am. 2. Juli 2019;69(2):197–203.

35 Wirth D. Alain Berset will Massentests an Schulen, St. Gallen ist dagegen. St. Galler Tagblatt. [zitiert 16. Januar 2022]. Verfügbar unter: https://www.tagblatt.ch/ostschweiz/corona-alain-berset-will-massentests-an-schulen-kanton-stgallen-sieht-derzeit-keine-notwendigkeit-ld.2159290

36 24 602 neue Fälle +++ Taskforce warnt vor Überlastung der Spitäler. blue News. [zitiert 16. Januar 2022]. Verfügbar unter: https://www.bluewin.ch/de/news/schweiz/chefaerzte-machen-sich-grosse-sorgen-um-jugendliche-schweiz-irritiert-in-sportwelt-als-corona-sonderfall-1040337.html

37 Spitäler und Heime zuerst – Graubünden verzichtet auf Pool-Tests in den meisten Schulklassen. Schweizer Radio und Fernsehen (SRF). 2022 [zitiert 16. Januar 2022]. Verfügbar unter: https://www.srf.ch/news/schweiz/spitaeler-und-heime-zuerst-graubuenden-verzichtet-auf-pool-tests-in-den-meisten-schulklassen

38 Coronavirus: Bundesrat zeigt mit Drei-Phasen-Modell das weitere Vorgehen auf. [zitiert 12. Januar 2022]. Verfügbar unter: https://www.bag.admin.ch/bag/de/home/das-bag/aktuell/medienmitteilungen.msg-id-83199.html

39 Welle (www.dw.com) D. Corona-Mutation: Können sich auch Genesene und Geimpfte anstecken? | DW | 21.01.2021. DW.COM. [zitiert 12. Januar 2022]. Verfügbar unter: https://www.dw.com/de/corona-mutation-k%C3%B6nnen-sich-auch-genesene-und-geimpfte-anstecken/a-56274920

40 Ledford H. «Killer» immune cells still recognize Omicron variant. Nature. 11. Januar 2022 [zitiert 12. Januar 2022]; Verfügbar unter: https://www.nature.com/articles/d41586-022-00063-0

41 Dritte Covid-Impfung: Boosten ist längst nicht immer sinnvoll. Beobachter. [zitiert 16. Januar 2022]. Verfügbar unter: https://www.beobachter.ch/gesundheit/medizin-krankheit/dritte-covid-impfung-boosten-ist-langst-nicht-immer-sinnvoll

42 Bedeutsamer Booster. [zitiert 19. Januar 2022]. Verfügbar unter: https://epaper.nzz.ch/article/6/6/2022-01-18/7/299051007

43 Eberhard IF. Interview mit BAG-Chefin Anne Lévy. Blick. 2021 [zitiert 16. Januar 2022]. Verfügbar unter: https://www.blick.ch/politik/bag-chefin-anne-levy-im-interview-fuer-ungeimpfte-fehlt-mir-das-verstaendnis-id17060609.html

44 Ist die Covid-Impfung auch für Junge unproblematisch? infekt.ch. 2022 [zitiert 16. Januar 2022]. Verfügbar unter: https://infekt.ch/2022/01/sind-nebenwirkungen-der-covid-impfung-altersabhaengig/

45 Der Bund unterzeichnet einen Vertrag für Arzneimittel gegen Covid-19. [zitiert 19. Januar 2022]. Verfügbar unter: https://www.admin.ch/gov/de/start/dokumentation/medienmitteilungen.msg-id-83162.html

46 Sinnberg T, Lichtensteiger C, Ali OH, Pop OT, Gilardi M, Risch L, u. a. IgA autoantibodies target pulmonary surfactant in patients with severe COVID-19. 2021 Feb [zitiert 20. Januar 2022] S. 2021.02.02.21250940. Verfügbar unter: https://www.medrxiv.org/content/10.1101/2021.02.02.21250940v2

47 Ramakrishnan S, Nicolau DV, Langford B, Mahdi M, Jeffers H, Mwasuku C, u. a. Inhaled budesonide in the treatment of early COVID-19 (STOIC): a phase 2, open-label, randomised controlled trial. Lancet Respir Med. 1. Juli 2021;9(7):763–72.

48 Yu L-M, Bafadhel M, Dorward J, Hayward G, Saville BR, Gbinigie O, u. a. Inhaled budesonide for COVID-19 in people at high risk of complications in the community in the UK (PRINCIPLE): a randomised, controlled, open-label, adaptive platform trial. Lancet Lond Engl. 4. September 2021;398(10303):843–55.

15

Reiner Eichenberger und
David Stadelmann

Krisen besser bewältigen

Eine politisch-ökonomische Analyse

Einleitung

Freier Austausch zwischen Menschen maximiert die gesellschaftliche Wohlfahrt – falls er nicht durch negative externe Effekte unbeteiligte Dritte schädigt und so Marktversagen entsteht. Für Krisen ist typisch, dass plötzlich neue externe Effekte auftreten. In der Corona-Krise waren dies die mögliche Übertragung einer infektiösen Krankheit mit relevanten Gesundheitsfolgen sowie die drohende Überlastung des Gesundheitswesens. Doch externe Effekte und Marktversagen treten nicht nur in Krisen auf. Sie prägen immer unseren Alltag, wie etwa im Verkehrs- und Energiebereich durch schädliche Emissionen. Zur «Heilung» all der Marktversagen greift «die Politik» regelmässig zu Geboten und Verboten und versucht auch, externe Effekte durch Bepreisung zu internalisieren.[1]

«Die Politik» stellt aber selbst eine Art Markt dar: den Markt für politische Dienstleistungen.[2] Politiker und Parteien bieten politische Dienstleistungen – etwa die Bereitstellung öffentlicher Güter, Gesetze, Ausgabenentscheide, Regulierungen und Subventionen – an, Bürger und Interessengruppen fragen sie nach, und bezahlt wird mit Wählerstimmen, Information, Parteispenden und Schlimmerem. In diesem Markt für politische Dienstleistungen kann wie in allen Märkten Marktversagen auftreten, das wir dann als Politikversagen wahrnehmen. Politikversagen begünstigt Krisen, indem es die krisenverursachenden negativen ex ternen Effekte verstärkt, neue externe Effekte schafft und die Nutzung relevanter Ressourcen zur schnelleren Krisenüberwindung einschränkt.

Politik ist noch von einer weiteren, speziellen Art des Marktversagens bedroht. Die Anreize der Bürger, sich vernünftig zu verhalten, sind im politischen Bereich kleiner als im privaten. Die einzelnen Wähler haben kaum Einfluss auf Wahl- oder Abstimmungsergebnisse. Folglich haben sie zum einen kaum harte Anreize, sich gut zu informieren; viele sind deshalb rational ignorant. Darüber hinaus haben sie nur schwache Anreize, zweckdienlich – oder fachsprachlich *instrumentell* – für das zu argumentieren und zu stimmen, was sie wirklich als Lösung wollen. Vielmehr können sie im politischen Prozess ihre Gefühle ohne direkte Kosten ausleben und verhalten sich deshalb *expressiv.*[3] Daher sind politische Debatten oft stark moralisierend und wenig analytisch, rational und lösungsorientiert.

Die für die Schweiz typischen politischen Institutionen – direkte Demokratie, kleinräumiger Föderalismus und Konkordanz dank Mehrheitswahl der Regierungen – machen Politikversagen seltener.[4] In grossen Krisen reichen diese Institutionen allerdings nicht aus. So wurde in der Corona-Krise die Immunität der Genesenen in der Zeit, als sie als Befreiungsinstrument wirklich wichtig gewesen wäre, nicht als Ressource genutzt und zertifiziert – obwohl die wachsende Immunität in der Bevölkerung (ob über Impfung oder Genesung) anerkanntermassen die entscheidende Ressource zur Bewältigung von Pandemien ist. Während zu Beginn der Krise nicht klar war, ob und wann ein Impfstoff verfügbar sein würde und welchen Schutz er böte, war immer klar, dass er zunächst knapp sein wird. Immunitätszertifikate (Covid-Zertifikate) hätten dazu genutzt werden können, möglichst alle Genesenen (inklusive Dunkelziffer) zu dokumentieren und sie erst nachrangig zu impfen. Stattdessen wurden zunächst knappe Impfstoffe auch an unerkannte Genesene verabreicht (obwohl diese mit Tests grossenteils identifizierbar gewesen wären) und damit nicht an jene, die sie viel nötiger gehabt hätten. Die fehlende Zertifizierung dürfte allein deshalb viele Todesfälle mitverursacht haben. Erst über ein Jahr nach Krisenbeginn und weit fortgeschrittener Durchimpfung wurde die Immunität mit Covid-Zertifikaten dokumentiert und nutzbar gemacht. Den Grund dafür sehen wir in einem Politikversagen unter Beteiligung von Regierung, Medien und Wissenschaft.

Ignorierte Verhaltensgrundsätze

Seit Beginn der Pandemie war das Gesundheitssystem von Überlastung bedroht. Ursächlich dafür war nicht nur die Krankheit, sondern auch politische Entscheidungen. Um die externen Effekte infektiöser Krankheiten zu meistern, sollten alle Beteiligten einen ganzheitlichen rationalen Diskurs anstreben.

Ganzheitliche Sicht

Krisenpolitik darf auch in Pandemien nicht nur auf gesundheitliche Aspekte zielen, sondern muss auf die drei wichtigsten Quellen menschlichen Wohlergehens – Gesellschaft, Wirtschaft und Gesundheit – fokussieren. Dabei gilt es, Zielkonflikte zu erkennen und effizient zu lösen. Das klingt trivial, ist es aber nicht.

So galt in der Pandemie Triage als Schreckenswort und als unbedingt zu vermeiden. Tatsächlich aber war und ist in den Spitälern Triage in Form einer Priorisierung Standard, da Ressourcen immer knapp sind: Notärzte müssen bei Unfällen oft entscheiden, wer zuerst Hilfe erhält, und mit der Festlegung von Gesundheitsbudgets wird ganz selbstverständlich über die Überlebenschancen zukünftiger Patienten entschieden. Genauso sind Lockdowns Triage-Entscheidungen. Während die Folgen von Triage auf Intensivstationen schnell und offensichtlich sind, wirken Lockdowns nur langsam und indirekt über Wirtschaft, Bildung, Gesellschaft, Psyche, häusliche Gewalt usw. auf Tod und Leben. Die ganzheitliche Sicht erfordert, alle Kosten und Nutzen von Massnahmen gegen die Pandemie systematisch abzuwägen (vgl. dazu die Beiträge von Beck, Seite 221ff., Rohner, Seite 82ff., und Schott, Seite 278ff.).

Kalkül statt Gefühl

Verschiedene Politikmassnahmen unterscheiden sich stark hinsichtlich ihrer gesellschaftlichen und wirtschaftlichen Kosten und ihrer Wirkung auf das tatsächliche Infektionsgeschehen (inklusive Dunkelziffer). Bei der Abwägung ihrer Kosten und Nutzen sollten nicht Gefühle, sondern der Verstand wegleitend sein.

Doch wenn sich die Bürger expressiv verhalten und die Situation stark gefühlsorientiert und moralisierend bewerten, gibt das den politischen Entscheidungsträgern Anreize, ebenso gefühlsorientiert und moralisierend zu handeln. Dabei zählen verbale Bekenntnisse zu moralischen Grundsätzen und kurzfristige, leicht sichtbare Erfolge. Hingegen interessieren langfristige und schwieriger zuordenbare Kosten und Nutzen kaum. Ebenso wollen Politiker kleine, politisch schwache Gruppen auch dann nicht bevorzugt behandeln, wenn dies sachlich gerechtfertigt wäre – so etwa bei den Immunen nach Genesung gegenüber den Nicht-Immunen, als Impfungen noch nicht ausreichend verfügbar waren (vgl. Beitrag von Staub, Seite 124ff.).

Ressourcenmobilisierung

Eine ganzheitliche, rationale Sichtweise erlaubt es oft, weitere Ressourcen zu erkennen, diese zu mobilisieren und damit die Kosten der Krise zu mindern. Corona-Immunität hat für die Immunen selbst und die Gesellschaft einen grossen Wert. Deshalb war Corona-Immunität schon am Anfang der Krise eine zentrale

Ressource, die mit der Ausbreitung des Virus und mit der steigenden Zahl an Genesenen wuchs. Der Wert dieser Ressource ist umso höher, je verlässlicher die Immunen über ihre weitgehende Immunität und deren Tragfähigkeit informiert sind und je glaubwürdiger sie diese anderen vermitteln können.[5]

Die Genesenen und damit weitgehend Immunen hätten ohne Verzögerung sofort von vielen Massnahmen ausgenommen werden können. Doch dafür mussten sie gesucht, gefunden und zertifiziert werden. Deshalb brauchte es für die Genesenen und später die Geimpften ein Immunitätszertifikat (Covid-Zertifikat) über nachgewiesene Antikörper, über die Genesung nach überstandener Krankheit oder über erfolgte Impfung. Der Einwand, die Immunität sei nicht hundertprozentig sicher und nicht ewig, war immer hinfällig. Unsicher und von begrenzter Dauer ist in Krisen fast alles. Es geht darum, mit Unsicherheit klug umzugehen und sie zu reduzieren. Daher darf sich die Politik in Krisen nicht nur auf «abschliessend und zweifelsfrei» bestätigte Hypothesen verlassen, sondern muss auch Folgerungen aus höchst plausiblen, aber noch unbestätigten Hypothesen ziehen und umsetzen. Schliesslich hätten die Immunitätszertifikate dynamisch an den Stand des Wissens angepasst werden können.

Da die weitgehende Immunität nach Genesung die negativen externen Effekte von Corona stark reduziert, fragt sich, weshalb diese Ressource nicht zertifiziert und genutzt wurde. Leider bewirken Krisen Politikversagen, wodurch die krisenverursachenden negativen externen Effekte noch anwachsen und Selbstheilungskräfte gegen externe Effekte ausser Kraft gesetzt werden.

Endogenes Politikversagen in der Krise

In Krisen ist Politikversagen durch Verletzung der genannten allgemeinen Regeln häufiger als zu Normalzeiten. Zwei der Mechanismen, die sonst Politikversagen in der Schweiz abmildern, nämlich direkte Demokratie und Föderalismus, können ihre Wirkung infolge von Zeitdruck und Zentralisierungstendenzen in Krisen kaum entfalten. Zudem wird expressivem Verhalten der Bürger und damit einer moralisierenden Gleichmacherei Vorschub geleistet.

Politikversagen und Demokratie

In Krisen kommt zum Umstand, dass ein einzelner keinen relevanten Einfluss auf die Politik und damit kaum Anreize zu instrumentellem (oder umgangssprachlich zweckdienlichem) Verhalten hat, noch zweierlei hinzu: Solange die Kosten und Nutzen der verschiedenen Massnahmen sehr ungewiss sind, macht es noch weniger Sinn, instrumentell zu argumentieren und handeln. Zudem nimmt die Autonomie der nationalen Politik ab, da manch Wichtiges durch internationale Organisationen und die Politik anderer Länder vorbestimmt wird. Für die einzelnen Bürger ist es deshalb rational, für das einzutreten, was ihnen sofort wenigstens ein moralisch gutes Gefühl verschafft. Dadurch gewinnen moralisierende und übermässig simplifizierende Ansätze an Gewicht, die weder lösungsorientiert noch effizient sind.

Für Politiker lohnt es sich angesichts der expressiven Haltung der Wähler in Krisen wenig, echte Problemlösungen auszuarbeiten. Gleichbehandlung von Ungleichem – also Immune gleichen Einschränkungen auszusetzen wie nicht Immune – ist zwar falsch, aber einfach. Hingegen verlangt Differenzierung nach guter Begründung. Zudem können die von einer Differenzierung negativ Betroffenen diese zumeist einfacher kritisieren, als sie die Profiteure rechtfertigen können. Differenzierung bringt so den zuständigen Politikern und Verwaltungsabteilungen mehr Arbeit und Risiko als Gleichbehandlung. Den Immunen werden erst dann mehr Freiheiten gegeben, wenn sie durch fortschreitende Impfung und Genesung zur klaren Mehrheit werden. Genau dann wäre eine Differenzierung aber oft nicht mehr geboten, da das Problem der externen Effekte deutlich kleiner geworden ist: Mit der risikoarmen Immunisierungsmöglichkeit dank Impfung können sich fast alle, die es wollen, sehr gut schützen und negative externe Effekte auf sich selbst und damit auch das Gesundheitswesen weitgehend reduzieren – vorausgesetzt, die Impfung kann ihr Immunitätsversprechen tatsächlich einlösen (vgl. dazu den Beitrag von Beck zur Impfung auf Seite 201 ff.). Damit verlieren die Immunitätszertifikate ihre Bedeutung als Krisenlösungsinstrument weitgehend und dienen bloss noch der persönlichen Immunitätsdokumentation.

Politikversagen und Medien

Da der Einsatz für gute Politik ein öffentliches Gut ist, entsteht gute Politik nicht von selbst. In der Demokratie braucht es dafür freie, vielfältige und kritische Medien.

Doch in der Corona-Krise verloren viele Medien ihre Kritikfähigkeit gegenüber der Regierung, berichteten eher einseitig und setzten mehr auf Panik als auf Analyse. Dafür könnte man vier Mechanismen für verantwortlich halten: (1) Die privaten Medien leiden durch die Verlagerung des Anzeigengeschäfts zu den sozialen Medien unter enormem Spardruck und einer gewissen Auszehrung. (2) Als Folge wollen mehr Medienschaffende in die wachsenden staatlichen Kommunikationsabteilungen abwandern, was sie staatsfreundlicher stimmen mag. (3) Einzelne Medien können dank guten persönlichen Beziehungen im Tausch gegen unkritische Berichterstattung Vorabinformationen über die Pläne der Regierung erhalten. (4) Die Abhängigkeit von staatlichen Inseraten kann eine gewisse befriedende Wirkung auf manche Medien haben. Unabhängig davon, wie man diese Aspekte beurteilt: Sie sind nicht krisenspezifisch. Sie erklären bestenfalls ein allgemeines Versagen der Medien (vgl. auch den Beitrag von Vontobel auf Seite 41 ff.).

Die weitgehend unkritische Berichterstattung zu Beginn und im Verlauf der Krise dürfte mit den speziellen Anreizen von Medienschaffenden in Krisen zu tun haben. Medien – auch Qualitätsmedien – und ihre Mitarbeiter müssen unter Abwägung ihrer knappen Zeit, knappen Finanzen und knappem eigenen Wissen festlegen, wie sie berichten wollen. Zur Erhaltung ihrer Reputation wollen sie echte und scheinbare Fehler vermeiden. Und sie wollen möglichst viele Medienkonsumenten ansprechen.

Zu Beginn von Krisen besteht grosse Unsicherheit. Der Informationsbedarf der Konsumenten ist hoch, und Berichte zur Krise finden Aufmerksamkeit, gleich ob sie kritisch gegenüber der Politik sind oder nicht. Zugleich ist das Wissen der Medienschaffenden noch klein und ihr Fehlerrisiko gross. Die Regierung und ihre Kommunikationsabteilungen können deshalb kritische Beiträge leicht angreifen und echte oder vermeintliche Fehler anprangern. Regierungsdienliche Berichte hingegen werden kaum angegriffen. Daraus erwächst ein selbstverstärkender Mechanismus. Je weniger regierungskritische Berichte es gibt, desto konzentrierter trifft das «Sperrfeuer» der Regierung die noch verbleibenden kritischen Beiträge. Und je mehr Beiträge regierungsdienlich sind, desto kleiner wird das Risiko für ihre Urheber, von gegenüber der Regierung kritischen Kreisen angegriffen zu werden.

Unter der in Krisen gegebenen Unsicherheit übernehmen rationale Medienschaffende deshalb oft die Kommunikation der Regierungen und sind weitgehend unkritisch (was wohl auch die Strategie von Ringier-CEO Marc Walder wenigstens teilweise erklärt)[6]. Je länger sie dann das Krisenmanagement der Regierung beobachten können, desto leichter fällt es ihnen, fundierte Kritik zu üben, die nicht leicht zurückzuweisen ist. Allerdings unterliegen insbesondere Qualitätsmedien einer Konsistenzanforderung, weshalb sie das systemische Versagen nur langsam zu korrigieren vermögen.

Politikversagen und Wissenschaft

Die «richtigen» Lösungen stehen in Krisen nicht vorab fest. Die Einschätzung der Bedeutung der externen Effekte verlangt das Expertenwissen der Wissenschaft. Dabei sind Krisen wie eine Pandemie immer ein komplexes Gemenge verschiedener Elemente, deren Verständnis einer ganzheitlichen Sicht bedarf. Virologie, Medizin, Recht, Erziehungswissenschaften, Psychologie, Ökonomie und weitere Wissenschaften spielen alle eine Rolle, wenn es darum geht, die Kosten von Pandemien sowie der Gegenmassnahmen klein zu halten. Entsprechend sind die stereotypen Aufrufe von Politikern, auf «die Wissenschaft» zu hören, wenig zielführend. Denn es gibt nicht «die Wissenschaft». Vielmehr droht dieser Ruf einzelne Fachdisziplinen zum Spielball der Politik zu machen.

Auf die Nachfrage von Politik und Medien nach Expertise reagieren Wissenschaftler mit einem Angebot. Während Wissenschaft zu Normalzeiten zumeist durch intensiven Wettbewerb zwischen den «Peers» um die besten Ideen, die besten Methoden und die genauesten Analysen geprägt ist, wird dieser Wettbewerb in Krisen durch die neue Nachfrage seitens der Politik geschwächt. Darüber hinaus muss sich, wer für Politik Gutachten erstellen will, an die Regeln des Gutachtenmarktes halten.

In Krisen haben auch Wissenschaftler eine Tendenz zu etwas weniger differenzierter Meinungsäusserung. Einerseits werden sie von der Politik in Gremien eingeladen und damit bereits selektioniert. Dort erarbeiten sie viele Vorschläge, aus denen politische Entscheidungsträger die ihnen genehmen Vorschläge herauspicken können. Die Experten haben kaum Anreize, dieses selektive Verhalten der politischen Entscheidungsträger zu kritisieren, denn das würde die Bedeutung ihrer wichtigen Position in Frage stellen (hörbare Kritik ist hingegen oft ein Vorbote eines baldigen Rücktritts). Zudem haben öffentlich auftretende Experten nicht nur die verständliche Tendenz, die Bedeutung ihres Fachgebiets hochzuspielen, sondern auch Anreize, die Schwere der Krise und die zukünftigen Gefahren tendenziell zu übertreiben.[7] Wer vor einer Welle warnt, die zum vorausgesagten Zeitpunkt nicht kommt, verliert wenig bis gar nichts und kann argumentieren, dass die rechtzeitige Warnung geholfen habe, die Krise zu verhindern. Wer hingegen voraussagt, es werde keine besonderen Probleme geben, aber von einer neuen Welle überrascht wird, dient dann in Politik und Medien kaum als Experte oder Expertin. Allerdings bieten solche systematischen Übertreibungen mit der Zeit Raum für andere Wissenschaftler, sich kritischer zu äussern.

Neue lösungsorientierte Institutionen für Krisen

Das endogene Politikversagen in der Krise kann nicht behoben werden, indem einfach «bessere» politische Entscheidungsträger eingesetzt werden, die angeblich eine ganzheitliche Sicht einnehmen, alles rational abwägen und alle Ressourcen zu mobilisieren versuchen. Politiker sind auch nur Menschen und reagieren auf Anreize. Vielmehr braucht es insbesondere in Krisen neue Institutionen, die den Entscheidungsträgern bessere Anreize geben.

Advocatus Diaboli als Medienkritikorgan

In freiheitlichen Demokratien ist der Meinungswettbewerb in den Medien in Normalzeiten recht ausgewogen. In Krisenzeiten ist er aber systematisch zugunsten der Regierungsposition verzerrt. Zur Entzerrung bedarf es der Institution eines Advocatus Diaboli, genauer mehrerer Advocati Diaboli. Ihre Aufgabe ist, in ernsthafter Absicht und nach bestem Wissen und Gewissen alle denkbaren Gegenargumente gegen die vorherrschende Politik- und Medienmeinung zu suchen, um damit einem Gruppendenken vorzubeugen und am Ende zu angemesseneren, besseren Entscheidungen zu kommen.

Analogien verdeutlichen die Relevanz der Advocati Diaboli: In der Rechtsprechung sucht nicht ein Mensch möglichst unvoreingenommen «die Wahrheit». Vielmehr suchen in einem wettbewerblichen Prozess sowohl Anklage und Verteidigung je recht einseitig nach den bestmöglichen Argumenten, aufgrund deren dann ein möglichst neutraler Richter – oder in schwierigen Fällen ein Richterkollegium oder eine Gruppe von Geschworenen – feststellt, was «die Wahrheit» sei. Auch Demokratie und Wissenschaft funktionieren ausserhalb von Krisen ähnlich: Parteien und Wissenschaftler suchen recht einseitig nach den bestmöglichen Argumenten für ihre politischen Projekte bzw. ihre Hypothesen, die dann von einer Art Gericht – dem Volk oder der «scientific community» – beurteilt werden.

Zur institutionellen Etablierung von Advocati Diaboli bieten sich mehrere Möglichkeiten: Einzelne Medien können Gefässe mit dem klaren Auftrag schaffen, die Politik kritisch zu hinterfragen. Teilweise existiert dies bereits durch spezielle «Querdenker-Kolumnen». Das reicht aber nicht. Denn die mediale Kritik an der Regierung ist in Krisenzeiten ein typisches öffentliches Gut. Die Kosten fallen beim einzelnen Medium an, aber die Nutzen verteilen sich auf die ganze Gesellschaft. Entsprechend haben die einzelnen Medien weder die Anreize noch Ressourcen, die Rolle eines Advocatus Diaboli in angemessenem Umfang zu spielen. Eine Möglichkeit wäre, Medienpreise für besonders gute Arbeit als Advocatus Diaboli zu schaffen.

Weil Kritik in Krisenzeiten ein öffentliches Gut ist, ist die Tätigkeit der Advocati Diaboli wahrer Service Public. Wir empfehlen deshalb, Mittel der heutigen Medienfinanzierung gezielt an Medien oder Abteilungen von Medien zu vergeben, die sich auf die Tätigkeit als Advocatus Diaboli spezialisieren. Diese Medien müssen durch ein von Regierung, Parlament und Parteien unabhängiges Gremium ausgewählt werden – denkbar wäre ein Gremium aus Experten oder ausgelosten Bürgern –, und sie müssen einen klaren Auftrag haben: Sucht und präsentiert die bestmöglichen Argumente gegen die Entscheide und Strategien von Regierung und Parlament. Dank öffentlicher Finanzierung hätten diese Advocati Diaboli die Ressourcen, fundierte Kritik zu erarbeiten, und dank dem expliziten

Auftrag zur Kritik müssen ihre Mitarbeiter nicht fürchten, als unmoralisch hingestellt zu werden.

Vom Volk gewählte Gegenvorschlagskommission

Wichtig ist nicht nur das systematische Hinterfragen der Politik von Regierung und Parlament durch Advocati Diaboli, sondern auch die konstruktiv-kritische Analyse und das Entwickeln von echten, realistischen Alternativen.

Die Schweiz hat bereits hervorragende und weltweit einmalige Erfahrungen mit unabhängigen Kritikkommissionen im Finanzbereich. In den Gemeinden mit Gemeindeversammlung wählen die Bürger nicht nur eine Regierung, sondern auch eine Rechnungsprüfungs- oder Geschäftsprüfungskommission, deren einzige Aufgabe es ist, die Vorschläge der Regierung zu kommentieren und zu kritisieren sowie Verbesserungsvorschläge vorzubringen.[8]

Wir schlagen deshalb vor, dass es neben Parlament und Regierung eine unabhängige Kommission geben soll, die die explizite Aufgabe hat, kluge Alternativvorschläge zu entwickeln, die diese in Konkurrenz zu Parlament und Regierung dem Volk vorlegen kann. Wir nennen diese Kommission «Gegenvorschlagskommission». Ihre Mitglieder sollen vom Volk direkt in Mehrheitswahlen in einem gesamtschweizerischen Wahlkreis gewählt werden. Durch das Wahlverfahren und weil sie nichts selbst entscheiden kann, hätte diese Kommission beste Anreize, dem Volk gute Vorschläge zu unterbreiten, die die Politik aus Sicht des Volks verbessern. Und Regierung und Parlament hätten dann keinen Grund mehr zu behaupten, ihr Vorschlag sei alternativlos, wie dies insbesondere in der Corona-Krise oft der Fall war. Da die Gegenvorschlagskommission vom Volk gewählt und unabhängig ist, könnte sie auch nicht von der Politik abgesetzt werden, wie dies bei wissenschaftlichen Beratern der Fall ist.

Die Kritik einer speziell beauftragten Gegenvorschlagskommission wirkt über wenigstens vier Kanäle. (1) Die Regierung kann die Vorschläge direkt aufnehmen. (2) Die Gegenvorschlagskommission liefert die Informationen an die Medien sowie die Advocati Diaboli und damit an die Bevölkerung. (3) Andere Akteure können auf der Kritik aufbauend eigene Vorschläge entwickeln. (4) Die Regierung wird versuchen, der Kritik der Gegenvorschlagskommission möglichst zuvorzukommen und die offensichtlichsten Mängel ihrer Politik rechtzeitig zu beheben.

Im Falle der Corona-Krise etwa hätte die Gegenvorschlagskommission der Regierung wohl schon früh empfohlen, die Immunität infolge Genesung als wichtigste Ressource wirkungsvoll zu dokumentieren und zu nutzen. Und fast sicher hätte sie angemahnt, die wichtigsten Daten als Entscheidungsgrundlage besser zu erheben und auszuwerten. Dazu gehören die Dunkelziffer der Infektionen, der Anteil der wegen und mit Corona Hospitalisierten und Verstorbenen, die Vorerkrankungen und somit die verlorenen Lebensjahre der Opfer von schwerer

Krankheit und Tod sowie das Ausmass der Immunität der Genesenen durch Antikörper und zelluläre Abwehr. Weil für die Regierung und Verwaltung die Kritik einer vom Volk gewählten Kommission weit gewichtiger als diejenige einzelner Wissenschaftler und Medien wäre, hätte sie diese Probleme schnell und effektiv angepackt, sodass die Gegenvorschlagskommission für manche Bereiche nur hätte sagen können: Die Regierung hat weitgehend solide Arbeit geleistet.

Verdankung

Wir danken Bruno S. Frey, Gerd Folkers, Christian Girardi und Florian Mitscherlich für erhellende Diskussionen.

Referenzen

1 Pigou, Arthur C. (1920), *The Economics of Welfare*, Macmillan and Co., London.
2 Vgl. auch Becker, Gary S. (1958), Competition and democracy, *The Journal of Law and Economics*, 1: 105–109, oder Buchanan, James M. (1986), The constitution of economic policy, Lecture to the memory of Alfred Nobel. https://www.nobelprize.org/prizes/economic-sciences/1986/buchanan/lecture/.
3 Brennan, Geoffrey und Loren Lomasky (1997), *Democracy and Decision. The Pure Theory of Electoral Preference*. Cambridge: Cambridge University Press.
4 Eichenberger, Reiner, Marco Portmann, Patricia Schafer, und David Stadelmann (2021). Mehrheitswahlen in Mehrpersonenwahlkreisen: Ein Schweizer Erfolgsrezept? *Perspektiven der Wirtschaftspolitik*, 22(4): 315–329.
5 Eichenberger, Reiner, Rainer Hegselmann und David Stadelmann. (2020a). Zertifizierte Corona-Immunität als Ressource, *WiSt – Wirtschaftswissenschaftliches Studium*, 49(10): 26–32, sowie Eichenberger, Reiner, Rainer Hegselmann, David A. Savage, David Stadelmann und Benno Torgler (2020b). Certified Coronavirus Immunity as a Resource and Strategy to Cope with Pandemic Costs, *Kyklos*, 73(3): 464–474.
6 Philipp Gut (31.12.2021), CEO Marc Walder zwang alle Ringier-Medien weltweit auf Regierungskurs, in: Die Ostschweiz.
7 Natürlich liegt die Frage nahe, welche Anreize denn die Autoren dieses Beitrags haben. Die skizzierten Verzerrungen sind eine Folge der hohen thematischen Spezialisierung vieler Wissenschaftler. Wissenschaftler hingegen, die wie die Autoren zu vielen unterschiedlichen Themen forschen und Stellung beziehen, haben schwächere Anreize, einzelne Themen hochzuspielen.
8 Dazu Schelker, Mark und Reiner Eichenberger (2010), Auditors and fiscal policy: Empirical evidence on a little big institution. *Journal of Comparative Economics* 38(4): 357–380.

16

Konstantin Beck

Eigenverantwortung in Zeiten von Corona

Eine Analyse aus ökonomischer Sicht

Erst kürzlich wurde der Begriff «Eigenverantwortung» in Deutschland zur Floskel des Jahres gewählt. Udo Stiehl und Sebastian Pertsch, die Betreiber des Netzprojekts Floskelwolke, begründen ihre weitherum beachtete Wahl wie folgt: «Ein legitimer Begriff von hoher gesellschaftlicher Bedeutung wird ausgehöhlt und endet als Schlagwort von politisch Verantwortlichen, die der Pandemie inkonsequent entgegenwirken. Fehlgedeutet als Synonym für soziale Verantwortung und gekapert von Impfgegnerinnen und Impfgegnern als Rechtfertigung für Egoismus».[1]

Diese Stellungnahme fasst einen wichtigen Aspekt der aktuellen Corona-Diskussion (oder eher Corona-Beschimpfung) treffend zusammen: Corona sei auf Grund der hohen Ansteckungsraten nur im Kollektiv, unter Einhaltung der von oben verordneten Empfehlungen und Massnahmen in den Griff zu kriegen. Wer in dieser Stunde kollektiver Anstrengung nach Eigenverantwortung ruft, sei nicht viel mehr als ein rücksichtsloser Egoist, der die Zeichen der Zeit nicht verstehen wolle und damit einzig und allein der unkontrollierten Verbreitung des Virus Vorschub leiste.

Dieser oft gehörten Argumentation soll in diesem Beitrag widersprochen werden. Dabei ist der Ausgangspunkt das ökonomische Standardmodell zum Umgang mit übertragbaren Krankheiten (Abschnitt 1). Daraus abgeleitet werden die möglichen Schädigungen der Mitmenschen, die Ansteckung (Abschnitt 2.1) und die vermeidbare Überlastung der Spitalkapazitäten (Abschnitt 2.2) genauer untersucht. Im Laufe der Diskussion zeigt sich (in Abschnitt 2.3), dass staatliche Prävention immer subsidiär ist. Das heisst, jeder staatlich verordneten Massnahme geht «eigenverantwortliches Handeln» voraus, ja es ist gar nicht vermeidbar. Und nicht nur das: Im letzten Abschnitt wird der Nachweis erbracht, dass unter identischen staatlichen Vorgaben Unterschiede in der Eigenverantwortung möglicherweise für die grosse Differenz in den Covid-19-Todesfällen pro Kopf zwischen deutscher und romanischer Schweiz verantwortlich sein könnten. Eigenverantwortung ist damit eben nicht die leidige, bedeutungslose Floskel, wie es Stiehl und Pertsch darstellen, sondern eine produktive Ressource zur Vermeidung unnötiger Covid-19-Todesfälle.

1 Standardargumentation zur Legitimierung der Pandemiemassnahmen

1.1 Externe Effekte

Das Besondere an pandemisch auftretenden Krankheiten ist ihre Übertragbarkeit. Die Infektion der einen Person kann zur Infektion einer anderen führen. Das Infektionsgeschehen kann sprunghaft anwachsen und zur Überlastung wichtiger Teile des Gesundheitsangebots führen. In der Ökonomie nennt man solches *negative externe Effekte*. Sie fallen an, wenn das Handeln des Einen zur (oft unbeabsichtigten) Schädigung des Anderen führt. Aus diesem Grund ist ein Staatseingriff, der das Infektionsgeschehen dämpft, auch für liberale Ökonomen gerechtfertigt, vorausgesetzt, die Schädigungen sind erheblich.

Nun ist Covid-19 hochansteckend, verbreitet sich rasant, kann schwere Krankheitsverläufe zur Folge haben, welche die Intensivstationen überlasten könnten. Nicht nur das. Die Tatsache, dass das Risiko schwerer Krankheitsverläufe sehr einseitig zu Ungunsten der älteren Bevölkerung verteilt ist, könnte dazu führen, dass die Nichtvulnerablen, im Wissen, dass Covid-19 ihnen wenig anhaben wird, fahrlässig mit dem Ansteckungsrisiko umgehen und damit zu einer raschen Zirkulation des Erregers in der Bevölkerung beitragen. Der externe Effekt könnte unter diesen Voraussetzungen sogar besonders gross sein (wie es Stiehl und Pertsch befürchten).

Positive externe Effekt gibt es ebenfalls. Das Paradebeispiel ist die durch eine Impfung hergestellte Herdenimmunität, falls es eine solche bei Covid-19 gibt (vgl. den Beitrag von Vernazza zu den medizinischen Grundlagen auf Seite 134ff.). Ist ein bestimmter Anteil der Bevölkerung – so die gängige These – geimpft, dann stoppt das die Verbreitung eines Krankheitserregers, weil das Virus immer häufiger auf immunisierte Wirte trifft und in seiner Ausbreitung eingeschränkt wird. Es entsteht so auch für diejenigen ein Immunitätsschutz, welche selber nicht geimpft sind. Wenn alle darauf zählen, dass sich die anderen impfen lassen, impfen sich am

Schluss zu wenige, sodass sich der Herdenimmunitätseffekt nicht einstellt. Auch hier ist staatliches Handeln zur Förderung einer ausreichenden Impfquote in der ökonomischen Literatur unbestritten.

Diese geht aber nahezu automatisch davon aus, dass es eine Herdenimmunität auch tatsächlich gibt. Weil diese Vermutung beim Coronavirus mit grosser Wahrscheinlichkeit nicht zutrifft, zeigt sich bereits hier, dass die ökonomische Standardargumentation nicht einfach so auf die heutige Situation übertragbar ist. Vielmehr muss sie im Folgenden Punkt für Punkt auf ihre Anwendbarkeit hin überprüft werden.

1.2 Die Massnahmen

Die staatlichen Massnahmen beginnen mit Hygiene-Empfehlungen, social distancing, Maskentraggeboten und gehen über zu Lockdownvarianten zur Einschränkung grosser Menschenansammlungen bis hin zu obligatorischem Home-Office und Versammlungsverbot von mehr als drei Personen. Der flächendeckende Hausarrest kam in der Schweiz noch nicht zur Anwendung, wohl aber der individuelle in Form von Quarantäne und Isolation, welche bis dato 1,8 Millionen Mal verhängt worden sind.[2] Dazu kommen teils stark einschränkende Test- und Zertifikatsregeln. In Bezug auf das Impfen wird eine Mischung aus Einschränkung des Alltags für Ungeimpfte und Kampagnen zur Förderung des «freiwilligen» Impfentscheids angewandt. Inwieweit diese Massnahmen tatsächlich auch die erwartete Wirksamkeit erzielen, bleibt zu überprüfen (siehe auch den Beitrag von Beck zur Impfung auf Seite 201 ff.).

1.3 Ansprüche an die Bevölkerung

Noch nie – seit dem Zweiten Weltkrieg – waren die Ansprüche des Staates im Alltag seiner Einwohner so omnipräsent und einschneidend. Diese reichen vom Befolgen teils sinnvoller, teils widersprüchlicher Massnahmen bis hin zur Durchsetzung eines De-facto-Impfzwangs. Wer am verbleibenden öffentlichen Leben teilhaben will oder nicht bereit ist, seinen Gesundheitsstatus bei jeder Gelegenheit und auf eigene Kosten nachzuweisen, kommt nicht darum herum, sich der Impfung zu unterziehen. Die oft verwendete Unterteilung in Impfwillige und Impfverweigerer ist von daher irreführend, weil die Gruppe der Geimpften nicht nur aus Impfwilligen, sondern zu einem grossen Teil auch aus Genötigten besteht.

Die (nie explizit ausgesprochene) Nötigung zur Impfung wird mit Verweis auf den kategorischen Imperativ des positiven Impfentscheids gerechtfertigt.[3] Diese Argumentation ist zutreffend, solange die Impfung gleichzeitig sowohl die wirksamste als auch die ungefährlichste und kostengünstigste Möglichkeit zur Bekämpfung der Pandemie darstellt.

1.4 Die Legitimierung staatlichen Handelns

Legitimiert werden die zahlreichen Massnahmen zur Bekämpfung der Covid-19-Pandemie mit dem regelmässigen Verweis auf Infektionszahlen, Hospitalisationen und Todesfälle. Dabei wäre zu berücksichtigen, dass diese Zahlen, insbesondere wenn sie unkontrolliert in die Höhe schnellen, keine Legitimation der zum jeweiligen Zeitpunkt bereits ergriffenen Massnahmen darstellen, sondern diese sogar in Frage stellen könnten.

Das Argument, «ohne Massnahmen wäre alles noch viel schlimmer», konnte zumindest im Frühjahr 2021 direkt falsifiziert werden, als die Task Force dringend schärfere Massnahmen anmahnte, der Bundesrat die Massnahmen darauf jedoch lockerte und die Infektionen trotzdem zurückgingen. Damit wären wir bereits mitten in der kritischen Reflexion der Standardargumentation, die im Folgenden Punkt für Punkt durchleuchtet werden wird. Es wird sich zeigen, dass die Standardargumentation nur dann überzeugt, wenn eine ganze Reihe von Bedingungen und impliziten Annahmen erfüllt ist.

2 Analyse der Standardargumentation aus ökonomischer Sicht

2.1 Übertragung der Krankheit

Die Bedeutung der externen Effekte, welche eine Pandemie auslöst, hängt unter anderem auch von der Risikobereitschaft der Bevölkerung ab.

«Vor der Pandemie war allgemein anerkannt, dass meine Freiheit durch die Freiheit der anderen begrenzt wird. Die Pandemiepolitik begrenzt aber meine Freiheit nicht mehr durch die Freiheit der anderen, sondern durch ihren Anspruch auf hundertprozentige Sicherheit. Absolute Sicherheit ist mit Sicherheit unverhältnismässig teuer.»[4]

Zwar gilt – gemäss Präambel der Bundesverfassung – auch in der Schweiz die Regel von Rawls, dass eine Gesellschaft ethisch danach zu bewerten sei, wie sie das verletzlichste Mitglied behandelt.[5] Hier sind aber zwei Punkte zu berücksichtigen. Erstens ist gar nicht klar, welche Gruppe der Gesellschaft den grössten Schutz verdient. Ist es die Person, die Angst vor der Ansteckung hat, sodass die Angst der Person, die sich nicht impfen lassen möchte, geringer wiegt? Oder ist es die Person, die grosse Angst vor der Impfung hat, sodass die Angst vor der Ansteckung als geringer angesehen wird? Und zweitens: Ist die vulnerabelste Person gleichzeitig die mit der grössten Risikoaversion, wäre vorgängig zu klären, ob durch deren Schutzanspruch nicht unzählige andere Mitglieder empfindlich schlechtergestellt würden, was den immanenten Zielkonflikt des Problems von Schutz und Verhältnismässigkeit sichtbar werden lässt (vgl. dazu den Beitrag von Uhlmann, Abschnitt 2, auf Seite 35f.).

Zudem wird das Rawls-Argument dann nicht mehr ernst genommen, wenn für die (nicht unbegründete) Risikoaversion der Impfgegner keinerlei Verständnis aufgebracht wird. Ängste sind Ängste und sollten von der Gemeinschaft grundsätzlich unabhängig von der Person und ihrer Begründung als solche akzeptiert werden.

Bereits diese wenigen Gedanken zeigen, wie kurz der blosse Verweis auf externe Effekte (die zweifellos vorliegen) greift. Es braucht dringend eine Bewertung der externen Effekte. Das heisst, es muss geklärt werden, wie gefährlich die Pandemie tatsächlich ist, wie viel Einschränkung und Mitteleinsatz die Gesellschaft bei anderen Fragen des Lebensschutzes (die sich in der Medizin tagtäglich stellen) einzusetzen bereit war und welches der sowohl effektivste als auch effizienteste Mitteleinsatz sein könnte. Dies um zu vermeiden, dass Mittel, die an anderer Stelle fehlen werden, für unwirksame oder unverhältnismässige Massnahmen verschwendet werden (vgl. Beitrag Beck zur Verhältnismässigkeit, Seite 221ff.).

Das wäre die zielführende Debatte in der aktuellen Situation, denn es ist durchaus unklar, wie risikofreudig die Schweiz heute wirklich ist und ob sich die Risikobereitschaft geographisch unterschiedet. Zudem ist es für die Bevölkerung nicht einfach, eine objektive und datengestützte Abschätzung ihres Impfrisikos vorzunehmen. Wer diese Debatten mit rein moralisierenden Argumenten im Keim erstickt, trägt nicht zur erfolgreichen Bewältigung der Pandemiesituation bei.

2.2 Drohende Spitalüberlastung

Was den zweiten externen Effekt, die drohende Spitalüberlastung angeht, steht hier primär der Staat als Anbieter der Intensivpflegeplätze in der Pflicht. Es fällt auf, dass das Problem nur mit Blick auf eine plötzlich anschwellende Nachfrage angegangen und diskutiert wird. Dabei wäre es wesentlich kostengünstiger, den Engpass auf der Angebotsseite durch Ausbau der Spitalkapazität zu entschärfen. Dem halten die Intensivmediziner entgegen, dass ein Ausbau nicht möglich sei, weil das dafür notwendige, hochspezialisierte Personal nicht eingestellt werden könne. Wie Widmer in seinem Beitrag (Seite 76ff.) darlegt und andere zeigen, ist es ja sogar so, dass das hochspezialisierte Personal den Intensivstationen, dem Nadelöhr der Covid-19-Krise, den Rücken kehren und dass die Intensivbetten seit Beginn der Krise ab- und nicht ausgebaut worden sind. Die Gründe mögen mannigfaltig sein, aber für viele Pflegende ist es attraktiver, in der Spitex zu arbeiten, wo die Handlungsautonomie grösser und die Arbeitsbedingungen akzeptabler sind.

Es kann nicht deutlich genug darauf hingewiesen werden, dass es sich hier um ein primär betriebswirtschaftliches Problem handelt. Es geht darum, den Pflegenden eine angemessene Entlöhnung zu gewähren, und, was sogar wichtiger sein könnte, die Intensivstationen zeitgemäss zu führen, das heisst wertschätzend und mit grösstmöglicher Entscheidungsdelegation an die Pflege. Nur so kann eine ausreichende Anzahl Mitarbeitender gewonnen und die vorhandenen nicht vergrault werden. Mehrkosten, die dadurch entstehen dürften (es geht um einige hundert Arbeitsstellen), stehen mit Sicherheit in keinem Verhältnis zu den immensen Kosten der Einschränkung von sozialem Leben und wirtschaftlicher Aktivität. Und anderthalb Jahre Reaktionszeit seit Ausbruch der Krise sollten eigentlich ausreichen, um die Probleme im skizzierten Sinne zu beheben. Es darf zudem auch nicht sein, dass die spezifischen Ausbildungsanforderungen so hoch angelegt sind, dass das notwendige Angebot an Berufseinsteigern ausbleibt. Qualität in Ehren, aber eine Qualität, die von den in Frage kommenden Personen gar nicht erfüllt werden kann, hilft niemandem, schon gar nicht während einer Pandemie.

Man stelle sich folgende Analogie vor: Die Betreiber des Gotthardtunnels verkünden, dass sie ihren Tunnel schliessen müssten, weil sie das dafür notwendige, hochspezialisierte Personal nicht mehr finden würden. Es würde ein Aufschrei durch die Bevölkerung gehen. Und die Konsequenz wäre die sofortige Absetzung der Tunnelleitung – unter dem Beifall der Medien.

Natürlich ist das Problem der Intensivpflege komplizierter als die Betreibung eines Strassentunnels, aber das Prinzip ist dasselbe. Es geht um die Garantie einer systemrelevanten Infrastrukturleistung. Dass das in einem Umfeld, wo Löhne, Tarife, Anstellungsbedingungen, Qualitätsansprüche, also so ziemlich alles staatlicher Regelung und Kontrolle unterliegt, schwieriger ist als im freien Markt, erstaunt nicht wirklich. Es zeigt aber auf, dass dieser (wichtige) Teil der Krise eine Folge staatlicher Intervention sein dürfte.

Eine weitere Analogie beleuchtet den engen Blickwinkel, unter dem die Diskussion geführt wird: Es ist nicht Sache des Versicherten, dafür zu sorgen, dass seine Krankenversicherung ausreichend Reserven hat. Das ist Sache der Versicherungsmathematik und setzt eine seriöse, langfristige Planung voraus, die den Worst-Case als mögliches Szenario einbezieht. Die Problematik ist hier insofern gleich, als dass Reservegelder wie auch Intensivbett-Kapazitäten einer fluktuierenden Nachfrage standhalten müssen.

Ein vorsorglich planender Staat legt seine wichtige Infrastruktur so fest, dass er die immer noch mögliche Überschreitung nach bestem Wissen und Gewissen verantworten kann. Bei der Festlegung der Kapazität kommt zum Ausdruck, dass menschliches Handeln immer begrenzt ist und Knappheitssituationen zum Leben dazugehören. Steht eine Überschreitung an, ist sorgfältig abzuwägen, ob sie mittels eines Lockdowns für Millionen oder mittels Triage für einige zu beheben sei. Dabei ist im Auge zu behalten, dass auch im Normalbetrieb bei der Hälfte der Todesfälle auf Intensivstationen ein gemeinsamer Entscheid von Arzt und Angehörigen letztlich zum Tod führt. Triage gehört zum medizinischen Alltag.

Was ist die Konsequenz aus dem Gesagten? Eine Vermeidung der Überlastung der Spitalkapazitäten kann der Covid-19-Politik nicht wirklich als Nutzen angerechnet werden, weil eine überraschende Überschreitung dieser Kapazität den Verantwortlichen als Pflichtverletzung anzulasten wäre. Es ist ja auch nicht so, dass der Verkehrsminister bei seinem Abgang ausdrücklich dafür gelobt wird, dass der Gotthardtunnel während seiner Amtszeit nicht dauerhaft geschlossen werden musste.

Richard David Precht, der die Frage auf eine philosophische Ebene heben will, mutmasst unbeholfen, wenn er den Massnahmenskeptikern ein «befremdliches Verhältnis (...) zum Thema Rechte und Pflichten» unterstellt. Seine Schlussfolgerungen, dass «der moderne liberal-demokratische Staat nicht nur das *Recht* hat, Regeln und Massnahmen zum Schutz von Millionen Schwacher und Gefährdeter zu verordnen, sondern – die *Pflicht!*» (Hervorhebungen gemäss Precht)[6] ist irreführend, wenn damit eine der Notsituation geschuldete Alternativlosigkeit legitimiert werden soll (vgl. dazu auch den Beitrag von Esfeld auf Seite 245ff.). Auch wenn dem modernen Wohlfahrtsstaat diese Pflicht grundsätzlich zugeschrieben werden soll, hat er erstens diese Pflicht vor Eintritt der Pandemie wahrzunehmen und ist zweitens, im Falle eines Versäumnisses, gehalten, ohne Wenn und Aber seine Kapazitäten notfallmässig nachzurüsten. Erst dann kann er, gegebenenfalls, zum Mittel des Lockdowns greifen. Die Pflichtvergessenheit, welche Precht, wie eingangs zitiert, den Massnahmenkritikern unterstellt, ist zunächst einmal beim versagenden Wohlfahrtsstaat zu verorten.

Seiner Pflicht nachzukommen, hiesse für den Wohlfahrtsstaat, realistische Ziele zu setzen. «Jeder Tote ist einer zu viel», ist kein realistisches Ziel und die Überforderung als direkte Folge dieser Zielsetzung unausweichlich.

2.3 Präventionspolitik ist immer subsidiär

Die Schlussfolgerung, dass individuelles Handeln beim Vorliegen externer Effekte nicht zum optimalen Ziel führt, wird in der Corona-Diskussion oft dahingehend missverstanden, dass individuelles Handeln nutzlos und ineffektiv sei und nur staatliches Handeln dem Virus Herr werden könne. Das ist eine in vielerlei Hinsicht falsche Schlussfolgerung.

So handelt der Staat auch und gerade in einer Pandemie stets subsidiär, und das nicht nur deswegen, weil er von der Bundesverfassung dazu verpflichtet wäre,[7] sondern weil er gar nicht verhindern kann, dass informierte Bürgerinnen von sich aus gezielte Präventionsmassnahmen ergreifen. So konnte beispielsweise eine schwer vulnerable Person ihren Arbeitgeber bereits Wochen vor dem Lockdown vom Nutzen einer Home-Office-Lösung überzeugen. Ähnliches machten unzählige andere, denn anders ist es nicht zu erklären, dass der R-Wert bereits vor dem Frühlings-Lockdown 2020 zu sinken begann. Diese intrinsisch präventive Verhaltensänderung ist offenbar auch bei anderen Atemwegsinfektionen ein bekanntes Phänomen (vgl. den Beitrag von Vernazza zu den Massnahmen, Seite 156ff.). Private Prävention zusammen mit ersten, noch nicht so weit gehenden Massnahmen (Verbot von Versammlungen ab 1000 Personen) wären zu diesem Zeitpunkt möglicherweise ausreichend gewesen.

Der Nutzen eigenverantwortlichen Handelns zeigt sich auch bei den Spitälern. Ihnen war es während der ersten Welle verboten, Behandlungen durchzuführen, um eine Überlastung zu vermeiden. In der wesentlich heftigeren zweiten Welle fiel dieses Verbot weg und die Spitäler erbrachten den Tatbeweis, dass sie das Infektionsgeschehen auch ohne Verbot meistern konnten. Jedes Spital konnte die Situation vor Ort besser und situationsbezogener einschätzen als vorher der Bund.

Allerdings ist eine kritische Beurteilung der Pandemiepolitik im März 2020 heikel und unfair, da alle Akteure mit extrem beschränktem Wissen handeln mussten.

Erfolgreiche staatliche Pandemie-Prävention setzt einerseits voraus, dass der Staat tatsächlich über das notwendige Wissen verfügt, um Infektionsketten zu unterbrechen, und dass seine Massnahmen weniger Schaden anrichten als sie Nutzen stiften.

Da ihm immer privates Handeln vorausgeht, ist andererseits auch die Wirksamkeit staatlicher Massnahmen zum vornherein begrenzt, und die Effekte einer erfolgreichen Pandemie-Politik dürfen nicht einzig und allein dem Staat zugeschrieben werden. Ja, wenn Präventionsmassnahmen wie viele Aktivitäten des Menschen abnehmende Zusatznutzen aufweisen, was bedeutet, dass eine Verdoppelung der Prävention selten zur Verdoppelung ihres Effekts führt, dann ist sogar zu vermuten, dass der Beitrag des Staates weniger zum Präventionseffekt beiträgt als die unzähligen Beiträge aller autonom und vorsichtig handelnden Individuen.

2.4 Eigenverantwortliches Handeln: Kantonale Unterschiede in der Mortalität

Wie einflussreich und konkret individuelles, selbstverantwortliches Handeln sein kann, zeigt der Blick auf die Mortalität verschiedener Kantone. Im Jahr 2020 starben (gemäss BAG) bis zur ersten Januarwoche 2021 7811 Menschen an (oder mit) Covid-19.[8] Weil die Todesfallrate sehr stark von Alter und Geschlecht abhängt, lässt sich für jeden Kanton eine zu erwartende Anzahl Todesfälle abhängig von dessen Bevölkerungszahl, Alters- und Geschlechtsstruktur berechnen. Dieses Vorgehen wird *Risikoadjustierung* genannt.

Dass die effektiv angefallenen Todesfälle nicht exakt dieser erwarteten Grösse entsprechen werden, versteht sich von selbst, vielmehr ist mit einer zufälligen Streuung um diese erwarteten Werte zu rechnen. Jede Systematik in den Abweichungen wäre eine Überraschung. Doch genau diese Überraschung stellt sich ein (vgl. Tabelle 1).

Tabelle 1: Auf Grund von Bevölkerungszahl, Alter und Geschlecht erwartete und tatsächliche Covid-19-Todesfälle im Kantonsvergleich (im Jahr 2020)

Gruppierung	Kantone	Todesfälle		Differenz	
		Erwartete Anzahl	Effektive Anzahl	Absolut	in %
Deutsche Schweiz	AI, AR, UR, SZ, OW, NW, AR, GR, ZG, SO, LU, SG, TG, GL, AG, SH, ZH, BE, BL, BS	5 550	4 556	-994	-18%
Zweisprachige Kantone	FR, VS	550	813	+263	+48%
Romanische Schweiz	VD, JU, NE, TI, GE	1 711	2 442	+731	+43%
Total		7 811	7 811	0	0%

Quelle: Eigene Berechnungen basierend auf den Daten des BAG.

Alle deutschsprachigen Kantone (ausser SG, TG und SZ) weisen signifikant weniger Covid-19-Todesfälle auf als statistisch erwartet. Anstatt der zu erwartenden (risikobereinigten) 5550 Todesfälle finden sich nur 4556. Das sind beinahe 1000 Tote oder 18% weniger.

Jenseits der Sprachgrenze ist der Zusammenhang noch ausgeprägter. In der französischen und italienischen Schweiz starben 43% mehr als statistisch erwartet, das sind 731 Todesfälle. In den Kantonen FR und VS mit ihren französischsprachigen Mehrheiten sind es 48% oder 263 Todesfälle mehr als erwartet. Einzige Ausnahme ist der Kanton Jura (27 Todesfälle weniger als erwartet). Abbildung 1 zeigt die Unterschiede pro Kanton in Prozent.

Da die Pandemiemassnahmen des Bundes schweizweit Gültigkeit hatten, kann die unterschiedliche Mortalität nicht mit unterschiedlichen Massnahmen erklärt werden. Auch andere, naheliegende Erklärungen wie Unterschiede in der Bevölkerungsdichte oder im Gesundheitszustand versagen ihren Dienst. So weisen BS und ZH eine sehr hohe Bevölkerungsdichte auf, liegen aber mit -20% und -23% noch tiefer als der Rest. Das erstaunt insbesondere, weil die Basler Bevölkerung überdurchschnittlich alt und morbid ist. Andererseits sind die zahlenmässig starken Waadtländer und Genfer eher überdurchschnittlich gesund.[9]

Nun ist nicht anzunehmen, dass ein Virus aus China in der Schweiz nach Sprachgruppen differenziert. Die Sprache ist auch nicht der ausschlaggebende Faktor, sie dient lediglich als Indikator einer Kultur. So ist seit Jahren bekannt, dass die französische Schweiz bei gleichen Symptomen mehr schulmedizinische Behandlung nachfragt und weniger bereit ist, Selbstverantwortung zu übernehmen,

Abbildung 1: Abweichung von der zu erwartenden Covid-Mortalität in % (im Jahr 2020)

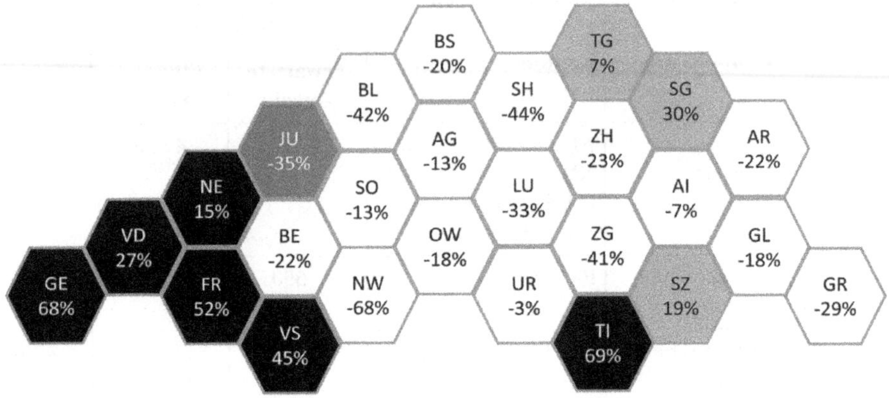

Quelle: Eigene Berechnungen basierend auf den Daten des BAG für 2020.

Lesehilfe: FR 52% bedeutet: Im Kanton Freiburg starben 52% mehr Personen an Covid-19, als auf Grund von Alter und Geschlecht zu erwarten war. Schwarze Kantone & JU = (mehrheitlich) französisch und italienisch, weisse Kantone und SZ, TG & SG = mehrheitlich deutsch.

beispielsweise durch freiwillige Einschränkung ihrer Arztwahl. Zudem sind diese Verhaltensunterschiede über Jahrzehnte stabil nachweisbar.[10]

Die höhere Bereitschaft zu Eigenverantwortung bei Gesundheitsproblemen ist in einer Pandemie sicher ein Vorteil. Würden sich alle Schweizer wie Deutschschweizer verhalten, wären möglicherweise 1300 Todesfälle weniger zu beklagen. Dass systematische Unterschiede nach Sprachregion vorliegen, ist unstrittig.[11] Warum es zu diesen Unterschieden kam, ist weniger klar. Es könnte auch sein, dass der martialische Auftritt des Gesamtbundesrats im März 2020 zusammen mit der Mobilmachung der Armee die Menschen verängstigt und einen Nocebo-Effekt ausgelöst hat (vgl. dazu den Beitrag von Schott auf Seite 278 ff.). Ein Nocebo-Effekt ist der negative Placebo-Effekt und tritt dann ein, wenn eine psychische Verängstigung zu physischer Schädigung führt. Wenn der subjektive Eindruck zutrifft, dass die Romands im Schnitt mehr Respekt vor dem Bundesrat haben als die Deutschschweizer, dann trifft sie der Nocebo-Effekt auch stärker. Damit wäre es dann nicht die positive Kraft der Eigenverantwortung, sondern die negative Nebenwirkung staatlicher Kommunikation, die den Unterschied in den Todesfallzahlen erklärt. Wie auch immer, die Handlung des Bundesrats erwiese sich im betrachteten Fall entweder als kontraproduktiv oder als irrelevant.

Ein weiterer, banaler Effekt kann zumindest nicht ausgeschlossen werden, das sogenannte Upcoding. Spitäler neigen dazu, in ihrer Rechnungsstellung Codes zu bevorzugen, die die Zahlungen der Versicherer erhöhen. Dass es zu Upcoding kommen kann, konnte zudem unlängst wissenschaftlich für die Schweiz nachgewiesen werden.[12]

Der Code für Covid-19 ist ein solcher Code und unzählige anekdotische Evidenz zeigt, dass eine Umcodierung von Nicht-Covid-Todesfällen in Covid-Fälle vorkam. Aus Sicht der Spitäler ist das ein Kavaliersdelikt, aus Sicht der Prämienzahler ist es schlicht und einfach Versicherungsbetrug. Im Rahmen einer nationalen Pandemie führt es zudem zur Verzerrung einer strategisch wichtigen Statistik. Es stellt sich die Frage, ob sich die Codierer ihrer gesamtgesellschaftlich schädigenden, pandemieverlängernden Wirkung bewusst sind.

Wenn Tabelle 1 und Abbildung 1 lediglich ein Upcoding wiedergeben, müsste systematisch höheres Upcoding in der Romandie und im Tessin verglichen mit der Deutschschweiz vermutet werden. Dem Schreibenden ist jedoch keinerlei Evidenz zur Stützung dieser gewagten These bekannt.

3 Fazit

In der Corona-Diskussion äussern sich unzählige Menschen, darunter sicher auch solche, die Eigenverantwortung mit Egoismus verwechseln. Gleichzeitig werden jedoch besonnene Mitmenschen mundtot gemacht, sobald sie mit der Eigenverantwortung argumentieren.

Im vorliegenden Beitrag wurde der Versuch unternommen, diesen beschädigten Begriff zu rehabilitieren. Dabei zeigte sich Dreierlei: Das typisch ökonomische Argument der externen Effekte (der indirekten Schädigung Dritter durch Ansteckung oder durch vermeidbare Überlastung der Spitalkapazitäten), das tatsächlich die Eigenverantwortung in Frage stellen könnte und staatliches Handeln legitimiert, funktioniert im Kontext der Covid-19-Pandemie nicht wirklich.

Die staatliche Propagierung einer Impfung mit dem Ziel, den positiven externen Effekt der Herdenimmunität zu erreichen, setzt voraus, dass es eine Herdenimmunität gibt. Das ist je länger, je unwahrscheinlicher.

Das Problem der Überlastung der Gesundheitskapazitäten ist weniger ein externer Effekt der Nachfrage, sondern ein Versagen des Staates bei der Bereitstellung seiner Infrastruktur. Denn weil die Spitalinfrastruktur allzu knapp verfügbar ist, wirkt sich primär das als externer Effekt in Form von Lockdowns und anderen Einschränkungen unmittelbar auf alle Einwohner dieses Landes aus.

Noch wichtiger ist, dass externe Effekte reziprok sind: Die Angst vor Ansteckung trifft auf die Angst vor einer Impfung und es ist nicht klar, welche Angst berechtigter sein soll. Darüber hinaus geht jedem staatlichen Handeln eigenverantwortliches Handeln voraus. Der Staat kann gar nicht verhindern, dass sich seine Bürger auch eigenverantwortlich vor dem Virus schützen. Wer nun aber glaubt, dass das BAG beispielweise Tipps zur Linderung eines Corona-Infekts oder zur Stärkung des natürlichen Immunsystems zur Verfügung stelle, sieht sich getäuscht. Dieses Wissen zirkuliert auf Grund der Untätigkeit der Amtsstellen auf privaten Kanälen und als Folge des Engagements Einzelner, die den kranken Mitmenschen weiterhelfen wollen. Auch das ist Eigenverantwortung.

Schliesslich konnten sogar deutliche Unterschiede in der Mortalität zwischen der romanischen und der deutschen Schweiz nachgewiesen werden. Der Unterschied ist unstrittig. Seine Ursache hingegen weniger klar. Unterschiede in der Eigenverantwortung können jedoch nicht a priori ausgeschlossen werden.

Verdankung

Der Autor dankt Pietro Vernazza, Peter Rohner, Andreas Kley und Professor Normann Lorenz (Universität Trier) für sehr hilfreiche Kommentare zu diesem Beitrag.

Anmerkungen und Referenzen

1 Der Tagesspiegel: «Unwort des Jahres» – Das sind Deutschlands Wörter und Floskeln des Jahres 2021, abgefragt am 12. Januar 2022, https://www.tagesspiegel.de/gesellschaft/unwort-des-jahres-das-sind-deutschlands-woerter-und-floskeln-des-jahres-2021/27966982.html

2 Angaben bis 30. November 2021 gemäss Statistik des BAG.

3 Kants kategorischer Imperativ besagt, dass eine individuelle Handlung dann die moralisch richtige sei, wenn sie auch dann noch als moralisch gut betrachtet werden kann, wenn alle anderen ebenso handeln würden. Für die Massnahmenbefürworter stellt der Impfentscheid eine solche, verallgemeinerbare Handlung dar.

4 Aus der Dankesrede von Dr. Werner Widmer anlässlich der Verleihung des Wilhelm Röpke Preises in Zürich am 2. Dezember 2021.

5 John Rawls. 1975. Eine Theorie der Gerechtigkeit. (Suhrkamp) Frankfurt.

6 Richard David Precht. 2021. Von der Pflicht – Eine Betrachtung. Goldmann, München, S. 34.

7 Art. 5a und Art. 41 Ziff. 1 der Schweizer Bundesverfassung.

8 Der folgende Abschnitt beschränkt sich auf das Jahr 2020, weil ab 2021 die steigenden Impfquoten die Mortalität beeinflussen, sodass im zweiten Pandemiejahr nicht mehr klar zwischen individueller und staatlicher Prävention unterschieden werden kann.

9 Die Morbidität eines Kantons wurde gestützt auf die amtliche Risikoausgleichsformel berechnet, die auf Alter, Geschlecht, Häufigkeit von Hospitalisationen und den Anteil chronisch Kranker gemessen an der individuell konsumierten Menge an Medikamenten abstützt. (Vergleiche Beck K. 2019. Kommentar zum Risikoausgleich Art. 17 KVG, in: G. Blechta, P. Colatrella, H. Rüedi, D. Staffelbach (Hrsg.). Basler Kommentar Krankenversicherungs- und Krankenversicherungsaufsichtsgesetz, Helbing Lichtenhahn Verlag, Basel, S. 215–248.)

10 Vgl. dazu u. a. Beck K. 2013. Risiko Krankenversicherung, Bern 2013, S. 57–58.

11 Die Regression der kantonalen Differenzen in den Todesfallzahlen mit einem Dummy für romanischsprachige Kantone und einem zweiten Dummy für FR und VS ergibt ein R^2 von 48 % sowie positive Koeffizienten (Signifikanzniveau 99 %).

12 Philip Hochuli, 2020. Losing body weight for money: How provider-side financial incentives cause weight loss in Swiss low-birth-weight newborns, in Health Economics, 29(4), S. 406–418.

17

Konstantin Beck

Ist die Impfung ein kategorischer Imperativ?

Eine Analyse aus ökonomischer Sicht

Die Coronapandemie führte zur grössten staatlichen Präventionsanstrengung der Schweizer Geschichte. Eine Präventionsanstrengung, deren Ziel es war, die Verbreitung der Covid-19-Infektionen einzudämmen und eine Überlastung des Gesundheitswesens zu vermeiden. Mit der Verfügbarkeit eines Impfstoffes erweiterte sich das Instrumentarium des Bunds. Zusätzlich zu den sogenannten nicht pharmazeutischen Mitteln wie Masken, Lockdown, Quarantäne und Isolation kam die Möglichkeit dazu, die Folgen einer Covid-19-Infektion zu lindern oder die Infektion überhaupt zu vermeiden. Vor allem die damit verbundene Einführung der Impfzertifikate und die Forderung nach Einführung eines Impf-Obligatoriums führte zu einer zusätzlichen Verhärtung der Fronten zwischen Befürwortern und Kritikern der staatlichen Massnahmen[1] (vgl. dazu den Beitrag von Eichenberger/Stadelmann auf Seite 179 ff.).

Der folgende Beitrag geht der Frage nach, ob die Impfung, wie verschiedentlich behauptet, tatsächlich einem kategorischen Imperativ entspricht, der mit guten Gründen von jeder und jedem eingefordert werden kann, weil der individuelle wie auch der allgemeine Impfnutzen hoch und die Impfschäden astronomisch klein sind. Nach einer theoretischen Diskussion beleuchten wir die Teilaspekte «Vermeidung von Ansteckungen», «Erwünschte Wirkung» und «Unerwünschte Wirkungen» und schliessen den empirischen Teil mit einer Schaden-Wirkungs-Analyse.

Das Ergebnis dieses Beitrags positioniert sich zwischen den aktuellen Diskussionsfronten. Es stützt sich zu hundert Prozent auf amtliche Daten, was zu einer differenzierten Beurteilung der Impfung je nach Alter führt. Während die Impfung, gestützt auf unsere Resultate, eine vernünftige Option für Senioren darzustellen scheint, gelingt es uns nicht, für junge Erwachsene den Nachweis eines positiven Nettonutzens zu erbringen.

Schliesslich folgt eine kurze Diskussion des oft geforderten Ausschlusses der Ungeimpften, bevor wir zu den Schlussfolgerungen kommen.

1 Die Impfung – kategorischer Imperativ oder Weichensteller-Problem?

Ein Blick in die Presse zeigt, die Meinungen sind schon beinahe gemacht: So fordert der Wirtschaftsprofessor Urs Müller «ein Impf-Obligatorium für die Freiheit», weil «eine Politik, die Krankheit und Tod in Kauf nimmt, ethisch nicht verantwortbar» sei.[2] Sekundiert wird der Beitrag von mehreren Leserbriefen ähnlicher Tonalität: So schreibt Martin Müller, es gehe «bei der Debatte um eine allgemeine Impfpflicht nicht primär um ethische Fragen, (...) sondern um medizinische Fakten», Thomas Beschorner, Wirtschaftsethiker der Universität St. Gallen, doppelt nach: «Impfen ist keine Privatsache, sondern eine moralische Pflicht.» Und Rudolf Conne gibt zu bedenken: «Wenn man die Corona-Pandemie durch einen Impfzwang beenden kann, dann muss man es jetzt endlich tun.»[3]

Auch die Medizinethikerin Krones zeigt nicht übermässig Empathie für die Impfverweigerer und weist sie den drei Schubladen «Verschwörungstheoretiker, Freiheitsliebende und die Leute, die dem Staat misstrauen» zu.[4] Die Massnahmenskeptiker, und zu den Massnahmen gehört auch das Impfen, belegt Precht mit den Attributen der «moralischen Selbstgerechtigkeit». Sie bedienten sich einer «Baumarktmoral» respektive einer «völlig inkonsistenten Do-it-yourself-Weltanschauung».[5] Unterstützt wird er vom Philosophen Maurizio Ferraris, der «die Freiheit» durch den Impfzwang «in keinem ernstzunehmenden Sinn gefährdet» sieht.[6] Das sind weniger Argumente als eine eigenartige Verdrehung der Sprache (macht Zwang neuerdings frei?) und Beschimpfungen. Wer so viel Polemik bemüht, setzt sich dem Verdacht fehlender Argumente aus.

Sind die Impfverweigerer nun tatsächlich alles «Covidioten», die sich trotzig dem offensichtlichen virologischen Imperativ im Sinne Kants verschliessen? Die Entscheidungssituation im Falle einer Impfung ist ein wenig komplexer, als die zitierten Beiträge vermuten lassen. Betrachten wir dazu ein spieltheoretisches Modell der Impfentscheidung.

Stellen Sie sich einen Zug vor, der völlig unkontrolliert auf eine Gruppe ahnungsloser Arbeiter zurast, welche am Geleise arbeiten. Die Kollision mit dem Zug wäre für sie alle tödlich. Neben einer Weiche stehend erkennen Sie die Gefahr im letzten Moment, sind jedoch ausser Stande, die Arbeiter zu warnen. Wenn Sie die Weiche umlegen, retten Sie die Geleisarbeiter vor dem sicheren Tod. Allerdings steht auch auf dem zweiten Geleise eine Person, die durch die Umleitung des Zuges den Tod finden würde. Wie entscheiden Sie sich?[7]

Diese ethische Dilemmasituation beschreibt die Impfzwang-Problematik genauer, und das Dilemma gilt auch dann, wenn die Impfung nachhaltig wirksam und relativ ungefährlich ist. Es ist eben nicht so, dass ein Impferfolg gratis zu haben wäre. Es gilt Nebenwirkungen, die tödlich sein können, in Kauf zu nehmen. Nun gibt es zwar auch die Ethik des Opfertods. Gesellschaften können von ihren jungen Mitgliedern den Tod im Krieg einfordern, weil (nur) dadurch das Leben von Frauen und Kindern bewahrt wird. Noch nie hat jedoch eine Gesellschaft dieses Opfertod-Argument für das Weiterleben ihrer ältesten Bevölkerungsgruppe beansprucht.

Die aktuelle Rhetorik des Bundes orientiert sich eher am «Jede-Tote-ist-eine-zu-viel»-Prinzip, was dem Weichensteller aber keinerlei Entscheidungsgrundlage liefert. Ja, die Weichensteller-Situation entlarvt das bundesrätliche Prinzip als Leerformel. Stattdessen bemühen sich Medien und Studien der Pharmaindustrie, das Problem des zweiten Geleises schönzureden. Es stehe gar niemand auf dem zweiten Geleise, das Dilemma sei daher fiktiv und irrelevant.

Fiktiv ist jedoch die Annahme, es gäbe gar keine Nebenwirkung. Eine Aussage, die nicht einmal von den Herstellern der Impfstoffe geteilt wird. Wichtig ist daher festzuhalten, dass es für das Weichensteller-Problem keine eindeutige Lösung gibt. Auch die plumpe Anrufung des kategorischen Imperativs wird einem brillanten Denker, wie Kant einer war, in keiner Art und Weise gerecht. Es bleibt für den Weichensteller ein reiner Ermessensentscheid. Dieser sollte möglichst rational getroffen werden, was nur möglich ist, wenn bekannt ist, wie viele Personen auf beiden Geleisen stehen.

Und was ist, wenn die Weiche blockiert ist? Wenn es nur den Anschein macht, der Weichensteller könne das Geschehen beeinflussen? Der Verweis auf entsprechende, oft klinische Studien, die die Wirksamkeit der Impfung belegen, überzeugt hier nicht, weil es uns, wie wir sehen werden, relativ einfach gelingt, die teilweise Unwirksamkeit der Impfung im realen Leben nachzuweisen. Damit kommen wir zum empirischen Teil dieses Beitrags, der sich als Ergänzung zu den medizinischen Beiträgen von Vernazza (Seite 134ff. und Seite 156ff.) und Radbruch versteht (Seite 148ff.).

2 Die erwünschte Wirkung der Impfung

Im Folgenden überprüfen wir – sachlich, emotionslos und ergebnisoffen – die gemachten Impfversprechen und der in den *amtlichen Daten* manifestierte Outcome der Impfungen. Der Impfung gingen vier Versprechen voraus:

(i) Die Impfung wirke voraussichtlich ein Jahr (gemäss der [ursprünglichen] Gültigkeitsdauer des Impfzertifikats).

(ii) Sie reduziere die Ansteckungshäufigkeit.

(iii) Sie führe zumindest zu einem milderen Krankheitsverlauf.

(iv) Sie sei ungefährlich.

Treffen diese Versprechen vollständig oder im Wesentlichen zu, dann ist der Unmut der oben Zitierten zumindest nachvollziehbar.

2.1 Dauer der Wirksamkeit

Die die Dauer des Impfschutzes von voraussichtlich einem Jahr erwies sich bereits im Spätsommer 2021 als Irrtum und ist mit der Lancierung der Booster-Impfung und der Reduktion der Gültigkeitsdauer der Impfzertifikate auf 270 Tage offiziell falsifiziert worden.

Viele befürchten, dass es zu Wiederholungsimpfungen mit hoher Kadenz kommen werde. Dieser pessimistischen Sicht widerspricht Radbruch aus immunologischer Sicht am Ende seines Beitrags (Seite 148 ff.). Wie auch immer, die erste Generation von Impfungen erfüllte die in sie gesteckte erste Erwartung jedenfalls nicht.

2.2 Reduktion der Ansteckungshäufigkeit

Und auch die Dämpfung der Infektionshäufigkeit, Punkt (ii) unserer Liste, kann bereits mit Blick auf Dänemark, einem der Vorzeigestaaten, was hohe Impfquoten angeht, falsifiziert werden. Aktuell liegen die Ansteckungsraten dort höher denn je (vgl. Abbildung 1).

Dänemark könnte jedoch ein ungünstiger Sonderfall sein. Aus diesem Grund wurden die täglichen Infektionsraten von 25 europäischen Staaten bis zum 27.12.2021 analysiert und geprüft, ob der jüngste Peak dieser Zeitreihe ein Rekordwert war. Im Fall Dänemarks (Abbildung 1) ist das der Fall, denn der Wert im Januar 2022 liegt weit über dem höchsten, davor liegenden Maximalwert vom Jahreswechsel 2020/2021. Ähnlich sieht das in 74% der analysierten Länder aus. Über alle betrachteten Länder hinweg liegen die Infektionen 50% über den früheren

Abbildung 1: Tägliche Infektionen in Dänemark bis 21. Januar 2022

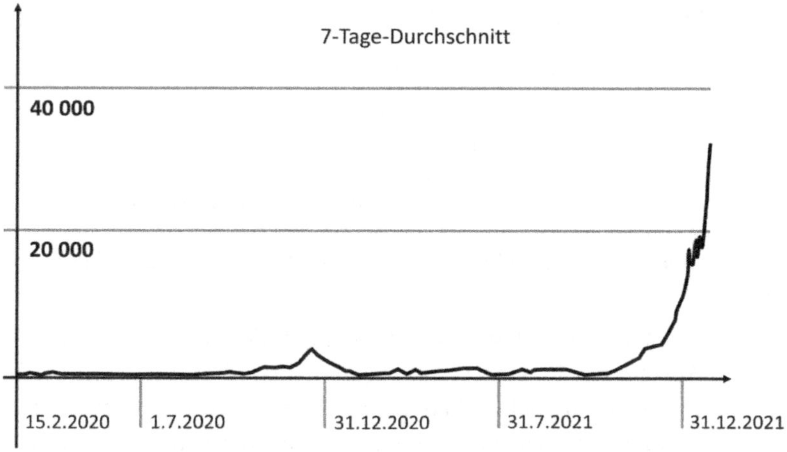

Quelle: Worldometer/Daten zu Dänemark

Maxima. Fast noch beunruhigender ist die Tatsache, dass eine hohe Impfrate nicht mit einer geringen Infektionsrate einhergeht.[8] Im Gegenteil, die US Centers for Disease Control and Prevention (CDC) identifizieren vier der fünf US-Counties mit höchster Impfrate (99,9% bis 84,3%) als Gebiete mit hohen Übertragungsraten.[9]

Die These, die Impfungen trügen in irgendeiner Form zur Reduktion der Ansteckungen bei, muss deutlich verworfen werden. Damit hat die Impfung auch keinerlei Einfluss auf den externen Effekt der Ansteckungshäufigkeit. Und wenn der zweite externe Effekt, die drohende Spitalüberlastung, primär ein Angebotsproblem ist, dann entfällt aus ökonomischer Sicht die argumentative Grundlage für eine staatliche Nötigung zur Impfung (vgl. den Beitrag von Widmer zum Spital, Seite 76ff., und den Beitrag von Beck zur Eigenverantwortung, Seite 189ff.).

Der Staat hat nicht die Aufgabe, seine Bürger vor sich selbst zu schützen. Wer sich leichtsinnig, absichtlich oder wider besseres Wissen mit einer lebensgefährlichen Krankheit infiziert und daran stirbt, ruft keinen Staatseingriff auf den Plan. Autonomes Handeln muss möglich sein und möglich bleiben. So riskieren zahlreiche Leute Kopf und Kragen mit Outdoor-Aktivitäten. Trotzdem ist es nicht Aufgabe des Staates, Sinn und Zweck dieses Verhaltens zu beurteilen. Der fürsorgliche und besserwisserische Staat widerspricht einer in der Verfassung als subsidiär definierten Sozialpolitik.

2.3 Milderer Krankheitsverlauf

Das BAG äussert sich unmissverständlich zur Wirksamkeit bei Impfungen für 16- bis 64-Jährige:

«Der Nutzen in der Nutzen-Risiko-Analyse ist in dieser Gruppe hoch:

- Die Wirksamkeit der mRNA-Impfstoffe gegen Erkrankung und Hospitalisation ist in allen untersuchten Altersgruppen sehr gut.
- Der Schutz durch Impfen überwiegt das Risiko für unerwünschte Impferscheinungen. Der Nutzen steigt mit dem Alter, da das Risiko für Hospitalisation und schwere Verläufe mit dem Alter steigt.
- Bei zunehmend nachgewiesener Wirksamkeit in der Reduktion von Übertragungen wird der Nutzen noch höher.»[10]

Der letzte Punkt steht im direkten Widerspruch zu unserer Schlussfolgerung im Abschnitt 2.2. Wie ist das möglich? Unser Befund bezieht sich auf die empirischen Daten des täglichen Lebens, die Aussage des BAG stützt sich eher auf klinische Studien. Dabei stellt sich die Frage nach der externen Validität, ob also die Schlussfolgerungen auch ausserhalb des künstlich vorgegebenen Untersuchungsrahmens der klinischen Studien Gültigkeit haben. Beispielsweise ob die Übertragungseffekte auch dann dieselben sind, wenn sich die Geimpften untereinander mit wenig Einschränkungen treffen können, die Ungeimpften jedoch nur mit Testauflagen. Die Möglichkeit, dass dadurch die Infektionsrate unter Geimpften trotz Impfung höher sein könnte als unter Ungeimpften, ist nicht unplausibel, wird aber in den klinischen Studien so nicht abgefragt.

Es lässt sich jedoch auch mit den Daten des täglichen Lebens ein (gewünschter) Effekt der Impfung nachweisen.[11] Wenn wir den Anteil doppelt Geimpfter in der Gesamtbevölkerung und ihren Anteil unter den Spitaleintritten in drei Zeitpunkten vergleichen, zeigt sich ein erfreuliches Bild (vgl. Tabelle 1). Zu allen drei Zeitpunkten liegt der Anteil der doppelt Geimpften bei den Spitaleinritten tiefer als

Tabelle 1: Anteil doppelt Geimpfter an den Hospitalisationen

Datum	Situation	Anteil in Bevölkerung	Anteil an Hospitalisationen	Risiko-Reduktion
17.8.2021	Peak der Spitaleintritte während der Sommerwelle	52%	12%	Faktor 4,3
15.10.2021	Tiefststand der Spitaleintritte im Herbst 2021	62%	32%	Faktor 1,9
3.12.2021	Aktueller Peak (Tendenz steigend)	66%	28%	Faktor 2,4

Quelle: Eigene Berechnung basierend auf den im Text angegeben Quellen; Hospitalisationen sind 7-Tage-Durchschnitte, Personen mit unbekanntem Impfstatus (etwa 13%) wurden weggelassen.

ihr Anteil an der Gesamtbevölkerung. Das Risiko eines Spitaleintritts sinkt somit je nach Zeitpunkt um den Faktor 4,3 bis 1,9. So weit die positive Nachricht.

Ein zweiter Blick zeigt, dass die Risikoreduktion sinkt, obwohl die Impfquote in der Bevölkerung im betrachteten Zeitraum von 52 % auf 66 % gestiegen ist. Die gross angelegten Impfkampagnen im Herbst 2021 und die restriktiven Zertifikatsauflagen für Ungeimpfte konnten die Sicherheit der Bevölkerung nicht steigern, ja nicht einmal eine Reduktion der Wirkung verhindern. Schuld daran ist möglicherweise eine Zertifikatspolitik, die vor allem die Ungeimpften schützt, während gleichzeitig die Impfung die Übertragung unter den freier zirkulierenden Geimpften nicht wirklich eindämmen kann (vgl. Abschnitt 2.2). Daher ist es nicht erstaunlich, dass sich die Pandemie wieder stärker unter den Geimpften ausbreitet. Und wenn gleichzeitig der Impfschutz früher als erwartet nachlässt (Abschnitt 2.1), muss dies fast zwingend zu einer Zunahme des Anteils doppelt Geimpfter unter den Spitaleintritten führen.

Wenn wir den Fokus ausweiten und die Häufigkeit der Covid-Todesfälle in der gesamten Bevölkerung anschauen (die sogenannte Inzidenz, Tabelle 2), dann zeigt sich ein ernüchterndes Bild. Obwohl im Jahr 2021 ein grosser Teil der Bevölkerung durchgeimpft worden ist, sinkt die Inzidenz hauptsächlich in den hohen Altersgruppen. In 11 von 18 Einträgen (grau markiert) nimmt die Inzidenz nicht ab.

Demgegenüber argumentiert das BAG in seinem Wochenbericht wie folgt: «Der Anteil der Todesfälle (…) bei vollständig geimpften Personen liegt in einem – gemäss Zulassungsstudien – zu erwartenden Bereich.»[12] Diese Aussage unter-

Tabelle 2: Covid-Todesfälle pro 100 000 Einwohner

Covid-Todesfälle	Männlich		Weiblich	
Altersklasse	**2020**	**2021**	**2020**	**2021**
0–9	0,4	–	–	–
10–19	–	–	–	0,2
20–29	0,2	0,6	–	–
30–39	0,8	0,5	0,5	0,6
40–49	2,0	2,1	1,2	2,8
50–59	13,1	13,7	4,2	7,3
60–69	66,4	54,3	21,7	22,5
70–79	277,5	162,6	124,1	69,0
80+	1 408,5	733,0	942,9	504,7

Quelle: Daten des BAG-Tagesberichts bis zum 30.11.2021. Die grauen Felder markieren die Altersgruppen im Jahr 2021, die trotz steigender Impfquote eine Zunahme der Infektionen pro 100 000 zu verzeichnen hatten.

legt das BAG mit einer Statistik, basierend auf 1793 Covid-Todesfällen im Zeitraum vom 27. Januar bis 16. Dezember 2021, von denen der Impfstatus bekannt ist. 27,5% dieser Verstorbenen waren doppelt geimpft.

Nun verweisen die BAG-Autoren auf den Anteil von 66,9% bis zum 16. Dezember 2021 doppelt geimpfter Personen. Damit suggerieren sie, dass das relative Risiko, im Spital zu sterben, für Ungeimpfte 5,3-mal höher sei als für Geimpfte.[13]

Diese Aussage ist irreführend und massiv verzerrt. Denn die 66,9% Geimpften beziehen sich auf einen Zeit*punkt,* den 16.12.2021, während sich die betrachteten Todesfälle auf einen Zeit*raum,* von Januar bis Dezember, erstrecken. Kommt dazu, dass die Todesfälle nicht gleichmässig über den Zeitraum hinweg verteilt sind und die Impfquote kontinuierlich anstieg.

Werden die Daten Monat für Monat aufgeschlüsselt, resultiert für den gesamten Zeitraum (27. Januar bis 16. Dezember 2021) eine durchschnittliche Impfrate von lediglich 34% doppelt geimpfter Personen. Das korrekt berechnete relative Risiko fällt daher von 5,3 auf 1,36. Das heisst, das Risiko für eine ungeimpfte Person, an Covid-19 zu sterben, ist lediglich 36% (und nicht 430%) höher als für eine doppelt geimpfte Person.[14] Anders ausgedrückt: Das Todesfallrisiko sinkt für doppelt Geimpfte um lediglich 26%, und damit um weniger, als die meisten Geimpften vermuten dürften.[15]

Wir fassen zusammen: Erwünschte Wirkungen der Impfung lassen sich anhand abnehmender Häufigkeit der Spitaleintritte und der Covid-Todesfälle nachweisen. Die Wirkung ist im ersten Fall jedoch abnehmend und im zweiten Fall deutlich geringer als erwartet und vom BAG dargestellt. Eine Reduktion der Ansteckungshäufigkeit lässt sich, entgegen der Behauptung in der Empfehlung des BAG, überhaupt nicht nachweisen. Diese drei Erkenntnisse schwächen die Argumentation zur Einführung einer allgemeinen Impfpflicht substantiell.

3 Unerwünschte Wirkungen – das Nebenwirkungsrisiko

3.1 Datenbasis und Methodenkritik

Es bleibt die Frage der Gefährlichkeit der Impfung selber. Wir vergleichen dazu Daten von Swissmedic[16] und BAG[17] zur Schweiz, die Publikation des Paul Ehrlich Instituts Erlangen[18] zu Deutschland und die Angaben des niederländischen Ministeriums für Gesundheit, Wohlfahrt und Sport. Die Daten wurden am 16.12.2021 erhoben, dabei sind die Niederlande nahezu tagesaktuell, während für Deutschland der zeitliche Rückstand 1,5 Monate (!) beträgt.

Die Anzahl mindestens einmal Geimpfter beträgt (gemäss Tabelle 3) 5,9 Mio. für die Schweiz, 53,7 Mio. für Deutschland und 13,3 Mio. für die Niederlande. Die Unterschiede entsprechen der Anzahl Einwohner der drei Staaten.[20] Um einen

Tabelle 3: Impfungen und Nebenwirkungen in der Schweiz, Deutschland und den Niederlanden

	Schweiz[a]	Deutschland[b]	Niederlande[c]
Zeitpunkte	23.11.2021	30.9.2021	5.12.2021
Alle Wirkstoffe			
Anzahl geimpfte Personen (alle Wirkstoffe)	5 854 000	53 683 000	13 296 879
Anzahl Meldungen unerwünschter Wirkungen	10 386	172 188	169 804
Anzahl Verstorbene	159	1 802	577
Verstorbene pro 100 000 Geimpfte	2,72	3,36	4,77*)
Comirnaty (Pfizer/BioNTech)			
Anzahl verwendete Impfdosen	4 081 688	82 341 579	18 900 000
Vollständig Geimpfte	1 944 000	41 864 000	8 806 675**)
Anzahl Meldungen unerwünschter Wirkungen	3 007	94 281	91 497
davon schwerwiegend	1 252	12 939	2 564
Anzahl Meldungen pro 100 000 Geimpfte	155	225	1 039
davon schwerwiegende pro 100 000 Geimpfte	64	31	29

a) Swissmedic, b) Paul Ehrlich Institut, Tab. 1 & 2, c) Ministry of Health, Welfare and Sport/National Institute for Public Health and the Environment.[19]

*) Die 577 Todesfälle beziehen sich nur auf das Alter 20 bis 120, deswegen wurde die Todesfallrate ebenfalls bezogen auf die Rate der Geimpften älter als 19 Jahre berechnet.

**) 78% von 13 296 879, weil 78% der Anteil der Comirnaty-Impfungen in den Niederlanden war.

unverzerrten Vergleich vornehmen zu können, beziehen wir uns ausschliesslich auf den Impfstoff Comirnaty von Pfizer/BioNTech, der in allen Ländern angewandt wird und vom BAG für 16- bis 30-Jährige besonders empfohlen wird.[21]

Natürlich können die jeweiligen Institute nur diejenigen Nebenwirkungen publizieren, die ihnen gemeldet werden. Die Unterschiede in der Meldehäufigkeit sind jedoch auffallend gross. In den Niederlanden kommen auf 13 Mio. Geimpfte 170 000 Meldungen, in Deutschland kommen auf wesentlich mehr Geimpfte praktisch gleich viele Meldungen (172 000) und in der Schweiz auf halb so viele Geimpfte nicht einmal ein Zehntel an Meldungen (nämlich 10 400). Meldungen können ausbleiben, weil ein Symptom nicht als Nebenwirkung erkannt worden ist (was vor allem bei multimorbiden und älteren Personen oft der Fall sein dürfte) oder weil der Meldeprozess schlecht organisiert ist. Dass die Erfassung von Gesundheitsdaten in den Niederlanden grundsätzlich besser organisiert ist als in Deutschland und in der Schweiz, ist dem langjährigen Beobachter schon lange bekannt.

Überraschend ist eher, dass sich die Länderunterschiede bei den schwerwiegenden Nebenwirkungen umkehren. Melden die Niederlande 29 schwere Fälle auf 100 000 Geimpfte, sind es in Deutschland 31 und in der Schweiz sogar 64. Ist die Schweizer Bevölkerung anfälliger, was die Impfung angeht, oder liegt ein Messfeh-

Abbildung 2: Meldungen schwerwiegender Nebenwirkungen pro 100 000 Geimpfte (Niederlande)

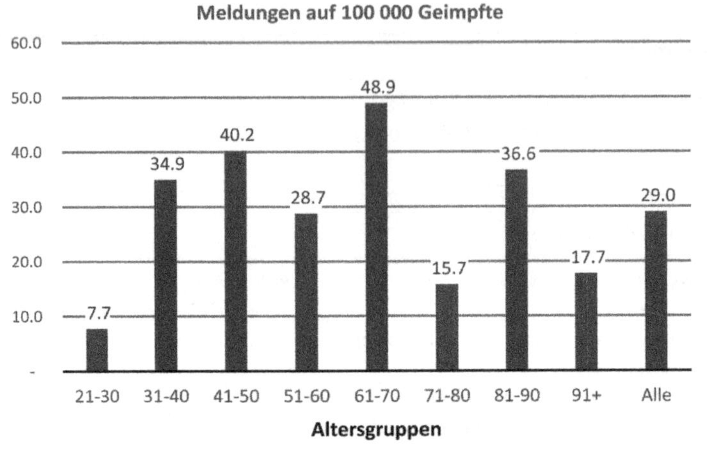

Eigene Darstellung gestützt auf die in Tabelle 3 angegeben Quellen zu den Niederlanden.

ler vor? Vieles spricht für den Messfehler, denn Swissmedic meldet bei doppelter Häufigkeit der schwerwiegenden Fälle nur halb so viele Todesfälle (2,72 Todesfälle pro 100 000 Geimpfte in der Schweiz gegenüber 4,77 in den Niederlanden).

Für die Abschätzung der Gefährlichkeit benötigen wir die Verteilung der Meldungen und der Todesfälle auf die Altersgruppen. Nur die niederländischen Institute liefern diese Angaben. Es zeigt sich in Abbildung 2, dass die Meldungen unerwünschter Wirkungen nicht mit dem Alter ansteigen, sondern eher schwanken. Die meisten Meldungen stammen aus den Gruppen 61 – 70 und 41 – 50 gefolgt von 81 – 90 und 31 – 40 Jahre. Unter dem Durchschnitt liegen die ältesten, die jüngsten und die 71- bis 80-Jährigen, genau im Durchschnitt die Gruppe 51 – 60.

Im Gegensatz dazu folgt die Häufigkeit der Todesfälle dem bekannten Muster. Sehr viele Todesfälle bei 81+, sehr wenige zwischen 20 und 40 Jahren.

Es fiel von Beginn der Impfkampagne an auf, dass bei Todesfällen in Zusammenhang mit Impfungen von den amtlichen Stellen wesentlich grössere Zurückhaltung geübt worden ist als bei der Publikation von Covid-19-Todesfällen. So schreibt Swissmedic: «In 159 der schwerwiegenden Fälle sind Personen in unterschiedlichem zeitlichen Abstand zur Impfung gestorben. Trotz einer zeitlichen Assoziation gibt es in keinem Fall konkrete Hinweise, dass die Impfung die Ursache für den Todesfall war.»[22] Die Behauptung geht sogar so weit, dass in der Schweiz noch keine einzige Person als Folge der Impfung verstorben sei. Zieht man die oben beschriebene, offensichtlich kümmerliche Datenlage von Swissmedic in Betracht, so ist eine solche Aussage zumindest kühn.

Abbildung 3: Todesfälle auf 100 000 Geimpfte pro Altersgruppe (Niederlande)

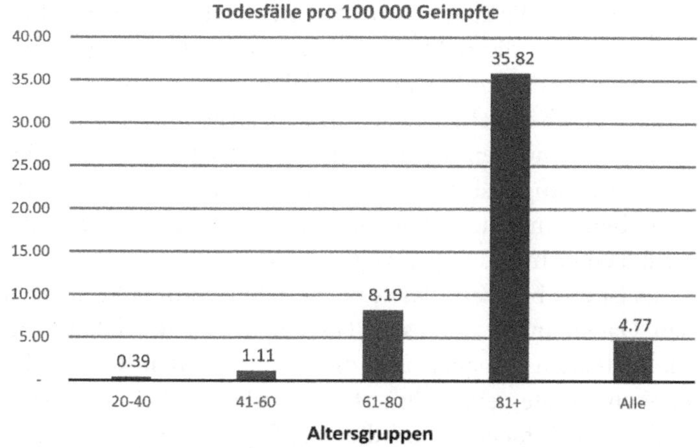

Eigene Darstellung gestützt auf die in Tabelle 3 angegeben Quellen zu den Niederlanden.

Es ist methodisch schwierig, eine relativ kleine, durch die Impfung bedingte Sterblichkeit vor dem Hintergrundrauschen einer viel grösseren, natürlichen Sterblichkeit zu erkennen. Ein interessanter Ansatz findet sich bei Kuhbandner,[23] der sich an der Gesamtsterblichkeit in Deutschland im Jahr 2021 orientiert. Weil Deutschland zehnmal grösser ist als die Schweiz, lassen sich in den Sterbedaten Muster erkennen, die in der Schweiz im zufälligen Rauschen untergehen können. Allerdings unterscheiden sich die beiden Länder auch in der Covid-Historie. Die Schweiz kennt eine hohe Übersterblichkeit am Anfang des Jahres und am Ende. Dazwischen lag eine lange Periode unterdurchschnittlicher Sterblichkeit. Im Gegensatz dazu erstreckt sich die Übersterblichkeit in Deutschland mit nur kurzen Unterbrüchen über das ganze Jahr. «So sind in der Kalenderwoche 47 im Vergleich zu den fünf Vorjahren pro Tag im Schnitt 621 Menschen mehr verstorben.»[24]

Der springende Punkt ist nun, dass Kuhbandner eine hoch signifikante zeitliche Korrelation zwischen den Impfungen pro Tag und den Non-Covid-Todesfällen pro Tag feststellt. Zwar ist das noch keine kausale Argumentation, aber dass sich ein Impfverlauf im zeitgleichen Verlauf der Todesfälle einer so riesigen Bevölkerung nachzeichnen lässt, ist doch in hohem Masse Besorgnis erregend. Die These von Swissmedic, dass es «trotz einer zeitlichen Assoziation (…) in keinem Fall konkrete Hinweise (gibt), dass die Impfung die Ursache für den Todesfall war», ist in ihrer demonstrativen Eindeutigkeit erheblich in Frage gestellt.[25]

3.2 Individuelle Nutzen-Schaden-Abwägung

Jedes Individuum hat, sofern es das wissen will, Zugriff auf die amtlich publizierten Daten zu Wirkungen und Nebenwirkungen der Impfung. Aus den so präsentierten Zahlen die richtigen Schlüsse zu ziehen, ist für eine Leserin der Berichte von Swissmedic und des Paul Ehrlich Instituts und der Empfehlungen des BAG, wie wir gesehen haben, ziemlich schwierig.

Trotzdem wollen wir im Folgenden der Frage nachgehen, welche Kosten-Nutzen-Abwägung resultiert, wenn ein Individuum auf Grund amtlicher Zahlen und den oben gemachten Überlegungen sein Corona-Todesfall-Risiko dem Schaden-Risiko einer Impfung gegenüberstellt.

Es ist uns bewusst, dass es inzwischen zahlreiche alternative und oft auch bessere Datenbanken zu diesem Thema gibt. Dennoch konzentrieren wir uns hier auf die amtlichen Angaben und dies aus folgendem Grund: Die alternativen Datenbanken müssten ebenfalls auf ihre Verlässlichkeit hin überprüft werden, was alles andere als einfach ist, und die nachfolgende Argumentation könnte ganz einfach mit dem Verweis auf die ungesicherte Datengrundlage verworfen werden. Demgegenüber sind kritische Schlussfolgerungen, die aus amtlichen Daten gezogen werden können, gegen diesen Pauschalvorwurf gefeit. Es ist aber nicht auszuschliessen, dass von Amtes wegen ausgeblendete Informationen unsere Schlussfolgerungen verzerren, wahrscheinlich verharmlosen könnten. Jüngstes Paradebeispiel dazu ist die von «Blick» und «Léman Bleu» publizierte Unterschlagung der Unterscheidung zwischen den *wegen* Covid-19 Hospitalisierten und den *aus anderen Gründen* hospitalisierten Covid-19-Fällen durch das BAG.[26]

Im Folgenden konzentrieren wir uns also auf die Daten von BAG und BfS, ziehen aber dort, wo die entsprechende Information aus der Schweiz nicht verfügbar ist, die aussagekräftigeren Daten aus den Niederlanden hinzu.

Um das Nutzen-Schaden-Verhältnis zu berechnen, benötigen wir das Risiko, in der Schweiz an Covid-19 zu sterben. Wir verwenden dazu die vom BAG täglich publizierten Infektionsraten und Todesfälle. Damit können wir die Fallsterblichkeit (case fatality rate), das heisst die Todesfälle pro Infizierte, berechnen (siehe Tabelle 4). Wir verwenden im Folgenden nur die Werte für das Jahr 2020, also die jeweils linke Spalte. Die Spalten für 2021 geben eine Mischung aus Infektionsrisiko und Impfschutz wieder, weil sich in diesem Jahr zunehmend mehr Einwohner einer Impfung unterzogen haben. Am Rand sei vermerkt, dass sich in dieser Tabelle einmal mehr der seltsame Effekt steigender Infektionsraten trotz steigender Impfquoten zeigt (für eine ausführliche Diskussion dieses Phänomens siehe Abschnitt 2.3; zudem sei erwähnt, dass Tabelle 2 die Mortalität, d.h. die Covid-19-Todesfälle pro Einwohner, die Tabelle 4 die Letalität, die Todesfälle pro Krankheitsfall, wiedergibt).

Tabelle 4: Covid-19-Todesfälle auf 100 000 Infizierte nach Alter und Geschlecht (BAG-Daten)

Geschlecht	Männlich		Weiblich	
Jahr	**2020**	**2021**	**2020**	**2021**
0–9	85,8	–	–	–
10–19	–	–	–	2
20–29	2,7	6	–	–
30–39	13,5	6	7,6	8
40–49	35,9	31	18,2	35
50–59	235	245	68,3	124
60–69	1 365	1 330	497	578
70–79	6 286	5 317	3 326	2 548
80+	19 906	18 934	12 076	12 324

Quelle: Tagesdaten des BAG bis zum 30.11.2021. Wobei pro Alters- und Geschlechtsgruppe die vom BAG deklarierte Anzahl Covid-19-Todesfälle (A) und die Anzahl Infizierter (B) folgendermassen ins Verhältnis gesetzt worden sind: A / B × 100 000.

Es ist bekannt, dass die Todesfälle pro Infizierten aus mehreren Gründen zu hoch sein dürften. Einerseits sind nicht alle amtlich publizierten Covid-19-Todesfälle ursächlich Covid-19 zuzuschreiben, was Bundespräsident Cassis persönlich in der «Arena»-Sendung vom 7.1.2021 bestätigt hat. Andererseits sind vor allem zu Beginn der Pandemie nicht alle Infizierten als Infizierte erkannt oder getestet worden. Wenn wir nun eine zu grosse Anzahl Todesfälle durch eine zu kleine Anzahl Infizierter dividieren, fällt das Ergebnis definitiv zu hoch aus.

Ganz deutlich wirkt sich das bei der Sterbewahrscheinlichkeit von kleinen Knaben aus. Die Zahl 85,8 Covid-19-Todesfälle auf 100 000 infizierte Knaben zwischen 0 und 9 Jahren ist die Hochrechnung von gerade einmal *drei* Todesfallmeldungen und muss ein statistischer Ausreisser sein. Sie ist extrem unplausibel, entspricht sie doch der Todesfallwahrscheinlichkeit eines 50-Jährigen. Kommt dazu, dass die Todesursachen der drei Kinder bekannt sind und Covid-19 kaum als Todesursache in Frage kommt.[27] Zudem ist allgemein bekannt, dass im Jahr 2020 kaum Coronatests bei Kindern durchgeführt worden sind, sodass die Anzahl Infizierter nur rudimentär bekannt war. Ein Underreporting der Infizierten in Kombination mit einem Überreporting der Todesfälle erklärt diesen Ausreisser.

Schliesslich ist es eine epidemiologische Erfahrungstatsache, dass die Todesfälle pro Infektion zu Beginn einer Pandemie in der Regel hoch ausfallen, weil in den ersten Wellen die stark Gefährdeten schnell versterben, diese in den weiteren Wellen aber, da bereits verstorben, fehlen und dadurch die Todesfallhäufigkeit zurückgeht.

Das sind noch nicht alle Gründe, um anzunehmen, dass die Werte in Tabelle 4 zu hoch sein dürften. Die Tabelle gibt die Wahrscheinlichkeit wieder, im Falle einer Infektion mit Covid-19 zu sterben. Zur Wahrscheinlichkeit, eine solche Infektion zu erleben, sagt sie hingegen nichts aus (oder unterstellt implizit, das Ansteckungsrisiko sei 100%). Demgegenüber zeigt Tabelle 2 die Mortalität von 2020, d.h. die Wahrscheinlichkeit, sich anzustecken *und* wegen der Ansteckung zu sterben. Falls sich die zukünftigen Mutationen des Virus dadurch auszeichnen, dass sie sich besser übertragen können, dann wären die Werte in Tabelle 2 zu gering.

Auf Grund dieser diversen Unsicherheiten zeigen wir in Tabelle 5 zwei Varianten, eine basierend auf der Mortalität (aus Tabelle 2), linke Spalten, und eine auf der Letalität (aus Tabelle 4).

Basierend auf den amtlichen Statistiken zu Impfversagen, Letalität und Mortalität der Covid-19-Infektion, resultieren die Werte in Tabelle 5. Auf Grund dieser Berechnung müsste der Schluss gezogen werden, dass eine Impfung von Männern und Frauen im Alter zwischen 20 und 29 nicht empfehlenswert ist. In drei von vier berechneten Fällen dieser Altersgruppe ist das Todesfall-Risiko auf Grund der Impfung grösser als das durch die Impfung vermiedene Risiko. Einzig bei jungen Männern bis 29 und bezogen auf die Letalität können 0,3 von 100 000 gerettet werden. Das heisst, wenn 318 350 Männer geimpft werden, wird ein einziger vor einer tödlich verlaufenden Covid-19-Infektion verschont. Da es in der Schweiz gar nicht so viele junge Männer gibt, würde das konsequente Durchimpfen dieser Altersgruppe (aufgerundet) 1,7 Männer vor einer tödlichen Covid-19-Infektion bewahren. Diese Zahl setzt voraus, dass auch alle jungen Männer ausnahmslos nach der Impfung mit dem Coronavirus in Kontakt kommen (Realismus sieht anders aus). Dabei darf die Kolonne ganz rechts nicht ausser Acht gelassen werden. Würden wir alle jungen Männer durchimpfen, dann ist damit zu rechnen, dass 41 dieser Männer[28] schwere, aber nicht letale Nebenwirkungen in Kauf nehmen müssten.

Wer nun junge Menschen, denen während zweier Jahre die Ausbildungs- und die persönlichen Entwicklungsmöglichkeiten massiv eingeschränkt worden sind, als Impf-Muffel oder Pandemie-Beschleuniger beschimpft, der sollte vielleicht einmal die verfügbaren amtlichen Statistiken studieren.

Die bisherigen Überlegungen lassen die Vermutung zu, dass Impfungen von Kindern bei kaum erkennbarem Nutzen deren Gesundheit gefährden. Allerdings sind die bisher verfügbaren Daten in dieser Altersgruppe so spärlich und verzerrt, dass Angaben zum Nettonutzen aus Gründen der statistischen Seriosität in der Tabelle 5 weggelassen worden sind.

Tabelle 5: Netto-Risiko der Impfung und Schadenrisiko bezogen auf 100 000 Personen

	Letalität minus letale Nebenwirkung		Mortalität minus letale Nebenwirkung		Schwerwiegende Schädigung
	Vermiedene Todesfälle pro 100 000	NNT	Vermiedene Todesfälle pro 100 000	NNT	pro 100 000
			Männer		
20–29	0,3	318 351	–0,3	*)	7,7
30–39	3,1	32 030	–0,2	*)	34,9
40–49	8,2	12 158	–0,6	*)	40,2
50–59	60,0	1 667	2,3	43 530	28,7
60–69	353,8	283	16,2	6 190	48,9
70–79	1 626,2	61	64,0	1 563	15,7
80+	5 139,7	19	330,4	303	36,6
			Frauen		
20–29	–0,4	*)	–0,4	*)	7,7
30–39	1,6	62 968	–0,3	*)	34,9
40–49	3,6	27 599	–0,8	*)	40,2
50–59	16,6	6 006	0,0	*)	28,7
60–69	128,1	781	4,5	22 059	48,9
70–79	856,6	117	24,1	4 153	15,7
80+	3 103,9	32	209,3	478	36,6

Quelle: Eigene Berechnungen basierend auf den Daten aus Abschnitt 3.

Rechenbeispiel: Der Nettonutzen bezogen auf die Mortalität entspricht der Mortalität (gemäss Tabelle 4) × 0,26 (dem Effekt der Wirkung bei 74 % Impfversagen) abzüglich der Todesfälle als Folge der Impfung.

NNT = Number needed to treat = Anzahl Personen, die geimpft werden müssen, um ein Leben zu retten.

*) Wo das Schadenrisiko grösser ist als der Nutzen, ist die NNT = 0, weil jede einzelne behandelte Person den potentiellen Schaden erhöht.

Natürlich gibt es bei der Impfung auch Gewinner (ausserhalb der Pharma-Industrie). Betrachten wir dazu die Frauen 80+. Wenn wir 100 000 impfen, dann retten wir auch im schlechteren Fall (der Mortalität) mit jeder 478. Impfung das Leben einer Frau. Das ergibt 209 Gerettete (pro 100 000 Frauen; Tabelle 5, 3. Spalte unten), was 22 % der Gefährdeten entspricht.[29] Allerdings sind 36,6 schwere Schädigungen in Kauf zu nehmen (rechte Spalte unten). Aber immerhin, die Nutzensituation sieht hier deutlich positiver aus.

Kritische Einwände betreffen die Validität der Daten. Von den Impfversagen ist unbekannt, wie sich diese auf die Altersgruppen verteilen. Es ist möglich oder wahrscheinlich, dass sie bei sehr alten Personen häufiger auftreten als bei jüngeren. Wenn dem so ist, dann wird das Todesfall-Risiko der Impfung in Tabelle 5 für die jungen Jahrgänge überschätzt. Anderseits sind die Resultate basierend auf der Mortalität (mittlere Spalten in Tabelle 5) zu positiv, weil darin auch Fälle enthalten sind, die nicht an Covid-19 verstorben sind. Dazu kommt, dass der mit der Bevölkerungspyramide gewichtete Durchschnitt der Mortalitätsraten über 1 Prozent zu liegen kommt, während heute in der Regel von einer Covid-19-Mortalität von 8 Promille oder weniger ausgegangen wird. Zudem ist es möglich, dass die von den Niederlanden ausgewiesene Zahl der Todesfälle in Bezug auf die Impfung zu hoch ist und Fälle enthält, die auf andere Gründe zurückzuführen sind.

Das oft gehörte Argument, dass die tödlichen Impffolgen nur bei Menschen aufträten, die bereits schwere chronische Krankheiten hatten, überzeugt dabei nicht. Denn ein konsequentes Durchimpfen aller würde ja unweigerlich dazu führen, dass man früher oder später auch diese Gruppe von Menschen impft und damit gezielt gefährdet.

Ebenfalls erwähnt werden muss, dass auf der Nutzenseite die Vermeidung von «Long Covid» und auf der Schadenseite die möglichen, langfristigen, aktuell noch unbekannten Langzeitschäden fehlen. Beide Komponenten sind zurzeit noch zu wenig belegt. So ist es zum Beispiel unklar, wie lange Long Covid anhält. Eine Chronifizierung scheint sehr selten der Fall zu sein. Und über langfristige Schäden der Impfung ist gar nichts bekannt. Es sei daran erinnert: Ein wichtiger Grund für die liberale Coronapolitik Schwedens liegt in der Erfahrung mit chronischen Schädigungen bei Kindern auf Grund der landesweiten Schweinegrippe-Impfung[30].

Festzuhalten ist, dass auch bei Spätschäden die Leidtragenden die jungen Jahrgänge sein könnten, während die Senioren auf Grund ihrer kurzen Lebenserwartung nicht darunter leiden werden.

4 Triage gegen Ungeimpfte als Alternative zum Impfzwang?

Neben der eingangs diskutierten Forderung nach Einführung eines Impfzwangs steht auch der Ausschluss Ungeimpfter im Falle einer notwendig werdenden Triage im Raum. Auf die Idee, Ungeimpften die Covid-Behandlung im Spital zu hundert Prozent in Rechnung zu stellen, gehen wir gar nicht ein, weil diese Lösung nur die finanziell Schwachen trifft und von daher extrem unfair wäre.

Der Widersinn der ersten Forderung kann an einem Beispiel demonstriert werden. Stellen Sie sich vor, es gäbe schweizweit nur noch zwei Intensivpflegeplätze, aber sechs Personen mit Anspruch auf Intensivpflege. Zwei davon würden die Plätze für lange Zeit beanspruchen, ihre Genesungschancen wären minimal, aber beide wären geimpft. Vier andere bräuchten einen kurzen Aufenthalt, hätten hohe

Genesungschancen, wären aber nicht geimpft. Nach den Triage-Regeln der SAMW sind Genesungschance und Dauer der Beanspruchung die relevanten Kriterien.

Nach diesen Kriterien kämen die beiden Ungeimpften mit besten Überlebenschancen und kürzester Beanspruchung zum Zuge. Dank der kurzen Beanspruchung hätten auch die zwei weiteren Ungeimpften eine Chance, und wenn diese auch rasch behandelt werden können, kämen sogar die zwei Geimpften zum Zuge, vorausgesetzt, dass inzwischen nicht neue Patienten mit besseren Genesungschancen dazugestossen sind. Sind die Einschätzungen der Triagierenden zutreffend, überleben in dieser Situation sicher zwei, eventuell vier und im günstigsten Fall sogar sechs Patienten.

Kommt nun die Regel dazu, Geimpften den Vortritt zu geben, so werden die zwei Patienten mit geringer Überlebenschance und langer Beanspruchung den vier anderen den Zugang zur Intensivbehandlung versperren, ohne selber allzu grossen Nutzen daraus ziehen zu können. In diesem Fall überlebt mit hoher Wahrscheinlichkeit gar niemand, mit geringer Wahrscheinlichkeit eine Person und mit sehr kleiner Wahrscheinlichkeit sind es zwei.

Das liegt nicht nur am gewählten Beispiel. Der kurze Exkurs sei erlaubt: Die SAMW optimiert mit zwei Nebenbedingungen (gute Heilungschance und kurze Beanspruchung), wobei beide Nebenbedingungen mit der Zielgrösse, einer maximalen Anzahl Überlebender, korreliert sind. Mit der Bevorzugung der Geimpften wird eine dritte Nebenbedingung den ersten zwei vorangestellt, wobei diese dritte Bedingung nicht mit der Zielgrösse korreliert. Es kann mathematisch bewiesen werden, dass es für die Triagierenden unmöglich ist, einer grösseren Anzahl Patienten das Leben zu retten als ohne dritte Bedingung. Die bestmögliche Lösung ist immer nur gleich gut wie die Triage ohne Berücksichtigung des Impfstatus. Eine Triage nach Impfstatus bedient somit nur eine niedere Gesinnung.

Schliesslich kann auch nicht ins Feld geführt werden, dass die ungeimpfte Person ursächlich und primär an der Triagesituation schuld sei. Solange die Anbieter von Notfallversorgung diese während einer laufenden Pandemie um einen Fünftel reduzieren, stellt sich die Frage, wer da genau wofür verantwortlich gemacht werden sollte. Sicher sind auch die Betreiber der Intensivstationen selbst mit verantwortlich.

Dazu kommt, dass die Triage von den Medien zur neuen, unbekannten Gefahr hochstilisiert worden ist. Nicht selten wurde argumentiert, dass man die Ärzte vor diesen schweren Triage-Entscheiden bewahren müsse. Es tut gut, dass der amtierende Bundespräsident, Ignazio Cassis, es gewagt hat, den wahren Sachverhalt unmissverständlich festzuhalten: «(…) eine Belegung der Intensivstationen von 80 Prozent sei nicht aussergewöhnlich. ‹Die Schwierigkeit der Triage erleben Mediziner auf Intensivstationen jeden Tag.›»[31]

5 Fazit

Unser Beitrag legte den Fokus auf die Impfpolitik, wo auf breiter Front die Forderung nach Einführung einer allgemeinen Impfpflicht erhoben wird. Diese Forderung stellt nicht nur einen Eingriff in die Menschenwürde dar (vgl. auch den Beitrag von Esfeld auf Seite 245 ff.), sie ist auch rein sachlich kaum zu rechtfertigen.

Ein Ausschluss Ungeimpfter vom potentiellen Triage-Entscheid würde lediglich die Anzahl vermeidbarer Todesfälle erhöhen, ohne dass die Geimpften davon profitieren könnten.

Die ethische Mindestvoraussetzung für eine allgemeine Impfpflicht wäre der Nachweis von Wirksamkeit und minimalem Schadenrisiko. Beide Nachweise konnten gestützt auf ausschliesslich amtliches Zahlenmaterial nicht erbracht werden. Dort, wo positive Effekte auftreten, zum Beispiel beim Anteil der Geimpften an den Todesfällen, zeigt sich, dass die Impfung in der Lage zu sein scheint, in einem von vier Fällen den Tod an Covid-19 zu vermeiden. Das ist deutlich weniger, als was der Durchschnittsmensch von der Impfung erwarten dürfte.

Weil trotz hohen Impfquoten die Ansteckungsraten in jüngster Zeit 50 Prozent über den Spitzenwerten seit Pandemiebeginn liegen, fällt auch das Argument der Eindämmung eines externen Effekts durch flächendeckende Impfung in sich zusammen. Es ist rein statistisch gar nicht möglich, dass nur die Ungeimpften für diesen Infektionspeak verantwortlich sein sollen.

Auf Grund unserer Berechnungen, die Verzerrungen in den Daten unbereinigt liess, sodass es tendenziell zu einer Überschätzung des individuellen Impfnutzens kommt, kann nicht ausgeschlossen werden, dass die Impfung bei jungen Erwachsenen mehr schadet als nützt. Trotz allen Limitationen der vorliegenden Berechnung scheint uns die aktuelle Datengrundlage zu wackelig, um bei jungen Personen eine Impfpflicht einzufordern oder sie durch Zertifikatsauflagen zur Impfung zu nötigen.

Statt vollmundiger Rhetorik und regelmässigen Verweisen auf Kants kategorischen Imperativ, täte ein nüchternes und kritisches Studium der amtlich vorgelegten Zahlen Not.

Verdankung

Der Autor dankt Professor Normann Lorenz (Universität Trier), Pietro Vernazza, Peter Rohner und Andreas Kley für sehr hilfreiche Kommentare zu diesem Beitrag.

Anmerkungen und Referenzen

1 Zertifikate für Genesene kamen erst später und wurden im Frühling 2020 noch mit dem Argument abgeschmettert, man wolle keine Zweiklassen-Gesellschaft einführen.
2 Urs Müller. Ein Impfobligatorium für die Freiheit. NZZ vom 8.12.2021.
3 Leserbriefe der NZZ, vom 8.12.2021, S. 18.
4 NZZ-Interview mit Dr. med. Dipl. Soz. Tanja Krones, Mitglied der Nationalen Ethikkommission, vom 26.11.2021.
5 Richard David Precht, 2021, Von der Pflicht, Goldmann, München, S. 31.
6 Maurizio Ferraris. 13.12.2021. Kommt uns die Freiheit abhanden? NZZ.
7 Vgl. dazu Christian Rieck, der den Bezug zwischen dem Weichensteller-Problem und dem Impfzwang herstellt und mit aktuellen empirischen Beispielen anreichert (https://www.youtube.com/watch?v=CgENy5aoZGo).
8 Das R^2 beträgt 1 Promille und der Koeffizient hat das falsche (allerdings nicht signifikante) Vorzeichen.
9 Diese und weitere Evidenz zur Wirkungslosigkeit der Impfung, die Übertragung von Covid-19 zu stoppen, liefert: Günter Kampf. 2021. The epidemiological relevance of the COVID-19-vaccinated population is increasing, in: The Lancet / Regional Health / Europe; publiziert am 20.11.2021. (https://doi.org/10.1016/j.lanepe.2021.100272)
10 BAG, Impfempfehlung für mRNA-Impfstoffe gegen Covid-19, BAG Homepage, Stand 26.11.2021, S. 20. (BAG/EKIF-Impfempfehlung)
11 Der nachfolgende Abschnitt bezieht sich auf folgenden BAG-Link, abgefragt am 14.12.2021: https://www.covid19.admin.ch/de/vaccination/doses?demoSum=total, und auf den Situationsbericht zur epidemiologischen Lage in der Schweiz und im Fürstentum Liechtenstein – Woche 50 (22–16.12.2021), des BAG Bern, S. 18.
12 Situationsbericht zur epidemiologischen Lage in der Schweiz und im Fürstentum Liechtenstein – Woche 50 (22–16.12.2021), des BAG Bern, S. 18.
13 Ausgangspunkt sind die Anzahl Todesfälle T (hier 1793), von denen 27,5% Impfversager und 72,5% Ungeimpfte sind, sowie eine Bevölkerung B, von denen 66,9% geimpft und 33,1% ungeimpft sind.

Das Relative Risiko beträgt dann: $\left(\frac{72{,}5\% \times T}{33{,}1\% \times B}\right) / \left(\frac{27{,}5\% \times T}{66{,}9\% \times B}\right) = \frac{72{,}5\% \times 66{,}9\%}{33{,}1\% \times 27{,}5\%} = 5{,}3$.

(Das entspricht auch approximativ der odds ratio, weil das Todesfallrisiko sehr klein ist.)
14 Ausgangspunkt sind nun 27,5% Impfversager und 72,5% ungeimpft Verstorbene sowie 34% Geimpfte und 66% Ungeimpfte. Das Relative Risiko der Ungeimpften verglichen mit den Geimpften beträgt dann:

$$\left(\frac{72{,}5\% \times T}{66\% \times B}\right) / \left(\frac{27{,}5\% \times T}{34\% \times B}\right) = \frac{72{,}5\% \times 34\%}{66\% \times 27{,}5\%} = 1{,}36 .$$

Die umgekehrte Optik, die Risikoreduktion für die Geimpften gegenüber den Ungeimpften entspricht dem Kehrwert, 1/1,36 = 0,74. Das entspricht einer Reduktion von 26%.
15 Kurz vor Drucklegung des Buches publizierte die NZZ (am 18.1.2022 auf S. 7) eine Statistik des BAG, die unserem Befund diametral widerspricht. Bei den Spitaleintritten mit Covid-19 kamen in den vergangen drei Wochen 103,1 Ungeimpfte auf 17,2 zweifach Geimpfte oder Genesene mit einer Impfung und 6 mit Booster-Impfung. Bei den Todesfällen lauten dieselben Zahlen 28,2 zu 3,8 zu 1. Das Bild widerspricht auf den ersten Blick unseren Resultaten diametral. Der zweite Blick zeigt, dass nur Daten der über 60-Jährigen dargestellt werden, bei den unter 50-Jährigen seien die Unterschiede zwischen zwei- und dreifach Geimpften verschwindend, zur Gruppe der Ungeimpften u50 schweigt die NZZ. Die Aussage basiert auf einer sehr kurzen Zeitspanne von 3 Wochen (unsere Aussage basiert auf 11 Monaten). Es wird nicht gesagt, wie viele Personen mit unbekanntem Impfstatus ausgeschlossen wurden und ob die Eintritte wegen oder nur mit Corona erfolgen, obwohl das BAG diese Unterscheidung kennt (NZZ, 12.1.2022, S. 20). Es fällt auf, dass eine zweite Grafik zum Verlauf dieser drei Gruppen dazukommt, die sich jedoch erstaunlicherweise auf einen anderen Zeitraum bezieht (was unerwähnt bleibt). Würde man den Verlauf der gleichen drei Wochen zeigen, dann wäre die Botschaft eine leicht andere: Die Spitaleintritte Ungeimpfter sanken (auf hohem Niveau) um 34% und die der doppelt Geimpften stiegen im gleichen Zeitraum (auf tiefem Niveau) um 40%. Unabhängig vom Niveau sind die Treiber der Spitalauslastung in diesem (engen) Zeitraum gerade nicht die Ungeimpften, sondern die doppelt Geimpften, was so im Artikel nicht gesagt wird.
16 Swissmedic. 26.11.2021. Verdachtsmeldungen unerwünschter Wirkungen der Covid-19-Impfungen in der Schweiz – Update / Berichtszeitraum 01.01.2021–23.11.2021 / https://www.swissmedic.ch/swissmedic/de/home/news/coronavirus-covid-19/covid-19-vaccines-safety-update-9.html
17 BAG-Link, abgefragt am 14.12.2021: https://www.covid19.admin.ch/de/vaccination/doses?demoSum=total.
18 Paul Ehrlich Institut. 26.10.2021. Sicherheitsbericht Verdachtsfälle von Nebenwirkungen und Impfkomplikationen nach Impfung zum Schutz vor Covid-19 seit Beginn der Impfkampagne am 27.12.2020 bis zum 30.09.2021, Erlangen.
19 https://www.rivm.nl/en/covid-19-vaccination/figures-vaccination-programme und https://www.lareb.nl/coronameldingen
20 Am 17.12.2021 betrugen die Impfquoten (unter Einbezug der Kinder) gemäss de.statistica.com: 67,5% für CH, 69,9% für D und 74,1% für NL. In Tabelle 3 sind diesbezüglich die unterschiedlichen Datenzeitpunkte (letzte Zeile) zu beachten.
21 BAG, Impfempfehlung, S. 20.
22 Swissmedic, 26.11.2021.

23 Christof Kuhbandner, 2021. Hinweis auf ein mögliches extremes Sicherheitssignal bei den Covid-Impfungen: Die Variation der Übersterblichkeit mit den Impfungen. Unveröffentlichtes Arbeitspapier, Universität Regensburg.
24 Ebenda S. 3.
25 Swissmedic, 26.11.2021
26 Christof Forster & Nikolai Thelitz. Wie verlässlich sind die Spitalstatistiken? NZZ, 13.1.2021, S. 9.
27 Details in Konstantin Beck & Werner Widmer. 2021. Corona in der Schweiz, S. 55; zu beziehen unter https://www.corona-in-der-Schweiz.ch.
28 Für 534 876 Männer dieser Altersgruppe gilt: 534 876 × 7,7 / 100 000 = 41. Anzahl Männer gemäss «Bevölkerungszahlen pro Kanton und Altersklasse.xls» vom BAG publiziert auf: https://www.bag.admin.ch/bag/de/home/krankheiten/ausbrueche-epidemien-pandemien/aktuelle-ausbrueche-epidemien/novel-cov/situation-schweiz-und-international.html#2030838475, abgefragt: 16.12.2021.
29 Gemäss Tabelle 2 ist mit 942,9 Covid-19-bedingten Todesfällen bei 100 000 Frauen im Alter 80+ zu rechnen. Wenn die Impfung 209,3 rettet, sind das 22%. Dieser Wert liegt in der Grössenordnung der 26% Risikoreduktion, die wir am Ende von Abschnitt 2.3 berechnet hatten.
30 Eine vorsichtige Einschätzung dieser möglichen Nebenwirkung liefern Thomas Verstraeten et al. 2016. Pandemrix™ and narcolepsy: A critical appraisal of the observational studies. In https://www.tandfonline.com/doi/full/10.1080/21645515.2015.1068486
31 Eric Gujer. 22.1.2022. Freiheit beginnt im Kopf. NZZ Leitartikel.

18

Konstantin Beck

Sind die Covid-19-Massnahmen verhältnismässig?

1 Das Konzept der verlorenen Lebensjahre

Die Frage der Verhältnismässigkeit ist ein zentraler Punkt in der Diskussion der Corona-Massnahmen (vgl. auch Beitrag Uhlmann, Abschnitt 2 auf Seite 35f.). Dabei impliziert der Begriff, dass ein Verhältnis zwischen zwei Grössen herzustellen sei: zwischen der unmittelbaren Gefahr, welche Corona für zahlreiche Mitglieder der Gesellschaft darstellt, und dem Kraftaufwand, der zum Schutz dieser Personen betrieben werden soll. Wenn der Aufwand mit der Grösse der Gefahr gerechtfertigt werden soll, dann braucht es eine (möglichst) klare Vorstellung, wie diese Gefahr zu messen sei. Die grösste Gefahr ist der letale Ausgang der Krankheit. Um verhältnismässig handeln zu können, ist es also unabdingbar, eine Methode zur Hand zu haben, um die letale Gefährdung fassbar zu machen.

Die unter Ökonomen übliche Methode ist die Berechnung der Anzahl potentiell verlorener Lebensjahre. Zu Beginn der Pandemie waren diese Berechnungen verpönt, weil man lieber dem Slogan «Jeder Tote ist einer zu viel» folgen wollte. Dennoch vertrat beispielsweise Stefan Felder schon sehr früh die Ansicht, die Regierung solle sich ein Bild der Anzahl verlorener Lebensjahre machen.[1] Und auch die Task-Force schlug bei der Bewertung weiterer Lockdown-Schritte diesen Weg ein.[2]

Eine hier vorgenommene Reflexion des Konzepts der Anzahl verlorener Lebensjahre zeigt nun aber, dass dieses gerade im Fall einer Pandemie, die alle oder grosse Teile der Bevölkerung trifft, nicht ausgereift ist. Es führt zu logischen Inkonsistenzen, wenn ein Konzept, dass zur Beurteilung isolierter Krankheiten entwickelt worden ist, ohne Anpassungen auf der gesamtgesellschaftlichen Ebene angewandt wird.

Im Folgenden sollen zuerst die ethischen Bedenken gegenüber dem Zählen und Bewerten verlorener Lebensjahre diskutiert werden (Abschnitt 2). Anschliessend werden die erwähnten logischen Inkonsistenzen hergeleitet (Abschnitt 3) und ihre Auswirkungen auf zwei Altersgruppen (0 bis 64 und 65plus) untersucht (Abschnitte 4 und 5). Abschliessend folgt eine Bewertung der durch die Pandemiemassnahmen des Bundes geretteten Lebensjahre und eine Beurteilung der Verhältnismässigkeit (Abschnitt 6).

2 Ist eine Nutzenmessung ethisch vertretbar?

Todesfälle sind in der Regel für das Umfeld ein harter Schlag, der grosses Leid und Verzweiflung auslöst. Im individuellen Einzelfall geht es um die Bewältigung eines endgültigen Verlusts, um eine existentielle Herausforderung. Die nachfolgende Argumentation soll diese tiefe Dimension von Schock und Trauer in keiner Art und Weise relativieren oder in Frage stellen.

Im Fall einer Pandemie gibt es jedoch auch weitergehende Fragen. So muss sich die Gesellschaft fragen, ob sie durch eine Krankheit ausgelöscht oder schwerwiegend dezimiert werden könnte. Das sind demographische Fragen, bei denen das individuelle Leid in den Hintergrund rückt. Nicht, weil das individuelle Leid vernachlässigbar ist, sondern weil die Perspektive eine völlig andere ist.

Auch in einer Pandemie ist staatliches Handeln nie kostenlos. Und gerade im Fall einer Pandemie ist es nicht ganz einfach, Kosten und Nutzen von Staatseingriffen logisch konsistent herzuleiten und zu vergleichen. Das beginnt bereits damit, dass gewisse dafür notwendige Bewertungen von vielen als unethisch oder menschenverachtend eingestuft werden. Dazu gehört der «Wert des Lebens». Zusammen mit Sätzen wie «Jeder Corona-Tote ist einer zu viel», «Das Leben ist unendlich wertvoll» und «Gesundheit ist das Wichtigste im Leben» ist eine Ausgangslage abgesteckt, die staatliches Handeln praktisch verunmöglicht, weil diese Schlagworte keine Orientierungshilfe sind. Wenn jeder Todesfall mit unendlich bewertet wird, wird es beispielsweise irrelevant, ob eine Massnahme *eine* Person vor dem Tod rettet oder *tausend*, denn 1000 mal unendlich ist gleich gross wie einmal unendlich (vgl. dazu die weniger mathematische Argumentation im Beitrag von Hasler, Abschnitt 2 auf Seite 18ff.).

Das Problem entsteht, weil hier Metaphysisches und Ökonomisches vermischt wird. Der «Wert des Lebens» mag unendlich sein, im Folgenden geht es aber darum, festzustellen, wie viel eine Gesellschaft zur Rettung eines Menschenlebens zu investieren bereit ist. Und solange die Gesellschaft über beschränkte Mittel verfügt, kann sie auch nur limitierte Beträge zur Lebensrettung zur Verfügung stellen. Das hat nichts mit Menschenverachtung zu tun, sondern mit fairer Gleichbehandlung ähnlich gefährdeter Menschen.

Zudem hat sich in der Literatur, aber auch in der Schweizer Praxis (vor 2020) der Grundsatz etabliert, dass die potentiell verlorenen Lebensjahre berücksichtigt werden sollen, dass es also fair ist, einem todkranken Jugendlichen mehr Mittel zuzusprechen, um ihn am Leben zu erhalten, als einer todkranken Hundertjährigen. Während sich dieses Konzept beispielsweise auch in den Berechnungen der Corona-Task-Force durchsetzen konnte, blieb ein anderer konzeptioneller Irrtum im Zusammenhang mit der Restlebenserwartung unbemerkt, was zu einer substantiellen Überschätzung der Anzahl verlorener Lebensjahre führte. Darauf gehen wir in Abschnitt 3 ein.

Fazit: Bei der Bewertung des Lebens geht es einzig um die Frage, wie viel eine Gesellschaft zur Rettung eines Menschenlebens investieren will und investieren kann. Mit dem «Wert eines Menschen» hat das überhaupt nichts zu tun.

3 Inkonsistenzen in der Berechnung der verlorenen Lebensjahre

Es soll an dieser Stelle nicht auf die oft erhobenen Vorwürfe – sind die als Covid-19-Todesfälle Erhobenen wegen oder nur mit Corona gestorben? Haben Spitäler einen finanziellen Anreiz, auch nicht an Covid-19 Verstorbene als Corona-Fälle auszuweisen? – eingegangen werden. Es geht vielmehr um neue, grundsätzlichere Kritikpunkte.

Die statistische Lebenserwartung beschreibt die durchschnittliche Dauer eines Menschenlebens. Dabei stirbt ein Teil der Bevölkerung vor Erreichen dieses Durchschnitts und ein Teil nachher. Der Ausdruck «sie starb lange vor ihrer Zeit» drückt aus, dass ein Mensch mit grossem Abstand zur Lebenserwartung verstorben ist. Daraus abzuleiten, es gäbe einen Anspruch für alle, bis zur Lebenserwartung zu leben, ist hingegen problematisch. Würden alle «zu früh» Verstorbenen tatsächlich die durchschnittliche Lebenserwartung erreichen, dann hätte sich dadurch die Lebenserwartung ebenfalls nach oben verschoben und die Anzahl vorzeitig Verstorbener hätte nicht ab-, sondern eventuell zugenommen. Auch bei kontinuierlich steigender Lebenserwartung gibt es immer zu früh (und zu spät?) Verstorbene, solange nicht alle im gleichen Alter sterben.

Ein ähnliches Paradox findet sich bei der Berechnung der durch Covid-19 verlorenen Lebensjahre. Die Lebenserwartung wird üblicherweise pro Geschlecht und Jahrgang berechnet. Betrachten wir dazu zehn gleichaltrige Männer, von denen auf Grund ihres Alters bekannt sei, dass im laufenden Jahr 2 von 10 erwartungsgemäss sterben werden. Diese zwei haben also eine Restlebenserwartung (RLE) von weniger als einem Jahr. Die übrigen acht hätten eine statistische RLE von fünf Jahren, was für die ganze Gruppe eine RLE von $8 \times 5 = 40$ Jahren ergibt.

Nun ist *zu Beginn des Jahres* unbekannt, welche zwei Personen dieser zehn sterben werden. Die durchschnittliche Restlebenserwartung aller zehn Männer zusammen beträgt daher vier Jahre (nämlich 40 Jahre dividiert durch 10). Sterben nun im Laufe des Jahres tatsächlich zwei Männer und zwar an Covid-19, dann wird von $2 \times 4 = 8$ verlorenen Lebensjahren gesprochen. Da am Ende des Jahrs bekannt ist, wer überlebt hat, kann man für diese acht Überlebenden die korrekten fünf Jahre RLE einsetzen, was dann total 5×8 realisierte minus 2×4 verlorene Jahre, also $40 - 8 = 32$ Jahre RLE ergibt.[3] Die RLE ist um 8 Jahre gesunken. Sterben die zwei Männer jedoch nicht an Covid-19, dann weisen die Überlebenden eine RLE von $5 \times 8 = 40$ Jahren auf. Die RLE bleibt in diesem Fall unverändert, obwohl gleich viele Männer gestorben sind. Das ist zwar logisch inkonsistent, aber gängige Praxis in der Berechnung der RLE bei Covid-19-Todesfällen.

Was ist da falsch? Covid-19-Todesfälle, solange sie nicht gehäuft auftreten, ersetzen lediglich andere Todesursachen. Sie haben daher keinen Einfluss auf die Lebenserwartung der Bevölkerung. Anders sieht das aus, wenn es zu *Übersterblichkeit* kommt, wenn beispielsweise drei Männer versterben und der dritte (oder auch alle drei) an Corona. Dann stirbt einer, von dem anzunehmen war, er würde überleben. Dieser verliert 5 Jahre (und nicht nur 4) RLE. Das heisst, nur bei Covid-19-bedingter Übersterblichkeit sinkt die Restlebenserwartung und zwar von 40 Jahren auf $7 \times 5 = 35$ Jahre, das Kollektiv verlor wegen Covid-19 nicht $3 \times 5 = 15$ Jahre, sondern $1 \times 5 = 5$ Jahre. Das ist ein erheblicher Unterschied, wie wir gleich sehen werden.

Fazit: Nur bei Covid-19-bedingter *Übersterblichkeit* sinkt die Lebenserwartung der Bevölkerung. Ohne Übersterblichkeit substituiert Covid-19 andere Todesursachen.

4 Restlebenserwartung und Übersterblichkeit der unter 65-Jährigen

Was wissen wir über die Restlebenserwartung der an oder mit Covid-19 Verstorbenen bei den unter 65-Jährigen? Wie oben hergeleitet, ist nicht die Sterblichkeit an sich, sondern die Übersterblichkeit zur Berechnung der verlorenen Lebensjahre relevant. Nun ist Übersterblichkeit keine unmittelbar gemessene, sondern eine berechnete Grösse und hängt damit von der Berechnungsmethode ab. Wir stützen uns im Folgenden ganz bewusst auf die Methode des Bundesamts für Statistik (BfS), weil das die Methode ist, welche in der Regel auch von den Massnahmen-Befürwortern akzeptiert wird. Wenn die Unverhältnismässigkeit der Massnahmen gestützt auf diesen amtlichen Ansatz belegt werden kann, dann gilt sie umso mehr, wenn kritischere Verfahren mit geringeren Werten für die Übersterblichkeit angewandt würden.

Die Methode des BfS lässt sich am einfachsten anhand von Abbildung 1 erklären. Diese zeigt drei parallele, wellenförmige Linien. Die durchschnittlich erwartete Anzahl Todesfälle pro Woche in der Mitte (graue, durchgezogene Kurve) eingeschlossen von zwei parallelen, gestrichelten Kurven, die die Bandbreite der Zufallsschwankung in den Todesfällen angeben. Darüber liegt eine schwarze Zickzack-Kurve, welche die tatsächlichen Todesfälle pro Woche darstellt. Übersteigt die Zickzack-Kurve die obere (gestrichelte) Begrenzungslinie, spricht man von Übersterblichkeit. Fällt die Zickzack-Kurve unter die untere Begrenzungslinie, so sprechen wir (nicht aber das BfS) von Untersterblichkeit. Das BfS misst zudem die Übersterblichkeit als Differenz aus schwarzer Kurve (beispielsweise Punkt a) und dem grauen erwarteten Wert (Punkt c, gemäss Abbildung 1). Wir verwenden hingegen nur die Differenz zwischen dem schwarzen Punkt a und der grauen Begrenzungslinie (Punkt b), also nur den Teil, der auch optisch als Übersterblichkeit wahrzunehmen ist.[4]

Abbildung 1: Todesfälle pro Woche 2020–2021 der 0- bis 64-Jährigen

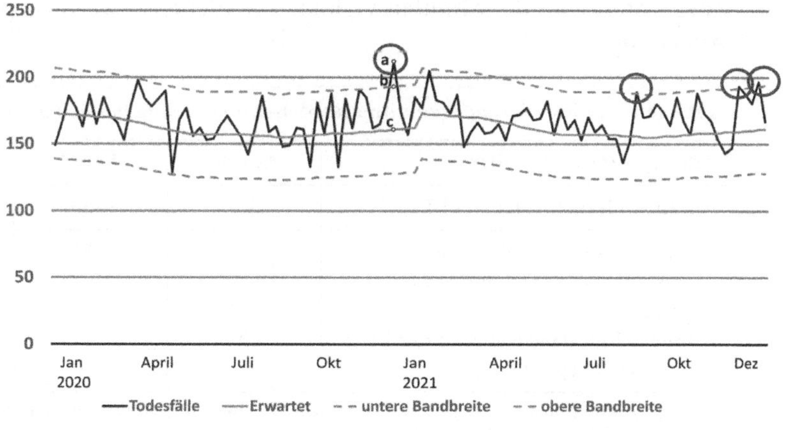

Quelle: Bundesamt für Statistik (BfS), Tab. ts-d-14.03.04.03-wr.

In Abbildung 1 sind für die 0- bis 64-Jährigen vier Wochen mit Übersterblichkeiten zu erkennen, und zwar eine im Jahr 2020 (Woche 50) und drei im Folgejahr (die Wochen 32, 47 und 50, mit Kreis markiert). In diesen Wochen fielen total 33 übersterbliche Todesfälle an. Es ist von blossem Auge erkennbar, dass der Befund für das Jahr 2021 nicht sehr robust ist. Würden die drei parallelen Kurven nur geringfügig höher angesetzt, so würde die Übersterblichkeit im Jahr 2021 sofort verschwinden.

Als zweites fällt der seltsame Sprung in der Mitte von Abbildung 1 auf. Hätte man ab dem 1.1.2020 die Daten des Jahres 2020 in die Berechnung der drei Parallelen von 2021 einfliessen lassen, dann würde das die Erwartung für 2021 (die drei grauen Kurven) nach oben verschieben und die Übersterblichkeit würde verschwinden. Um dem vorzubeugen, verwendet das BfS im Jahr 2021 für die graue Kurven noch einmal die identischen Werte von 2020. Diese eher brachiale «Korrektur» hat die beschrieben Sprungstelle beim Jahreswechsel in den grauen Kurven zur Folge.

Fazit: Es gibt gemäss BfS bei den 0- bis 64-Jährigen zwar eine Übersterblichkeit von 33 Todesfällen. Diese Zahl ist extrem klein und entspricht nur 0,0047 Promille dieser Altersgruppe (nämlich 33 Todesfälle auf 6,96 Mio. Einwohner).[5]

Berechnet man die verlorene Restlebenserwartung für alle Covid-Todesfälle, was zu der oben hergeleiteten logischen Inkonsistenz führt, so ergäbe das 15 668 verlorene Lebensjahre (Tabelle 1, Zeile 1). Bei logisch konsistenter Berechnung gestützt auf 33 übersterbliche Todesfälle sind es 832 verlorene Lebensjahre (Tabelle 1, letzte Zeile). Das sind lediglich 5% der üblicherweise berechneten Zahl oder 1 Stunde und 3 Minuten verlorene Restlebenserwartung pro Kopf in dieser Altersgruppe.[6]

Tabelle 1: Todesfall-Häufigkeit und Restlebenserwartung bei den 0- bis 64-Jährigen

Altersgruppe 0–64 Jahre	Anzahl	Anteil	Verlorene Jahre
Anzahl Todesfälle mit Covid-Label	622	100%	*15 668 **
▪ Davon Todesfälle mit Covid-19-Label ausserhalb der Übersterblichkeitsphase	589	95%	*Keine*
▪ Davon Todesfälle während der Übersterblichkeitsphase	33	5%	*832 **

Quelle: Eigene Berechnung basieren auf BfS-Tabelle ts-d-14.03.04.03-wr vom 28.12.2021 und BAG-Tagesbericht bis zum 28.12.2021, abgefragt am 31.12.2021.

(*) Berechnung der Restlebenserwartung: Gemäss Covid-19-Task-Force (Boes et al. 2021) betrug die mittlere Lebenserwartung dieser Altersgruppe 25,2 Jahre. Das multipliziert mit 622 respektive 33 gibt die tabellierten Werte.

Fazit: In der Altersgruppe 0 bis 64 gingen von März 2020 bis Dezember 2021 pro Kopf dieser Altersgruppe bei logisch konsistenter Berechnung der Restlebenserwartung 1 Stunde und 3 Minuten verloren. Dieses Ergebnis ergibt sich unter Verwendung ausschliesslich amtlicher Angaben (BfS-Statistik, BAG-Statistik und Lebenserwartungsberechnung der Covid-19-Task-Force). Ferner wird vorausgesetzt, dass die gesamte Übersterblichkeit auf Covid-19 zurückzuführen ist und dass jeder mit Covid-19 gelabelte Todesfall tatsächlich wegen Covid-19 verstorben ist, was bekanntermassen nicht in jedem Fall zutreffend sein dürfte.[7] Würden diese (unrealistischen) Annahmen aufgeweicht, wäre der Verlust an Lebensjahren noch geringer.

5 Lebenserwartung und Übersterblichkeit der Senioren ab 65 Jahren

Wie sieht die Restlebenserwartung bei mit oder an Covid-19 Verstorbenen im Alter von 65 Jahren oder älter aus? Von den 11 865 bis zum 28.12.2021 mit Covid-19-Label Verstorbenen waren (wiederum gemäss BAG Tagesbericht) 11 243, also die überwiegende Mehrheit (95 Prozent) älter als 64 Jahre. In dieser Altersgruppe gab es auch deutlich längere Phasen der Übersterblichkeit, gemäss Abbildung 2 sind es 28 Wochen.

Abbildung 2: Todesfälle pro Woche 2020 – 2021 in der Altersgruppe 65plus

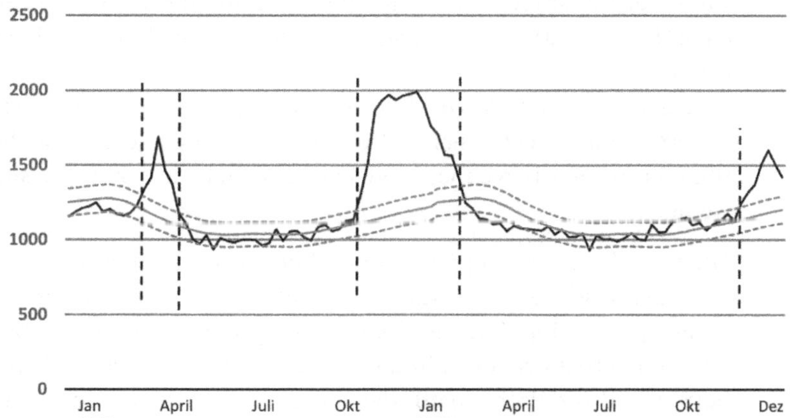

Quelle: Bundesamt für Statistik (BfS), Tab. ts-d-14.03.04.03-wr.

Von allen Todesfällen mit Covid-19-Label fallen 3564, oder ein knappes Drittel, ausserhalb der Übersterblichkeitsphasen an (vgl. Tabelle 2). Für diese gilt, dass null statistische Lebensjahre verloren gegangen sind.

9308 Personen sind während der Übersterblichkeit verstorben, davon jedoch 1623 nicht an Covid-19.[8] Hier haben andere Gründe zu einem statistisch auffälligen Sterbegeschehen geführt. Möglicherweise handelt es sich um Kollateralschäden der Massnahmen, beispielsweise der spontane Verlust des Lebenswillens der über Monate isolierten Pflegeheimbewohner.[9]

68 Prozent der Covid-19-Todesfälle fallen in die Übersterblichkeitsphase und davon betraf die Hälfte der Fälle (also 34 Prozent oder 3840 Fälle) Personen, die nicht im Pflegeheim gelebt hatten. Es ist bekannt, dass auch bei diesen Todesfällen in den meisten Fällen vorbestehende Krankheiten vorlagen. Aus diesem Grund verwenden wir die mittlere Restlebenserwartung der Covid-19-Task-Force, welche den reduzierten Gesundheitszustand berücksichtigt. Diese beträgt 6,09 Jahre, was ausmultipliziert 23 385 Jahre ergibt.[10]

34 % sind in einem Pflegeheim verstorben. Zu dieser Gruppe dürften auch die 3 % aller Todesfälle gehören, welche die starke Untersterblichkeitswelle ausgelöst hatten. Diese Welle dauerte von Anfang Februar bis Mitte Juli 2021. Es ist von daher plausibel anzunehmen, dass die mittlere Restlebenserwartung dieser Gruppe drei Monate betrug, was für diese aufsummiert ein Total an verlorenen Lebensjahren von 78 Jahren ergibt.

Somit verbleiben 31 Prozent im Pflegeheim Verstorbene mit einer Restlebenserwartung von mehr als drei Monaten. Beim Heimeintritt beträgt die Restlebenserwartung 2,4 Jahre. Die mittlere Lebenserwartung einer Heimpopulation liegt somit bei 1,2 Jahren (weil nicht alle zu Beginn der Pandemie neu ins Pflegeheim eingetreten sind).[11] Total ergeben sich 4235 verlorene Lebensjahre in dieser Gruppe.

Zusammen ergibt das bei konsistenter Berechnung für die Gruppe der Senioren 27 698 verlorene Lebensjahre. Im Vergleich zu den gemäss der Methodik der Corona-Task-Force berechneten 68 454 Jahre (Tabelle 2, Zeile 1), sind das 60 Prozent weniger.

Fazit: In der Altersgruppe 65 und älter gingen bei logisch konsistenter Berechnung der Restlebenserwartung bis Dezember 2021 27 698 Jahre verloren. Das sind 6 Tage pro Senior. Auch in dieser Altersgruppe sinkt die Anzahl verlorener Lebensjahre erheblich, obwohl die Berechnung auf ausschliesslich amtlichen Daten beruht und die Problematik der nicht wirklich an Covid-19 verstorbenen Fälle völlig ausgeklammert bleibt.

Tabelle 2: Todesfall-Häufigkeit und Restlebenserwartung bei den über 64-Jährigen

	Anzahl	Anteil	Verlorene Jahre
Anzahl Todesfälle mit Covid-Label	11 243	100 %	*68 454*
Todesfälle mit Covid-19-Label ausserhalb der Übersterblichkeitsphase	3 564	32 %	Keine
Todesfälle während der Übersterblichkeitsphase	*9 308*	–	–
▪ davon Non-Covid-Todesfälle	*1 623*	–	–
▪ davon Todesfälle mit normaler Restlebenserwartung	3 840	34 %	23 385
▪ davon Todesfälle mit kurzer Lebenserwartung (aufgrund nachfolgender Untersterblichkeit)	310	3 %	78
▪ davon Todesfälle im Pflegeheim	3 530	31 %	4 235
Total übersterbliche Covid-Todesfälle 65+	**7 679**	**68 %**	**27 698**

Quellen wie bei Tabelle 1, zusätzlich: Restlebenserwartung im Pflegeheim gemäss Bundesamt für Statistik (BfS). 2019. Gesundheitsstatistik, Neuchâtel. [BfS-Nr. 1290-1900]; S. 58.

6 Konsequenzen für die Bewertung eines vermiedenen Corona-Todesfalls

Bei der Bewertung der verlorenen Lebensjahre liegen die verschiedenen Ansätze näher beisammen. Oft wird auf einen Wert von Fr. 250 000.– pro gerettetem Lebensjahr verwiesen. Eine Zahl, die in der Bundesverwaltung bei Berechnungen von Infrastrukturvorhaben zur Vermeidung von Unfallopfern (zum Beispiel bei Strassensanierungen oder Lawinenverbauungen) Anwendung findet.[12] Zuweilen wird auch auf ein Bundesgerichtsurteil verwiesen, dem zumindest implizit ein Wert von Fr. 100 000.– pro gerettetem Lebensjahr entnommen werden kann.[13]

Differenzen ergeben sich, weil oft unbeachtet bleibt, dass die Bewertung der Lebensverlängerung sehr stark von der Lebensqualität abhängt. Ein Leben mit reduzierter Lebensqualität wird von den jeweils Befragten deutlich tiefer eingestuft als eine Lebensverlängerung bei guter Gesundheit.[14] Für Corona ist bekannt, dass die Hälfte der Todesfälle Pflegeheimpatienten betrifft, sodass schwerlich von guter Gesundheit gesprochen werden kann. Setzt man für diese einen Wert pro gewonnenes Lebensjahr von Fr. 50 000.– ein und bei den übrigen den Konsenswert von Fr. 250 000.–, so ergibt das im Durchschnitt Fr. 150 000.–.

Nun steckt der Nutzen der Massnahmen nicht in der Anzahl an Covid-19 Verstorbener, sondern gerade umgekehrt, in der Anzahl vor einem Covid-19-Tod Verschonter. Nur, wie viele Personen wären ohne Massnahmen an Covid-19 verstorben? Wenn wir von der hohen Schätzung von Christian Althaus vom Februar 2020 ausgehen, nämlich von 30 000 zu erwartenden Todesfällen,[15] dann sind davon bis Dezember 2021 rund 12 000 verstorben, während 18 000 bis jetzt verschont blieben. Das sind anderthalb Mal mehr als die 12 000 Todesfälle.

Alles zusammen ergibt folgende Werte: In der Pandemie sind bis Ende Dezember 2021 12 000 Personen an Covid-19 verstorben und haben dabei 28 530 Lebensjahre verloren (Tabelle 1 und Tabelle 2). Ein Lebensjahr wird mit Fr. 150 000 bewertet, was einen Wert von 28 530 × 150 000 = 4,3 Mrd. Franken ergibt. Nun sind die 18 000 möglicherweise geretteten Personen das 1,5-fache von 12 000. Somit liegt auch der Wert der verlorenen Jahre 1,5-mal höher, also bei 6,5 Mrd. Franken.[16]

Fazit: Was bedeutet der Wert von 6,5 Mrd. Franken? Der Nutzen der Covid-19-Massnahmen des Bundes kann mit der Anzahl verhinderter Todesfälle und der dadurch geretteten Lebensjahre bewertet werden. Das ergibt einen Nutzen von 6,5 Milliarden. Diese Zahl resultiert, wenn …

- … die sehr hohe Schätzung der potentiellen Todesfälle von Althaus als realistisch eingestuft wird (was im Vergleich zu Schweden eher unplausibel ist).[17]
- … ausnahmslos alle als Covid-19-Todesfälle ausgewiesenen Todesfälle tatsächlich an Covid-19 gestorben wären (was nicht einmal der Bundesrat glaubt).[18]
- … die hohe Übersterblichkeitsberechnung des BfS als korrekt angesehen wird.

Wenn man alle diese amtlichen Vorgaben glaubt, resultiert dennoch nur ein einstelliger Milliardenbetrag. Jede Relativierung der eingesetzten Werte würde das Resultat reduzieren. Demgegenüber stehen Lockdown-Kosten im oberen zwei-, wahrscheinlich sogar dreistelligen Milliarden-Bereich. Es ist somit absolut unmöglich, die Corona-Massnahmen des Bundes als verhältnismässig einzustufen.

Verdankung

Der Autor dankt Pietro Vernazza, Peter Rohner, Andreas Kley und einer Gruppe von deutschen Statistikern für sehr hilfreiche Kommentare zu diesem Beitrag.

Referenzen

1 Eisenring, Christoph. Wieviel darf die Gesundheit kosten? Neue Zürcher Zeitung, 7.4.2020, S. 17.

2 Boes, Stefan, Marius Brülhart, Aymo Brunetti, David Dorn, Rafael Lalive, Jan-Egbert Sturm, Beatrice Weder di Mauro. Warum aus gesamtwirtschaftlicher Sicht weitgehende gesundheitspolitische Massnahmen in der aktuellen Lage sinnvoll sind. Papier der Covid-19-Task-Force für den Schweizer Bundesrat, Version vom 19.01.2021.

3 Betrachtungszeitpunkt ist immer der Zeitpunkt zu Beginn des Jahres. Sonst müsste jeweils noch die bereits abgelaufene Lebenszeit abgezogen werden, was nichts am Ergebnis ändert, die Darstellung aber stark verkompliziert.

4 Das BfS orientiert sich bei der Messung der Übersterblichkeit an der Definition der Signifikanz. Werte, die innerhalb des Konfidenzintervalls liegen (also innerhalb der grau gestrichelten Linien), werden auf null gesetzt. Werte, die das Intervall überschreiten, werden als signifikante Werte wahrgenommen. Das ist zwar das unbestrittene Standardkon-

zept bei statistischen Tests. Die Übertragung auf die hier vorliegende Situation der Übersterblichkeit scheint uns jedoch unangemessen, da ja Todesfälle nicht einfach auf null gesetzt werden können. Diese Todesfälle traten tatsächlich auf, ob nun signifikant vom Erwartungswert abweichend oder nicht.
Zusätzlich kritisieren wir das Fehlen des Begriffs «Untersterblichkeit» in den Dokumenten des BfS. Bei einem zweiseitigen Vertrauensintervall ist nicht einzusehen, warum signifikant positive Abweichungen erwähnt werden sollen, signifikant negative hingegen nicht. (Weitere kritische Punkte in: Beck, Konstantin & Werner Widmer, Corona in der Schweiz, 2. Auflage, 2021, S. 169; zu beziehen unter: https://www.corona-in-der-Schweiz.ch)

5 Einwohnerzahl gemäss BAG-Tabelle; Zugriff 28.12.21; Bevölkerungszahlen pro Kanton und Altersklasse.xls, https://www.bag.admin.ch/bag/de/home/krankheiten/ausbrueche-epidemien-pandemien/aktuelle-ausbrueche-epidemien/novel-cov/situation-schweiz-und-international.html#2030838475

6 Die Parameter der Lebenserwartung entsprechen der vorsichtigsten Schätzung der nationalen Corona-Task-Force (Boes et al, 2021, S. 17).

7 Mit der «Arena»-Sendung im Schweizer Fernsehen vom 7. Januar 2022 legte sogar Bundesrat Cassis offen, dass das Label Covid-19 auch bei Personen zur Anwendung kommt, die an den Folgen eines Autounfalls sterben, zuvor aber positiv getestet worden sind.

8 Diese Aussage stützt sich auf die BAG-Daten Tagesbericht.xls (Zugriff 30.12.2021; https://www.bag.admin.ch/bag/de/home/krankheiten/ausbrueche-epidemien-pandemien/aktuelle-ausbrueche-epidemien/novel-cov/situation-schweiz-und-international.html#2030838475) und die BfS-Statistik (Tab. ts-d-14.03.04.03-wr). Dabei wurden die übersterblichen Todesfälle (gemäss BfS) jeder einzelnen Woche mit der vom BAG für die jeweilige Woche gemeldete Anzahl Covid-19-Todesfälle verglichen. Die BAG-Todesfälle wurden um 5% reduziert, weil dieser Anteil in die Altersgruppe 0–64 fällt. Die Differenz aus Übersterblichkeit gemäss BfS und den verbleibenden Covid-19-Todesfällen nach BAG (der 65plus-Jährigen) ergab 1623 Non-Covid-Todesfälle.

9 Vgl. dazu die Aussage einer Heimärztin: «Noch nie in meiner ganzen medizinischen Karriere sind so viele Alters- und Pflegeheim-Bewohner gestorben in so kurzem Zeitraum – nicht an Corona, sondern an Vereinsamung und Verlust des Lebenswillens. Es war entsetzlich, das mitansehen zu müssen.» Aus Beck/Widmer, 2021, S. 155.

10 Boes et al., 2021, S. 17.

11 Bundesamt für Statistik (BfS). 2019. Gesundheitsstatistik, Neuchâtel. 2019 [BfS-Nr. 1290-1900], S. 58.

12 Bundesamt für Raumentwicklung. Empfohlener Wert der Zahlungsbereitschaft für die Verminderung des Unfall- und Gesundheitsrisikos in der Schweiz, 2020.

13 Bundesgericht: Auszug aus dem Urteil der II. sozialrechtlichen Abteilung i.S. Publisana Krankenversicherung gegen F. (Beschwerde in öffentlich-rechtlichen Angelegenheiten) 9C_334/2010 vom 23. November 2010. Bundesgerichtsentscheid, BGE 136 V 395 vom 23. November 2010.

14 Beck Konstantin, Viktor von Wyl, Harry Telser, Barbara Fischer. Kosten und Nutzen von medizinischen Behandlungen am Lebensende – Schlussbericht SNF 67, 2016.

15 Althaus, Christian, Interview in der NZZ vom 25. Februar 2020.

16 18 000 gerettete Leben entsprechen 28 530 × 1,5 = 42 795 geretteten Lebensjahren. Diese Zahl multipliziert mit einem Wert pro Jahr von Fr. 150 000 ergibt total 6,5 Milliarden.

17 Dass diese Schätzung von Althaus sehr hoch ist, ist schon daran zu erkennen, dass gemäss Worldometers vom 12.1.2022 Schweden mit seinem largen Covid-19-Regime nur 6% mehr Todesfälle aufweist als die Schweiz (1512 pro Mio. Einwohner zu 1430 pro Mio. Einwohner). https://www.worldometers.info/coronavirus/#countries

18 Vgl. «Arena»-Sendung im SF vom 7.1.2022 mit Bundesrat Cassis.

19

Severin Hohler und
Mathias Ott

Wirtschaftshilfen

Lessons Learned

1 Einleitung

«*Un pour tous, tous pour un – Einer für alle, alle für einen.*» Unter dieser Maxime nahm die Schweiz im März 2020 die Corona-Krise in Angriff. Entsprechend rasch beschloss der Bundesrat als wirtschaftliche Sofortmassnahme die weitgehend unbürokratischen Überbrückungskredite. Von der anfänglichen Solidarität war Ende 2021 nur noch wenig zu spüren. Trotz wirtschaftlich einschneidender Massnahmen liess die Politik die Wirtschaftshilfen sukzessive auslaufen. Die Schweiz schien gespalten wie selten zuvor. Dazu hat der Bundesrat mit seiner Austeritätspolitik wesentlich beigetragen. Doch beginnen wir von Anfang an.

Der Bundesrat verhängte in den Jahren 2020 und 2021 zwei schweizweite Branchenschliessungen. Der erste sogenannte Shutdown dauerte im Gastgewerbe vom 17. März 2020 bis am 10. Mai 2020. Hinzu kamen kantonale Branchen-Shutdowns im Herbst 2021 und Teilschliessungen wie die Sperrstunde ab 19 Uhr vom 12. Dezember bis 21. Dezember 2020. Am 22. Dezember 2020 trat ein zweiter nationaler Shutdown in Kraft. Dieser galt bis am 31. Mai 2021, wobei die Aussenbereiche der Gastronomie ab dem 19. April 2021 öffnen durften. Insgesamt musste die Gastronomie mindestens 31 Wochen geschlossen bleiben. In der übrigen Zeit galten Kapazitäts- oder Zugangsbeschränkungen. Schutzkonzepte mit Tischmindestabständen von 1,5 bis 2 Metern reduzierten in der Gastronomie die Kapazitäten in vielen Fällen um 20% und mehr. Ähnlich stark betroffen war die Branche von der Zertifikatspflicht. Je nach Quelle betrug der durchschnittliche Umsatzeinbruch in den ersten Wochen der Zertifikatspflicht 13 bis 28%.[1] In den Jahren 2020 und 2021 brach der gastgewerbliche Umsatz gegenüber 2019 um jeweils 37 bis 40%

ein.[2] Dies entspricht einem wirtschaftlichen Schaden von über 20 Milliarden Franken. Neben dem Gastgewerbe (Gastronomie, Hotellerie, Bars und Clubs) waren die Veranstalter, Dienstleister im Bereich Sport, Unterhaltung und Erholung (Bsp. Fitnesscenter) und die Reisebranche besonders stark von den Massnahmen des Bundesrates betroffen.

Hauptproblem war und bleibt, dass in Art. 63 EpG (Epidemiengesetz) keine Entschädigungen bei Massnahmen gegenüber der Bevölkerung im Sinne von Art. 40 EpG verankert sind. Dies erwies sich in der Corona-Krise als schwerwiegender Fehler. Parlament und Behörden mussten diese Lücke mit dem Covid-19-Gesetz schliessen. Dabei ging wertvolle Zeit verloren. Auf die Mängel und die Verbesserungsmöglichkeiten der behelfsmässig aufgestellten Wirtschaftshilfen wird nachfolgend eingegangen.

2 Ungedeckte laufende Kosten im Allgemeinen

Covid-19-Überbrückungskredite

In der ersten Welle hatte der Bundesrat umgehend reagiert und gestützt auf sein Notverordnungsrecht in Art. 185 Abs. 3 BV als wirtschaftliche Sofortmassnahme die Covid-19-Solidarbürgschaftsverordnung erlassen. Bereits ab dem 26. März 2020 und bis am 31. Juli 2020 konnten so Unternehmen zur Sicherstellung ihrer Liquidität vom Bund verbürgte Überbrückungskredite beantragen. Am 18. Dezember 2020 hat das Parlament die Regelungen der Notverordnung im Covid-19-Solidarbürgschaftsgesetz übernommen und teilweise ergänzt. Die Banken gewährten insgesamt 16,9 Milliarden Franken an Covid 19 Überbrückungskrediten. Davon wurden 3,8 Milliarden Franken von den betroffenen Unternehmen bereits wieder zurückbezahlt. Bei den total 137 850 Krediten beläuft sich die durchschnittliche Summe auf rund 123 000 Franken.[3] Gastronomie und Hotellerie beanspruchten 12,6 % aller Kredite (17 414) und 9,7 % des Kreditvolumens (1,645 Milliarden Franken).[4] Insgesamt erhielt rund die Hälfte aller gastgewerblichen Unternehmen einen Überbrückungskredit.

Die Überbrückungskredite trugen massgeblich dazu bei, die Liquidität der betroffenen Unternehmen im ersten Epidemiejahr sicherzustellen. Der Bundesrat konnte so wirkungsvoll Betriebsschliessungen oder Konkurse verhindern. Allerdings war es gerade für die persönlich haftenden Inhaber von Einzelfirmen oder Personengesellschaften angesichts der fehlenden Planungssicherheit vielfach zu riskant, einen Überbrückungskredit in Anspruch zu nehmen oder aber das erhaltene Geld effektiv einzusetzen. Der variable Zinssatz verstärkte die Unsicherheiten zusätzlich. Der Zinssatz für Kredite bis 500 000 Franken betrug nur im ersten Jahr

0%. Ab dem 31. März 2021 passte das Eidgenössische Finanzdepartement die Zinssätze jährlich den Marktentwicklungen an. Problematisch war zudem, dass den Kreditnehmern Neuinvestitionen zunächst untersagt waren, bis diese Regel Ende 2020 mit dem Covid-19-Solidarbürgschaftsgesetz wieder aufgehoben wurde. Unterstützungsmassnahmen sollten jedoch die Investitionsfähigkeit eines Unternehmens auf keinen Fall gefährden.

Insgesamt ist zu begrüssen, dass die Überbrückungskredite rasch und unbürokratisch gewährt wurden. Ob diese Massnahme allerdings nachhaltig ist, wird erst die Zukunft zeigen. Die anstehenden Rückzahlungen könnten in den kommenden Jahren unzählige kleinere und mittlere Unternehmen existenziell bedrohen. Denn aufgeschoben ist nicht aufgehoben. Die Rückzahlungsmodalitäten werden ausschlaggebend sein. Diese waren bei Kreditabschluss nicht gesetzgeberisch geregelt und hängen somit massgeblich von den Banken, den Bürgschaftsorganisationen und dem Eidgenössischen Departement für Wirtschaft, Bildung und Forschung ab.

Covid-19-Härtefallentschädigung

Während der zweiten Welle im Herbst 2020 haben der Bundesrat und die Kantonsregierungen die Corona-Massnahmen in verschiedenen Branchen sukzessive verschärft. Im Bereich des Gastgewerbes beschlossen Kantone zunächst Personenobergrenzen, Sperrstunden und Schliessungen von Bars und Clubs. Am 1. November 2020 schloss Genf als erster Kanton die gesamte Gastronomie. Ab 22. Dezember 2020 trat ein zweiter nationaler Branchen-Shutdown in Kraft. Dieser galt bis am 31. Mai 2021. Das hatte jeweils empfindliche Umsatzeinbussen oder gar Totalausfälle für die betroffenen Unternehmen zur Folge. Dennoch zeigte sich der Bundesrat in der zweiten Welle betreffend Wirtschaftshilfen zögerlich. Lange sah es so aus, als ob er die betroffenen Unternehmen nicht weiter unterstützen wolle. So war das Parlament im September 2020 gezwungen, in Art. 12 ff. des Covid-19-Gesetzes eine gesetzliche Grundlage für Härtefallentschädigungen zugunsten der betroffenen Unternehmen zu schaffen. Auslöser war ein Antrag von Nationalrat Nicolo Paganini (Die Mitte/SG).[5]

Als Härtefälle gelten gemäss Art. 12 Covid-19-Gesetz Unternehmen, «die aufgrund der Natur ihrer wirtschaftlichen Tätigkeit von den Folgen von Covid-19 besonders betroffen» waren und eine Umsatzeinbusse von mehr als 40% gegenüber einem mehrjährigen Durchschnitt nachweisen konnten. Für Unternehmen, die ab dem 1. November 2020 für mindestens 40 Tage schliessen mussten, entfiel nachträglich diese Anspruchsvoraussetzung. Die Kantone gewährten 95% der Härtefallhilfen als A-fonds-perdu-Beiträge.[6] Der Bund leistete dabei einen Finanzierungsanteil von 70% bei Unternehmen mit einem Jahresumsatz bis zu 5 Millionen Franken bzw. 100% bei Unternehmen mit einem Jahresumsatz darüber. Die restlichen 5% der Härtefallgelder sprachen die Kantone in Form von Darlehen, Bürgschaften und Garantien. So konnte zwar zehntausenden Unternehmen mit dem Nötigsten geholfen werden, in der Praxis zeigte sich jedoch, dass die Härtefallentschädigungen mit verschiedenen Mängeln verbunden waren und in dieser Form nicht epidemietauglich sind. Im Folgenden gehen wir auf drei spezifische Schwachstellen der Härtefallentschädigungen ein: die wettbewerbsverzerrende Wirkung, die entstandenen Verzögerungen und die Rechtsunsicherheit.

Anders als dies in den Medien teilweise kolportiert wurde, hat sich das Parlament konzeptionell für *kantonale Härtefallentschädigungen* entschieden. Im Covid-19-Gesetz regelte das Parlament damit nur die Rahmenbedingungen für die finanzielle Beteiligung des Bundes an den kantonalen Härtefallprogrammen, welche der Bundesrat in der Covid-19-Härtefallverordnung präzisierte. Für die konkrete Ausgestaltung der Härtefallprogramme und für deren Vollzug waren jedoch die einzelnen Kantone zuständig. So resultierten 26 verschiedene kantonale Regelungen und die Unterstützungsbeiträge variierten je nach Unternehmenssitz deutlich. Damit haftet den Härtefallentschädigungen der *Makel an, sich wettbewerbsverzerrend ausgewirkt zu haben.* Zunächst war es massgeblich vom Sitz abhängig, ob ein Unternehmen anspruchsberechtigt war. Die kantonalen Regelungen unterschieden sich etwa bei der Anspruchsberechtigung von Mischbetrieben oder neugegründeten Unternehmen. Weiter erwies es sich als äusserst problematisch, dass der Bund bei den A-fonds-perdu-Beiträgen keine einheitlichen Bemessungskriterien vorgab. Dies evozierte einen Wildwuchs bei den kantonalen Bemessungspraxen. Die Kantone lassen sich diesbezüglich in drei Gruppen einteilen. Eine erste Gruppe berechnete die Entschädigungen durchgehend nach den Fixkosten, sei es anhand der ausgewiesenen Fixkosten oder mittels eines branchenspezifischen Fixkostenansatzes. Eine zweite Gruppe orientierte sich an den Umsatzeinbussen, während eine dritte Gruppe eine Mischrechnung vornahm.[7] Abweichende Höchstgrenzen in den Kantonen verstärkten die Ungleichbehandlung zusätzlich. Beispielsweise haben die Kantone Glarus oder Schwyz die A-fonds-perdu-Beiträge auf 10% respektive 15% des durchschnittlichen Umsatzes der Jahre 2018 und 2019 gesenkt.[8] Die betroffenen Unternehmen litten schweizweit ähnlich stark unter dem Coronaregime. Die Ungleichbehandlungen lassen sich somit nicht durch regionale Besonderheiten rechtfertigen. Als der Bund das Härtefallprogramm im Jahr 2022 wieder lancierte, bemühte er sich teilweise um eine Vereinheitlichung der Bemessungspraxen. Neu sollten die ungedeckten Kosten die Entschädigung festlegen. Dieser Ansatz führt grundsätzlich auch zu einer bedarfsgerechteren Verteilung der Härtefallgelder.[9]

Ein Hauptmerkmal von epidemiologischen Massahmen ist es, dass diese unvermittelt angeordnet werden und deren Dauer vorgängig unbekannt ist. Damit gesunde Unternehmen nicht in eine finanzielle Schieflage geraten, drängen sich

Wirtschaftshilfen auf, die rasch und unbürokratisch umgesetzt werden. Trotz der grossen Dringlichkeit dauerte es vielerorts deutlich zu lange, bis die Härtefallprogramme griffen. Insgesamt zahlten Bund und Kantone bis Ende 2021 rund 4,5 Milliarden Franken Härtefallgelder an 34 141 Unternehmen aus. Rund die Hälfte ging an 17 000 Unternehmen der Gastronomie und Beherbergung.[10] Dabei wurde ein Drittel der Gelder erst im dritten und vierten Quartal 2021 gesprochen.[11] Bis anfangs März 2021 waren lediglich 500 Millionen Franken freigegeben.[12] Die Kantone reagierten zwar mehrheitlich entschlossen. Sie sahen sich jedoch herausgefordert, innert kürzester Zeit die Finanzierung zu beschliessen, Härtefallkriterien sowie Bemessungsgrundlagen auszuarbeiten und die Abwicklung zu organisieren. So erstaunen die Verzögerungen nicht. Dennoch wären sie vermeidbar gewesen. Die Hausbanken hätten ohne weiteres Überbrückungshilfen vorschiessen können, die später mit den Härtefallentschädigungen verrechnet worden wären. Die Swiss National COVID-19 Science Task Force empfahl denn auch, die Covid-19-Überbrückungskredite parallel zur Einführung der Härtefallregelung umgehend zu reaktivieren.

Nachdem die kantonalen Härtefallprogramme im Frühling 2021 endlich Fahrt aufgenommen hatten, blieb für die betroffenen Unternehmen stets eine grosse *Rechtsunsicherheit über deren Fortführung.* Zweimal drohten Referenden das Covid-19-Gesetz und damit die Härtefallentschädigungen zu beerdigen. Obwohl sich die Referendumsführer eigentlich ausschliesslich an verfassungs- und datenschutzrechtlichen Fragen rund um die epidemiologischen Massnahmen störten, nahmen sie diesen Kollateralschaden billigend in Kauf.[13] Letztendlich wurde das Covid-19-Gesetz als Ganzes und die Änderungen des Covid-19-Gesetzes vom 19. März 2021 in den beiden Abstimmungen vom 13. Juni 2021 und 28. November 2021 deutlich angenommen.[14] Die Referenden schwebten in dieser Zeit wie ein Damoklesschwert über den betroffenen Unternehmen. Diese Unsicherheit hätte das Parlament durch eine Regelung der Härtefallentschädigungen in einem gesonderten Gesetz verhindern können.

Die zweifache Bestätigung durch die Stimmbevölkerung änderte nichts daran, dass die Härtefallentschädigungen im zweiten Halbjahr 2021 mehrheitlich ausliefen. Obschon die entsprechenden Gesetzesartikel eigentlich bis am 31. Dezember 2021 befristet waren und die 3G-, 2G- und 2G+-Zugangsbeschränkungen zu signifikanten Umsatzeinbussen führten, sahen die meisten Kantone keinen Spielraum, die Härtefallprogramme nach der Einführung des Covid-Zertifikates im Herbst 2021 zu reaktivieren.[15] Letztendlich fehlte der politische Wille der Entscheidungsträger, die durch die Corona-Politik verursachten wirtschaftlichen Schäden angemessen zu decken. Stattdessen wollte der Bundesrat – seiner Transitionsstrategie vom 18. Juni 2021 folgend – die Stützungsmassnahmen beenden.[16] Erst nachdem das Parlament in der Wintersession intervenierte, verlängerte der

Bund das Härtefallprogramm und erarbeitete contre cœur eine neue Härtefallverordnung für das Jahr 2022.

Um auf eine künftige Epidemie volkswirtschaftlich und gesellschaftlich besser vorbereitet zu sein, braucht es zwingend eine bedarfsgerechte, einheitliche und verbindliche gesetzliche Grundlage für Wirtschaftshilfen.

3 Geschäftsmieten im Besonderen

Mit den Betriebsschliessungen vom 17. März 2020 entbrannte erstmals eine öffentliche Debatte darüber, ob die Geschäftsmieten weiterhin in vollem Umfang geschuldet seien. Grundsätzlich kennt das schweizerische Privatrecht verschiedene Instrumente, einem Ungleichgewicht von Leistung und Gegenleistung bei den Geschäftsmieten zu begegnen. Denkbar ist etwa das Vorliegen eines wirtschaftlichen Mangels an der Mietsache und demzufolge ein Anspruch auf Mietzinsreduktion gestützt auf Art. 259d OR. Ein weiteres Instrument ist die sogenannte clausula rebus sic stantibus (Bestimmung der gleichbleibenden Umstände), welche als Ausfluss des Grundsatzes von Treu und Glauben in Art. 2 ZGB dazu dient, ein massives vertragliches Ungleichgewicht wieder ins Lot zu bringen. Die Rechtsgelehrten in der Schweiz waren und sind sich uneinig, ob und in welchem Umfang Geschäftsmieter bei betriebsbeschränkenden behördlichen Massnahmen einen Anspruch auf Anpassung des Mietzinses haben.

Es zeigte sich, dass entweder die Politik oder aber die Gerichte diese Frage beantworten müssen. Bundesrat und Verwaltung vertraten die Position, nicht in privatrechtliche Beziehungen eingreifen zu wollen. Das Parlament liess sich nicht davon abhalten, Ende April 2020 den Gesetzgebungsprozess für ein Geschäftsmietegesetz zu starten. Die Kommissionen für Wirtschaft und Abgaben des Ständerates und des Nationalrates lancierten zwei Motionen. Jene aus der ständerätlichen Kommission sah vor, dass der Bund einen Drittel der Miete bis maximal 3000 Franken übernimmt, wenn die Vermieterschaft auf ein weiteres Drittel der Miete verzichtet. Für Geschäftsmieten bis 5000 Franken war ein kompletter Mieterlass vorgesehen.[17] Die nationalrätliche Kommission schlug stattdessen vor, dass Geschäftsmieterinnen und -mieter während der Zeit der behördlich angeordneten Schliessung nur 30 % der Miete schulden.[18] Schliesslich einigten sich National- und Ständerat am 9. Juni 2020 auf eine dritte Motion, die eine Mietzinsreduktion von 60 % forderte. Die Kürzung sollte für Mieten bis 20 000 Franken und für zwei Monate gelten.[19] Der Bundesrat legte am 18. September 2020 – in Erfüllung des parlamentarischen Auftrags – einen Gesetzesentwurf vor (Covid-19-Geschäftsmietegesetz). Die Vorlage hielt sich eng am Wortlaut der Motion. Dennoch versenkte das Parlament das Geschäftsmietegesetz am 2. Dezember 2020. Damit überliess es den Entscheid in letzter Konsequenz den Gerichten.

Für die betroffenen Unternehmen war dieses Abstimmungsergebnis enttäuschend, denn viele hatten aufgrund der regelmässig unkooperativen Haltung der Vermieter auf eine gesetzliche Regelung gehofft. Eine Umfrage von gfs.bern erfasste die bis Juni 2020 erreichten Verhandlungsergebnisse zwischen den Mietparteien. 40% der angefragten Geschäftsmieter hatten der Umfrage zufolge keinen Kontakt zum Vermieter, um sich auf eine Mietanpassung zu einigen. 50% der Mieterinnen und Mieter führten Verhandlungen mit der Vermieterschaft. Bei zusätzlichen 8% waren die Gespräche während der Erhebung noch im Gang.[20] Dort, wo die Verhandlungen abgeschlossen waren, einigten sich die Mietparteien gemäss Mieterschaft in 62% der Fälle. Auf die betroffenen Mietverhältnisse hochgerechnet entspricht das einem Anteil von 31%.[21] Auch für die meisten Mitglieder von GastroSuisse – 76% der Mitglieder gemäss einer Mitglieder-Umfrage von Ende Oktober 2020 – stellten die Geschäftsmieten weiterhin ein Problem dar.[22] Ein Handlungsbedarf wäre also vorhanden gewesen.

Gleichwohl liefert das gescheiterte Geschäftsmietegesetz wichtige Lehren. Zunächst einmal war der *Gesetzesentwurf in mehrfacher Hinsicht lückenhaft.* Die Mietzinsreduktion wäre auf den ersten Shutdown beschränkt geblieben. Damit hätte sich die Mietzinsfrage im zweiten Shutdown erneut gestellt. Erforderlich sind jedoch Lösungen, die nicht nur rückwirkend, sondern ebenso zukunftsgerichtet sind. Weiter erfasste das Gesetz all jene Unternehmen nicht, die offen blieben und deren Geschäftstätigkeit durch die Corona-Massnahmen stark eingeschränkt war (z.B. Hotellerie). Es ist zudem nicht zielführend, einen Teil der laufenden Fixkosten wie die Geschäftsmieten in einem separaten Gesetz zu regeln. Um die wirtschaftlichen Auswirkungen von staatlich verfügten Präventionsmassnahmen wirkungsvoll aufzufangen, bedarf es möglichst gesamtheitlicher Massnahmen. Aufgrund der Ablehnung des Geschäftsmietegesetzes ist nach wie vor ungeklärt, ob und in welchem Umfang die Geschäftsmieten von den Härtefallentschädigungen gedeckt sind.

Zweitens hätte sich die *Politik abseits der Gesetzgebung stärker einbringen können.*[23] Die niederländische Regierung dient als Vorbild. Sie hätte eine gesetzliche Herabsetzung der Miete beschlossen, wenn sich die Mietparteien nicht geeinigt hätten. Deren Dachverbände vereinbarten in der Folge ein Abkommen, wonach sich die Miete für die Monate April und Mai 2020 halbiert.[24] Letztlich bestätigt das Geschäftsmietegesetz die Erkenntnisse des vorangegangenen Titels: Das Parlament sollte die *Wirtschaftshilfen vor einer Epidemie verbindlich in einem Gesetz festlegen.* Andernfalls droht bei unstabilen Mehrheitsverhältnissen ein Scherbenhaufen. Das verschärft die Situation der betroffenen Unternehmen zusätzlich. Der parlamentarische Weg sollte in Notlagen nur dann verfolgt werden, wenn ein solider Konsens besteht. Parlamentarische Vorstösse eignen sich ohnehin nicht für rasche Lösungen. In der Regel dauert der politische Prozess zu lange. So mahnt uns das gescheiterte Geschäftsmietegesetz, sich auf die nächste Epidemie wirtschaftspolitisch vorzubereiten.

4 Kurzarbeitsentschädigung

Aufgrund der Corona-Massnahmen konnten viele Unternehmen ihre Arbeitnehmer nicht oder nicht mehr vollständig beschäftigen. Ein solcher Arbeitsausfall kann grundsätzlich durch das Instrument der Kurzarbeit aufgefangen werden.[25] Der Kurzarbeitsanspruch besteht nicht für alle Arbeitnehmer, sondern nur für die vom Arbeitslosenversicherungsgesetz (AVIG) definierten Arbeitnehmerkategorien.[26] Im Rahmen des Corona-Sonderregimes dehnten das Parlament und der Bundesrat den Kurzarbeitsanspruch in Art. 17ff. Covid-19-Gesetz und in der Covid-19-Verordnung AVIG zeitweise deutlich aus; dies auf Intervention der Sozialpartner. Auf dem Papier hat die Kurzarbeit einigermassen gut funktioniert, im Vollzug waren jedoch erhebliche Mängel zu beobachten.[27] Im Folgenden wird auf drei der Hauptproblemfelder im Bereich Kurzarbeit eingegangen.

Voranmeldefrist

Die Kurzarbeit funktioniert nach einem stark formalisierten Verfahren. Dieses hat sich in der Praxis als wenig krisentauglich erwiesen. Um Kurzarbeit zu beanspruchen, muss eine gültige Bewilligung vorliegen. Die Voranmeldung ist in der Regel 10 Tage vor Beginn der Kurzarbeit beim kantonalen Arbeitsamt einzureichen. Das kantonale Arbeitsamt prüft die Voraussetzungen und erteilt die Kurzarbeitsbewilligung, welche grundsätzlich auf maximal 3 Monate befristet ist. Sinn und Zweck des Voranmeldeverfahrens ist es, die Kontrolle der von Kurzarbeit betroffenen Unternehmen durch die kantonalen Arbeitsämter zu gewährleisten.[28] Nur mit einer gültigen Kurzarbeitsbewilligung kann nach Ablauf der betreffenden Abrechnungsperiode (i.d.R. Kalendermonat) bei einer Arbeitslosenkasse für die wirtschaftlich bedingten Ausfallstunden der Arbeitnehmer Kurzarbeitsentschädigung verlangt werden. Die Voranmeldefrist wurde im ersten Shutdown ab März 2020 zunächst ausser Kraft gesetzt und im Herbst 2020 wieder eingeführt. Viele Unternehmen haben aufgrund dieser Rechtsänderung nach den Betriebsschliessungen im Dezember 2020 die Voranmeldung erst verspätet eingereicht. Das führte zunächst dazu, dass diese Unternehmen trotz Betriebsschliessung für längere Perioden keine oder erst mit grosser Verzögerung Kurzarbeitsentschädigung erhielten.

Obschon das Sozialversicherungsrecht in Art. 41 ATSG grundsätzlich die Möglichkeit einer Fristwiederherstellung kennt, wiesen die zuständigen Behörden sämtliche der zahlreichen uns bekannten Fristwiederherstellungsgesuche ab. Dieses Vorgehen der Behörden ist aus drei Gründen nicht nachvollziehbar: Erstens waren viele Unternehmen etwa im Gastgewerbe geschlossen. Der Kontrollzweck der Voranmeldefrist musste somit nicht erfüllt werden. Zweitens liess die Informationspolitik der zuständigen Ämter gerade auch in Bezug auf die zahlreichen Rechtsänderungen zu wünschen übrig. Drittens bestünde grundsätzlich die Möglichkeit, eine sachgerechte Corona-Praxis zu entwickeln. Letztendlich schuf das Parlament in der Frühlingssession 2021 mit Art. 17b Covid-19-Gesetz doch noch eine Ausnahmeregelung für die Voranmeldung und die rückwirkende Gewährung der Kurzarbeit. Nichtsdestotrotz waren die betroffenen Unternehmen in einer ohnehin schwierigen Zeit grosser Rechtsunsicherheit ausgesetzt. Aufgrund der geschilderten Praxiserfahrungen erscheint es angezeigt, dass eine entsprechende Regelung in ein ordentliches Bundesgesetz überführt wird.

Ferien- und Feiertagsentschädigung

Ein weiteres bedeutendes Vollzugsproblem bildete die Entschädigung der Ferien- und Feiertage bei Arbeitnehmern im Monatslohn. Bekanntlich erhalten diese auch während den Ferien- und Feiertagen ihr volles Gehalt. Die Ferien- und Feiertagsentschädigung ist damit bei Monatslöhnern anders als bei Stundenlöhnern bereits im Grundlohn enthalten. Gestützt auf Art. 34 Abs. 2 AVIG sind «Ferienentschädigungen» und andere «vertraglich vereinbarte Zulagen» (u.a. für Feiertage) bei der Bemessung der Kurzarbeitsentschädigung zu berücksichtigten. Weil aber die Ferien- und Feiertage nicht als Kurzarbeitstage entschädigt werden dürfen, war es bis Ende Februar 2020 gefestigte und gesetzmässige Praxis, bei Monatslöhnern als Ausgleich einen Ferien- und Feiertagszuschlag von durchschnittlich rund 10 bis 15% auf die ausgerichtete Entschädigung zu rechnen.[29] Von dieser Praxis sind die Behörden ab März 2020 durchgehend abgewichen, wodurch die betroffenen Unternehmen unberechtigterweise um Entschädigungen in Milliardenhöhe gebracht wurden. Das führte dazu, dass viele Unternehmen während dem ersten und zweiten Shutdown die Ferien der Monatslöhner aus den eigenen Taschen bezahlen mussten oder diesen aus finanziellen Gründen keine Ferien gewähren konnten. Als diese Unternehmen dann wieder normal arbeiten konnten, hatten die betreffenden Arbeitnehmer sehr hohe Ferien- und Feiertagssaldi zu Buche stehen. Diese mussten dann grundsätzlich trotz hoher Arbeitslast bezogen werden, denn das Obligationenrecht sieht in Art. 329b OR keine Ferienkürzung aufgrund von Kurzarbeit vor. Eine finanzielle Abgeltung von Ferientagen verstösst zudem gegen Art. 329d OR.

Die Sozialpartner machten die zuständige Aufsichtsbehörde bereits während dem ersten Shutdown auf die weitreichenden Folgen der neuen Praxis und den Verstoss gegen Art. 34 Abs. 2 AVIG aufmerksam. Statt diese Praxis umgehend zu korrigieren, versuchte der Bundesrat, auf Verordnungsstufe in Art. 8i Covid-19-Verordnung AVIG rückwirkend auf den 1. März 2020 eine Rechtsgrundlage zu schaffen. Dieses Vorgehen ist aus rechtsstaatlicher Sicht problematisch. Denn der Bundesrat darf in einer ausserordentlichen Lage oder in der besonderen Lage gestützt auf Art. 1 Abs. 2 und Art. 17 Abs. 1 lit. d Covid-19-Gesetz nur dann von Gesetzesbestimmungen wie Art. 34 Abs. 2 AVIG abweichen, wenn dies die zeitliche Dringlichkeit erfordert. Die Ferien- und Feiertagsentschädigung lässt sich mit einem prozentualen Zuschlag auf den Grundlohn jedoch derart einfach berechnen, dass deren Nichtberücksichtigung bei Arbeitnehmern im Monatslohn unzulässig ist. Das Vorgehen ist sodann auch aus Rechtsgleichheitsgründen problematisch, weil Unternehmen mit Arbeitnehmern im Monatslohn gegenüber jenen mit Arbeitnehmern im Stundenlohn ohne sachlichen Grund ungleich behandelt werden.

Als im März 2021 das Luzerner Kantonsgericht die neue Praxis als rechtswidrig einstufte[30], zog die zuständige Vollzugsbehörde das Verfahren trotz des eindeutigen Urteils an das Bundesgericht weiter. Das verzögerte die Auszahlung der Gelder weiter. Die zuständige Aufsichtsbehörde war zudem nicht bereit, den Sozialpartnern für den Fall einer Bestätigung des Luzerner Entscheids durch das Bundesgericht Zusicherungen im Hinblick auf eine nachträgliche Auszahlung der Ferien- und Feiertagsentschädigung zu machen. Um ihre Ansprüche nicht zu verwirken, sahen sich so tausende Unternehmen gezwungen, die Ferien- und Feiertagsentschädigung vorsorglich nachzufordern. Ende 2021 bestätigte dann das Bundesgericht wie erwartet den Entscheid des Luzerner Kantonsgerichts.[31] Durch die vorsorgliche Geltendmachung sind bei den Unternehmen und den Vollzugsbehörden erhebliche Doppelspurigkeiten entstanden, welche mit einem umsichtigen Vorgehen der Aufsichtsbehörde hätten verhindert werden können.

Ambivalenter Kurzarbeitsanspruch für bestimmte Mitarbeiterkategorien

Nicht zuletzt war bei der Kurzarbeit auch problematisch, dass der Kreis der anspruchsberechtigten Arbeitnehmer laufend erweitert und dann wieder reduziert wurde. Während Mitarbeiter in einem befristeten Arbeitsverhältnis so teils Anspruch auf Kurzarbeit hatten, konnte für Mitarbeiter mit einem stark schwankenden Pensum nur unter sehr engen Voraussetzungen Kurzarbeit abgerechnet werden. Davon waren vor allem Aushilfskräfte betroffen. Eine weitere Problematik betraf die prozentuale Erhöhung der Kurzarbeitsentschädigung für Personen unter einer gewissen Lohngrenze. Das Parlament legte diese anhand der Mindestlöhne des L-GAV (Gesamtarbeitsvertag im Schweizer Gastgewerbe) fest. Anders als vom Parlament beabsichtigt rechneten die Vollzugsbehörden den 13. Monatslohn in den massgebenden Lohn mit ein, sodass viele Mitarbeiter auch ausserhalb des Gastgewerbes nicht von den Vorzugsentschädigungen für Personen mit tieferen Löhnen profitieren konnten. Um Rechtsunsicherheit bei den betroffenen Unternehmen und eine Aushebelung von gesetzlichen Regeln auf Stufe Vollzug zu verhindern, sind verbindliche und klar ausformulierte Regeln in einem ordentlichen Bundesgesetz erforderlich.

5 Lessons Learned

Die fehlende Grundlage für Wirtschaftshilfen im Epidemiengesetz führte dazu, dass Bund und Kantone im Verlaufe der Epidemie wiederholt improvisieren mussten. Dadurch resultierten Verzögerungen, Rechts- und Planungsunsicherheiten sowie Wettbewerbsverzerrungen. Die Überbrückungskredite wurden zwar rasch und unbürokratisch ausbezahlt, sind jedoch wenig nachhaltig. Die Härtefallregeln von Bund und Kantonen waren unausgereift und mussten gleich mehrfach angepasst werden. Die Härtefallentschädigungen kamen vielfach zu spät und zahlreiche Unternehmen fielen gänzlich durch die Maschen. Bewährt haben sich grundsätzlich die Instrumente zur Deckung des Erwerbsersatzes – namentlich der Corona-Erwerbsersatz und die Kurzarbeitsentschädigung. Hier gibt es lediglich Lücken zu schliessen wie etwa bei der Voranmeldung zur Kurzarbeit oder dem Kreis der anspruchsberechtigten Personen. Bei der Kurzarbeit war zudem problematisch, dass die Aufsichts- und Vollzugsbehörden teils eine nicht sachrichtige bis rechtswidrige Austeritätsstrategie verfolgten.

Im Bereich der Wirtschaftshilfen sind damit folgende Lehren für die Zukunft zu ziehen:

- Die Wirtschaftshilfen müssen vor einer Epidemie gesetzlich verbindlich ausgestaltet sein, sodass diese nicht auf der Vollzugsebene wieder ausgehebelt werden können. Auch verhindert eine vorgängige Regelung Verzögerungen.
- Die Verantwortlichkeiten von Bund und Kantonen müssen klar geregelt sein. Ansonsten schieben sich die Akteure im Krisenfall gegenseitig den Ball zu.
- Die Wirtschaftshilfen müssen mit der Anordnung einer epidemiologischen Massnahme in Kraft treten und bis zur Aufhebung der Massnahme fortgeführt werden (sogenannte Koppelung). Dies reduziert schädliche Verzögerungen und Unterbrüche bei der Umsetzung der Wirtschaftshilfen.
- Bei der Ausgestaltung der Wirtschaftshilfen braucht es einen ganzheitlichen Ansatz über alle Hilfsmassnahmen hinweg. Andernfalls drohen Lücken oder

aber Überentschädigungen. Es ist insbesondere zu klären, ob und in welchem Umfang die Mietkosten durch die Wirtschaftshilfen entschädigt sind.

- Die Anspruchs- und Bemessungskriterien der Wirtschaftshilfen sind so auszugestalten, dass die Betroffenen bedarfsgerecht, einheitlich und unbürokratisch entschädigt werden. Sind sie dies nicht, drohen Wettbewerbsverzerrungen.

Zusammen mit einer breiten Allianz von Branchenverbänden hat GastroSuisse eine Volksinitiative für eine geregelte Entschädigung im Epidemiefall gestartet. Diese soll sicherstellen, dass die Politik eine entsprechende gesetzliche Grundlage beschliesst. Ob das ohne Auftrag des Souveräns geschehen wird, ist ungewiss. Bund und Parlament sandten mehrere Signale aus, die daran zweifeln lassen. Die Volksinitiative sorgt für Rechtssicherheit und regelt die Verantwortlichkeiten in einer nächsten Epidemie. Anspruch auf Entschädigung hat demnach, wer von einer behördlichen Massnahme wirtschaftlich massgeblich betroffen ist.

Dabei geht die Frage der Entschädigungen weit über die Wirtschaftspolitik hinaus. Erstens verschafft eine vorgängige Regelung der Politik den nötigen Handlungsspielraum bei der Eindämmung einer Epidemie. Zweitens stärkt das Verursacherprinzip den Anreiz, dass sich der Staat adäquat auf epidemiologische Risiken vorbereitet und deren Wirksamkeit prüft. Er muss sich zudem vor der Anordnung einer epidemiologischen Massnahme mit den wirtschaftlichen und gesellschaftlichen Folgen auseinandersetzen. Und drittens trägt die Rechtssicherheit zum Erhalt des sozialen Friedens während einer Epidemie bei. Hunderttausende Menschen in unserem Land fühlten sich lange im Stich gelassen – ohne Planungssicherheit und ohne finanzielle Perspektiven. Der daraus resultierende Frust trug massgebend zur angespannten Stimmung in der Bevölkerung wie auch zu den Referenden und Demonstrationen gegen die Coronapolitik bei.

Vor diesem Hintergrund sei an die eingangs postulierte Maxime und an die Präambel unserer Bundesverfassung erinnert: *«Die Stärke des Volkes misst sich am Wohl der Schwachen.» «Un pour tous, tous pour un.» «Einer für alle, alle für einen.»*

Referenzen

1 Monitoring Consumption Switzerland (MCS) weist einen durchschnittlichen Umsatzeinbruch von 13 % aus, wobei nur Kartenzahlungen berücksichtigt wurden. Auf dem Land wird jedoch weniger mit Karten bezahlt als in den Städten. Dort litten die Unternehmen stärker unter der Zertifikatspflicht. Zudem findet seit Ausbruch der Epidemie eine Verschiebung zu Kartenzahlungen hin statt, was die Umsatzvergleiche anhand von Kartenzahlungen verzerrt. Die Mitgliederumfrage von GastroSuisse vom 6. bis 11. Oktober 2021 ergab eine durchschnittliche Umsatzeinbusse von 28 %.

2 KOF ETH Zürich: Gastgewerbe: Jeder zweite Betrieb fürchtet um seine Existenz, 05.02.2021, www.kof.ethz.ch. Die Konjunkturforschungsstelle berechnet für das Jahr 2020 einen jährlichen Umsatzeinbruch von rund 37 % gegenüber 2019. GastroSuisse stellte einen Umsatzeinbruch von rund 40 % fest (GastroSuisse: Branchenspiegel 2021, S. 39). Eine Mitgliederumfrage von GastroSuisse vom 3. bis 6. Januar 2022 bei 1'850 Unternehmen ergab auch für das Jahr 2021 einen durchschnittlichen Umsatzeinbruch von 40 % gegenüber dem Jahr 2019. Tendenziell dürfte der Umsatzeinbruch 2021 sogar etwas höher sein als 2020.

3 Siehe Angaben des Eidgenössischen Departements für Wirtschaft, Bildung und Forschung (WBF) und des Eidgenössischen Finanzdepartements (EFD) auf www.covid19.easygov.swiss [Stand 22.11.2021].

4 SECO: Anzahl Kredite und Kreditvolumen nach Branchengruppierungen, www.covid19.easygov.swiss [Stand: 07.09.2021].

5 Antrag von Nationalrat Nicolo Paganini zu 20.058 ns Bundesgesetz über die gesetzlichen Grundlagen für Verordnungen des Bundesrates zur Bewältigung der Covid-19-Epidemie (Covid-19-Gesetz), 8. September 2020.

6 Siehe Angaben des Eidgenössischen Departements für Wirtschaft, Bildung und Forschung (WBF) und des Eidgenössischen Finanzdepartements (EFD) auf www.covid19.easygov.swiss [Stand 21.11.2021].

7 Siehe Konferenz Kantonaler Volkswirtschaftsdirektoren (VDK): Coronavirus: Kantonale Härtefallprogramme sowie weitere Massnahmen in den Kantonen zur Stützung der Wirtschaft, Stand: 3. September 2021, www.vdk.ch/de/coronavirus.

8 Kanton Glarus: Medienmitteilung des Regierungsrates, 22. Dezember 2020, www.gl.ch/public-newsroom; Kanton Schwyz: Faktenblatt zu Härtefallprogramm, 20. April 2021, www.sz.ch/haertefall.

9 Diese Beobachtung stützt sich auf den Entwurf zur Covid-19-Härtefallverordnung 2022 vom 7. Januar 2022.

10 Siehe Angaben des Eidgenössischen Departements für Wirtschaft, Bildung und Forschung (WBF) und des Eidgenössischen Finanzdepartements (EFD) auf www.covid19.easygov.swiss/haertefaelle [Stand 30.11.2021].

11 Siehe Medienmitteilung des Eidgenössischen Finanzdepartements (EFD): Coronavirus: Stand der Ausgaben per Ende Juni, vom 30. Juni 2021.

12 Siehe Antwort des Bundesrates vom 8. März 2021 auf die parlamentarische Frage 21.7175 von Nationalrätin Jacqueline Badran, www.parlament.ch.

13 Siehe Abstimmungsbroschüren vom 13. Juni 2021 (S. 42 f.) und 28. November 2021 (S. 34 f.).

14 Siehe Abstimmungsresultate zum Covid-19-Gesetz vom 13. Juni 2021 auf www.admin.ch und Abstimmungsresultate zum Covid-19-Gesetz vom 28. November 2021 auf www.admin.ch.

15 Siehe Botschaft zur Änderung des Covid-19-Gesetzes (Verlängerung von einzelnen Bestimmungen) der Schweizerischen Eidgenossenschaft vom 27. Oktober 2021, S. 10 f.

16 Siehe Botschaft zur Änderung des Covid-19-Gesetzes (Verlängerung von einzelnen Bestimmungen) der Schweizerischen Eidgenossenschaft vom 27. Oktober 2021.

17 Motion 20.3161 der Kommission für Wirtschaft und Abgaben des Ständerates: Geschäftsmieten, 28. April 2020 [www.parlament.ch].

18 Motion 20.3142 der Kommission für Wirtschaft und Abgaben des Ständerates: Miete im Gastgewerbe. Die Mieter sollen nur 30 Prozent der Miete schulden, 21. April 2020 [www.parlament.ch].

19 Motion 20.3451 der Kommission für Wirtschaft und Abgaben des Nationalrates/Motion 20.3460 der Kommission für Wirtschaft und Abgaben des Ständerates: Geschäftsmieten in der Gastronomie und bei anderen von der Schliessung betroffenen Betrieben. Die Mieter sollen nur 40 Prozent der Miete schulden, 12. Mai 2020 [www.parlament.ch].

20 gfs.bern: Betroffene Branchen suchen und finden Lösungen. Schlussbericht vom 31. August 2020, S. 19.

21 gfs.bern: Betroffene Branchen suchen und finden Lösungen. Schlussbericht vom 31. August 2020, S. 20 f.

22 GastroSuisse: Mitglieder-Umfrage zur aktuellen Lage im Gastgewerbe vom 23. bis 25. Oktober 2020.

23 Einzelne Kantone oder Städte haben die Vereinbarung von Mietzinsreduktionen aktiv gefördert, etwa durch das Drei-Drittels-Modell (Mieter, Vermieter und öffentliche Hand tragen je ein Drittel der Mietzinsen).

24 Schweizerische Eidgenossenschaft: Bericht Monitoring Geschäftsmieten, 7. Oktober 2020, S. 27.

25 Weisung 2021/16, Aktualisierung «Sonderregelungen aufgrund der Pandemie», S. 10.

26 AVIG-Praxis KAE, A1 u. A2.

27 Der Vollzug ist auf kantonaler Ebene bei den kantonalen Arbeitsämtern und kantonalen Arbeitslosenkassen angesiedelt. Die Aufsicht liegt beim Staatssekretariat für Wirtschaft (SECO), welches die Praxis der kantonalen Vollzugsbehörden durch verbindliche Verwaltungsanweisungen (AVIG-Praxis) vorgibt.

28 BGE 110 V 334, E. 2.

29 AVIG-Praxis KAE, E10.

30 Entscheid 5V 20 396 des Kantonsgerichts Luzern vom 26. Februar 2021.

31 Urteil 8C_272/2021 des Bundesgerichts vom 17. November 2021.

20

Michael Esfeld

Corona-Politik: Die real existierende Postmoderne

1 Einleitung: eine kurze Bestandsaufnahme

Im Herbst 1989, als die kommunistischen Regime in Osteuropa zusammenbrachen, stellte der US-amerikanische Politologe Francis Fukuyama die Frage, ob wir das Ende der Geschichte erreicht hätten. Fukuyama sah die moderne Wissenschaft einerseits und das Streben der Menschen nach Anerkennung andererseits als die beiden Kräfte an, die dazu führen, dass sich liberale Demokratien in der Geschichte weltweit durchsetzen, wie er in seinem Buch von 1992 ausführte.

Heute, mehr als dreissig Jahre später, müssen wir feststellen, dass diese Hoffnung trügerisch war. Niemand spricht heute mehr vom Ende der Geschichte, weil die liberale Demokratie mit Wissenschaft, Rechtsstaat und Menschenrechten dabei sei, sich weltweit durchzusetzen. Ganz im Gegenteil: Diese Staatsform ist heute akut bedroht. Wenn die Entwicklung, die wir zurzeit erleben, sich fortsetzt, dann führt sie zur Zerstörung von Wissenschaft und Rechtsstaat. Dabei kommt die Bedrohung nicht von aussen: Weder der religiöse Fanatismus im politischen Islam noch ein Polizeistaat wie China, der grosse Teile ganzer Bevölkerungsgruppen einsperrt (wie die Uiguren), finden bei uns Anklang als erstrebenswerte Staatsformen. Die Bedrohung kommt von innen. Sie kommt unter anderem aus einer Richtung, die Fukuyama als eine der treibenden Kräfte der liberalen Demokratie identifiziert hat, nämlich der Wissenschaft.

In der Tat ist die Epoche der Moderne durch das Duo von Wissenschaft und Rechtsstaat gekennzeichnet. Beide sind der Versuch, durch den Einsatz von Vernunft die Ausübung von Macht zu begrenzen. Wissenschaft ist eine Methode, um

Wahrheit über die Welt herauszufinden. Als Methode ist sie sehr erfolgreich: Wir verdanken ihr einen enormen Gewinn an Lebensqualität und Lebensverlängerung. Wissenschaft ist aber kein politisches Programm, das man zur Steuerung der Gesellschaft einsetzen kann. Als politisches Programm – «follow the science» – zerstört die Wissenschaft sich selbst und die Gesellschaft gleichermassen.

Wissenschaft als politisches Programm wird in der Fachsprache als «Szientismus» bezeichnet. Das ist die Idee, dass der Gegenstandsbereich der Wissenschaft unbegrenzt ist und auch alle Aspekte unserer Existenz umfasst. So zum Beispiel auch die Moral: Wissenschaft gibt vor, was moralisch geboten ist. Diese Idee führt daher zu dem politischen Programm, die Gesellschaft gemäss wissenschaftlichen Vorgaben zu steuern. Dieses politische Programm ist ein Kollektivismus: Eine wissenschaftliche Vorgabe für das allgemein Gute und seine Umsetzung steht über der Freiheit und den Grundrechten der einzelnen Menschen und ihrer sozialen Gemeinschaften wie der Familien. Seine Umsetzung läuft auf einen Totalitarismus hinaus: umfassende Steuerung des Lebens bis in die Privatsphäre hinein durch politische Anordnungen, die sich auf Wissenschaft berufen.

Dieser Beitrag soll ein erster Schritt zu einer Analyse dessen sein, wie die politische Reaktion auf die Ausbreitung des Coronavirus seit Frühjahr 2020 einen neuen Szientismus, Kollektivismus und Totalitarismus implementiert. Dieser ist spezifisch postmodern. Der leitende Gedanke dieses Beitrags ist daher, dass wir zurzeit erleben, wie sich die real existierende Postmoderne etabliert.

Abschnitte 2 und 3 beleuchten in kurzer, allgemeinverständlicher Weise die philosophischen Grundlagen von Wissenschaft und Rechtsstaat. Abschnitte 4, 5 und 6 zeigen auf, wie die Corona-Politik eine Entwicklung einläutet, die auf die Zerstörung von Wissenschaft und Rechtsstaat hinausläuft. Leser, die die philosophischen Grundlagen überspringen möchten, können direkt zu Abschnitt 4 gehen. Am Ende des Textes zeige ich in Abschnitt 7 eine Perspektive auf, wie wir den Weg der Moderne, der 1989 zu triumphieren schien, wieder aufnehmen können.

2 Platon und Aristoteles: die Wurzeln des Kollektivismus und des Republikanismus

Um die derzeitige Entwicklung zu verstehen, ist es hilfreich, einen Blick zurück auf Platon zu werfen. Platon war der Auffassung, dass es ein Wissen um das Gute für alle und jeden gibt: die Idee des Guten schlechthin. Diese Erkenntnis ist nur wenigen Menschen zugänglich. Modern ausgedrückt: Diese Erkenntnis ist auf Experten beschränkt. Die Experten sind für Platon die Philosophen. Damit sind allgemein die Wissenden gemeint: Das können Philosophen, aber auch Theologen oder Wissenschaftler sein. Weil diese Personen ein privilegiertes Wissen haben, sollen sie herrschen bzw. die Herrscher anweisen, wie Platon in seinem Hauptwerk *Der Staat* darlegt. Das Wissen um das Gute ist so, dass es die Steuerung der Gesellschaft auf dieses Gute hin ermöglicht und erforderlich macht. Diese Steuerung umfasst alle Bereiche des Lebens. Sie reicht so weit, dass sie zum Beispiel auch festlegt, wer wen und wann heiraten darf, um einen optimalen Fortbestand der Gesellschaft sicherzustellen. Karl Popper sieht daher in seinem Werk *Die offene Gesellschaft und ihre Feinde* (1945, Band 1) Platon als den Begründer totalitärer Herrschaft an.

Ganz anders ist die Sicht des Staates, die Aristoteles in seiner Schrift *Politik* entwickelt. Im Staat kommen die Bürger zusammen und beraten gemeinsam über die öffentlichen Angelegenheiten. Das heisst: Es gibt keine Person oder Gruppe von Personen, die von sich aus befähigt sind, die Gesellschaft zu lenken; folglich gibt es auch kein Wissen um ein allgemein Gutes, das eine Elite hat und das diese Elite – die Experten – berechtigt, im Staat zu herrschen. Die Bürger treffen die Entscheidungen über die allgemeinen Angelegenheiten gemeinsam. Öffentliche Ämter werden auf Zeit vergeben und unterliegen den Prinzipien der Rotation und Machtbegrenzung.

Diese Konzeption ist als Republikanismus bekannt. In der Neuzeit wird sie in Form von Rechtsstaaten umgesetzt, philosophisch dargestellt zum Beispiel in der Weltgemeinschaft republikanischer Rechtsstaaten, die Immanuel Kant in der Schrift *Zum ewigen Frieden* (1795) entwickelt. Wenn die Bürger die politischen Entscheidungen in gemeinsamer Beratung treffen, dann kommen ihnen grundlegende Rechte zu. Dazu gehören die Meinungsfreiheit, die Freiheit, untereinander Verträge einschliesslich wirtschaftlicher Verträge einzugehen und Eigentum zu erwerben, Freiheit in Forschung und Lehre usw. Die Entscheidungen werden durch Mehrheitsbeschlüsse getroffen. Insofern ist der republikanische Rechtsstaat eine Demokratie. Aber er steht über der Demokratie: Die Grundrechte und die Prinzipien der Rotation und der Begrenzung der Befugnisse von öffentlichen Ämtern können nicht durch Mehrheitsbeschlüsse ausser Kraft gesetzt werden. Ansonsten geht die Demokratie in einen autoritären oder gar einen totalitären Staat über (vgl. dazu die Beiträge von Frey/Osterloh, Seite 70ff., Kley, Seite 26ff. und 58ff., Kübler, Seite 50ff.).

3 Republikanischer Rechtsstaat und neuzeitliche Naturwissenschaft

Das Wissen, das Platon im Auge hat, ist ein Wissen von Ideen im Sinne idealer Darstellungen der betreffenden Gegenstände. Der Begriff des Pferdes zum Beispiel ist die Idee des Pferdes. Diese stellt das vollkommene Pferd dar. Die Pferde in

Fleisch und Blut haben an dieser Idee teil, insofern sie mehr oder weniger diesem Ideal entsprechen. Das heisst für unseren Kontext: In dem Wissen, das Platon konzipiert, sind Fakten und Normen nicht voneinander getrennt. Modern ausgedrückt: Es gibt einen fliessenden Übergang von technisch-naturwissenschaftlichem zu moralisch-normativem Wissen.

Ganz anders ist hingegen die neuzeitliche Wissenschaft beschaffen (die ihre Wurzeln ebenfalls in der griechischen Antike und im Christentum hat): Sie ist objektiv, ganz auf den Gegenstand bezogen. Sie sieht von den Bewertungen des Betrachters ab. Darin liegt der Grund für ihren Erfolg: Indem sie die Betrachtungen der Gegenstände von den Bewertungen der Subjekte, welche die Theorien formulieren, abscheidet, stellt sie uns ein Wissen zur Verfügung, das man dann einsetzen kann, um die Welt so zu gestalten, dass man die eigenen Absichten und Bewertungen verwirklicht.

Die neuzeitliche Wissenschaft beruht somit auf der Trennung zwischen dem, was der Fall ist – den Fakten –, und dem, was gemäss den Bewertungen von Personen der Fall sein soll – den Normen. Das Wissen, das sie zur Verfügung stellt, kann daher gar kein Wissen sein, aus dem Normen folgen, und schon gar nicht eine Norm wie das allgemein Gute. Das heisst: Das Wissen der modernen Wissenschaft kann seinem Wesen nach nicht zur Steuerung der Gesellschaft eingesetzt werden. Aus diesem Wissen folgen nur technische Anweisungen, die uns sagen, wie man ein je konkretes, von ausserhalb dieses Wissens stammendes Ziel verwirklichen kann. Wenn das Ziel beispielsweise ist, schnell über den Atlantik zu gelangen, kann die Naturwissenschaft uns sagen, wie man entsprechende Flugzeuge bauen muss. Das Ziel des Überseefliegens als solches kann die Naturwissenschaft aber nicht bewerten. Das ist eine Frage individueller Lebensplanung und gegebenenfalls gesellschaftlicher Kosten- und Nutzenbewertung.

Deshalb ist die neuzeitliche Wissenschaft unmittelbar mit dem republikanischen Rechtsstaat verbunden (der seine Wurzeln ebenfalls, wie bereits erwähnt, in der griechischen Antike sowie in der Anerkennung des Individuums im Christentum hat). Die Wissenschaft leistet zweierlei für den Rechtsstaat: Sie stellt positiv eine gemeinsame Basis von Faktenwissen bereit, die jeder individuell für seine Lebensplanung nutzen kann und die als gemeinsamer Referenzpunkt für die Beratung über die öffentlichen Angelegenheiten zur Verfügung steht. Sie macht ferner negativ klar, dass es kein mit wissenschaftlichen Methoden etabliertes normatives Wissen gibt, das die Entscheidungen über die persönlichen oder die öffentlichen Angelegenheiten vorgeben kann. Letztere müssen in gemeinsamer Beratung getroffen werden, was wiederum die Anerkennung von Grundrechten von jedem voraussetzt.

Genauso braucht die Wissenschaft den Rechtsstaat: Indem zu den Grundrechten die Freiheit der Wissenschaft in Forschung und Lehre gehört, schafft der

Rechtsstaat den Freiraum, in dem sich eine Wissenschaft entwickeln kann, die objektiv auf die Fakten gerichtet ist, anstatt durch vorgegebene Normen auf politische Ziele hin ausgerichtet zu sein. Nur ein Staat, der keine solche Normen setzt, kann der Wissenschaft freien Lauf in der Entdeckung der Fakten lassen. Die Parallele zur Geschichte der Religion in der Neuzeit ist offensichtlich: Erst ein säkularer Staat, der nicht auf religiöse Normen ausgerichtet ist und in dieser Hinsicht keine Erkenntnis für sich und seine Funktionsweise in Anspruch nimmt, kann Religionsfreiheit gewähren. Kurz, Wissenschaft und Rechtsstaat stehen und fallen gemeinsam.

4 Ausnahmesituation und technokratisches Menschenbild

Obwohl Wissenschaft und Rechtsstaat sich wechselseitig stützen, wohnen jedem von beiden Aspekte inne, die das Potential entfalten können, beide von innen zu unterminieren. In der republikanischen Begründung der Staatsgewalt steckt ein Dilemma: Je mehr die Staatsgewalt ihrer Aufgabe nachkommt, die Bürger vor Übergriffen gegen Leib, Leben und Eigentum zu schützen, desto mehr muss sie den Handlungsspielraum der Bürger einschränken. Es gibt viele Beispiele für dieses grundlegende Dilemma: Um jeden Einzelnen wirkungsvoll vor Gewalt zu schützen, müsste die Staatsgewalt von jedem zu jeder Zeit den Aufenthaltsort kennen, um verhindern zu können, dass jemand andere bedroht; das würde jedoch auf einen totalen Überwachungsstaat hinauslaufen. Um die Gesundheit von jedem Einzelnen wirkungsvoll vor Ansteckung durch Bakterien und Viren zu schützen, müsste die Staatsgewalt den physischen Kontakt zwischen allen Individuen kontrollieren und gegebenenfalls unterbinden; damit wären wir aber wiederum beim totalen Überwachungs- und Reglementierungsstaat angelangt.

Dieses Dilemma wird auch an Folgendem deutlich: Eine Ausnahme von den Prinzipien der Rotation und Machtbegrenzung ist in jeder Republik seit der athenischen Demokratie für die militärische Führung im Kriegsfall vorgesehen. Heute lassen nahezu alle Rechtsstaaten eine solche Ausnahme auch für andere Situationen zu, darunter auch Epidemien. Damit ist folgendes Dilemma gegeben: Einerseits wird anerkannt, dass im Notfall die Staatsgewalt letztlich mit unbeschränkter Machtfülle ausgestattet sein muss, um die Individuen wirksam schützen zu können. Andererseits liegt es in der Hand der Staatsgewalt, zu bestimmen und somit zu entscheiden, wann ein Notfall vorliegt. Das Dilemma des Rechtsstaates ist also, dass er für den Notfall seine eigene Aufhebung vorsieht und die Entscheidung darüber, wann ein Notfall vorliegt, in die Hand derjenigen legen muss, welche die Macht haben, in diesem Fall die Grundrechte auszusetzen.

Es gibt keine logisch stringente Lösung für dieses Dilemma. Es gibt nur eine pragmatische Lösung durch Urteilskraft. Das ist die Einschätzung, was in einer gegebenen Situation verhältnismässig ist. Konkret: Wenn man den Schutz vor Infektion durch ein Virus wie das Coronavirus absolut setzt, endet man in einem total werdenden Staat; dessen Vorgehen ist letztlich auch kontraproduktiv für den Gesundheitsschutz selbst, wie inzwischen anhand der Schäden, welche die staatlichen Schutzmassnahmen anrichten, immer deutlicher wird. Und wenn man auf einer so dünnen Faktengrundlage wie im Falle der Coronavirenwellen seit Anfang 2020 eine epidemische Notlage deklarieren kann mit einer Einschränkung der Grundrechte für die gesamte Bevölkerung, wie es sie bisher in Rechtsstaaten in Friedenszeiten nie gegeben hat, dann setzt man die Latte für den Notstand in verantwortungsloser Weise herunter. Die politische Reaktion auf die Coronavirenwellen ist ein Versagen von Urteilskraft. Der Missbrauch des Griffs zum Ausnahmezustand unterminiert den Rechtsstaat und zerstört ihn letztlich.

Was die Wissenschaft betrifft, so ist die Freiheit im Denken und Handeln die Grundlage sowohl für die Wissenschaft als auch für den Rechtsstaat. Wissenschaftlicher Fortschritt ist auf die Ausübung dieser Freiheit im Formulieren und Prüfen von Theorien durch Evidenz und Argument angewiesen. Mit dem Erfolg der neuzeitlichen Naturwissenschaften in der Aufdeckung von Fakten und mathematischen Naturgesetzen, die diese Fakten erfassen, stellt sich jedoch die Frage, inwieweit diese Naturwissenschaften auch den Menschen zum Gegenstand haben können und ihre Methoden auch auf uns Menschen als Personen mit Bewusstsein, Vernunft und freiem Willen anwendbar sind. Je erfolgreicher die Naturwissenschaften sind, desto mehr verstärkt sich die Tendenz, ihre Methoden auch in den Geistes- und insbesondere den Sozialwissenschaften anzuwenden. Dem humanistischen Menschenbild, das den Akzent auf die menschliche Freiheit legt, steht dann ein technokratisches Menschenbild gegenüber, gemäss dem auch der Mensch in seinem Denken und Handeln vollumfänglich den Methoden und den Gesetzen der Naturwissenschaft unterworfen ist.

Mit dem technokratischen Menschenbild ziehen die Platoniker wieder in Wissenschaft und Gesellschaft ein. Sie tun das in Gestalt von Experten, die sich aufgrund ihres naturwissenschaftlichen Wissens für befähigt und berechtigt halten, Anweisungen zur Steuerung der Gesellschaft zu geben, und zwar Anweisungen, die gegebenenfalls auch über den Grundrechten stehen. Ein klares Beispiel für dieses politische Programm ist das Editorial der Zeitschrift *Science* vom 26. November 2021: «Vax the world». Zunächst soll die gesamte Weltbevölkerung regelmässigen Impfungen gegen das Coronavirus unterzogen werden – und zwar unabhängig davon, ob die einzelnen Menschen das aus eigener Überlegung und Entscheidung tun wollen; danach soll der Klimawandel auf die gleiche Weise angegangen werden (Pai und Olatunbosun-Alakija (2021)).

Gemäss dem Menschenbild, das diesem Programm zugrunde liegt, erfassen die Methoden und Gesetze der Naturwissenschaften auch den Menschen als Person. Deshalb, so die Annahme, ist es legitim, das Expertenwissen um diese Methoden und Gesetze zur Steuerung der Menschen einzusetzen. Diese Einstellung ist als soziale Ingenieurkunst («social engineering») bekannt. Man übersieht dabei aber, dass der technische Planer der Gesellschaft für sich selbst mit dem Setzen der Ziele und Wege der Planung eine Freiheit in Anspruch nimmt, die er den anderen Menschen, deren Lebensbahnen er plant, abspricht. Spätestens an dieser Stelle wird die Parallele zu Platons Philosophenkönigen offensichtlich. Nur haben die heutigen Experten weder das umfassende Wissen noch die moralische Qualität, die Platon den Philosophen zusprach.

Man kommt in den Geistes- und Sozialwissenschaften keinen Schritt weit, wenn man nicht berücksichtigt, wie die Personen jeweils die Tatsachen bewerten und wie sie ihr Verhalten spontan an die Informationen anpassen, die sie erhalten. Das Leben von Menschen ist keine Bahn physikalischer Objekte, die man in Laborexperimenten gemäss bestimmten Parametern steuern kann – zum Beispiel so steuern kann, dass weniger Begegnungen zwischen diesen Objekten stattfinden und auf diese Weise die Ausbreitung von Viren unter diesen Objekten im Voraus so gesteuert werden kann, dass diese Objekte nicht durch Infektionen zu Schaden kommen. So ein Unterfangen ist schon naturwissenschaftlich völliger Unsinn, weil wir es nicht mit einem begrenzten Laborexperiment mit physikalischen Objekten unter idealen Bedingungen und wenigen, kontrollierbaren Parametern zu tun haben. Wir haben es vielmehr mit einer Realität zu tun, in welcher der Verlauf einer Virenwelle von vielen, nicht kontrollierbaren Faktoren beeinflusst wird. Das Verhindern von Schäden hängt vor allem davon ab, wie die Menschen ihr Verhalten spontan anpassen gemäss den verfügbaren Informationen. Diese spontane Verhaltensanpassung kann nicht im Voraus geplant werden. Sie hängt davon ab, welchen Lebensinhalt die Menschen haben, wie sie Risiken im Hinblick auf diesen Lebensinhalt bewerten und welche neuen Strategien sie entwickeln.

5 Die Zerstörung von Wissenschaft und Rechtsstaat

Das technokratische Menschenbild enthält als solches kein Ziel und keine Norm, auf das hin die Bahnen der Menschen gesteuert werden sollen, weil die naturwissenschaftlich beschriebene Bewegung der Materie kein Ziel und keine Norm in sich hat. Darin unterscheidet sich das naturwissenschaftliche Wissen von dem Wissen, das Platon vorschwebte. Aber hier liegt ein Ersatz nahe, nämlich das Überleben bzw. die Gesundheit: Um ein selbstbestimmtes Leben führen zu können – um also die Grundrechte ausüben zu können, die der Rechtsstaat sichert –, ist ein gewisses Mass an Gesundheit erforderlich. Wenn diese bedroht ist, nützt einem die Freiheit nichts mehr zur Lebensgestaltung. Deshalb, so die Überlegung, ist die technokratische Steuerung der Bewegungen der Menschen in Bezug auf die Erhaltung von deren Gesundheit erforderlich und gerechtfertigt: Diese technokratische Steuerung gefährdet nicht die Freiheit, sondern ermöglicht erst deren Ausübung.

Die Bedrohung des republikanischen Rechtsstaats von innen tritt somit nicht als Gegner dieser Staatsform auf. Ganz im Gegenteil, sie stellt sich als deren Beschützer dar: Das Wissen ist Wissen um ein angebliches Übel, das unser selbstbestimmtes Leben bedroht. Infolgedessen muss man sich zunächst den von Wissenschaftlern formulierten politischen Vorgaben fügen, um dann ein selbstbestimmtes Leben führen zu können. Gesundheit ist offensichtlich der geeignete Bereich, um ein entsprechendes Exempel zu statuieren: Wenn das Überleben durch ein angebliches Killervirus (oder auch eine angebliche Klimakatastrophe) gefährdet ist, dann ist kein selbstbestimmtes Leben mehr möglich. Kurz, die Bedrohung der liberalen Demokratie von innen durch Wissenschaft tritt als die Form von Wissenschaft auf, die eine treibende Kraft für den republikanischen Rechtsstaat ist: Es geht um das Wissen, das ein selbstbestimmtes Leben ermöglicht.

Aber diese Form ist nur eine äussere Hülle. Sie ist der Schafspelz, in dem der Wolf steckt, der sowohl die Wissenschaft als auch den republikanischen Rechtsstaat auffrisst. Es ist eine Trivialität, dass man Gesundheit braucht, um Freiheit entfalten zu können. Daraus die Norm einer technokratischen Steuerung der Gesellschaft abzuleiten, ist jedoch ein Trugschluss, den leider viele Intellektuelle begehen (ein besonders krasses Beispiel ist jüngst Habermas (2021)). Es gibt kein allgemeines Gut der Gesundheit, auf das hin eine technokratische Steuerung der Gesellschaft möglich wäre. Denn niemand lebt für das Leben allein, sondern für das, was der eigenen Existenz einen Sinn gibt. Um das Lebensziel zu erreichen, geht jeder bestimmte Risiken ein. Dieses Lebensziel ist Kraftquelle und stiftet damit auch körperliche Gesundheit. Das Problem ist nun, dass es kein einheitliches Lebensziel für alle und keine einheitliche Risikoabwägung für alle gibt. Deshalb scheitert der Versuch einer technokratischen Steuerung der Menschen auf Gesundheit hin als Bedingung für die Ausübung von Freiheit an eben dieser Freiheit, aufgrund derer die Menschen sich verschiedene Lebensziele setzen und Risiken verschieden abwägen. Statt Vorbedingung für Freiheit zu sein, unterminiert diese technokratische Steuerung die Freiheit (siehe dazu aus rechtsphilosophischer Sicht auch Rösinger (2021)). Sie bevorzugt immer bestimmte gesellschaftliche Gruppen auf Kosten anderer gesellschaftlicher Gruppen.

Um diese Aushebelung von Freiheit akzeptabel erscheinen zu lassen, schürt man dann den Eindruck, dass mit der Freiheitsausübung eine Verantwortung einhergeht, die die Menschen gar nicht tragen können. Den Individuen wird eine absolute Verantwortung auferlegt, die weit über das hinausgeht, was sie mit ihrem jeweiligen Handlungsspielraum direkt oder signifikant indirekt beeinflussen können – zum Beispiel eine Verantwortung für Verbrechen in der Geschichte oder für das Weltklima und jetzt sogar für die Ausbreitung von Viren. Der Ausübung von Freiheit bürdet man auf diese Weise eine Last auf, die untragbar ist: Jede selbstbestimmte Lebensgestaltung läuft darauf hinaus, ein unverantwortbares Risiko einzugehen; denn die freie Lebensgestaltung könnte eine historische Ungerechtigkeit fortschreiben, das Weltklima schädigen, zur Ausbreitung eines Virus beitragen usw.

Es geht wiederum darum, den Menschen zu suggerieren, dass es in ihrem eigenen Interesse eines selbstbestimmten Lebens ist, sich der technokratischen Planung durch angebliche Experten zu fügen. Wie jede solche technokratische Planung richtet jedoch auch die gegenwärtige grossen Schaden für das Gut an, auf das sie ausgerichtet ist, hier den allgemeinen Gesundheitsschutz. Die gesellschaftlichen Schäden der sogenannten Corona-Schutzmassnahmen sind enorm. Eine geschwächte und gespaltene Gesellschaft hat aber nicht die Kraft, eine Krise zu meistern. Dasselbe gilt auf der Ebene der einzelnen Menschen: Angst, Panik, Einschränken der sozialen Kontakte, nicht mehr den Dingen nachgehen zu können, die Lebensfreude bereiten, schwächen die Abwehrkräfte gegen Viren gewaltig. Man kann nicht die Bewegungen der Menschen technokratisch steuern wollen, um die Ausbreitung eines Virus zu verlangsamen und dadurch deren Gesundheit zu schützen, ohne auf diese Weise die gesellschaftlichen und individuellen Ressourcen zu schwächen, welche die Kraft stiften, Krisen zu meistern. Die Kosten der sogenannten Corona-Schutzmassnahmen und die sozialen Spannungen, die sie hervorrufen, verhindern es, dass wir den Weg des technischen, wirtschaftlichen, medizinischen und sozialen Fortschritts weitergehen, der in den letzten Jahrzehnten zu einer grossen Verbesserung der Gesundheit und der Lebenserwartung geführt hat.

Weil aus dem allgemeinen Gut der Gesundheit keine Handlungsanweisungen folgen, die eine Steuerung der Gesellschaft ermöglichen, ohne diesem Gut schweren Schaden zuzufügen, konstruiert man dann eine Realität, um zu suggerieren, dass diese Steuerung möglich und erfolgreich ist. Diese Konstruktion der Realität zerstört sowohl die Wissenschaft als auch den Rechtsstaat.

Seit Frühjahr 2020 werden wir täglich mit Nachrichten zu Corona bombardiert, welche die Kulisse einer gefährlichen Situation für die Gesamtbevölkerung aufbauen. Dadurch will man die Fokussierung des gesamtgesellschaftlichen Handelns auf diese deklarierte Gefahr hin erreichen. Doch ein nüchterner Blick auf die Zahlen – die belegbare Realität – zeichnet ein anderes Bild. Mit Stand Ende November 2021 werden rund 5 Millionen Coronatote weltweit ausgewiesen. Diese Zahl klingt gewaltig. Sie sagt aber ohne Angabe von Bezügen nichts aus. Auf der

Erde leben knapp 7,9 Milliarden Menschen. Die Frage ist, inwiefern es durch Corona eine Übersterblichkeit gibt und wen diese betrifft. In Deutschland gab es 2020 nur eine geringfügige Übersterblichkeit; Ähnliches gilt für Schweden, obwohl dort nur wenige Massnahmen ergriffen wurden (siehe Kowall et al. (2021)).

Auch in den Ländern, in denen tatsächlich eine Übersterblichkeit nachgewiesen ist, betrifft diese in erster Linie alte Menschen mit Vorerkrankungen. Das Durchschnittsalter der Corona-Toten liegt in vielen Ländern mit deutlich über 80 Jahren häufig über der statistischen Lebenserwartung für die Gesamtbevölkerung. Das heisst, dass Corona in erster Linie ein signifikantes Risiko ist, wenn ein höheres Alter erreicht wurde und das Immunsystem geschwächt ist. Dieses Bild wird durch einen Blick auf die Infektionssterblichkeitsrate bestätigt: Diese liegt in den westlichen Ländern schätzungsweise bei 0,3 bis 0,4%, bei allen unter 60 bis 70 Jahren aber bei deutlich weniger als 0,1% (siehe zum Beispiel die in Ioannidis (2020) zusammengefassten Daten für die WHO). Ein Risiko deutlich unter 0,1% entspricht gängigen Risiken, die man in der eigenen Lebensgestaltung eingeht und die allgemein akzeptiert sind, wie zum Beispiel Bergwandern, Motorradfahren usw. wie auch die Gefahr, die von der alljährlichen Grippe ausgeht.

Die Zahlen der Krankenhausbelegungen für Deutschland 2020 zeigen, dass auch in den Spitzenzeiten der Virenwellen im Landesdurchschnitt nie mehr als 5% der Betten mit Covid-Patienten belegt waren (siehe Augurzky et al. (2021)). Ähnliches gilt für die Schweiz (Schweizerische Eidgenossenschaft 2021). Dabei ist allerdings zu berücksichtigen, dass es in einzelnen Krankenhäusern insbesondere auf den Intensivstationen zeitweise zu Überlastungen gekommen ist. Aber auch die Untersuchungen der Arbeitsgruppe um Matthias Schrappe (2021), bestätigt vom deutschen Bundesrechnungshof, zeigen, dass nie landesweit eine Gefahr der Überlastung der Intensivbetten oder gar des Gesundheitssystems insgesamt gegeben war. In Deutschland und in der Schweiz wurden sogar während der Pandemie zwischen Frühjahr 2020 und Sommer 2021 Intensivbetten abgebaut, statt dass zusätzliche Kapazitäten für eine Notsituation aufgebaut wurden. An all diesem zeigt sich: Weder bestand die Gefahr einer ausserordentlichen Überlastung des Gesundheitssystems, noch sind die Corona-Schutzmassnahmen zielführend im Hinblick darauf, eine solche Gefahr abzuwenden. Das hätte, insofern eine solche Gefahr droht, mit Massnahmen erreicht werden können, die sich gezielt auf die Verbesserung der Arbeitsbedingungen des Gesundheitspersonals richten (vgl. dazu den Beitrag von Widmer auf Seite 76ff.).

Auch was die Gefährlichkeit des gegenwärtigen Coronavirus betrifft, besteht mithin kein Anlass für einen Wechsel in der Strategie der Bekämpfung weg von einer rein medizinischen Strategie und hin zu einer Strategie mit gesamtgesellschaftlichen Zwangsmassnahmen. Sollte dieses Beispiel Schule machen, müsste man in Zukunft regelmässig bei Infektionswellen alles dichtmachen, womit man definitiv die Gesellschaft zerstören würde.

Was die Abschätzung der Infektionssterblichkeitsrate, die Belastung des Gesundheitssystems und die nach Ländern, Alter und Zeit aufgeschlüsselte eventuelle Übersterblichkeit betrifft, so sind die Zahlen relativ leicht verfügbar, um die Gefährlichkeit des Virus einzuschätzen. An anderen Stellen brauchen wir mehr Forschung. Es ist inzwischen aber gar nicht mehr möglich, mit wissenschaftlicher Neugier unvoreingenommen und gemäss den anerkannten wissenschaftlichen Methoden nach den Fakten zu suchen. Das markanteste Beispiel dafür ist die Impfung. Die Impfstoffe haben bisher nur eine bedingte Zulassung; diese ist gedacht, um gefährdeten Personen einen schnellen Schutz anbieten zu können. Bedingt zugelassene Impfstoffe sind aber nicht für eine Impfung der gesamten Bevölkerung ungeachtet des persönlichen Krankheitsrisikos gedacht. Schon gar nicht sind sie gedacht für die Impfung von Kindern und Jugendlichen, die durch das Virus statistisch überhaupt nicht gefährdet sind und die zum Teil noch gar nicht in der Lage sind, selbstbestimmte Entscheidungen zu treffen.

Was den Selbstschutz durch die Impfung betrifft, wissen wir noch zu wenig darüber, wie lange ihre Wirkung anhält und inwiefern sie auch Schutz vor Mutationen des Virus gewährt. Ebenfalls unklar ist, inwiefern die Impfung auch Fremdschutz gewährt, indem Geimpfte das Virus gar nicht oder nur in signifikant geringerer Weise weiterverbreiten können. Unklar ist ferner, ob es mittel- und langfristige schwere Nebenwirkungen gibt (vgl. den Beitrag von Beck zur Impfung auf Seite 201 ff.). Dazu wäre es erforderlich gewesen, die Zulassungsstudien wie ursprünglich vorgesehen über zwei Jahre durchzuführen, um die Fragen zu Selbstschutz, Fremdschutz und Nebenwirkungen mit den üblichen Standards von guter medizinischer Praxis untersuchen zu können. Stattdessen hat man die Studien nach zwei Monaten de facto abgebrochen und die Placebogruppe aufgelöst. Das bedeutet, dass wir keine systematisch beobachtete Kontrollgruppe mehr haben und auch nie mehr bekommen werden. Prugger et al. (2021, S. 3) fassen die Situation treffend so zusammen:

> Covid-19 vaccines were widely administered following «conditional» authorisation based on short clinical trials, when important questions remained unanswered.

Nicht nur im Falle der Impfung, sondern in der ganzen Corona-Politik tritt politischer Aktionismus an die Stelle seriöser wissenschaftlicher Forschung: Einige Wissenschaftler, Politiker und Medien konstruieren eine Realität, in der die Wissenschaft definitive Wahrheiten verkündet, die nicht nur Fakten sind, sondern die noch dazu einen moralisch-normativen Status haben und die man daher sogleich politisch umsetzen kann und soll. Das ist ein Totalitarismus, der weder etwas mit Wissenschaft noch etwas mit dem Rechtsstaat zu tun hat. Dieser politische Aktionismus schafft seinerseits Anreize (nicht zuletzt finanzielle Anreize), sich über die Pflicht zu wissenschaftlicher Sorgfalt hinwegzusetzen – so geschehen im Falle von mindestens einer wichtigen Studie, um die bedingte Zulassung der Impfstoffe zu erlangen (Thacker (2021)).

Viele der Annahmen, auf denen die angeblich wissensbasierte Corona-Politik beruht, haben sich inzwischen als falsch erwiesen:

- Es stimmt nicht, dass das Coronavirus eine Krankheit verbreitet, die für die gesamte Bevölkerung gefährlich ist.
- Es gibt keine Evidenz dafür, dass mit dem Strategiewechsel von der medizinischen zur politischen Bekämpfung der Ausbreitung des Virus mit gesamtgesellschaftlichen Zwangsmassnahmen in einer statistisch signifikanten Weise schwere Krankheitsverläufe und vorzeitige Todesfälle verhindert wurden. Länder mit scharfen Massnahmen wie Grossbritannien, Frankreich, Italien, Spanien schneiden keinesfalls besser ab als Länder wie Schweden, die nur sehr wenige Massnahmen ergriffen haben. Gleiches zeigt ein Vergleich der US-Gliedstaaten untereinander: Es ist keine statistisch signifikante Korrelation nachweisbar zwischen der Schärfe der Massnahmen und einer geringeren Anzahl von schweren Krankheitsverläufen und Todesfällen bezogen auf die Grösse der Bevölkerung und den Zeitraum der Lockdown-Politik von Frühjahr 2020 bis Frühjahr 2021 (siehe den Beitrag Vernazza zu den Massnahmen auf Seite 156ff.).
- Es stimmt nicht, dass die Impfung der gesamten Bevölkerung ungeachtet dessen, ob die betreffenden Menschen persönlich gefährdet sind, dazu führt, die Ausbreitung des Virus zu unterbinden. Die bisher verfügbaren umfassenden Aufstellungen (zum Beispiel Subramanian und Kumar (2021)) zeigen keine Korrelation zwischen der Impfquote in einer Bevölkerung und dem Verlauf des Infektionsgeschehens. Das Narrativ, gemäss dem die Ungeimpften die Pandemie antreiben und die Impfung der allein entscheidende Faktor ist, um die Ausbreitung des Coronavirus zu stoppen, ist falsch (siehe zum Beispiel Kampf (2021)). Im Winter 2021 stehen wir, was das Infektionsgeschehen betrifft, wieder vor einer Situation wie im Frühjahr 2020, obwohl inzwischen der grösste Teil der Bevölkerung geimpft ist.

Diese Politik folgt dabei offensichtlich, aber doch erschreckend einem Schema, das in allen Totalitarismen zur Anwendung kommt:

- Man beruft sich auf Naturgesetze, aus denen sich angeblich politische Handlungsanweisungen ergeben, die über den Grundrechten stehen. So rechtfertigte Angela Merkel im Deutschen Bundestag am 9. Dezember 2020 einen harten Lockdown unter Berufung auf wissenschaftliche Wahrheit und unveränderliche Naturgesetze wie das Gravitationsgesetz (Merkel (2020)). Nur einen Tag zuvor hatte die Deutsche Nationalakademie Leopoldina den harten Lockdown als «aus wissenschaftlicher Sicht unbedingt notwendig» bewiesen (Leopoldina (2020)).

- Wie dieses Beispiel veranschaulicht, suggeriert man, dass die Dringlichkeit der Situation die sofortige Umsetzung der wissenschaftlichen Handlungsanweisungen erfordert, ohne dass eine Prüfung der Erkenntnisansprüche und eine politische Debatte erfolgen kann.
- Man setzt diese Politik um ungeachtet der gesundheitlichen, wirtschaftlichen und sozialen Schäden, die sie anrichtet. Das bedeutet: Man hält an dieser Politik fest ungeachtet dessen, dass sie gerade die Ressourcen unterminiert, die man zu einer erfolgreichen Bewältigung von Krisen benötigt – nämlich zum Beispiel das Immunsystem der Menschen zu stärken und die wirtschaftliche Kraft für Investitionen in medizinischen, technologischen und sozialen Fortschritt zu haben.
- Man grenzt bestimmte Personengruppen aus und macht sie dafür verantwortlich, dass das Ziel nicht erreicht wird, obwohl es doch durch die Naturgesetze vorgegeben ist.

Im Winter 2021 sind es die Ungeimpften, die dafür verantwortlich sein sollen, dass das Ziel, weitere Coronavirenwellen zu verhindern, nicht erreicht wird, trotz all der Anstrengungen einschliesslich der Impfung des grössten Teils der Bevölkerung in Erfüllung des durch die Wissenschaft vorgegebenen Planes der Pandemiebekämpfung. Die Ungeimpften müssen die Konsequenzen dessen tragen, ein falsches Bewusstsein zu haben, weil sie ihr Grundrecht auf körperliche Unversehrtheit in Anspruch nehmen und sich damit gegen «die Wissenschaft» stellen – obwohl wir hier es nicht wie im Falle von Pocken oder Polio mit einer Situation zu tun haben, in der man ein Virus durch eine einmalige Impfung des grössten Teils der Bevölkerung mit zureichend geprüften Impfstoffen ausrotten kann.

6 Die sich etablierende Postmoderne

Während sich die Epoche der Moderne durch das beschriebene Duo von Wissenschaft und Rechtsstaat auszeichnet, ist das, was wir zurzeit erleben, die real existierende Postmoderne: Es ist eine konstruierte, postfaktische Realität, die mit zumindest verbaler Gewalt durchgesetzt wird. Die Postmoderne ist kein Relativismus, in der sich jeder oder jede Gruppe eine eigene Realität konstruiert und in dieser lebt, sodass verschiedene Konstruktionen von Realitäten nebeneinander existieren. Die intellektuelle Dekonstruktion, die die Postmoderne antreibt und den Einsatz von Vernunft als Machtanspruch brandmarkt, endet in reiner Machtausübung in Wissenschaft und Gesellschaft: Mit Gewalt wird eine Realität für alle konstruiert und allen aufgedrückt. Wenn Vernunft als Mittel entfällt, um Wahrheit herauszufinden, und wenn die Grundlage der Gesellschaft nicht mehr darin besteht, jeden als Person anzuerkennen mit einer Würde und daraus folgenden unveräusserlichen Rechten, dann bleibt nur Gewalt in Wissenschaft und Gesellschaft.

Es ist kontingent, wo dann jeweils die Macht liegt, etwas als die Realität zu konstruieren, die allen aufgezwungen wird. Sogar der Ausbruch eines Virus, das zwar bedrohlich, aber nicht gefährlicher ist als frühere Pandemien (wie zum Beispiel die Hongkong-Grippe Ende der 1960er und die Asien-Grippe Mitte der 1950er Jahre), kann dazu benutzt werden, eine Realität aufzubauen, in der die Gesellschaft durch eine gleichgeschaltete Wissenschaft bis in die Privatsphäre hinein umfassend gesteuert wird. Martin Rectenwald (2021) führt die Corona-Politik und ihren Antrieb durch Wissenschaft völlig zu Recht auf diese Funktionsweise der Postmoderne zurück. Der Unterschied zwischen der heutigen und den früheren Formen des Szientismus und Kollektivismus besteht also darin, dass es kein als absolut und notwendig konstruiertes Gut mehr gibt. Es ist vielmehr beliebig, welches Faktum oder welche tatsächlich bestehende Gefahr herausgegriffen wird und mit zumindest verbaler Gewalt als die eine Realität konstruiert wird, auf die hin die Gesellschaft gesteuert wird.

Die mediale Dauerbeschallung zu den Coronavirenwellen soll das Bild einer für die Allgemeinbevölkerung gefährlichen Pandemie in die Köpfe der Menschen setzen, das von einer Elite aus Politik, Wirtschaft und vorgeblicher Wissenschaft gezeichnet wird. Diese Elite erhält dadurch eine Macht, die sie durch Wissenschaft und Rechtsstaat nie erlangen könnte: die Macht, die Gesellschaft zu lenken, ohne durch Grundrechte eingeschränkt zu sein. Demgegenüber ist die Moderne der Versuch, durch den Einsatz von Vernunft – realisiert in wissenschaftlicher Erkenntnis und im Grundrechte sichernden republikanischen Rechtsstaat – Macht zu begrenzen.

In der Tat ist nicht die Postmoderne, sondern die Moderne durch Pluralismus gekennzeichnet. Nach den leidvollen Erfahrungen der Religionskriege ist die Anerkennung universeller Menschenrechte politisch umgesetzt in republikanischen Rechtsstaaten der Versuch, einen politischen Rahmen zu schaffen, innerhalb dessen verschiedene Lebensformen, Religionen, Kulturen usw. friedlich miteinander zusammenleben können. Ebenso ist nach der Trennung von Wissenschaft und Religion die Wissenschaft durch Pluralismus gekennzeichnet. Dieser Pluralismus ergibt sich aus dem Ziel, durch Gebrauch von Vernunft Wahrheit über die Welt herauszufinden. Gegeben unsere begrenzten Erkenntnismöglichkeiten ist institutionalisierte und disziplinierte Skepsis der Weg, Wahrheit aufzudecken: Fortschritt wird dadurch ermöglicht, dass man Erkenntnisansprüche stets einer kritischen Prüfung durch Argument und Experiment unterzieht und miteinander konkurrierende Hypothesen zulässt.

Hingegen ist die Verkündung eines Expertenkonsenses, um durch angebliche Wissenschaft geleitete Politik zu rechtfertigen, ein Merkmal der real existierenden

Postmoderne: Eine Behauptung wird mit verbaler Gewalt als wahr festgesetzt, nämlich einfach dadurch, dass sie von genügend Leuten in Medien verbreitet wird, die ebendiese Medien als Experten präsentieren. Gegenteilige Behauptungen werden zu Falschmeldungen erklärt und auf Internetplattformen gelöscht. Ein Wahrheitsanspruch ist kein Erkenntnisanspruch mehr, der Prüfungen ausgesetzt wird und standhalten muss, sondern direkt und unmittelbar ein Autoritäts- und Machtanspruch.

Expertenkonsens, selbst wenn er denn wirklich bestehen sollte und nicht wie im gegenwärtigen Fall medial konstruiert ist, ist aber immer ein schwaches Mittel der Rechtfertigung. Wenn man fundierte Erkenntnisse hat, dann kann man diese benennen, und sie werden der Prüfung in einer offenen Debatte standhalten. Die Berufung auf die Mehrheitsmeinung von Experten spielt dann keine Rolle mehr. Man braucht dann auch keine sogenannten Faktenchecker, die gegenteilige Äusserungen von bisher anerkannten Experten auslöschen. Diese erledigen sich von selbst, wenn man klar begründen kann, was die Fakten sind. Gegen jemanden, der zum Beispiel behauptet, dass der Konsum von Heroin ungefährlich sei, muss man nicht mit Faktencheckern vorgehen (ausser in speziellen Kontexten wie dem Schutz von Minderjährigen), weil jeder die entsprechenden Tatsachen leicht überprüfen kann.

In der Wissenschaftsgeschichte gibt es viele Beispiele dafür, dass Expertenkonsens in einem Irrtum bestand. Der Atomismus – die Theorie des Aufbaus der Materie aus kleinsten Teilchen – wurde von Leukipp und Demokrit 500 Jahre vor Christi Geburt klar formuliert, von den Experten nicht nur in der Antike aber fast einhellig zurückgewiesen. Vor 100 Jahren war die Eugenik Expertenkonsens: Durch die Fortpflanzung minderwertiger Gene bestehe eine unmittelbare Gefahr des Untergangs der zivilisierten Menschheit; gegen diese Gefahr müsse man mit Zwangssterilisationen vorgehen. Angesichts dieser Tatsachen fragt Boris Kotchoubey (2020) zu Recht, wohin man denn der als Expertenkonsens inszenierten Wissenschaft folgen soll.

Der Einsatz von Vernunft hingegen erfordert nicht mehr als den Gebrauch des eigenen Verstandes. Dazu ist jeder in der Lage. Es genügt der allgemeine Menschenverstand. Wenn ein für die gesamte Bevölkerung gefährliches Virus heraufzieht, dann schützt jeder sich selbst und kümmert sich um den Schutz seiner Nächsten und Nachbarn. Der Jurist Carlos A. Gebauer (2021) bringt diese Tatsache prägnant auf den Punkt:

> Der Unterschied zwischen einer tatsächlich erwiesenen Pandemie und einer nur diskursiv angenommenen wird in der staatlichen Gesetzgebungsreaktion erkennbar. In einer nur angenommenen Pandemie wird Bürgern verboten, ihre Häuser zu verlassen. In einer tatsächlichen Pandemie dagegen müsste ihnen nach Berufsgruppen geboten werden, zur Arbeit zu gehen.

Das heisst: Wenn der Staat die Menschen in ihren Häusern einsperrt und ihnen soziale Kontakte untersagt, dann kann daran jeder erkennen, dass die Behauptung einer ausserordentlichen gefährlichen Lage, die schnelles staatliches Handeln auch über die grundlegenden Rechte von jedem von uns hinweg erfordert, eine konstruierte Realität ist. Denn wenn diese Realität tatsächlich bestände, dann würde jeder von selbst sein Verhalten entsprechend anpassen, um sich selbst und seine Nächsten nicht zu schädigen. Dazu ist keine staatliche Anweisung erforderlich. Ebenso gilt: Wenn dann ein Impfstoff zur Verfügung steht, dann ist staatlicher Zwang erforderlich, um den Impfstoff zunächst den am meisten gefährdeten Personen zur Verfügung zu stellen und alle anderen davon abzuhalten, sich impfen zu lassen. Wenn dann aber der Staat eine bestimmte Impfquote in der Bevölkerung durchzudrücken versucht – wieder über die grundlegenden Rechte von jedem von uns hinweg –, dann weiss man, dass die Darstellung eines allgemeingefährlichen Virus und einer Impfung, die die Virenwellen beendet, eine konstruierte Realität ist.

Ebenso sind die Lockdowns keine Rückkehr zu mittelalterlichen Methoden, gegen eine tatsächlich für alle sehr gefährliche Epidemie wie die Pest vorzugehen. Sie sind ein genuines Merkmal der real existierenden Postmoderne, in der mit zumindest verbaler Gewalt eine konstruierte Realität allen aufgezwungen wird. Auch sind die gegenwärtigen Impfungen keine Fortsetzung der Erfolgsgeschichte der modernen Naturwissenschaft, in der Impfungen zur Ausrottung gefährlicher Krankheiten und Verlängerung der durchschnittlichen Lebenszeit führten. Als der Bevölkerung aufgezwungene Impfquote bei gleichzeitiger Unterbindung einer offenen Diskussion über ihre möglichen Schäden sind die Impfungen ebenfalls ein genuines Merkmal dessen, wie die real existierende Postmoderne die Erfolgsgeschichte der modernen Wissenschaft unterminiert statt diese fortzusetzen.

Diese konstruierte Realität wird irgendwann auf die Wirklichkeit treffen. Je dreister die Konstruktion ist, desto grösser wird der dann folgende Schock sein. Wenn aber Wissenschaft und Rechtsstaat einmal beschädigt sind, dann besteht die Gefahr, dass auch dann, wenn die konstruierte Realität der allgemeingefährlichen Corona-Pandemie an den realen gesundheitlichen, wirtschaftlichen und sozialen Folgen dieser Konstruktion zusammengebrochen sein wird, die Postmoderne sich fortsetzt. Es besteht die Gefahr, dass an die Stelle dieser konstruierten Realität eine andere, ebenso konstruierte Realität tritt und durchgesetzt wird von welcher Gruppe auch immer, die dann die Macht dazu hat. Kurz, die Postmoderne kann gekommen sein, um zu bleiben.

7 Den Weg der Moderne fortsetzen

Die real existierende Postmoderne muss aber nicht Bestand haben. Es liegt in unserer Hand, den Gebrauch der Vernunft wieder zu beleben, mit dem das Duo von Wissenschaft und Rechtsstaat die Ausübung von Macht begrenzt. Mit Kants berühmter Definition der Aufklärung (1784) gesprochen ist dazu nicht mehr erforderlich, als aus der Unmündigkeit herauszutreten, die heute durch unsere wissenschaftlichen und medialen Vormünder verschuldet ist. Fachwissen braucht man dafür keines. Wenn genügend Menschen es wagen, ihren Verstand wieder zu gebrauchen, dann hat die Moderne mit dem Einsatz von Vernunft zur Begrenzung von Macht noch eine Chance.

Dabei geht es nicht um die Freiheit als solche. Es geht darum, dass der republikanische Rechtsstaat am besten geeignet ist, die Lebensgrundlagen der Menschen zu sichern. Es geht also um die Grundlagen für Lebensqualität, was auch immer dann Einzelne und soziale Gemeinschaften als ihren Lebensinhalt bestimmen mögen. Das liegt in der Freiheit jedes Einzelnen. Diese Freiheit sollten wir aus Gründen der gesellschaftlichen Verantwortung – der Sorge um den wissenschaftlichen, wirtschaftlichen und sozialen Fortschritt – wieder respektieren. Denn der postmoderne Kollektivismus zerstört letztlich – genau wie die früheren Kollektivismen – die Lebensgrundlagen aller (bis auf die einer kleinen Elite, welche die Macht zur Konstruktion der Realität hat und von dieser Konstruktion auch wirtschaftlich profitiert).

Der derzeitige Umgang mit dem Virusausbruch ist sicher ein Zeichen der Schwäche der abendländischen Zivilisation angesichts dessen, wie unsere Gesellschaft in Panik und Hysterie verfällt und dabei die Grundwerte unseres Zusammenlebens über Bord wirft. Die westliche Zivilisation hat universelle Menschenrechte konzipiert und diesen Rechten in einem beachtlichen Masse zur Anerkennung verholfen. Durch die moderne Naturwissenschaft vorangetrieben, setzte zusammen damit eine Entwicklung wirtschaftlichen, technologischen und medizinischen Fortschritts ein, die immer weiteren Teilen der Menschheit einen früher unvorstellbaren Wohlstand und Möglichkeit der Freiheitsausübung und eigener Lebensgestaltung gebracht hat. Der technologische Fortschritt gibt uns die Mittel an die Hand, ein freies und erfülltes Leben zu führen. Er führt nicht von sich aus zur technokratischen Steuerung der Gesellschaft. Es ist an uns, mündig zu sein und uns nicht von den Machtansprüchen selbsternannter Experten und Technokraten entmündigen zu lassen. Kurz, es ist noch nicht die Zeit, die Moderne aufzugeben. Jede Alternative zu dem Potential, das sie hat, wäre ein Rückschritt von Aufklärung zu Finsternis, von Mündigkeit zu Entmündigung, von Vernunft zu Gewalt, von Wissenschaft zu Ideologie und von Wohlstand zum Überlebenskampf.

Verdankung

Ich danke Konstantin Beck, Jörg-Andreas Bötticher, Andreas Brenner, Mirjam Buchmann, Alin Cucu, Egon Flaig, Carlos A. Gebauer, Michael Heumann, Mario Hubert, Günter Kampf, Ulrich Keil, Boris Kotchoubey, Luna Rösinger, Henrique Schneider und Pietro Vernazza für hilfreiche Kommentare. Für den Inhalt dieses Textes bin selbstverständlich ich allein verantwortlich.

Referenzen

Augurzky, Boris et al. (2021): «Analysen zum Leistungsgeschehen der Krankenhäuser und zur Ausgleichspauschale in der Corona-Krise». *RWI – Leibniz-Institut für Wirtschaftsforschung, Technische Universität Berlin,* 30. April 2021.

Fukuyama, Francis (1989): «The end of history?». *The National Interest* 16, S. 3–18.

Fukuyama, Francis (1992): *The end of history and the last man.* New York: Free Press.

Gebauer, Carlos A. (2021): «Freiheit ist mehr als gehorchen». *Eigentümlich frei,* https://ef-magazin.de/2021/11/08/19195-plandemie-narreteien-freiheit-ist-mehr-als-gehorchen, 8. November 2021.

Habermas, Jürgen (2021): «Corona und der Schutz des Lebens. Zur Grundrechtsdebatte in der pandemischen Ausnahmesituation». *Blätter für deutsche und internationale Politik,* September 2021.

Ioannidis, John P. A. (2020): «Infection fatality rate of COVID-19 inferred from seroprevalence data». *Bulletin of the World Health Organization,* Article ID: BLT.20.265892, 14. Oktober 2020.

Kampf, Günter (2021): «COVID-19: stigmatising the unvaccinated is not justified». *The Lancet* 398, S. 1871, 20. November 2021.

Kant, Immanuel (1784): «Beantwortung der Frage: Was ist Aufklärung?».

Kotchoubey, Boris (2020): «Der Wissenschaft folgen – wohin?», Teil 1 und 2, *Novo. Argumente für den Fortschritt,* https://www.novo-argumente.com/artikel/der_wissenschaft_folgen_wohin_1_2, https://www.novo-argumente.com/artikel/der_wissenschaft_folgen_wohin_2_2, 11 und 18. Dezember 2020.

Kowall, Bernd et al. (2021): «Excess mortality due to Covid-19? A comparison of total mortality in 2020 with total mortality in 2016 to 2019 in Germany, Sweden and Spain». *PLoS ONE* 16, e0255540, DOI: 10.1371/journal.pone.0255540, 3. August 2021.

Leopoldina (2020): «7. Ad-hoc-Stellungnahme zur Coronavirus-Pandemie», https://www.leopoldina.org/publikationen/stellungnahmen/, 8. Dezember 2020.

Merkel, Angela (2020): «Rede von Bundeskanzlerin Dr. Angela Merkel zum Haushaltsgesetz 2021 vor dem Deutschen Bundestag am 9. Dezember 2020 in Berlin», https://www.bundesregierung.de/breg-de/service/bulletin/rede-von-bundeskanzlerin-dr-angela-merkel-1826624, 9. Dezember 2020.

Pai, Madhukar und Olatunbosun-Alakija, Ayoade (2021): «Editorial: Vax the world». *Science* 374, S. 1031, 26. November 2021.

Popper, Karl (1945): *The open society and its enemies.* London: Routledge. Deutsch *Die offene Gesellschaft und ihre Feinde.* München: Francke 1957/58.

Prugger, Christof et al. (2021): «Evaluating covid-19 vaccine efficacy and safety in the post-authorisation phase». *British Medical Journal* 375, e067570, 23. Dezember 2021.

Rectenwald, Michael (2021): «Social justice and the emergence of Covid tyranny». *Mises Institute,* https://mises.org/print/56271, 14. September 2021.

Rösinger, Luna (2021): «Der Rechtsgrund der Inanspruchnahme des Einen zugunsten des Anderen im sogen. Aggressivnotstand». In: K. Papathanasiou, K. Schumann, A. Schneider und I. Fernandes Godinho (Hgg.): *Kollektivierung als Herausforderung für das Strafrecht.* Baden-Baden: Nomos. S. 129–151.

Schrappe, Matthias et al. (2021): «Die Pandemie durch SARS-CoV-2/CoVid-19: Zur intensivmedizinischen Versorgung in der SARS-CoV-2/CoVid-19-Epidemie. 3. Ad hoc Stellungnahme», update 17. Mai 2021, verfügbar auf https://schrappe.com/ms2/

Schweizerische Eidgenossenschaft (2021): «Statistiken der Spitalbetriebe 2020: Rückgang der Hospitalisierungen im Jahr 2020». https://www.bfs.admin.ch/bfs/de/home/statistiken/kataloge-datenbanken/medienmitteilungen.assetdetail.19564589.html, 19. November 2021.

Subramanian, S. V. und Kumar, Akhil (2021): «Increases in COVID-19 are unrelated to levels of vaccination across 68 countries and 2947 counties in the United States». *European Journal of Epidemiology,* DOI: 10.1007/s10654-021-00808-7, 9. September 2021.

Thacker, Paul D. (2021): Covid-19: «Researcher blows the whistle on data integrity issues in Pfizer's vaccine trial». *British Medical Journal* 375, n2635, DOI: 10.1136/bmj.n2635, 2. November 2021.

21

Ruth Baumann-Hölzle und
Daniel Gregorowius

Moralische Spuren und Eskalationsstufen in der Corona-Krise

Ethische Reflexion mit Beispielen aus dem Gesundheits- und Sozialwesen[1]

Einleitung

Die Corona-Krise ist eine umfassende Gesundheits- und Gesellschaftskrise mit globalen Dimensionen. Niemand kann sich ihrer Dynamik entziehen. Menschen werden krank oder sterben, Freundschaften zerbrechen, Arbeitsstellen gehen verloren, alte Menschen werden in Heimen «eingesperrt», Kinder können sich gegen den Willen ihrer Eltern impfen lassen, gesellschaftlich stehen sich die Geimpften und Ungeimpften immer «feindseliger» gegenüber. Die Gesellschaft scheint von tiefen Gräben durchzogen zu werden – und die Ränder der beiden gesellschaftlichen Blöcke polarisieren sich scheinbar zunehmend. Der gesellschaftliche Friede und der gegenseitige Respekt der Menschen voreinander gehen zunehmend verloren.

Eines ist jetzt schon gewiss: Die Pandemiesituation hat viele Menschen weltweit betroffen und sie an Seele, Leib und Leben «verletzt». Direkt und indirekt sind sämtliche Lebensdimensionen in Mitleidenschaft gezogen worden: vom einzelnen Menschen und seiner physischen und psychischen Gesundheit, seinem Beziehungsgefüge, über Institutionen, Gesellschaften bis hin zu globalen Beziehungen der Menschen und Länder. Die Verletzungen sind physischer, psychischer, wirtschaftlicher, bildungsmässiger, spiritueller und moralischer Natur – und verletzen immer die jeweilige Integrität.

Mit den folgenden Ausführungen wird ein ethisches Bewertungsraster vorgestellt, mit welchem die Eingriffstiefe von unterschiedlich verletzenden Ereignissen eingeordnet werden kann. Ziel ist es, unterschiedliche Parteien für die erlebten und sich auch gegenseitig zugefügten Verletzungen zu sensibilisieren und Empathie für einander zu entwickeln, um einen ethischen Dialog auf Augenhöhe zu führen. Ein solches Modell zur Hierarchisierung der Eingriffstiefe als Eskalationsstufen ist keine Checkliste, bei der man Kreuzchen macht, sondern ein Hilfsmittel für einen ergebnisoffenen Dialog, um gegenseitiges Verständnis und gemeinsam neue Plausibilitäten zu erzeugen.

Im Rahmen des Wertekanons der Menschenwürde und Menschenrechte wird die Eingriffstiefe hinsichtlich des Ausmasses der Eingriffe in die physische, psychische und soziale Integrität der Menschen bestimmt. Abgebildet werden die Folgen solcher Integritätsverletzungen auf Seiten der Erleidenden mit den Begrifflichkeiten «moralischer Stress», «moralische Verletzung» und «moralischer Zusammenbruch» sowie auf Seiten der Handelnden mit den Begriffen «moralisches Versagen», «moralische Verfehlung» und «moralisches Verbrechen».

Die Corona-Krise ist nicht vorbei: Wir befinden uns mitten in einer weltweiten Pandemie. Viele Entscheidungen zur Bekämpfung der Pandemie werden «in Echtzeit» auf der Grundlage von Mutmassungen getroffen.[2] Dies ist symptomatisch für die aktuell unsicheren, krisenhaften Zeiten.[3] Aufgrund ihrer Reichweite und Eingriffstiefe ist die Corona-Situation mit noch nicht absehbaren Folgen kaum einschätzbar. Aktuell lassen sich nur «Spuren der Corona-Krise» erkennen.

1 Moralische Spuren in einer Krisensituation

Je nach Ursache ereignen sich moralische Verletzungen unausweichlich und schicksalshaft oder werden absichtlich zugefügt. Dabei sind sie unterschiedlich einschneidend. Während leichte Verletzungen rasch «verheilen», hinterlassen schwere Verletzungen oft irreversible körperliche und seelische Narben, Traumata und lebenslängliche Beeinträchtigungen. Schwere Verletzungen beschränken sich nicht auf die dadurch verursachten Symptome, sondern erfassen die ganze Person, alle ihre Beziehungen, ganze Institutionen, ganze Länder und sogar die ganze Menschheit.

Im Folgenden sollen die Begriffe «moralischer Stress», «moralische Verletzung» und «moralischer Zusammenbruch» sowie «moralisches Versagen», «moralische Verfehlungen» und «moralisches Verbrechen», die aus Medien oder der Fachliteratur bekannt sind, im Kontext der Corona-Krise genauer bestimmt werden. Die Begriffe werden als Stufen einer moralischen Eskalation basierend auf der bisherigen Forschung zu diesen Phänomenen verstanden und anschliessend moralisch eingeordnet. Die Corona-Situation ist eine globale multidimensionale Krise.[4] Der Begriff «Krise» stammt vom griechischen Wort «kritein» ab, was «entscheiden» bedeutet. Schonungslos legt die Corona-Krise die menschliche Verletzlichkeit offen.[5] Humanität und Solidarität sind Art und Weisen, auf die menschliche Verletzlichkeit zu reagieren. Die Corona-Krise wird so zum globalen moralischen Prüfstein.

Die moralische Vulnerabilität des Menschen,[6] wird im Folgenden als Eskalation je aus der Perspektive von Betroffenen und Handelnden dargestellt. Die Eingriffstiefe einer Handlung, die wir selbst durchführen, die wir beobachten oder die uns unmittelbar betrifft beziehungsweise wir uns selbst zufügen, kann unterschiedlich gross sein. Die Eingriffstiefe und die Intentionalität der moralischen Grenzüberschreitung bestimmen die moralische Eskalation. Die verschiedenen Eskalationsstufen aus den beiden Perspektiven heraus werden in den nächsten Abschnitten zuerst definiert und dann mit Beispielen aus dem Gesundheits- und Sozialwesen erklärt. Die dargestellten Eskalationsstufen lassen sich auf allen Handlungsebenen feststellen, das heisst auf der Mikro-, Meso- und Makroebene. Abbildung 1 gibt einen Überblick über die Eskalation der moralischen Verletzung und der moralischen Grenzüberschreitung aus Sicht der Betroffenen beziehungsweise der Handelnden.

Abbildung 1: Überblick über die Eskalation der moralischen Verletzung aus Sicht der Betroffenen und der moralischen Grenzüberschreitung aus Sicht der Handelnden

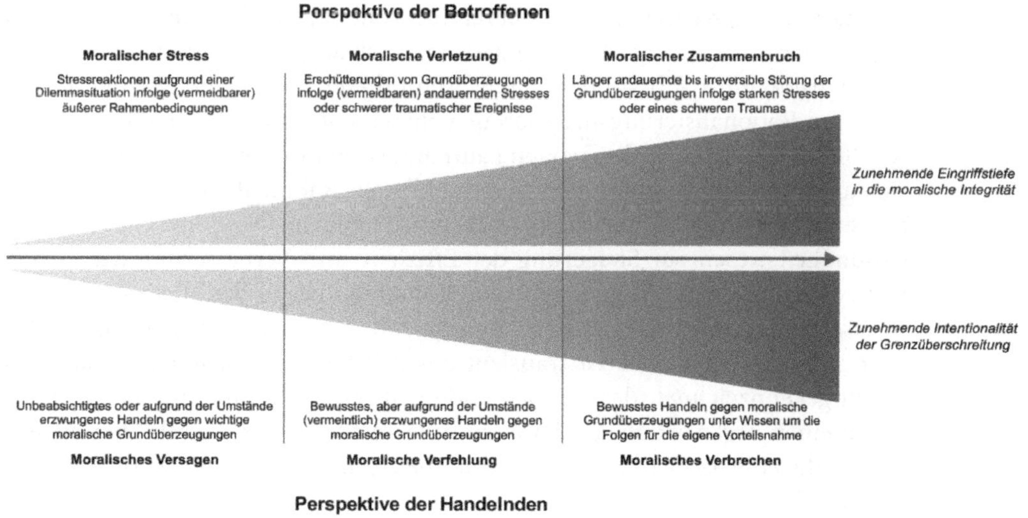

2 Eskalationsstufen im Erleiden moralischer Verletzungen – die Perspektive der Betroffenen

Eine Dilemmasituation kann «moralischen Stress» bei den Betroffenen auslösen. Ein solcher «moralischer Stress» ist meist mit einem auch messbaren physiologischen oder psychologischen Stress verbunden. Eine Handlung kann aber weitreichender zu einer «moralischen Verletzung» bis hin zu einem Trauma führen, wenn es kein Entrinnen aus dieser Situation gibt oder keine geeigneten Bewältigungsstrategien (Coping-Mechanismen) zur Verfügung stehen. Die Phänomene «moralischer Stress» und «moralische Verletzung» sind in der Fachliteratur ausführlich dargestellt worden und sollen nachfolgend als Eskalationsstufen verstanden werden. Als weitere Steigerung wird der «moralische Zusammenbruch» unterschieden, der in der Fachliteratur bisher nicht eindeutig definiert wurde. Die Begrifflichkeit beschreibt den Zusammenbruch moralischer Wertesysteme mit erkennbaren psychischen und physischen Folgen.

2.1 Moralischer Stress

Das Phänomen «moralischer Stress» (engl. moral distress) stammt aus dem Kontext der Pflege und wurden 1984 von Andrew Jameton geprägt.[7] Jameton unterschied drei moralische Probleme innerhalb der Medizin- und Pflegeethik: moralische Unsicherheit (engl. moral uncertainty), moralisches Dilemma (engl. moral dilemma) und moralischer Stress (engl. moral stress). Moralischer Stress entsteht seinem Verständnis nach dadurch, dass Gesundheitsfachpersonen beispielsweise aufgrund von organisationalen Rahmenbedingungen in vermeidbare ethische Dilemmasituationen geraten und nicht das tun können, von dem sie überzeugt sind, dass es moralisch richtig ist.[8] Er äussert sich auch als psychologischer Stress.

Zeitdruck führt – besonders dann, wenn dieser mit Qualitätsminderung infolge von Rationalisierungsmassnahmen einhergeht – zu Stress und emotionalen Konflikten. Bei Pflegefachpersonen kann dies «moralischen Stress» auslösen, weil sie aufgrund von äusseren und oft vermeidbaren Rahmenbedingungen gezwungen sind, dem Berufsethos widersprechend zu handeln. Ökonomischer Druck im Gesundheitswesen zur Steigerung der Effizienz und Verbesserung der Qualität kann daher durch eine Begrenzung von Zeitressourcen in der Pflege «anstelle der *Wertschöpfung* zu einer *Werterschöpfung*» führen.[9] Moralischer Stress wird als eher schwankend, das heisst transient beschrieben.[10] Er ist unter anderem dadurch gekennzeichnet, dass er sich anders als ein reines moralisches Dilemma durch einen organisationalen Rahmen oder institutionelle Einschränkungen ergibt, in die eine handelnde oder zur Entscheidung gezwungene Person eingebunden sind.[11]

In der Pandemiesituation wurde der moralische Stress in den Pflegeberufen früh in der Fachwelt diskutiert.[12] Zum moralischen Stress beigetragen haben der negative Einfluss von Arbeitsanstieg und Mehrarbeit auf das Familienleben, die Sorgen des Ansteckens von Patientinnen und Patienten und die unmittelbaren Arbeitsbedingungen mit ihren Folgen für das eigene Wohlbefinden.[13] Auch die Tatsache, dass Patientinnen und Patienten allein sterben müssen, hat bei Pflegekräften zum moralischen Stress geführt.[14]

In Deutschland, Österreich oder der Schweiz fehlte zu Beginn der Pandemie in vielen Alters- und Pflegeheimen sowie Krankenhäusern ausreichendes Schutzmaterial. Dies wurde von Mitarbeitenden als grosses Problem beschrieben.[15] In Heimen war eine zusätzliche Herausforderung, dass die Pflegekräfte für die Anwendung des Schutzmaterials oft ungenügend ausgebildet waren. Mancherorts halfen sich Pflegekräfte notfallmässig mit Skibrillen und Abfallsäcken aus. Als besonders schwierig wurde die Situation in der professionellen häuslichen Pflege beschrieben.[16] In Heimen fiel durch die Besuchsbeschränkungen zudem die emotionale Unterstützung bei der Betreuung durch Angehörige weg. Im Gegenteil, die Pflegenden mussten zusätzlich die Angehörigen stärker betreuen und neue Formen ihres Einbezuges schaffen.[17] Dies erhöhte die emotionale und zeitliche Belastung der Pflegenden bei ohnehin knappen Stellenschlüsseln.

In dieser Notfall- und Krisensituation sind unterschiedlichste moralische Dilemmata entstanden.[18] In einer Dilemmasituation muss man sich zwischen gleichgewichtigen Werten entscheiden. Je schwerwiegender die Entscheidungsfolgen in einem Dilemma sind, umso grösser ist der moralische Stress in der Entscheidung. Angesichts der existentiellen Tragweite der Pandemie und je nach Situation vor Ort konnten sich Erscheinungen von moralischem Stress in der Pandemiesituation verschärfen und zu moralischen Verletzungen beim Betreuungspersonal führen. Auch Bewohnerinnen und Bewohner, Patientinnen und Patienten sowie Angehörige standen unter moralischem Stress. Dies war besonders in Sterbesituationen problematisch und konnte zu schweren moralischen Verletzungen führen. In diesen und ähnlichen Fällen wurde mitunter die nächste Eskalationsstudie erreicht: die «moralische Verletzung».

2.2 Moralische Verletzung

Der Begriff «moralische Verletzung» (engl. moral injury) stammt aus dem militärischen Kontext und ist eine Weiterentwicklung der Begrifflichkeit «moralischer Stress» aus dem pflegerischen Bereich. Der US-amerikanische Psychiater Jonathan Shay entwickelte den Begriff in den 1990er Jahren im Zusammenhang mit Militärveteranen. Nach Shay hat die «moralische Verletzung» aktive und passive Komponenten: Betrug an moralischen Grundüberzeugungen, indem Personen in Situationen mit hoher Eingriffstiefe von Vorgesetzten zu Handlungen gezwungen werden, die diese Personen nicht mit ihrem Gewissen vereinbaren können.[19] Moralische Verletzungen entstehen auch dann, wenn in einer Organisation oder Gesellschaft gegen geltende moralische Überzeugungen und Erwartungen verstossen wird.[20] Eine solche Verletzung kann bei denjenigen auftreten, die moralische Grenzen überschreiten – im ursprünglichen militärischen Sinne sind dies Soldatinnen und Soldaten –, aber auch bei denjenigen, die Zeuge dieser grenzüberschreitenden Handlungen werden und sie nicht verhindern können.

In der medizinethischen Debatte zu den Auswirkungen der Pandemie wird der Begriff der «moralischen Verletzung» aus dem militärischen zurück in den medizinischen Kontext übertragen. Er wird meist verwendet, um die Folgen von vermeidbarem und erzwungenem medizinischen oder pflegerischen Handeln zu beschreiben, das nicht den berufsethischen Qualitätsansprüchen entspricht und das Gesundheitspersonal moralisch verletzt. Der Begriff «moralische Verletzung» ist in der Reflexion der Auswirkungen der Pandemie und der Massnahmen zu ihrer Eindämmung stark verbreitet: Inzwischen befassen sich zahlreiche wissenschaftliche Abhandlungen mit der Thematik, insbesondere mit den Auswirkungen auf Pflegekräfte.[21] Auch innerhalb der Ethik wird «moralische Verletzung» im Zusammenhang mit der Pandemie rezipiert.[22]

Ein Zusammenhang zwischen moralischem Stress bei Mitarbeitenden im Gesundheitswesen, möglichen Traumatisierungen und moralischen Verletzungen wird in Fachpublikationen intensiv diskutiert.[23] Es wird angenommen, dass eine moralische Verletzung eine Folge von andauerndem moralischem Stress sein kann.[24] Dies würde bedeuten, dass es sich um eine Eskalation handelt. Im Unterschied zu moralischem Stress wird eine moralische Verletzung als psychologisch persistenter bis hin zu andauernden physischen Störungen beschrieben.[25] Es kann ausserdem in existentieller, das heisst in anthropologischer Hinsicht das Gefühl für das «Gute» und für Menschlichkeit betroffen sein.[26] So kann sich etwa der «Ernstfall der Triage» direkt auf die Pflegebeziehungen auswirken.[27] Die moralische Verletzung kann sich hier vor allem dadurch ergeben, dass sehr schwere Entscheidungen mit einer hohen Eingriffstiefe im Kontext eines Gesundheitssystems getroffen werden müssen, in dem Ärzteschaft und Pflege teilweise schon stark be- oder überlastet waren.[28] Einer moralischen Verletzung muss nicht zwingend moralischer Stress vorausgehen, sondern sie kann durch eine besonders komplexe ethische Dilemmasituation, durch eine moralische Verfehlung oder ein moralisches Verbrechen entstehen.

Im Gegensatz zum Begriffsverständnis bei Jonathan Shay wird hier die Möglichkeit einer «moralischen Verletzung» nicht nur auf eine vermeidbare ethische Dilemma- oder autoritäre Zwangssituation beschränkt, sondern generell als eine Folge von ausgeprägtem moralischem Stress in ethischen Dilemmasituationen mit grosser Eingriffstiefe verstanden. Es handelt sich somit – übereinstimmend mit oben zitierten Fachpublikationen[29] – um einen länger anhaltenden und nachhaltigen Zustand mit psychosomatischen Folgen. Losgelöst von der Definition nach Jonathan Shay soll im Sinne einer Eskalation auch dann von einer «moralischen Verletzung» gesprochen werden, wenn diese nicht nur zugeführt, sondern auch erlitten wird: Nicht nur als Handelnder oder Beobachtender einer moralischen Grenzüberschreitung kann man eine Verletzung erleiden, sondern auch als Betroffener, ohne unmittelbar für die Rahmenbedingungen des moralischen Fehlverhaltens verantwortlich zu sein. So ist die Tochter, die ihre an Demenz erkrankte Mutter aufgrund der Zugangsbeschränkungen während der Corona-Pandemie nicht besuchen kann, zwar nicht für diese Zugangsbeschränkungen verantwortlich. Sie kann aber ebenso stark «moralisch verletzt» werden wie die für die Zugangsbeschränkung verantwortliche Heimleitung, die unter dem Dilemma ebenso leidet. Die Pandemiesituation hat insofern nicht nur Ärztinnen und Ärzte oder Pflegekräfte, sondern auch Heim- und Spitalleitungen sowie Patientinnen und Patienten beziehungsweise Bewohnerinnen und Bewohner in Heimen sowie ihre Angehörige betroffen.

2.3 Moralischer Zusammenbruch

Die «moralische Verletzung» wird in der Fachliteratur als sehr weitreichend und in ihrer Eingriffstiefe hoch beschrieben, das heisst als eine nachhaltige «moralische Grenzüberschreitung» mit psychischen und physischen Folgen bis hin zu einem Trauma.[30] Es ist jedoch eine weitere Eskalation in der moralischen Vulnerabilität des Menschen festzustellen, nämlich dann, wenn sich sehr existentielle Fragen stellen und das Wertegefüge eines Menschen nachhaltig und irreversibel gestört wird. Diesen Zustand soll der «moralische Zusammenbruch» (engl. Moral breakdown) beschreiben. Er ist dadurch gekennzeichnet, dass gewissermassen der moralische Wertekompass verloren geht, das heisst die «moralische Verletzung» ist so nachhaltig, dass die Fähigkeit abhandenkommt, zwischen «moralisch gut» und «moralisch schlecht» unterscheiden zu können. Eine nachvollziehbare und gut begründete, das heisst verantwortbare Entscheidung kann nicht mehr getroffen werden, die Handlungen anderer können nicht mehr entsprechend bewertet werden.

Dies zeigt einen engen Bezug von Verantwortlichkeit und moralischem Zusammenbruch, wie es auch in den Werken des französisch-litauischen Philosophen Emmanuel Levinas deutlich wird: Das «Selbst» wird erst im Angesicht des «Gegenübers» in eine Verantwortlichkeit gestellt.[31] Gerade wenn das Verhältnis zum «Gegenüber» nachhaltig gestört ist, kann es zu einem moralischen Zusammenbruch kommen. Ein moralischer Zusammenbruch lässt sich etwa im Kontext der Verbrechen des Nationalsozialismus – durch die Emmanuel Levinas geprägt wurde – oder in schweren Kriegssituationen ausmachen. Durch den Druck in einem diktatorischen System, das Wirken von Autoritäten und eigenes Fehlverhalten kann denn auch der eigene Wertekompass derart beeinflusst werden, dass man – als Reaktion auf äusseren oder inneren Druck hin – bisherige Überzeugungen und Werte missachtet oder negiert.

Angewandt auf die Corona-Krise lassen sich Spuren von moralischem Zusammenbruch für einige Betroffene etwa in der Schweiz feststellen: Am offensichtlichsten zeigt sich dies bei der Zunahme von Suiziden und psychischen Erkrankungen von Kindern und Jugendlichen oder bei der gestiegenen Inanspruchnahme von psychologischer Unterstützung bei Angeboten wie «Die dargebotene Hand».[32] Auch die Situation zu Beginn der Pandemie in Heimen und in Spitälern hat möglicherweise zu Situationen geführt, in denen Pflegekräfte oder Ärztinnen und Ärzte in Momente äusserster Verzweiflung geraten sind: Entscheidungen etwa in Triage-Situationen, in denen sie eigene moralische Überzeugungen angesichts begrenzter Ressourcen überschreiten mussten, könnten am ehesten die Voraussetzungen dafür schaffen, in denen ein moralischer Zusammenbruch aufgrund solcher persönlichen Zweifel denkbar ist – vielleicht aus dem Gefühl heraus, in solchen Situationen immer falsch zu entscheiden beziehungsweise falsch zu handeln und «aus der Verzweiflung heraus» irgendwann fatalistisch zu reagieren, bis hin zur Preisgabe eigener moralischer Überzeugungen.

3 Eskalationsstufen im Zufügen moralischer Verfehlungen – die Perspektive der Handelnden

Eine andere Perspektive auf die Eskalation moralischer Vulnerabilität ist die des moralischen Akteurs und der moralischen Akteurin, die für eine Handlung verantwortlich gemacht werden können. Hierbei kann man mit den Begriffen des «moralischen Versagens», der «moralischen Verfehlung» und des «moralischen Verbrechens» operieren. Die unterschiedlichen Stufen der zunehmenden Eingriffstiefe zeigen im Falle der Eskalation aus der Perspektive der Handelnden eine immer höhere Intentionalität und gewolltes Zuwiderhandeln gegen moralische Prinzipien. Im Unterschied zu den Eskalationsstufen vom «moralischen Stress» hin zum «moralischen Zusammenbruch» ist die Fachliteratur in der Begrifflichkeit «moralisches Versagen», «moralische Verfehlung» und «moralisches Verbrechen» weniger eindeutig und präzise.

3.1 Moralisches Versagen

«Moralisches Versagen» wird als unbeabsichtigtes oder durch äussere Umstände erzwungenes Zuwiderhandeln gegen eigene Moralvorstellungen, das Berufsethos oder gesetzliche Rahmenbedingungen verstanden, welches erst im Nachhinein –

wenn überhaupt – in seinem vollen Umfang bewusst wird. Definitorische Kriterien wären eine mögliche retrospektive Einsicht in moralisches Fehlverhalten, für welches später moralisch die Verantwortung übernommen werden kann. Beim moralischen Versagen handelt eine Person bewusst oder unbewusst ihren eigenen Überzeugungen zuwider. Möglicherweise erkennt sie im Nachhinein, dass das moralische Fehlverhalten vermeidbar gewesen wäre. In dieser Entscheidungssituation fühlte sich die Person in einer ausweglosen Krisensituation. Moralisches Versagen kann Folge von moralischem Stress oder einer moralischen Verletzung sein, muss sich aber nicht zwingend aus diesen ergeben. Auch ohne zuvor in einer Stresssituation gewesen oder moralisch verletzt worden zu sein, kann eine Person durch eigenes Fehlverhalten moralisch versagen. Wird moralisches Versagen bewusst und auch eingestanden, birgt dieser Bewusstseinsprozess die Chance, Geschehenes wieder gutzumachen, einander zu vergeben und präventive Massnahmen zu ergreifen, um zukünftiges moralisches Versagen zu vermeiden.

Im Kontext der Pandemie ist das beschriebene Phänomen des moralischen Versagens bisher wissenschaftlich nicht näher untersucht worden. Moralisches Versagen als «moral failure» im Englischen wird in der psychologischen Literatur unter dem Begriff der «moralischen Verletzung» behandelt und dort von der moralischen Überschreitung als «moral transgression» unterschieden.[33] «Moral failure» zeichnet sich im Unterschied zu «moral transgression» vor allem durch einen stärkeren Konflikt zwischen eigenen Überzeugungen in einer Dilemmasituation – anders als im Fall der «moralischen Überschreitung», wo es eher einen Dissens zwischen Überzeugung und Verhalten gibt.[34]

Ein «moralisches Versagen» in einem solchen Verständnis – angewandt auf den medizinethischen Kontext – liesse sich in der Pandemiesituation am ehesten auf organisationaler Ebene feststellen. Denn auf der Makroebene musste von politischen Entscheidungsträgern immer zwischen fundamentalen Werten wie dem Schutz der Grundrechte auf der einen Seite und dem Schutz des Lebens auf der anderen Seite abgewogen werden. Diese Abwägung von Werten und Gütern wurde von vielen Entscheidungsträgern als solche auch klar angesprochen und auf die Schwierigkeit der Entscheidungsfindung hingewiesen. In der Pandemiebekämpfung wurde in der Anfangsphase als einer Notfallsituation eine Entscheidung für den Schutz des Lebens getroffen – und dabei wurde bewusst eine Einschränkung von Freiheitsrechten in Kauf genommen. Erst im Nachhinein zeigte sich mancherorts ein «moralisches Versagen». Beispielhaft ist hier der zum Teil sehr rigorose Umgang mit alten und pflegebedürftigen Menschen zu nennen. Dies liess sich durch die Notwendigkeit möglichst schneller Entscheidungen erklären,[35] wie dies in Notfall- und Krisensituationen erforderlich ist. Dazu gehören auch die fehlenden Pandemievorbereitungen in den Organisationen und beim Staat. Es fehlte grundsätzlich an Schutzmaterial, Ablaufplänen und anderem. Dies ist nicht mit bösem Willen zu erklären, sondern schlicht mit dem mangelnden Bewusstsein, dass in der Schweiz jemals eine Pandemie auftreten könnte.

Im medialen Diskurs wurde mit dem Auftreten der Epidemie in China und der Entwicklung hin zu einer Pandemie oft von einem «Versagen» politisch Verantwortlicher gesprochen,[36] als es um die mangelnde Vorbereitung auf die sich verschärfende Situation im Gesundheitswesen ging. Viele staatliche Akteure setzten Vorgaben aus nationalen Epidemiegesetzen nur beschränkt bis gar nicht um. Zu erklären ist dieses Verhalten damit, dass die Möglichkeit einer weltumspannenden Pandemie unterschätzt wurde. Im Nachhinein könnte man diese mangelnde Epidemievorbereitung als «moralisches Versagen» bewerten, auch wenn das Verhalten verantwortlicher Akteure in Politik und Behörden durch eine massive Überforderung erklärbar ist. Auch Überforderung politischer Akteure kann mit ein Grund für moralisches Versagen sein. Ebenfalls können der mangelnde Zugang und die ungleiche Verteilung von Impfstoffen als «moralisches Versagen» bezeichnet werden.[37]

3.2 Moralische Verfehlung

«Moralische Verfehlung» wird definiert als ein bewusstes Zuwiderhandeln gegen das Berufsethos oder andere intersubjektive moralische Standards von Gruppen beziehungsweise Gemeinschaften. Der Begriff der «moralischen Verfehlung» wird in der Fachliteratur ebenso wie «moralisches Versagen» nicht klar definiert beziehungsweise sehr unterschiedlich gebraucht und bisher kaum kritisch reflektiert, dafür aber in populären Medien verwendet.[38] Gemeint sind Verfehlungen auf allen Ebenen, das heisst von Einzelpersonen über Gruppen bis hin zu politisch Verantwortlichen oder ganzen Staaten.

«Moralische Verfehlung» wird hier hinsichtlich ihrer Eingriffstiefe als Steigerung intentionalen moralischen Fehlverhaltens verstanden, das heisst die handelnde Person ist sich vor oder mit der Entscheidung und spätestens mit Durchführung der Handlung des eigenen Fehlverhaltens bewusst. Eine kritische Abwägung von in Konflikt befindlichen Werten und Gütern findet dabei nicht statt oder wird sogar bewusst vermieden. Häufig geschieht dies, weil durch die handelnde Person Ziele verfolgt werden, die mit den in Konflikt befindlichen Gütern und Werten kaum oder nichts zu tun haben. Wenn man beispielsweise annimmt, dass ein Akteur Vorkehrungen zur Pandemiebekämpfung bewusst aus Kostengründen wider besseres Wissen unterlässt, handelt es sich nicht mehr bloss um ein unbeabsichtigtes «moralisches Versagen», sondern um eine «moralische Verfehlung».

Während «moralisches Versagen» zwar rechtfertigungsbedürftig ist, selbst in einem Rechtsstaat aber teilweise hingenommen werden muss, sind – wenn man bei obiger Definition bleibt – «moralische Verfehlungen» mit einem Rechtsstaat nicht vereinbar und mit rechtsstaatlichen Mitteln zu bekämpfen, so denn sie fundamentale Rechtsgüter wie Freiheit, Leben und andere Güter betreffen. Ein Beispiel für eine «moralische Verfehlung» auf individueller Ebene wäre das zu Beginn des Jahres 2021 bekannt gewordene Fehlverhalten Einzelner, die sich in der Pandemiesituation wirtschaftlich zum eigenen Vorteil bereichert haben; dieses Verhalten wurde in den Medien als «moralische Verfehlung» klassifiziert.[39]

Solch eine moralische Verfehlung etwa durch persönliche Bereicherung ist nicht nur auf individueller Ebene möglich, sondern auch auf organisationaler und staatlicher Ebene. Wenn es sich bewahrheiten sollte, dass – wie es sich unter anderem in den bekannt gewordenen Verträgen der Pharmaunternehmen mit einzelnen Staaten andeutet[40] – Unternehmen versucht haben, über Verträge bewusst Einfluss auf die weitere Pandemiebekämpfung zu nehmen, Risiken abzuwälzen und übermässige Einnahmen zu generieren,[41] so ist dies als eine moralische Verfehlung zu bezeichnen. In jedem Fall ist es für die Einordnung dieser Vertragsverhandlungen relevant, dass Regierungen öffentliche Gelder bedingungslos und ohne Rückzahlungsansprüche Pharmaunternehmen zur Verfügung gestellt haben. Durch die Preiserhöhung der Impfstoffe während der Pandemie in der Schweiz wurde das Mass dieser moralischen Verfehlung weiter gesteigert – und zwar sowohl auf Seiten der Anbieterinnen und Anbieter als auch auf Seiten der Politik, welche diese Preiserhöhungen mitgetragen hat. Eine mögliche staatlich verordnete Pflicht für serielle Impfungen im grossen Umfang kann unter Umständen auch als moralische Verfehlung qualifiziert werden, da mit der neuen Omikron-Variante von Covid bisherige Impfstoffe nicht mehr im bekannten Ausmass vor Übertragung und Ausbruch der Erkrankung schützen (vgl. den Beitrag von Beck zur Impfung auf Seite 201 ff.), sodass es weiterhin Tests bei Ungeimpften und Geimpften bräuchte, um die Übertragungsrisiken zu reduzieren. Eine Impfpflicht wäre vor diesem Hintergrund als staatliche Pflicht zur Körperverletzung ethisch problematisch (vgl. die Beiträge von Vernazza, Seite 134 ff. und Seite 156 ff., und von Radbruch, Seite 148 ff.).

Sollte es stimmen, dass die ethischen Standards bei der Zulassung gewisser Impfstoffe nicht eingehalten und diese von der amerikanischen Zulassungsbehörde FDA trotzdem zugelassen worden sind, handelte es sich um eine moralische Verfehlung.[42] Dies wurde jüngst im British Medical Journal diskutiert,[43] nachdem sich eine Whistleblowerin geäussert hatte. Sollte es sich gar herausstellen, dass aufgrund solch mangelhafter Prüfung Menschen irreversibel geschädigt oder gar verstorben seien, würde die Grenze von der moralischen Verfehlung zum moralischen Verbrechen sowohl auf Seiten der Impfstoffhersteller als auch auf Seiten der FDA überschritten worden sein. Es ist höchst bedenklich, dass die Zulassungsdaten zu wenig transparent offengelegt werden. Dabei ist Transparenz eine der wichtigen Voraussetzungen für das Vertrauen in die Forschung und ihre Ergebnisse.[44]

3.3 Moralisches Verbrechen

Als höchste Eskalationsstufe moralischen Fehlverhaltens soll das moralische Verbrechen bezeichnet werden. Es handelt sich hierbei um eine bewusst durchgeführte Handlung in Kenntnis der möglichen weitereichenden Folgen mit höchster Eingriffstiefe, die eine «moralische Verletzung» bis hin zu einem «moralischen Zusammenbruch» bewusst in Kauf nimmt. Dabei zeigt sich eine klare Intentionalität mit dem Ziel der (individuellen oder gruppenspezifischen) Vorteilsnahme, wobei die eigene Verantwortlichkeit negiert oder auf andere Akteure abgeschoben wird. Ein «moralisches Verbrechen» lässt sich auch retrospektiv nicht rechtfertigen – etwa durch die äusseren Umstände –, anders etwa als ein «moralisches Versagen». In der aktuellen Corona-Krise lässt sich im Gesundheits- und Sozialwesen bis jetzt kein eindeutiges moralisches Verbrechen ausmachen.

4 Schlussbemerkungen

Inwiefern die hier vorgenommenen Zuordnungen der Beispiele zu den jeweiligen Eskalationsstufen und den dabei vorgenommenen Wertungen für die Leserinnen und Leser plausibel sind oder nicht ist offen. Auch ist damit kein Wahrheitsanspruch verbunden, sondern es sind gemeinsam abgestimmte Bewertungen der Autorin und des Autors dieses Artikels. Diese Abwägungen sollen zum ethischen Dialog mit den Ereignissen in der Pandemie beitragen. Repliken und Einspruch sind willkommen.

Als Antwort auf menschliche Verletzlichkeit haben Menschen Humanität, Solidarität und – in einem ethisch-rechtlichen Sinne – die Achtung der Menschenwürde und der Menschenrechte gefunden.[45] Aus moralischer Sicht lässt sich eine Verpflichtung zur Intervention und Prävention auf allen Ebenen vom individuellen Verhalten bis hin zum staatlichen Handeln formulieren. Nicht nur Entscheidungsträger oder politisch Verantwortliche müssen sich dieser Verpflichtung bewusst sein, weil sie durch ihre umfangreicheren Gestaltungsmöglichkeiten entsprechend viel bewegen können. Auch die von dem Agieren von Verantwortungsträgern betroffenen Menschen oder Gruppen können sich verantwortlich zeigen: Sie haben eine «moralische Verpflichtung», in einem Rechtsstaat mit rechtsstaatlichen Mitteln und in einem autoritären Staat mit Mitteln des «zivilen Ungehorsams» einer moralischen Eskalation entgegenzuwirken, soweit dies in ihren Möglichkeiten steht.

Referenzen

1 Dieser Artikel beruht auf einem gleichlautenden Artikel von Ruth Baumann-Hölzle und Daniel Gregorowius, der im Fachjournal «die hospiz zeitschrift» unter dem Titel «Moralische Spuren und Eskalationsstufen in der Corona-Krise. Ethische Reflexion mit Beispielen aus dem Gesundheits- und Sozialwesen» erschienen ist und freundlicherweise als Grundlage für vorliegenden Artikel genutzt werden konnte. Die Einleitung des Artikels wurde umgeschrieben. Die Abbildung wurde für den vorliegenden Artikel neu angefertigt.
Baumann-Hölzle, R.; Gregorowius, D. (2021): Moralische Spuren und Eskalationsstufen in der Corona-Krise. Ethische Reflexion mit Beispielen aus dem Gesundheits- und Sozialwesen. In: *die hospiz zeitschrift, 23*(4): S. 17–23.

2 Mukerji, N.; Mannino, A. (2020): *Covid-19: Was in der Krise zählt. Über Philosophie in Echtzeit.* Ditzingen: Reclam-Verlag.

3 Krebs, M. (2020): Die Pandemie als Krisenerfahrung. Über Unsicherheit, Vulnerabilität und Solidarität. In: *Vierteljahrsschrift für wissenschaftliche Pädagogik, 96*(4): S. 487–504,
Kröll, W.; Platzer, J.; Ruckenbauer, H.-W.; Schaupp, W. (Hrsg.) (2020): *Die Corona-Pandemie. Ethische, gesellschaftliche und theologische Reflexionen einer Krise.* Baden-Baden: Nomos-Verlagsgesellschaft.

4 Vgl. dieselben.

5 Schmidhuber, M. (2020): Vulnerabilität in der Krise. In: *Kröll, W.; Platzer, J.; Ruckenbauer, H.-W.; Schaupp, W. (Hrsg.) (2020): Die Corona-Pandemie. Ethische, gesellschaftliche und theologische Reflexionen einer Krise.* Baden-Baden: Nomos-Verlagsgesellschaft; S. 273–282.

6 Vgl. ebenda.

7 Jameton, A. (1984): *Nursing practice: the ethical issues.* Englewood Cliffs, NJ: Prentice-Hall.

8 Ebenda.

9 Huber, A. (2019): *Wert(er)schöpfung: Die Krise des Pflegeberufs.* Reihe: Ethik im Gesundheitswesen, Band 3. Baden-Baden: Nomos Verlagsgesellschaft, S. 263.

10 Norman, S. B.; Feingold, J. H.; Kaye-Kauderer, H.; Kaplan, C. A.; Hurtado, A.; Kachadourian, L.; Feder, A.; Murrough, J. W.; Charney, D.; Southwick, S. M.; Ripp, J.; Peccoralo, L.; Pietrzak, R. H. (2021): Moral distress in frontline healthcare workers in the initial epicenter of the COVID-19 pandemic in the United States: Relationship to PTSD symptoms, burnout, and psychosocial functioning. In: *Depression, 22. Juli 2021*: 10.1002/da.23205.

11 Jameton 1984, S. 6.

12 Z.B. Morley, G.; Sese, D.; Rajendram, P.; Horsburgh, C. C. (2020): Addressing caregiver moral distress during the COVID-19 pandemic. In: *Cleveland Clinic Journal of Medicine*, 9. Juni 2020. DOI: 10.3949/ccjm.87a.ccc047,
Donkers, M. A.; Gilissen, V. J. H. S.; Candel, M. J. J. M.; van Dijk, N. M.; Kling, H.; Heijnen-Panis, R.; Pragt, E.; van der Horst, I.; Pronk, S. A.; van Mook, W. N. K. A. (2021): Moral distress and ethical climate in intensive care medicine during COVID-19: a nationwide study. In: *BMC Medical Ethics, 22*(1): S. 1–12,
Ducharlet, K.; Trivedi, M.; Gelfand, S. L.; Liew, H.; McMahon, L. P.; Ashuntantang, G.; Brennan, F.; Brown, M.; Martin, D. E. (2021): Moral Distress and Moral Injury in Nephrology During the COVID-19 Pandemic. In: *Seminars in Nephrology, 41*(3): S. 253–261,
Hines, S. E.; Chin, K. H.; Glick, D. R.; Wickwire, E. M. (2021): Trends in Moral Injury, Distress, and Resilience Factors among Healthcare Workers at the Beginning of the COVID-19 Pandemic. In: *International Journal of Environmental Research and Public Health, 18*(2): S. 1–11,
Kanaris, C. (2021): Moral distress in the intensive care unit during the pandemic: the burden of dying alone. In: *Intensive Care Medicine, 47*(1): S. 141–143,
Norman et al. 2021,
Sukhera, J.; Kulkarni, C.; Taylor, T. (2021): Structural distress: experiences of moral distress related to structural stigma during the COVID-19 pandemic. In: *Perspectives on Medical Education, 10*(4): S. 222–229 und
Wiener, L.; Rosenberg, A. R.; Pennarola, B.; Fry, A.; Weaver, M. (2021): Navigating the terrain of moral distress: Experiences of pediatric end-of-life care and bereavement during COVID-19. In: *Palliative & Supportive Care, 19*(2): S. 129–134.

13 Norman et al. 2021.

14 Kanaris 2021.

15 Hower, K. I.; Pförtner, T.-K.; Pfaff, H. (2020): *Pflegerische Versorgung in Zeiten von Corona – Drohender Systemkollaps oder normaler Wahnsinn?* Wissenschaftliche Studie zu Herausforderungen und Belastungen aus der Sichtweise von Leitungskräften. Köln, Mai 2020. MVR – Institut für Medizinsoziologie, Versorgungsforschung und Rehabilitationswissenschaft der Humanwissenschaftlichen Fakultät und der Medizinischen Fakultät der Universität zu Köln (KöR).

16 Ebenda.

17 Ebenda.

18 Tewes, C. (2020): Die Bewältigung der Coronakrise. Ein anthropologisch-ethisches Dilemma? In: *Held, B.; Kirchhoff, T.; van Oorschot, F.; Stoellger, P.; Werkner, I.-J. (Hrsg.) (2020): Corona als Riss: Perspektiven für Kirche, Politik und Ökonomie.* Reihe: FEST kompakt – Analysen, Stellungnahmen, Perspektiven, Band 1. Heidelberg: heiBOOKS; S. 131–148.

19 Shay, J.; Munroe, J. (1998): Group and milieu therapy for veterans with complex posttraumatic stress disorder. In: *Saigh, P. A.; Bremner, J. D. (Hrsg.) (1998): Posttraumatic stress disorder: A comprehensive text.* Boston: Allyn & Bacon; S. 391–413,
Shay, J. (2002): *Odysseus in America: Combat Trauma and the Trials of Homecoming.* New York: Scribner,
Shay, J. (2010): *Achilles in Vietnam: Combat Trauma and the Undoing of Character.* New York: Scribner.

20 Litz, B. T.; Stein, N.; Delaney. E.; Lebowitz, L.; Nash, W. P.; Silva, C.; Maguen, S. (2009): Moral injury and moral repair in war veterans: a preliminary model and intervention strategy. In: *Clinical Psychology Review 2009; 29*(8): S. 695–706.

21 Z. B. Maguen, S.; Price, M. A. (2020): Moral injury in the wake of coronavirus: Attending to the psychological impact of the pandemic. In: *Psychological Trauma: Theory, Research, Practice, and Policy, 12*(S1): S. S131–S132,
Shale, S. (2020): Moral injury and the COVID-19 pandemic: reframing what it is, who it affects and how care leaders can manage it. In: *British Medical Journal Leader, 4*(4): S. 224–227,
Williams, R. D.; Brundage, J. A.; Williams, E. B. (2020): Moral injury in times of COVID-19. In: *Journal of Health Service Psychology, 64*(2): S. 1–5. DOI: 10.1007/s42843-020-00011-4,
Hossain, F.; Clatty, A. (2021): Self-care strategies in response to nurses' moral injury during COVID-19 pandemic. In: *Nursing Ethics, 28*(1): S. 23–32,
Kreh, A.; Brancaleoni, R.; Magalini, S. C.; Chieffo, D. P. R.; Flad, B.; Ellebrecht, N.; Juen, B. (2021): Ethical and psychosocial considerations for hospital personnel in the Covid-19 crisis: Moral injury and resilience. In: *PLoS ONE, 16*(4): e0249609,
Litam, S. D. A.; Balkin, R. S. (2021): Moral injury in health-care workers during COVID-19 pandemic. In: *Traumatology, 27*(1): S. 14–19. und
Rushton, C. H.; Turner, K.; Brock, R. N.; Braxton, J. M. (2021): Invisible Moral Wounds of the COVID-19 Pandemic: Are We Experiencing Moral Injury? In: *AACN Advanced Critical Care, 32*(1): S. 119–125.

22 Z. B. Akram, F. (2021): Moral injury and the COVID-19 pandemic: A philosophical viewpoint. In: *Ethics, Medicine and Public Health, 18*: 100661.

23 Ducharlet 2021, Hines et al. 2021, Norman et al. 2021.

24 Williams et al. 2020,
Čartolovni, A.; Stolt, M.; Scott, P. A.; Suhonen, R. (2021): Moral injury in healthcare professionals: A scoping review and discussion. In: *Nursing Ethics, 28*(5): S. 590–602.

25 Litz et al. 2009,
Griffin, B. J.; Purcell, N.; Burkman, K.; Litz, B. T.; Bryan, C. J.; Schmitz, M.; Villierme, C.; Walsh, J.; Maguen, S. (2019): Moral injury: An integrative review. In: *Journal of Traumatic Stress, 32*(3): S. 350–362 und Norman et al. 2021.

26 Vgl. Tewes 2020.

27 Lob-Hüdepohl, A. (2021): Gerechte Priorisierungen? Pflegeethische Aspekte der COVID-19-Massnahmen für pflegebedürftige Personen. In: *Jacobs, K.; Kuhlmey, A.; Greß, S.; Klauber, J.; Schwinger, A. (Hrsg.) (2021): Pflege-Report 2021. Sicherstellung der Pflege: Bedarfslagen und Angebotsstrukturen.* Berlin: Springer-Verlag; S. 21–32.

28 Dean, W.; Talbot, S. G.; Bedzow, I. (2021): *HeaR-MI: How reframing distress can support your workforce and heal your organization.* Moral Injury of Healthcare, LLC, S. 4.

29 Litz et al. 2009, Griffin et al. 2019 und Norman et al. 2021.

30 Vgl. Molendijk, T. (2018): Toward an interdisciplinary conceptualization of moral injury: From unequivocal guilt and anger to moral conflict and disorientation. In: *New Ideas in Psychology, 51*(2018): S. 1–8,
Shay, J. (2002) und Shay, J. (2010).

31 Levinas, E. (1995): *Ethics and Infinity: Conversations with Philippe Nemo.* Pittsburgh, PA: Duquesne University Press.

32 «Im Frühjahr 2021 haben im Vergleich zum Vorjahr deutlich mehr Heranwachsende versucht, sich das Leben zu nehmen. Reduzierte soziale Kontakte, Schulschliessungen und zunehmender Medienkonsum zählen zu den Hauptursachen.» In: Eder, S. (2022). *Studie zu Suizidversuchen: Eine dramatische Situation*, in: Frankfurter Allgemeine, FAZ, 9.1.2022 https://www.faz.net/aktuell/gesellschaft/warum-die-suizidrate-bei-jugendlichen-angestiegen-ist-17723466.html.

33 Vgl. Molendijk 2018.

34 Ebenda, S. 7.

35 Mukerji & Mannino 2020.

36 Vgl. Bastian, N. (2020): Die Frage nach der Verantwortung könnte Chinas globale Stellung schwächen. In: *Handelsblatt, handelsblatt.com*, 19. April 2020, 17.13 Uhr. *Quelle:* www.handelsblatt.com/meinung/kommentare/kommentar-die-frage-nach-der-verantwortung-koennte-chinas-globale-stellung-schwaechen/25748210.html?ticket=ST-32591-GNXvk37VJx5DbDp3Uyk7-ap4.

37 Vgl. Keller, A. (2021): Moralisches Totalversagen. Wo es Solidarität braucht. In: *Das österreichische Gesundheitswesen ÖKZ, 62*(5): S. 12–14.

38 Z.B. Bastian 2020,
Deutschländer, C. (2021): Corona-Eklat: CDU-Abgeordneter feiert rauschende Party – Union zittert vor immer neuen Verfehlungen – Masken-Affäre wohl nur der Anfang. In: *Münchner Merkur, merkur.de*, 13. März 2021, 06.28 Uhr. *Quelle:* www.merkur.de/politik/cdu-masken-affaere-lobbyismus-corona-party-willsch-loebel-csu-nuesslein-sauter-hauptmann-zr-90238962.html,
Lichterbeck, P. (2021): «Du weisst, dass die Kacke am Dampfen ist, wenn ich mich da einmische» – Präsident Bolsonaro wird Korruption vorgeworfen. In: *Luzerner Zeitung, luzernerzeitung.ch*, 5. Juli 2021, 19.56 Uhr. *Quelle:* www.luzernerzeitung.ch/international/ein-dollar-pro-menschenleben-ld.2160461 oder
Minholz, M. (2021): Corona-Verfehlungen: Ein mindestens gedankenloses Verhalten. Politiker als Vorbild. In: *Neue Ruhr Zeitung, nrz.de*, 28. Februar 2021, 16.31 Uhr. *Quelle:* www.nrz.de/region/niederrhein/ein-mindestens-gedankenloses-verhalten-id231678743.html.

39 Vgl. Deutschländer 2021, Minholz 2021.

40 Vgl. Suter, M. (2021): Pfizer wälzt Risiken auf Käufer ab, grosse Unterschiede bei Preisen Geheimverträge für Impfstofflieferung. In: *Der Tagesanzeiger, tagesanzeiger.ch*, 2. August 2021, 16.41 Uhr. *Quelle:* www.tagesanzeiger.ch/pfizer-waelzt-risiken-auf-kaeufer-ab-grosse-unterschiede-bei-preisen-567658377087.

41 Ebenda und Heiny, L. (2021): Warum Europa 25 Prozent mehr an Biontech zahlt. In: *Manager Magazin, manager-magazin.de*, 3. August 2021, 17.20 Uhr. *Quelle:* www.manager-magazin.de/politik/europa/corona-impfstoff-warum-biontech-und-pfizer-25-prozent-mehr-von-der-eu-bekommen-a-b4b90422-c1d2-4c0c-9122-6ff09e794e8b.

42 Vgl. Thacker, P. D. (2021): Covid-19: Researcher blows the whistle on data integrity issues in Pfizer's vaccine trial. In: BMJ 2021, 375: n2635i. DOI: 10.1136/bmj.n2635.

43 Ebenda.

44 Doshi P.; Godlee, F.; Abbasi, K. (2022): Editorial: Covid-19 vaccines and treatments: we must have raw data, now. In: BMJ 2022, 376. DOI: 10.1136/bmj.o102 (Published 19 January 2022)
Tanver, S.; Rowhani-Farid, A.; Hong, K.; Jefferson, T.; Doshi1, P. (2022): Transparency of COVID-19 vaccine trials: decisions without data. In: BMJ Evidence-Based Medicine, August 2021. DOI: 10.1136/bmjebm-2021-111735. *Quelle:* https://ebm.bmj.com/content/early/2021/08/08/bmjebm-2021-111735

45 Vgl. Krebs 2020,
Lob-Hüdepohl 2021.

22

Heinz Schott

Mentale Ansteckung, geistige Epidemie

Anmerkungen eines Medizinhistorikers zur Corona-Krise

«Die logische Antwort auf die Frage, wie man in Zukunft ähnliche Zustände, wie sie in Oberschlesien vor unsern Augen gestanden haben, vorbeugen könne, ist also sehr leicht und einfach: Bildung mit ihren Töchtern Freiheit und Wohlstand. Weniger leicht und einfach ist aber die faktische Antwort, die Lösung dieses grossen socialen Problems.»

Rudolf Virchow: Mittheilungen über die in Oberschlesien herrschende Typhus-Epidemie (1848)[1]

«Der Irrsinn ist bei Einzelnen etwas seltenes, –
aber bei Gruppen, Parteien, Völkern, Zeiten die Regel.»

Friedrich Nietzsche: Jenseits von Gut und Böse (1886)[2]

Fast zwei Jahre nach ihrem Ausbruch ist die Corona-Krise immer noch ein Mysterium. Auch meine Anmerkungen können den Schleier kaum lüften. Vielleicht können sie aber zu jener «Gelassenheit zu den Dingen» und «Offenheit für das Geheimnis» ermuntern, wofür Martin Heidegger geworben hat.[3] In Notzeiten kann kritisches Denken weiterhelfen. Denn es schafft Distanz zu aufregenden Vorgängen, die einen in Bann schlagen, befreit von blindem Reflexhandeln und weckt Neugier auf Unbekanntes, das es zu erkunden gilt.

Als die WHO am 11. März 2020 die Infektionskrankheit Covid-19 zur «Pandemie» erklärte, schlug die Stunde der Virologen, Epidemiologen, Immunologen, Biomathematiker. Manche von ihnen traten urplötzlich aus dem Schatten ihrer Forschungsinstitute ins Rampenlicht der Öffentlichkeit und mutierten innerhalb weniger Wochen und Monate von weithin unbekannten Superspezialisten zu Medienstars. Wie nie zuvor sollte jetzt auf die «Stimme der Wissenschaft» gehört werden. So zeigten sich massgebliche Politiker auf Pressekonferenzen regelmässig in Begleitung von Vertretern «der» Wissenschaft, wobei der Schulterschluss von Politik und Wissenschaft regelrecht ins Bild gesetzt wurde. Als ikonografisches Paradigma beeindruckte das Auftreten von US-Präsent Donald Trump mit dem Immunologen Anthony Fauci als *Chief Medical Advisor to the President* an seiner Seite. Ähnliche Darbietungen waren auch in anderen Ländern an der Tagesordnung. Zu diesem Bündnis gesellten sich die Medien, in erster Linie die öffentlich-rechtlichen Rundfunkanstalten und die überregionale Presse, welche Politik und Wissenschaft wohlwollend begleiteten und weitgehend von kritischen Nachfragen verschonten.

Frühzeitig wurden Stimmen laut, die für eine umfassendere Auseinandersetzung mit der Pandemie plädierten. Denn nicht nur Soziologen, Psychologen, Pädagogen oder Kultur- und Religionswissenschaftler spielten beim Management der Pandemie-Abwehr keine entscheidende Rolle, auch Historiker einschliesslich der Medizinhistoriker waren wenig gefragt. Freilich gab es im öffentlichen Diskurs laufend Anspielungen auf historische Pandemien und «Die Pest» von Albert Camus wurde über Nacht abermals zu einem Bestseller. Zumeist führten aber die Verweise auf die Seuchengeschichte nicht zu einer kritischen Relativierung. Man assoziierte beispielsweise die Schrecken der Pest mit der Corona-Pandemie, was natürlich die Angst verstärkte. Doch angesichts der (zumindest in Deutschland) wenig dramatischen Übersterblichkeit – abgesehen von anderen Merkmalen – ist das gesundheitliche Zerstörungspotenzial der Corona-Pandemie keineswegs mit dem der Pest oder Pocken vergleichbar. Es wäre wahrscheinlich besser gewesen, den Begriff «Pandemie» – bildlich gesprochen – etwas tiefer zu hängen.[4] Das Entsetzen und die Angst, die mich anfangs ergriffen hatten, wichen nach zwei bis drei Monaten, und ich nahm dankbar zur Kenntnis, dass jenes «grosse Sterben» mit einhergehendem Massenelend ausblieb, das bei schweren Pandemien vergangener Zeiten zu katastrophalen Zuständen geführt hatte. Umso unbegreiflicher fand ich die radikalen Massnahmen wie Lockdowns und Schulschliessungen. Die bange Frage drängt sich auf: Waren sie «wissenschaftlich» einwandfrei begründbar, politisch zwingend geboten und in ihrer ungeheuren Wucht verhältnismässig?

Ansteckende Dämonen: Phänomene der «Besessenheit»

Aus medizinhistorischer Sicht war und ist das Ausklammern der mentalen Ansteckung im öffentlichen Diskurs höchst erstaunlich. Materielle und mentale Ansteckung machen den Doppelcharakter einer Seuche aus. Ich könnte ebenso auch von einer viralen und psychischen oder einer körperlichen und geistigen oder auch einer biologischen und emotionalen Ansteckung sprechen. Es handelt sich um eine Doppelinfektion, wobei die mentale Ansteckung nicht nur als ein Epiphänomen zu begreifen ist, welches das materielle Infektionsgeschehen mehr oder weniger direkt widerspiegelt. Denn sie kann selbst ein monströses Eigenleben entfalten. Das aktuelle Beispiel bietet die Corona-Pandemie. Sie war (und ist) in epidemiologischer Hinsicht durchaus gravierend – aber war (und ist) sie *die* gigantische Weltkatastrophe, die die Menschheit auszurotten droht? Die ergriffenen Massnahmen waren äusserst drastisch und setzten in einer nie dagewesenen Härte Grundrechte ausser Kraft. Sie haben zu schmerzhaften und langandauernden Einschränkungen im sozialen Leben geführt, deren vollständige Aufhebung (Stichwort: *Freedom Day)* in Deutschland derzeit immer noch nicht abzusehen ist.[5] Dabei verlief die Pandemie nicht heftiger als manche der früheren Grippewellen in der zweiten Hälfte des 20. Jahrhunderts wie etwa die Asiatische Grippe 1957/58 oder die Hongkong-Grippe 1968/69. Diesen fielen jeweils Zigtausende von Grippekranken zum Opfer, gleichwohl war von einer mentalen Ansteckung kaum etwas zu spüren.

Neben diesem Doppelcharakter der Ansteckung (materiell versus mental), den wir bei der Seuchengeschichte erkennen, gibt es noch eine weitere, umfassendere Doppelung oder besser gesagt: Ambivalenz, die weit über die Seuchengeschichte hinausreicht: nämlich «gute» (heilende) versus «böse» (krankmachende) Ansteckung. Sie ist in der Kultur- bzw. Religionsgeschichte von Anfang an zu beobachten. In den antiken Hochkulturen einschliesslich der griechischen spielte die Dämonologie eine wichtige Rolle. Das grundlegende Konzept war einfach: «Dämonen», handele es sich um gute oder böse Geister, konnten unter gewissen Umständen in den Menschen einfahren, von ihm Besitz ergreifen. Er war dann von ihnen besessen. Wir assoziieren «Besessenheit» heute in der Regel mit «bösen Geistern», die von Einzelnen oder Gruppen bzw. Massen von Menschen Besitz ergriffen haben. Wir denken vor allem an Massenwahn oder Massenhysterie, wie sie insbesondere in Revolutions- und Kriegszeiten zum Ausbruch kommen.[6] Das Böse infiziert die Menschen, es kommt zu Wellen der Ansteckung. Aber wo entspringt es, was ist sein Ursprung? Seit der Antike bis in die Neuzeit hinein war die Vorstellung vorherrschend, dass es «von draussen», übernatürlichen Mächten, strafenden Göttern, äusseren Feinden kommt.

Im Laufe der Neuzeit gewann jedoch die Idee an Boden, dass das Böse in der menschlichen Natur selbst begründet sei und potenziell in jedem Einzelnen lauere. Hannah Arendts Ausdruck von der «Banalität des Bösen» zielt in diese Richtung. Gleichwohl ist in der Seuchengeschichte die Vorstellung vorherrschend, dass die epidemische Infektion einem Beschuss mit Krankheitskeimen von aussen gleicht. Die wird traditionell durch giftige Pestpfeile dargestellt, womit die Men-

Abbildung 1:
Moritz Girtanner:
Pestbild in der Pfarrkirche
von Appenzell (1625)[7]

schen beschossen werden, wie auf dem Pestbild der Pfarrkirche von Appenzell zu sehen. (Abbildung 1) Das Fresko zeigt den zornigen und strafenden Gottvater, «der mittels eines Bogens Pestpfeile auf die Erde schiesst. Jesus Christus zur Linken und die Jungfrau Maria zur Rechten versuchen vergeblich, für die sündige Menschheit Gnade zu erflehen», wie es in der betreffenden Bildbeschreibung heisst.[8] Es ist einleuchtend, dass als wichtigster Nothelfer gegen die Pest der heilige Sebastian fungierte, der als Märtyrer diese Pfeile auf sich gezogen hat, wie das Gemälde von Antonello da Messina (um 1478) zeigt. (Abbildung 2)

Doch woher rührt das *primum movens,* der Verursacher der Ansteckung? Die Religions- und Kulturgeschichte konfrontiert uns mit einer verstörenden Konfu-

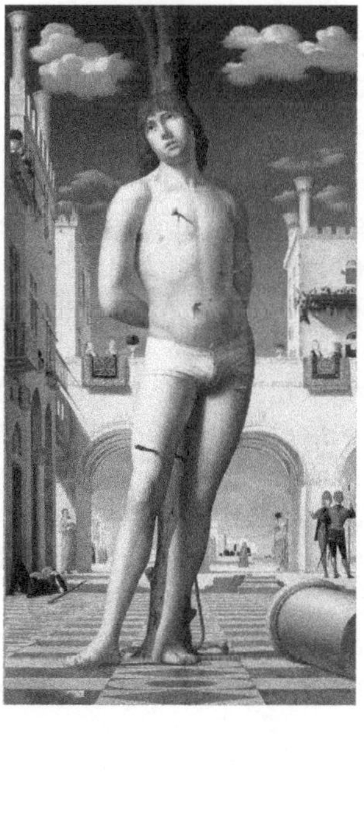

Abbildung 2:
Antonello da Messina: Der heilige Sebastian
(ca. 1478), Gemäldegalerie Alte Meister Dresden[9]

sion: Bereits im Alten Ägypten sind dieselben Gottheiten, welche den Menschen Seuchen schicken, auch in der Lage, sie aus solchen zu retten bzw. vor ihnen zu schützen. Diese Vorstellung war noch in der frühen Neuzeit populär, wo Seuchen zusammen mit anderen Heimsuchungen wie Hungersnöten und Naturkatastrophen als eine Strafe Gottes für sündhaftes Leben verstanden wurden.

Die neue Redeweise von der «Coronapandemie der Ungeimpften», die kürzlich vom Bundesgesundheitsminister Jens Spahn aufgegriffen und im Deutschen Ärzteblatt vom 7. September 2021 kommentarlos zitiert wurde, weist in eine quasi religiöse Richtung.[10] Hier wird ein (scheinbar) wissenschaftlich verbürgtes Strafgericht für Impfverweigerer proklamiert, wodurch die Pandemie als Folge der sündhaften Verweigerung der Impfung erscheint. Ein solches Denkmuster ist offenbar von einer absoluten Gewissheit getragen, Einwände oder Relativierungen sind nicht zugelassen und erscheinen als schädliche Ketzerei, die konsequent mit Methoden der sozialen Ächtung und Ausgrenzung geahndet werden.[11] Noch kann der Impfverweigerer sozusagen seine Haut retten, indem er sich impfen lässt.[12] Doch die Drohung, dass ihm das Leben in naher Zukunft schwer gemacht werden wird, wenn er dieses Angebot nicht annimmt, steht (auch international) massiv im Raum. Die mehr als 200-jährige Geschichte der Schutzimpfung und des damit verbundenen Impfstreits im Hinblick auf die Problematik der «Corona-Impfung» muss hier jedoch ausser Betracht bleiben, da eine medizinhistorische Auseinandersetzung mit dem schillernden Begriff des Impfens den Rahmen sprengen würde.

Schuldige als Sündenböcke: Eine Auswirkung mentaler Ansteckung

»Sündenböcke» dienten einst im jüdischen Ritus dazu, die Schuld des eigenen Volkes auf einen durch Los bestimmten Ziegenbock zu übertragen, den man anschliessend in die Wüste schickte.[13] Es handelte sich also um einen religiösen Akt der Entschuldung oder Entlastung. In der Seuchengeschichte spielt dieser Mechanismus eine bemerkenswerte Rolle. Denn Seuchenzüge wurden und werden immer von der Frage begleitet, woher sie kommen, wer sie verursacht hat, wer an ihnen «schuld» ist. Krankheiten im Allgemeinen und Seuchen im Besonderen wurden im religiösen Kontext als Folge menschlichen Frevels angesehen, der damit bestraft wurde. Die Götter bzw. Gott schickten das Verderben vom Himmel herab und trafen damit ein Volk, die Bewohner einer Region oder Stadt. Die sündigen Menschen schienen zwar schuld an der Seuche zu sein, aber nicht deren Sender. Vielmehr wurden strafende Mächte aktiv, um die vom Menschen gestörte Ordnung wiederherzustellen. Dieses Denkmuster zeigt sich bereits bei der Vertreibung von Adam und Eva aus dem Paradies. Diesseitige Erlösungsfantasien, wie sie sich besonders eindrucksvoll in der Geschichte des Marxismus zeigen, folgen wie ihre religiösen Vorbilder einem Dreischritt: Ursprüngliches Paradies – Sündenfall und Entfremdung – Erlösung und Erreichen eines paradiesischen Zustands durch Revolution oder Bekehrung.[14] Soziale Bewegungen in unserer Zeit erinnern an dieses Modell. Vor allem die Ökologie-Bewegung zur «Klimarettung» scheint von ihm inspiriert zu sein. Der Begriff des Anthropozän in Verbindung der Theorie vom menschengemachten Klimawandel schiebt dem Menschen die ursächliche Schuld zu. Diese Auffassung entspricht dem jüngsten Beschluss des Bundesverfassungsgerichts zum «Klimaschutz»[15]; der wissenschaftliche Nachweis der Erderwärmung durch den CO_2-Ausstoss der menschlichen Zivilisation wurde kürzlich mit dem Nobelpreis gewürdigt.[16] Während in der frühen Neuzeit noch von Seuchen als einer Strafe Gottes die Rede war, spricht man heute eher von der «Rache der Natur», die vom bösen Menschen malträtiert worden sei und nun «zurückschlage» (dieser Topos tauchte allerdings schon in der frühen Neuzeit auf).

Die Medizingeschichte kennt mancherlei Auswüchse der Diskriminierung, womit einzelne Gruppen oder einzelne Menschen von der Gesellschaft als schuldige Akteure gebrandmarkt werden. In Pestzeiten wurden die Juden als Brunnenvergifter attackiert, vertrieben und ermordet, es kam in grossem Umfang zu Judenpogromen. Aber auch Fremde wie zum Beispiel Handelsreisende konnten in Verdacht geraten und massakriert werden. 1771 wurde während der Pest in Moskau ein Erzbischof erschlagen, weil er mit einer durchaus rationalen hygienischen Begründung ein verehrtes Standbild der Madonna, zu dem die Massen strömten, entfernen liess. Was aus seiner (und aus heutiger) Sicht eine notwendige hygienische Massnahme war, wurde jedoch von der Masse als Gotteslästerung empfunden.[17] In Zeiten der aufflammenden Cholera-Epidemien im 19. Jahrhundert gerieten sogar Ärzte ins Visier. Man unterstellte ihnen, die Seuche zu verbreiten, um die von der Cholera besonders betroffenen Armen aus dem Weg zu räumen. Manch einer verlor bei den Cholera-Unruhen sein Leben.[18] Im Falle der «Franzosenkrankheit», wie die Syphilis im deutschen Sprachraum seit dem 16. Jahrhundert genannt wurde, lässt sich beobachten, wie der Ursprung von Seuchen gerne dem als Feind empfundenen Nachbarn zugeschrieben wird. Der Topos von den moralisch zweifelhaften «Welschen» (insbesondere Franzosen), die wegen ihrer liederlichen Lebensart verweichlichen und der ansteckenden Krankheit («Lustseuche») anheimfallen, war durch die Jahrhunderte hinweg weit verbreitet.

Die Schuldfrage schafft in Seuchenzeiten regelmässig Feindbilder. In der Corona-Krise sind es nicht mehr die Juden oder Franzosen, die im Verdacht von Unheilstiftern stehen, sondern demonstrierende «Querdenker», undisziplinierte Touristen und schliesslich alle Ungeimpften, die sich dem Corona-Regime nicht fügen und somit per se als Treiber der «Pandemie» gebrandmarkt werden. Sie erscheinen als «Corona-Leugner», letztlich Volksschädlinge, gegen die mit allen möglichen Mitteln vorgegangen werden muss, um eine Verbreitung der Seuche zu verhindern. Der Ruf nach harten Strafen wird allenthalben laut. Das Denunziantentum schiesst ins Kraut, wie es immer in Seuchenzeiten zu beobachten ist. So bot in der frühen Neuzeit die hochentwickelte venezianische Gesundheitsbehörde einen Briefkasten an, in den Bürger anonym ihre Anzeigen bei Verdachtsfällen einwerfen konnten. Ein mir bekannter Fahrradhändler bekam im Sommer 2020 Besuch von der Polizei und wurde vernommen. Jemand hatte ihn anonym angezeigt, weil er auf offener Strasse im Gespräch mit einem Kunden keine Maske getragen habe. So gedeiht ein Klima der Verdächtigung, des Misstrauens, der Feindseligkeit, in der «Sündenböcke» allzu leicht gefunden werden.

Wir haben es hier mit Auswirkungen einer mentalen Ansteckung zu tun – einer geistigen Epidemie als Kehrseite einer mikrobiologischen oder viralen. Diese Redeweise ist nicht lediglich als Metapher zu verstehen – so, als ob die medizinisch definierte Epidemie nur die geistige oder mentale im «übertragenen Sinne» veranschaulichen wolle und deshalb weniger triftig sei. Denn Letztere hat oft nicht weniger fatale Folgen wie Erstere. Geistig angesteckte Menschen können – einzeln oder in Gruppen oder Massen – grossartige Wohltaten, aber auch schlimme Untaten vollbringen, Grandioses oder Ungeheuerliches leisten. Und Letzteres kann sich ebenso verheerend wie eine grassierende (materielle) Seuche auswirken.

Historische Seuchen: Zur Relativierung von Covid-19

Unter dem Eindruck der Corona-Krise wurden zahlreiche Schriften – Sachbücher, Essays, Romane – verfasst. Nicht zuletzt sah sich die professionelle Medizinhistoriografie herausgefordert, wie etwa die Plattform des Fachverbands Medizingeschichte[19] und die der Deutschen Gesellschaft für Krankenhausgeschichte[20] zeigen. Dabei wurde Covid-19 mit anderen Seuchen, insbesondere Pest und Spanischer Grippe, in Beziehung gesetzt. Oft fehlt jedoch eine kritische Relativierung der Corona-Krise im Vergleich mit früheren Seuchen. Nach meinem Eindruck tragen historische Seuchenerzählungen nur zur Anreicherung der aktuellen Seuchenangst bei, anstatt von dieser zu entlasten.

Wie haben wir nun die Corona-Pandemie einzuordnen? Die *Pest* war keineswegs auf den «Schwarzen Tod», das «grosse Sterben» in der Mitte des 14. Jahrhunderts beschränkt. Bis zu Anfang des 18. Jahrhunderts wurde Europa von immer wiederkehrenden Pestzügen heimgesucht. Die stets drohende Seuchengefahr prägte das Alltagsleben und schuf ein Bewusstsein für die Hinfälligkeit des Lebens schlechthin. Das plötzliche massenweise Sterben in den Städten, die Leichenberge, die beseitigt werden mussten, der Abtransport von Pestkranken in spezielle Spitäler («Pesthäuser»), prophylaktische Quarantäne-Massnahmen, der pestilenzialische Gestank, den die Kranken verbreiteten, brannten sich im kollektiven Gedächtnis ein. Die ökonomischen, kulturellen und religiösen Folgen waren, abgesehen von den medizinischen und gesundheitspolitischen, enorm. Spiegelt dieses umwälzende Geschehen der Pest nicht das der Corona-Pandemie wider, was gegenwärtige Darstellungen manchmal nahelegen? Nach meinem Eindruck: keineswegs! Trotz der dramatischen Bilder aus Wuhan, Norditalien und New York konnte von Leichenbergen in den allermeisten Städten – zumindest in Deutschland – nicht die Rede sein. Auch die so genannte Übersterblichkeit ist zumindest hierzulande im Vergleich zu Pestzügen in früheren Jahrhunderten kaum der Rede wert. So wenig vergleichbar die medizinischen und gesundheitspolitischen Folgen der Pest mit denen der Corona-Pandemie in der gegenwärtigen Lage auch sein mögen, politökonomische Umwälzungen, gewissermassen die Neuordnung der Welt, wie sie durch die Pest bewirkt wurden, könnten – freilich in moderner Form – auch von der Corona-Krise ausgelöst werden. Dies kann niemand vorhersagen.

Wie steht es mit der *Syphilis?* Sie hatte in der frühen Neuzeit durchaus die Qualität einer Pandemie. Sie verbreitete sich in kurzer Zeit global, vor allem in Verbindung mit Kriegszügen. Als «Geschlechtskrankheit» wurde sie besonders durch Geschlechtsverkehr übertragen, wobei Promiskuität und Prostitution entscheidend zu ihrer Ausbreitung beitrugen. Die Spätfolgen (progressive Paralyse, *Tabes dorsalis),* die erst Ende des 19. Jahrhunderts als Formen der Syphilis erkannt wurden, hatten um 1900 ein ungeheures Ausmass erlangt. Etwa ein Drittel der Insassen von Irrenanstalten litten damals an ihnen. Der Unterschied zu Covid-19 liegt auf der Hand: der sehr spezielle Übertragungsweg, die gravierenden Spätfolgen bei Nichtbehandlung sowie die effektive antibiotische Therapie. So hat die Syphilis heute trotz ihrer weltweiten Verbreitung nicht mehr die Qualität einer bedrohlichen Pandemie.

Die *Pocken* («Blattern») haben die Menschheit wahrscheinlich heimgesucht, seit es Menschen gibt. Sie gehören zu den gefährlichsten und tödlichsten Infektionskrankheiten. Zu den verheerendsten Seuchenzügen zählt die Pockenepidemie nach der «Entdeckung» und Eroberung Amerikas durch die Europäer, welche die indigene Bevölkerung mehr als dezimierte. Ende des 18. Jahrhunderts starben in Europa etwa 10 Prozent der Kleinkinder an «Kindsblattern». Vor dem Hintergrund von jährlich vielen Hunderttausend Toten war die von Edward Jenner 1796 eingeführte Pockenschutzimpfung («Vakzination») eine lebensrettende Grosstat, ein Meilenstein der Medizingeschichte. Verglichen mit dem Corona-Virus war das Pocken-Virus tatsächlich ein *Superkiller,* der alle Lebensalter betraf, eine hohe Letalität aufwies und nicht nur entstellende Narben auf der Haut hinterliess, sondern in schweren Fällen auch Organe dauerhaft schädigen und zur Erblindung führen konnte. Auch das Corona-Virus kann für vulnerable Personen bestimmter

Risikogruppen höchst gefährlich werden und tödlich sein – aber ein vergleichbares Killervirus ist es sicherlich nicht.

Kaum eine andere Infektionskrankheit hängt so eng mit dem Hygienestandard einer Gesellschaft zusammen wie die *Cholera*. Die «Pest des 19. Jahrhunderts» grassierte in einer Zeit des sozialen Umbruchs mit elenden Lebens- und Wohnverhältnissen, die mit der industriellen Revolution einherging und für das wachsende Proletariat und Subproletariat besonders bedrohlich waren. Offensichtlich ist aber ein epidemischer Brechdurchfall nicht mit Covid-19 zu vergleichen: Entstehungsbedingungen, Übertragungswege, Symptomatik und therapeutische Möglichkeiten sind grundverschieden. Ein Ausbruch der Cholera signalisiert direkt einen allgemeinen hygienischen Notstand, dem mit medizinischen und sozialen Hilfsmassnahmen umgehend wirksam abgeholfen werden kann oder könnte. Bei Covid-19 ist dies anders, obwohl auch hier der schlechtere Gesundheitszustand von sozialen Randgruppen als Risikofaktor eine erhebliche Rolle spielt.

Die *Tuberkulose* und hier vor allem die Lungentuberkulose war im Zeitalter der industriellen Revolution und der damit einhergehenden Pauperisierung der Bevölkerung eine schreckliche Plage. Mangelernährung, schlechte Wohn- und Arbeitsverhältnisse begünstigten die «Schwindsucht». Freilich konnten auch besser Situierte von der Krankheit betroffen werden. Ihr chronischer Verlauf, das langsame Dahinsiechen zeichnete den «Schwindsüchtigen». Unter den Infektionskrankheiten ist die Lungentuberkulose in der Medizingeschichte sicher die ästhetisch ansprechendste. Künstler konnten weiterhin kreativ sein, ehe ihnen die Krankheit die letzten Kräfte raubte, wie die illustre Reihe tuberkulosekranker Schriftsteller und Künstler belegt. Die «Schwindsucht» ist nicht sehr ansteckend und sehr viele Menschen werden mit dem Erreger fertig, ohne zu erkranken. Seit Mitte des 20. Jahrhunderts steht eine antibiotische Therapie zur Verfügung. Die akute spezifische Lungenentzündung von Covid-19-Kranken hat – abgesehen von anderen Organstörungen – mit dem Krankheitsbild der Lungentuberkulose nichts gemein.

Die *Spanische Grippe* von 1918/19 gilt als das Musterbeispiel einer Pandemie, die sich innerhalb kurzer Zeit global verbreitete, zu umfassenden Abwehrmassnahmen führte und eine riesige Anzahl von Opfern forderte. Sie wird heute regelmässig mit dem pandemischen Geschehen von Covid-19 in Verbindung gebracht. Im Vordergrund der Symptomatik stand die Lungenentzündung. Zeitgenössische Abbildungen zeigen Pflegekräfte und Ärzte mit Mund-Nasen-Schutz und in Schutzkleidung, die ganz an das heutige Outfit erinnert. Dennoch gibt es gravierende Unterschiede. Zum einen sticht die unvergleichlich höhere Zahl von Todesopfern bei der Spanischen Grippe ins Auge, die vorzugsweise junge Erwachsene dahinraffte; zum anderen fiel ihr Ausbruch mit den sozialen Erschütterungen am Ende des Ersten Weltkriegs und deren gesundheitlichen Folgen zusammen. Beide

Aspekte treffen auf die Corona-Pandemie nicht zu. Bei einer Weltbevölkerung von derzeit 7,6 Milliarden Menschen müssten heute – verglichen mit der Spanischen Grippe (geschätzt 20 bis 50 Millionen Tote bei einer Weltbevölkerung von 1,8 Milliarden Menschen) – an Covid-19 zwischen 80 und 200 Millionen Menschen sterben! Tatsächlich sind bis zum Stichtag 17. September 2021 angeblich insgesamt 4,5 Millionen «Todesopfer im Zusammenhang mit dem Corona-Virus» zu verzeichnen.[21] Der kritischen Frage, wie dieser «Zusammenhang» genauer definiert wird und möglicherweise zu einer Verzerrung der Zahl der Sterbefälle führt, kann ich als epidemiologischer Laie nicht nachgehen.

Unser Streifzug durch die Seuchengeschichte hat einen merkwürdigen Befund zutage gefördert: Seuchen, die als Epidemien oder Pandemien zu bezeichnen sind, haben in ihrer jeweiligen Eigenart (Übertragung, Infektiosität, Krankheitsbild, Letalität) weniger miteinander gemein, als man zunächst annehmen würde. Wie können wir Covid-19 – mit unserem augenblicklichen Wissen – einordnen? Nach der Definition der WHO haben wir es mit einer «Pandemie» zu tun. Aber ihre Gefährlichkeit ist wohl kaum mit den verheerenden Seuchenzügen früherer Zeiten – insbesondere Pest- oder Pockenepidemien – vergleichbar.

Nocebo-Effekt: Schadenszauber durch Angst und Schrecken

Wie lässt sich der *Lockdown* rational begründen, der in so vielen Ländern weltweit fast gleichzeitig durchexerziert wurde? Der katastrophale wirtschaftliche und soziale Auswirkungen gehabt hat und noch haben wird? Eine mögliche Erklärung könnte sein: Nicht die materielle Ansteckung war das ausschlaggebende Moment bei den betreffenden politischen Entscheidungen, sondern die mentale. Sie löste eine Art Massenpsychose aus, die sich als kollektive Panikreaktion äusserte. Dieser konnten sich auch die meisten Politiker und Wissenschaftler nicht entziehen. Blicken wir auf die Situation vor rund 100 Jahren: Seltsamerweise wurde trotz der ausserordentlich hohen Opferzahlen die Spanische Grippe nicht von einer mentalen Ansteckung begleitet; freilich war es wenige Jahre zuvor bereits zu einer solchen gekommen, als nämlich Millionen junger Männer mit grossem Hurra auf die Schlachtfelder des Ersten Weltkriegs zogen, um dort zu verbluten.

Die Katastrophenerwartung kann in die Katastrophe führen, man denke an die *self-fulfilling prophecy,* die der US-amerikanische Soziologe Robert K. Merton als sozialen Mechanismus definierte.[22] Es ist interessant, dass die Corona-Krise just dann ausbrach, als die Kampagne für die «Klimarettung» einen Höhepunkt erreicht und seine grösste Durchschlagskraft in der politischen und medialen Öffentlichkeit entfaltet hatte. Wie lässt sich die Ausbreitung und sich überlappende Verstärkung solcher Untergangsängste erklären? Es ist wohl hilfreich, den Begriff der Suggestion bzw. Massensuggestion näher zu beleuchten. Der französische Internist Hippolyte Bernheim, ein Begründer der modernen Psychotherapie (und entscheidender Impulsgeber für Sigmund Freuds psychodynamische Lehre) hat in den 1880er Jahren den (medizinpsychologischen) Begriff der Suggestion in die medizinische Fachsprache eingeführt.[23] Sein wichtigster Lehrsatz lautete: «Das Wort allein genügt», um als Arzt erfolgreich zu suggerieren und mit therapeutischer Zielsetzung zu hypnotisieren. Denn mit dem Wort wird ein bestimmtes Vorstellungsbild wachgerufen und vor Augen gestellt, das dann automatisch seine psychosomatische Wirkung entfaltet.

Die Bevölkerung hat in der Corona-Krise eine Reihe von suggestiven Reizwörtern verinnerlicht: u. a. «Inzidenzzahl», «Superspreader», «Covidiot». Sie entsprechen denen der Klimakrise: etwa «1,5 Grad», «Kipppunkt», «Klimaleugner». Sie sind ubiquitär verbreitet, werden ständig in den Medien wiederholt und rufen ein Bild wach, das einen Sachverhalt als wissenschaftlich eindeutig bewiesen darstellt, sodass jede weitere Diskussion hinfällig wird. Wir wären hier mit einem klassischen Fall von Massensuggestion konfrontiert. Etwa 40 Jahre vor Bernheim hatte der schottische Chirurg James Braid die ärztliche Hypnose als Therapieform begründet.[24] Er erkannte empirisch, dass durch die Methode der «Augenfixation» ein «nervöser Schlaf» *(nervous sleep)* ausgelöst werden konnte, was er als *«hypnotism»* bezeichnete. Das Fixieren eines Gegenstands mit den Augen, der in kurzer Entfernung vor die Stirn gehalten wird, dient seither als klassische Methode zur Einleitung einer Hypnose. Diese ermüdende und einschläfernde Konzentration nannte Braid «Monoideismus». Im schlafwachen (hypnoiden, somnambulen) Bewusstseinszustand können die unwillkürlichen Funktionen des Organismus beeinflusst und Vorstellungen geweckt werden, die zu entsprechenden Handlungen anleiten. Dabei sind sogenannte posthypnotische Aufträge bemerkenswert, die der Hypnotisierte unbewusst ausführt, nachdem er aus der Hypnose aufgewacht ist. Es ist bekannt, dass Gruppenhypnosen bzw. Massensuggestionen die Intensität des hypnoiden Zustands und die Wirkung von Suggestionen beim betroffenen Individuum verstärken.

Um 1900, dem *Fin de Siècle,* trat die moderne «Massenpsychologie» auf den Plan, die zwei wissenschaftliche Perspektiven jener Epoche miteinander kombinierte: die psychologische Perspektive, die sich auf die soeben skizzierte psychodynamischen Suggestionslehre aus dem Geiste des «Hypnotismus» stützte und die infektiologische, die sich von den Entdeckungen der zeitgenössischen Bakteriologie inspirieren liess und nun in gewisser Analogie von «psychischer Epidemie» sprach. In seiner bis heute populären Schrift «Psychologie der Massen» kombinierte der französische Arzt und Anthropologe Gustave Le Bon diese beiden Blickrichtungen, um vor allem Terror und Gewalt revolutionärer Bewegungen, nicht zuletzt der Französischen Revolution, zu erklären.[25] Den geistigen oder psychischen Ansteckungsstoff nannte er *«contagion mentale»*. Freilich gab es gegenüber dieser kulturpessimistischen Sicht der Massenpsychologie wenig später sozusagen eine optimistische Wendung. Edward Bernays, ein Neffe Sigmund Freuds, begründete in den USA sehr erfolgreich die sozialpsychologisch wirksamen Instrumente der «Propaganda» im weitesten Sinne – von der Kriegspropaganda bis zur Werbepsychologie – und prägte den Begriff der *«Public Relations»*. Ein markanter Ausspruch lautet: «Die bewusste und intelligente Manipulation der organisierten Gewohnheiten und Meinungen der Massen ist ein wichtiges Element der demokratischen Gesellschaft. Diejenigen, die diesen unsichtbaren Mechanismus der Gesellschaft manipulieren, bilden eine unsichtbare Regierung, die die wahre herrschende Macht unseres Landes ist.»[26]

Ist die Kenntnis eines solchen historischen Hintergrunds hilfreich, den politisch-medialen Umgang mit der Corona-Krise besser zu begreifen? Sie kann uns zumindest dazu anregen, materielle und mentale Ansteckung zusammenzudenken. Hypnotisch wirkende Massensuggestionen durch die Massenmedien waren und sind höchst auffällig: Zum einen das sich ständig wiederholende Verlesen von Zahlen (Inzidenz, Sterbefälle, Infektionsrate etc.) in den Nachrichtensendungen mit entsprechenden Warnungen und Verhaltensregeln (etwa *«stay at home»*, satirisch widergespiegelt durch die Künstleraktion #allesdichtmachen[27]), zum anderen die erschreckenden Bilder von beatmeten Covid-19-Patienten auf Intensivstationen oder auch aufeinander gestapelten Särgen, die mit Militärtransportern abtransportiert wurden, schürten die Angst und verbreiteten Panik. Ikonografisch interessant ist der für Corona spezifische «Monoideismus»: Den Menschen wurde auf allen Wegen *ein* Bild vor Augen gestellt, dem sich niemand entziehen konnte und das alle zu fixieren hatten: das Corona-Virus als Kugel, die mit rötlich gefärbten Stacheln (Spike-Proteinen) besetzt ist. Könnte man hier nicht von einer imaginären Sonnenfinsternis sprechen, die dadurch verursacht wird, dass sich das (höllische) Corona-Virus vor die (göttliche) Sonne geschoben hat und nun die Erde verdunkelt? (Abbildung 3) Die mentale Ansteckung, welche zur psychischen Epi-

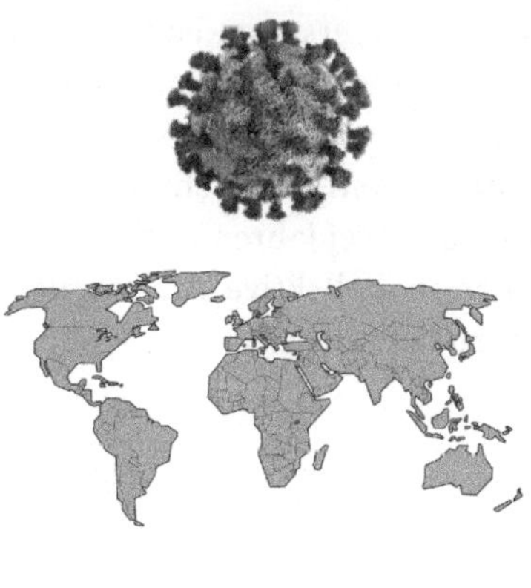

Abbildung 3:
Das Coronavirus schwebt über der Erdkarte[28]

demie oder Pandemie führt, wurde bei der Corona-Krise meines Erachtens deutlicher als bei allen früheren Seuchen der Menschheitsgeschichte. Denn sie wurde dank der Informationstechnologie und ihrer globalen Vernetzung – wobei genetische Testverfahren wie der PCR-Test eine Schlüsselrolle spielten – quasi mit Lichtgeschwindigkeit über den Erdball verbreitet, die Epidemie ging «viral». Fernsehen, Hörfunk, Zeitungen, soziale Medien berichteten unablässig von der Verbreitung und den Gefahren der Epidemie, was eine Katastrophenstimmung erzeugte, eine seit dem Zweiten Weltkrieg nicht mehr erlebte Untergangsangst. Kritische Stimmen hatten der Macht dieses allgemeinen Sogs wenig entgegenzusetzen.

Der destruktive «Zwillingsbruder» des Placebo-Effekts ist der Nocebo-Effekt.[29] Die konträre Wirkung der beiden wird seit einigen Jahrzehnten in ihrer psychosomatischen Bedeutung für Heilungs- bzw. Krankheitsprozesse erforscht und als grundlegender Faktor bei *jeder* medizinischen Massnahme anerkannt. «Placebo» [lat.= ich werde gefallen] und «Nocebo» [lat. = ich werde schaden] beschreiben letztlich Begleitfaktoren, die *jeder* zwischenmenschlichen Begegnung, nicht zuletzt der Arzt-Patient-Beziehung innewohnen. Wir könnten sie als «Heilzauber» versus «Schadenszauber» bezeichnen. Gemäss der modernen Stresstheorie und den Erkenntnissen der Immunologie ist wohl unbestritten, dass Angst und Schrecken das Immunsystem schwächen und für Infektionen anfällig machen. Insofern wirkt die systematisch betriebene Angstmacherei als ein gewaltiges Nocebo, gewissermassen als ein mächtiger Schadenszauber. In welchem Ausmass sie gesundheitliche Schäden (als Teil der «Kollateralschäden» insgesamt) angerichtet hat, haben künftige Forschungen herauszufinden.

Nun könnte man einwenden, dass in einer «epidemischen Lage von nationaler Tragweite»[30] rigide Massnahmen durchgesetzt werden müssen, dass die Menschen in Angst versetzt werden müssen, um sich dem absolut notwendigen hygienischen Regime zu unterwerfen. Hier sind wir wieder bei der oben erörterten Frage angelangt: Haben wir es überhaupt mit einer «Pandemie» im klassischen Sinne (bei der die PCR-Testung keine Rolle spielte) zu tun? Es gibt berechtigte Zweifel. An dieser Stelle ist es hilfreich, zwischen «realer» und «neurotischer Angst» (Sigmund Freud)[31] zu unterscheiden: Im ersteren Falle sind wir von einer wirklichen Lebensgefahr, einem materiellen (äusseren) Feind, bedroht, im letzteren ist diese Gefahr «nur» in unserer Fantasie vorhanden, stellt aber gleichwohl eine «psychische Realität» dar, die uns nicht weniger erschüttern und schädigen kann. Vieles spricht aus dem Abstand von fast zwei Jahren nach Ausbruch der Corona-Krise dafür, dass die Pandemie eher als kollektive Angstneurose, denn als verheerende Seuche im klassischen Sinn zu begreifen ist.

Politisierte Wissenschaft: Ein Instrument totalitärer Ideologie

Wissenschaftsbasierte Politikberatung hat schon lange vor der Corona-Krise im öffentlichen Diskurs ein immer stärkeres Gewicht bekommen. Hierbei hat sich ein Wechselspiel zwischen drei Hauptakteuren herausgebildet: Wissenschaft, Politik und Medien. In der Corona-Krise ist seine Mechanik deutlich zutage getreten. Die Politik, vornehmlich die Regierung, lässt sich von wissenschaftlichen Expertengremien beraten, die sie in der Regel beruft bzw. anfragt. Sie legitimiert ihre Entscheidungen in der Regel mit Stellungnahmen und Gutachten aus «der» Wissenschaft. Die Medien verstehen sich dabei als Agenturen der Wissenschaftskommunikation, d.h. sie sehen ihre Aufgabe darin, schwer zu verstehende Sachverhalte aus der Wissenschaft für die Öffentlichkeit allgemeinverständlich darzustellen. Die Problematik ergibt sich aus dem Verständnis oder – besser gesagt – Missverständnis von «Wissenschaft». Was sich in der Klimakrise (Klimawandel, Klimanotstand, Klimakatastrophe, Energiewende) seit vielen Jahren schon offenbart hat, zeigte sich auch in der Corona-Krise: Aufgrund bestimmter prognostischer Modellrechnungen, die eindeutige Zahlenwerte generieren, an deren wissenschaftlichen Evidenz angeblich keine Zweifel bestehen können, verordnet die Politik einschneidende Massnahmen, die u.a. die Grundrechte bzw. Eigentumsrechte mehr oder weniger einschränken bzw. aufheben. Die politischen Entscheider verweisen dann auf «die» Wissenschaft, um ihre Massnahmen als rational und alternativlos darzustellen. Die schlichte Tatsache, dass es in der *Scientific Community* widersprüchliche, ja gegensätzliche Positionen von gleichermassen seriösen Wissenschaftlern gibt – was wissenschaftshistorisch oder epistemologisch betrachtet alles andere als verwunderlich ist –, wird ausgeblendet bzw. muss im politischen Geschäft ausgeblendet werden.

Wie kommt es zu einer solchen Politisierung der Wissenschaft? Zunächst muss man mit dem «Bias» von Wissenschaftlern rechnen, die ihre Forschungen selbstverständlich nicht im luftleeren Raum unabhängig von persönlichen und beruflichen Interessen betreiben. Der Virologe wird im Falle einer Pandemie gewiss eine Aufwertung und grössere Wertschätzung seiner Expertise erfahren als in (relativ) seuchenfreien Zeiten. Ist dies nicht eine *zusätzliche* Motivation, Alarm zu schlagen und öffentlichkeitswirksam aufzutreten, wenn nach seiner fachlichen Einschätzung der Lage eine Epidemie droht oder drohen könnte? Wie geht er mit der Versuchung um, in unsicherer Lage bestimmten Erwartungen von Politik und Medien zu widerstehen und sich mit Warnungen zurückzuhalten oder gar Entwarnung zu geben, wenn sich die Gefährlichkeit eines Erregers als nicht so gravierend herausstellt?

Führende Politiker traten gemeinsam mit Wissenschaftlern auf, die sie als Berater hinzugezogen hatten, die nun die Rolle übernahmen, mit ihren Stellungnahmen «die» Wissenschaft zu repräsentieren – als Grundlage für wissenschaftlich abgesichertes Regierungshandeln. Einige Umstände machen jedoch stutzig. Als wissenschaftliche Berater wurden zunächst nur Vertreter einer relativ kleinen Gruppe von biomedizinischen Fächern (insbesondere Virologie, Epidemiologie, Biomathematik) hinzugezogen. Hierbei legte man sich auf einen bestimmten Kreis von Experten fest und klammerte jene Fachvertreter aus, die zu anderen Ergebnissen und Schlussfolgerungen gekommen waren. Fragwürdig war auch, dass ein weites Feld von relevanten medizinischen Fächern (von der Pathologie bis hin zu den klinischen Disziplinen) weniger Beachtung fand. Weniger Gehör fanden auch Vertreter der Sozial- und Geisteswissenschaften, die wichtige Aspekte beizutragen gehabt hätten, von der Pädagogik und Sozialpsychologie bis hin zur Geschichts- und Religionswissenschaft. Die Verantwortung für diese Engführung der wissenschaftlichen Beratung tragen die politischen Entscheider, deren Führungsqualität sich gerade an der Auswahl ihrer Berater bemisst, die sie berufen und denen sie ihr Ohr leihen.

So kam es zum Schulterschluss von Politik, Wissenschaft und Medien. Gewisse Fragen drängen sich auf: Wurde die Wissenschaft von der Politik instrumentalisiert? Inwieweit hat sie sich von ihr instrumentalisieren lassen? Können überhaupt aus wissenschaftlichen Kalkulationen politische Entscheidungen abgeleitet werden? Wer dies bejaht, geht davon aus, dass die Wissenschaft eindeutig in der Lage ist, angesichts einer Problemlage die absolute Wahrheit zu erfassen. Dies würde wiederum bedeuten, dass alle, die diese «Wahrheit» in Frage stellen, als «Leugner» erscheinen – was an «Apostaten», «Ketzer» oder «Ungläubige» in der Religionsgeschichte erinnert. In der Corona-Krise kam es also zu einer verstärkten Politisierung der Wissenschaft, was als eine Verwissenschaftlichung der Politik daherkam – ein Vorgang, der zur «Erosion» der Demokratie führe, wie der Politikwissenschaftler Wolfgang Merkel in seiner Abschiedsvorlesung kürzlich herausstellte.[32] Kritiker dieses Zusammenspiels müssen dann als unliebsame Spielverderber erscheinen. Man dürfe «so einen Gelehrten mit Fug und Recht einen instinktlosen Nestbeschmutzer nennen», einen «Fliegenfänger», meinte ein renommierter Wissenschaftsjournalist der F.A.Z. – Bezug nehmend auf die Instinkttheorie von Konrad Lorenz – über ein Mitglied der Leopoldina, das sich kritisch über die Politikberatung der Akademie in der Corona-Krise geäussert hatte.[33]

Aktuelle Beispiele für eine politisierte Wissenschaft liegen auf der Hand. Da gibt es Entertainer mit Doktortitel, die im öffentlich-rechtlichen Rundfunk Fernsehshows produzieren, in denen sie ihre Meinung zu Corona oder Klima in unterhaltsamer Weise als unzweifelhaft durch «die» Wissenschaft erwiesen ausgeben. Da gibt es hervorragend forschende Professoren in exzellenten wissenschaftlichen Einrichtungen, die sich plötzlich im Rampenlicht der Öffentlichkeit sehen, ohne dass sie dies primär angestrebt hätten, und die sich nun von der politisch-medialen Scheinwelt blenden lassen, in die sie hineingeraten sind. Der Glanz ist verführerisch. Wer so weit gekommen ist, dem fällt es schwer, die in ihn gesetzten Erwartungen zu enttäuschen.

Inwiefern kann hieraus eine totalitäre Gefahr erwachsen? Sie ist in der Tatsache begründet, dass mit Hilfe der politisierten Wissenschaft politischen Entscheidungen der Stempel der alleinigen (wissenschaftlichen) Wahrheit aufgedrückt wird, womit autoritäre Eingriffe und Übergriffe im Alltagsleben legitimiert werden können. Entsprechende politische Massnahmen sind dann scheinbar alternativlos. Dies hat gravierende Folgen: Widerspruch ist ausgeschlossen, Zuwiderhandlungen sind strafbar, Meinungsfreiheit (im Sinne von *free speech)* wird reglementiert (etwa missliebige Bekundungen auf Youtube oder Facebook gelöscht), der demokratische und notwendigerweise kontroverse Diskurs wird eingeschränkt oder gänzlich unmöglich gemacht *(cancel culture).* Es ist kein Zufall, dass George Orwells Buch «1984» wohl zu keinem Zeitpunkt seit seinem Erscheinen 1948 stärker beachtet worden ist als heutzutage.

Historische Beispiele politisierter Wissenschaft sollten uns zur Warnung und Orientierung dienen. Ich möchte hier nur zwei aus dem 20. Jahrhundert erwähnen. Sie zeigen in krasser Weise, welche Bedeutung wissenschaftliche bzw. pseudowissenschaftliche Theorien für totalitäre Systeme haben können. Sie dienten damals zur ideologischen Verankerung der Machthaber und rechtfertigten im Namen der Wissenschaft deren Verbrechen: zum einen die Rassen- und Erblehre als ideologischer Dreh- und Angelpunkt im Nationalsozialismus, zum anderen die genetische Irrlehre des Lyssenkoismus, die das stalinistische Regime der Sowjetunion gewaltsam gegen alle Kritik durchsetzte, und die viele Opfer forderte. Die beiden Beispiele zeigen dreierlei: (1) Politisierte Wissenschaft im Schulterschluss mit der politischen Macht verliert ihren Wert und ihre Würde als Wissenschaft. Sie ist insofern keine Wissenschaft mehr, sondern wird zu einer unantastbaren Ideologie. (2) Wissenschaftler, die sich auf dieses Feld begeben, dienen einer Herrschaft, die sie der «Wissenschaftsfreiheit» beraubt und gewissermassen zu ihren Gefangenen macht. (3) Politiker, die sich der Wissenschaft aus strategischen Gründen nur insoweit bedienen, wie sie ihren propagandistischen Zwecken entspricht, beschädigen die Demokratie und leisten totalitären Tendenzen Vorschub. In diesem Zusammenhang sei auf die kürzlich veröffentlichte kritische Stellungnahme des US-amerikanischen Epidemiologen John P.A. Ioannidis vom 9. September 2021 hingewiesen: *«How the Pandemic is Changing the Norms of Science»*.[34] «Weise» Politiker achten die Wissenschaftsfreiheit und deren Kultur, denn sie wissen, dass die zu erforschende Realität sich nicht nach ideologischen Maximen oder Parteitagsbeschlüssen richtet und eine Wissenschaft, die sich diesen unterwirft, auf Abwege führt.

Ausblick

Wenn sich politisierte Wissenschaft tatsächlich von den politischen Entscheidern vereinnahmen lässt, steht natürlich die Frage im Raum, wie dieser Gefahr begegnet werden kann. Ein erster Schritt zu ihrer Abwendung wäre es, die Wirkmechanismen des Nocebo-Effekts (im weiteren Sinne) wahrzunehmen, zu erkennen und zu erforschen – im Falle der Corona-Krise etwa die Folgen der ständig wiederholten Horrormeldungen und Schreckensbilder, die zu einer Dauerangst führen und den gesellschaftlichen Zusammenhalt zerrütten, die Immunabwehr schwächen und für Krankheiten anfällig machen. Das Erkennen schädigender Einflüsse hat für den menschlichen Organismus bereits eine schützende Wirkung und leitet über zum zweiten Schritt, nämlich zur Stärkung der Abwehrkräfte, der «Resilienz» des Organismus. Die historisch zu verortenden Schlüsselbegriffe sind bekannt: von der «Heilkraft der Natur» (*physis, vis medicatrix naturae;* antike Medizin), über den «inneren Arzt» (Paracelsus; 16. Jahrhundert) bis hin zum «Placebo-Effekt» (20. Jahrhundert). Das soziale Leben in der Corona-Krise ist geprägt von der Kultivierung feindseliger Attitüden: Die Abwehr des gefährlichen Virus, das überall lauern kann, bedeutet zugleich Abwehr der Mitmenschen als potenzielle Infektionsquelle, symbolisiert durch Gesichtsmaske und Abstandsgebot (quasi Unterbindung des körperlichen wie emotionalen Kontakts). Das soziale Klima wird somit über Monate und Jahre hinweg von allseitigem Misstrauen und ängstlicher Selbstisolation bestimmt. Mit anderen Worten: Die hygienischen Dauermassnahmen zur Bekämpfung der «Pandemie» wirken kollektiv als ein Nocebo. Demgegenüber fehlt eine allgemeine Strategie zur Stärkung des Placebo-Effekts im Sinne der Psychohygiene. Das ist nicht verwunderlich, wenn man ausschliesslich die materielle Ansteckung, nicht aber die mentale im Visier hat. Es kann für den Einzelnen wie für die Gesellschaft gefährlich werden, wenn Individuen ihr kritisches Selbstbewusstsein ausschalten und sich emotional von einer ideologisch vorherrschenden Strömung *(mainstream)* mitreissen lassen. Der dritte und wahrscheinlich entscheidende Schritt, um der totalitären Gefahr die Stirn zu bieten, ist das ständige Üben der Selbstbesinnung des Einzelnen, der wach bleibt und sich von der suggestiven Gleichschaltung nicht einschläfern lässt. Dieses Vorhaben ist in der Geistesgeschichte mit Begriffen wie «*Gnothi sauton*», «*Sapere aude*», «Ich-Stärkung» oder «Individuation» bezeichnet worden.

In der Art und Weise, wie man offiziell mit der Pandemie umgeht, offenbart sich ein biologistisches Menschenbild: Seelische und geistige Dimensionen spielen auf dem Feld der reinen Biomedizin («molekulare Medizin») keine Rolle. So scheinen Begriffe wie «Freiheit» und «Selbstverantwortung» für die wissenschaftliche Auseinandersetzung mit der Pandemie und die davon abgeleiteten Hygienemassnahmen irrelevant zu sein. Die massgeblichen Instanzen der Politik scheinen diese Auffassung zu teilen, ebenso die Phalanx der Medien. Und sie befinden sich gemäss Umfragen und Wahlergebnissen im Einklang mit der Mehrheit der Bevölkerung. Dies sollte uns zu denken geben. *Lessons learned?* Offenbar noch nicht ganz. Für (kritische) Wissenschaftler bleibt da einiges zu tun – nämlich für «Bildung», «Freiheit» und «Wohlstand» (Virchow) zu kämpfen, um epidemischem Elend welcher Art auch immer vorzubeugen.

Referenzen

1 Virchow, Mittheilungen, S. 164 bzw. 169.
2 Aphorismus 156; http://www.nietzschesource.org/#eKGWB/JGB (15.10.2021)
3 Vgl. Heideggers Rede in Meßkirch 1955: https://www.youtube.com/watch?v=1LESPZ-Xd_0&t=593s (29.09.2021)
4 Vgl. Schott, Corona.
5 Stand: Ende Oktober 2021.
6 Vgl. Schott, Magie, hier: 20. und 21. Kapitel, S. 422–464.
7 File:16 Pestbild Kopie.jpg. (2021, June 22). *Wikimedia Commons, the free media repository.* Retrieved 14:38, January 27, 2022 from https://commons.wikimedia.org/w/index.php?title=File:16_Pestbild_Kopie.jpg&oldid=570614836.
8 https://www.zeitzeugnisse.ch/detail.php?id=267&stype=4 (19.09.2021)
9 https://www.wikiwand.com/de/Der_heilige_Sebastian_(Antonello_da_Messina) (28.09.2021)
10 https://www.aerzteblatt.de/nachrichten/127061/Eine-Coronapandemie-der-Ungeimpften (7.09.2021)
11 Vgl. dazu auch den Beitrag von Beck zur Impfung, Abschnitt 1 auf Seite 202f.
12 Die jüngst aufgebrochene Debatte über den Impfstatus des Fussballspielers Joshua Kimmich ist bezeichnend; vgl. https://www.merkur.de/politik/joshua-kimmich-impfung-fc-bayern-merkel-corona-ethikrat-seibert-buyx-hoeness-news-91074486.html (27.10.2021).
13 https://www.wikiwand.com/de/S%C3%BCndenbock (4.10.2021)
14 Vgl. Topitsch, Marxismus; siehe das sprichwörtliche «Arbeiter- und Bauernparadies DDR».
15 Siehe Beschluss des Ersten Senats des Bundesverfassungsgerichts vom 24. März 2021 https://www.bundesverfassungsgericht.de/SharedDocs/Entscheidungen/DE/2021/03/rs20210324_1bvr265618.html (12.10.2021)
16 https://www.wikiwand.com/de/Klaus_Hasselmann (12.10.2021)
17 https://www.deutschlandfunk.de/die-moskauer-pestrevolte-vor-250-jahren-infektionsschutz.871.de.html?dram:article_id=503062 (16.09.2021)
18 Vgl. Stolberg, Cholera.
19 https://www.fachverband-medizingeschichte.de/seuchengeschichte-covid-19 (19.09.2021)
20 https://www.krankenhausgeschichte.de/de/home/covid19 (6.10.2021)
21 https://de.statista.com/statistik/daten/studie/1103240/umfrage/entwicklung-der-weltweiten-todesfaelle-aufgrund-des-coronavirus/ (19.09.2021)
22 Merton, Self-fulfilling prophecy.
23 Bernheim, Suggestion.
24 Braid, Neurypnology.
25 Le Bon, Psychologie des Foules.
26 Bernays, Propaganda; https://www.wikiwand.com/de/Edward_Bernays (28.09.2021)
27 https://www.wikiwand.com/de/Allesdichtmachen (6.10.2021)
28 File:Coronavirus pandemic.png. (2020, October 1). *Wikimedia Commons, the free media repository.* Retrieved 14:42, January 27, 2022 from https://commons.wikimedia.org/w/index.php?title=File:Coronavirus_pandemic.png&oldid=477659137.
29 Schott, «Placebo».
30 Siehe Infektionsschutzgesetz (IfSG), §5, Abs. 1, Satz 4.
31 https://www.projekt-gutenberg.org/freud/vorles1/chap025.html (30.09.2021)
32 Vgl. Artikel von Gerald Wagner «Grenzen der Expertise …» in der FAZ vom 13.10.2021
33 https://www.faz.net/aktuell/wissen/der-querdenker-und-nestbeschmutzer-in-der-nationalakademie-17335955.html (26.09.2021)
34 https://www.tabletmag.com/sections/science/articles/pandemic-science (30.09.2021); deutsche Übersetzung: https://www.achgut.com/artikel/wie_die_pandemie_die_normen_der_wissenschaft_veraendert (30.09.2021)

Literatur

Ärzteblatt.de: Eine Coronapandemie der Ungeimpften, 7.9.2021, https://www.aerzteblatt.de/nachrichten/127061/Eine-Coronapandemie-der-Ungeimpften

Bernheim, Hippolyte: *De la suggestion dans l'état hypnotique et dans l'état de veille.* Paris 1884.

Bernays, Edward L.: *Propaganda.* New York 1928.

Braid, James: *Neurypnology; or, the rationale of nervous sleep in relation with animal magnetism.* London 1843.

https://www.aerzteblatt.de/nachrichten/127061/Eine-Coronapandemie-der-Ungeimpften (7.09.2021)

Heidegger, Martin: *Gelassenheit,* Rede in Meßkirch, 1955. https://www.youtube.com/watch?v=1LESPZ-Xd_0&t=593s (29.09.2021)

Ioannidis, John P. A.: *How the Pandemic is Changing the Norms of Science,* 9.9.2021, https://www.tabletmag.com/sections/science/articles/pandemic-science

Le Bon, Gustave: *Psychologie des Foules.* Paris 1895.

Merton, Robert K.: *The self-fulfilling prophecy.* In: The Antioch Review 8 (1948) No. 2, S. 193–210.

Orwell, George: *1984.* Ullstein, 1994.

Schott, Heinz: *«Placebo» und «Nocebo». Zwei aktuelle Zauberwörter der Medizin.* In: Jahrbuch der Psychoanalyse, Beiheft 25. Stuttgart-Bad Cannstatt 2013, S. 113–128.

Schott, Heinz: *Corona und was die Seuchengeschichte lehrt.* Essay. Norderstedt 2020.

Schott, Heinz: *Magie der Natur. Historische Variationen über ein Motiv der Heilkunst.* Teil 1. Aachen 2014.

Stolberg, Michael: *Die Cholera im 19. Jahrhundert – zum Umgang mit einer neuen Krankheit.* In: Medizin, Romantik und Naturforschung. Bonn im Spiegel des 19. Jahrhunderts. Hg. von Heinz Schott. Bonn 1993, S. 87–109.

Topitsch, Ernst: *Marxismus und Gnosis.* In: Sozialphilosophie zwischen Ideologie und Wissenschaft, Neuwied 1961, S. 235–270.

Virchow, Rudolf: *Mittheilungen über die in Oberschlesien herrschende Typhus-Epidemie* [1848]. In: Gesammelte Abhandlungen aus dem Gebiete der Öffentlichen Medicin und der Seuchenlehre, Erster Band, Berlin 1879.

Wagner, Gerald: Grenzen der Expertise. In: Frankfurter Allgemeine Zeitung, 13.10.2021.

23

Thomas Schweizer

Die Covid-19-Pandemie – ein Tabu

Eine persönlich gehaltene Reflexion

Ich konnte bis vor Kurzem nicht ehrlich über Covid-19 nachdenken, ohne auch die Möglichkeit des Sterbens in den Blick zu fassen. Der Tod erschien mir dann als Schrecken, als sinnloses Ersticken. Ich revoltierte. In meiner Vorstellung wurde mir das Sterbezimmer durch all die Berichte und Vermummungsbilder zu einem Schreckensort am Lebensende. Man möchte sich wegdrehen und streckt dennoch unvermittelt die Hand nach der Medizin aus. Sie gibt Anweisungen, wie die Schrecken abzuwenden sind. Alles liegt weitgehend in der Hand ihrer Möglichkeiten. Das ist schon lange so. Mit den Möglichkeiten steigen freilich auch Erwartung und Anspruch. Machbarkeiten werden immer mehr zu Machzwängen. Manchmal entartet die Medizin sogar zu einer Todesverdrängungsmaschinerie. Lange schon hat die Gesellschaft den Tod an sie delegiert. Wenn man die Menschen fragt, wissen zwar alle, dass sie sterben müssen. Aber allzu lange will man sich bei dem Thema nicht aufhalten. Das Memento mori gehört in die Tage, als «man noch nichts machen konnte». Die Würde des Lebens: ja. Aber eine Würde des Todes?

Wir merken freilich nicht, dass wir, weil wir dennoch nicht Herr über den Tod sind, in seine Geiselhaft geraten. Im Grunde gerät die ganze Medizin und geraten auch die Behörden in seine Geiselhaft. Die Pandemie führt das vor Augen. Medizin und Politik sind auf einmal für die Gesundheit der gesamten Bevölkerung verantwortlich, was letztlich absurd, weil nicht möglich, ist. Sie eilen der lebendigen Dynamik zwischen Virus und Population stets hinterher. Das gesteht aber niemand öffentlich ein. Stattdessen verbreitet sich eine heillose Hast. Man will die Bevölkerung in Sicherheit wiegen – mit Massnahmen, die beruhigen. Aber die Beruhigung hält nicht an. Lockdown, Abstand, Hygiene, Impfungen und Booster. Alles bleibt Stückwerk, das die Verbreitung des Virus nicht verhindert und dort, wo es rigoroser angewendet wird, nicht besser wirkt als in weniger restriktiven Ländern. Zum Teil scheint sogar das Gegenteil der Fall zu sein. Der Imperativ des Handelns liess die Frage nicht zu, ob man mit gezielteren Massnahmen, die den wirklich Gefährdeten Schutz geboten hätten, nicht weniger Schaden, weniger Verwerfungen und weniger Unrecht angerichtet hätte. Wir wissen nicht einmal, ob die Pandemie nicht unnötig in die Länge gezogen wird, weil die Massnahmen die Bildung einer natürlichen Immunität behindern. Die Hast liess keine Kontrollarme zu.

Der Mensch folgt dem, der ihm die Angst nimmt. Man wird gefügig – und glaubt, was einleuchtet. Die Frage nach der Evidenz wird zweitrangig. Experten und Politik üben sich ihrerseits in Eindeutigkeit und stets gleich gehaltener Informationslogik. Der Zweifel hat hüben wie drüben einen schweren Stand, besonders wenn er öffentlich geäussert wird. Einer Ermüdung in der Bevölkerung, so macht es den Eindruck, wird mit immer neuen beängstigenden Prognosen begegnet. Wo bleibt die intellektuelle Redlichkeit in der Analyse dessen, was bisher getan wurde?

Die Tabuisierung des Todes verursacht Angst, ob bewusst oder unbewusst. Angst drängt sich vor das Denken, und bei den Behörden setzt sie den Drang zu handeln vor das Wissen. Auf der Strecke bleibt die harte Evidenz. Das führt zu Widersprüchen im Pandemiealltag. Die Leute können auf Dauer die Vorschriften nicht einhalten, vor allem die Abstände nicht, und versuchen sich stattdessen mit Masken zu schützen, deren Anwendungspraxis zum Teil grotesk ist. In welchen Situationen Masken nützlich und angebracht sind, bleibt unklar. Es herrscht die normative Kraft des Faktischen. Sie vermittelt das Gefühl von Sicherheit. Auch der PCR-Test ist eine unhinterfragte Norm geworden. Es wird uns nicht erklärt, wann er denn wirklich Infektiosität anzeigt. Für einen solchen Fall müsste das Virus auch anzüchtbar sein beziehungsweise in einer Zellkultur wachsen, was eine aufwendige Untersuchung ist. Der Test zeigt bloss genetisches Material des Virus, und dies auch in kleineren Konzentrationen, die in Zellkulturen zu keinem Wachstum führten. Er ist nicht selten falsch positiv. Das ist ziemlich relevant, aber die Behörden denken «sicher ist sicher» und kaum ein Getesteter will es genauer wissen.

Immerhin hat die blinde Vorsicht bei den Hygieneregeln etwas nachgelassen. Öffentlich wurde der Bevölkerung allerdings auch hier nie erklärt, warum Kontaktinfektionen weit seltener sind, als man ihr zu Beginn suggerierte. Bleibt als zweifelsfreie, als am besten belegte Massnahme die Impfung. Die Kolleginnen und Kollegen aus der Infektiologie hätten freilich wissen müssen, dass sie nicht der «Gamechanger» ist, den sie versprachen. Ihre Langzeitwirkung ist bei Lichte besehen enttäuschend: Geimpfte und Geboosterte werden in wachsender Zahl wieder ansteckend, aber zumindest weniger krank – so die Hoffnung. Die vorläufig letzte einschneidende Vorschrift, die 2G-Regel, erscheint bei vernünftigem Nachdenken vollends widersprüchlich. Es gibt viele möglicherweise symptomlose Geimpfte mit einer hohen Viruslast in den oberen Luftwegen. Sie sind kontagiöser als situativ Getestete. Vor diesem Hintergrund wird der massive Impfdruck zu einer ungerechten Schuldzuweisung an die Ungeimpften, was vom Versagen der Politik ablenkt.

Im Geheimen war es wohl vielen Kolleginnen und Kollegen aus der Virologie schon lange klar, dass nur eine Variante, die sich von Massnahmen nicht aufhalten lässt, die ersehnte endemische Situation herstellen würde. Hoffen wir, dass Omikron diese Variante ist: Sehr kontagiös, aber weniger gefährlich für geschwächte Menschen. Und hoffen wir, dass wir die Zeit bald hinter uns haben, in der die Politik von einer Taskforce, die sich selber überschätzte, angetrieben wurde. Und geradezu vor sich her getrieben wurde die Politik von Medien, die ständig auf Einschaltquoten und Klicks schielten. Kein Wunder, dass man des Öfteren den Eindruck hatte, politische Aktivitäten würden entfaltet, damit um Himmels Willen etwas geschehe. Wir werden uns aber auch erinnern müssen an die immer wieder zitierte Solidarität, die ihr wahres Gesicht gegenüber denjenigen Menschen aus der Mitte unserer Gesellschaft zeigte, die der Impfung nicht trauten, häufig Leute aus der Alternativmedizin, deren Hilfe man bis anhin gerne in Anspruch genommen hatte. Ihre Gründe waren und sind ernst zu nehmen. Der französische Präsident sagte kürzlich, sie seien «keine Bürger mehr», und der Philosoph S. Zizek meinte, der Aufruf zu einem Dialog mit «Impfgegnern» sei vergleichbar mit einem solchen mit Antisemiten oder Gewalttätern an Frauen. Als die Betten knapp wurden, wurden sie aufgefordert, auf die Intensivpflege zu verzichten. Oder zumindest selber zu zahlen. Ein Chefarzt wollte ihnen sogar eine Sondersteuer auferlegen. Sprachlos sehen wir, wie schnell die Gesellschaft ein anderes Gesicht zeigt. Immer sind es zuerst Worte, die Minderheiten zu Minderwertigen machen. Zur Legitimation dient in der Regel ein absolut gesetztes Gut.

Schon lange ist die Gesundheit ein solches Gut. Die Medizin ist entsprechend zu einem letzten und überbeanspruchten Bollwerk gegen Krankheit und Tod geworden. Die Intensivpflegestation zum letzten Anker. Wenn aber der Tod nicht sein darf, steigt die Spannung. Die nicht ansprechbaren Menschen bedürften stattdessen einer stillen, empathischen Kommunikation. Die Spezialistinnen und Spezialisten der Pflege würden solches gerne leisten. Wo aber, weil keine Fehler passieren dürfen, das Technische sich immer mehr in den Vordergrund drängt, wird es ungemütlich. Die Korrektheit tritt vor die Menschlichkeit. Das ist vielleicht der Hauptgrund dafür, dass das Personal davonläuft.

Nicht alle Menschen verdrängen den Gedanken an den Tod. Betagte, müde Gewordene, die lange schon von Schwäche, Schmerzen, Kurzatmigkeit und Appetitlosigkeit gezeichnet sind, blicken ihm, der längst in ihrem Zimmer ist, stumm und weniger abwehrend entgegen. Je besser sie ihn kennen, desto weniger reden sie von ihm. Die beste Art des Sterbens ist für sie noch ein wenig zu leben. Kleine, letzte Geselligkeit. Grosskinder! Sie sind manchmal die besten Sterbehelfer. Unmenschlich, sie von ihnen fernzuhalten. Und wenn wir sterben, brauchen wir auch Leute, die ohne Worte lieben. Still an unserem Bett sitzen. Und Zuwendungen, die den Tod nicht verneinen. Gebete, Meditationen, Segnungen. Wer danach ans Bett eines gestorbenen Menschen tritt, sieht in seinem Gesicht oft etwas Entspanntes, bisweilen sogar etwas Friedliches. Man verstummt. Denn es ist etwas geschehen, das wir nicht fassen können.

Es gibt eine Würde des Sterbens und des Todes. Ohne sie ist auch die Würde des Lebens nicht denkbar. Auch nicht eine gelingende Medizin. Der Tod ist die vielleicht tiefste Qualität unseres Lebens. Was wir am Leben hochhalten, den Respekt und die Liebe in der Zeit, die wir haben, würde ohne Endlichkeit in Banalität verflachen. Ein gutes Leben weiss um sein Sterben. Gerade das macht es so lebendig und kraftvoll. Der Tod ist der Stillstand, aus dem erst die Tanzschritte des Lebendigen entstehen. Nietzsches Lust, die Ewigkeit will, ist ohne Vergänglichkeit nicht zu haben. Wenn wir und die Medizin den Tod als einen Misserfolg darstellen, den es um jeden Preis zu vermeiden gilt, dann verfälschen wir den Sinn des Daseins.

Man kann es drehen und wenden, wie man will. Der Weg aus der Angst führt nicht von ihr weg, sondern durch sie hindurch: Akzeptanz und Vorsicht. Schutz den Verletzlichen, soweit die ganz Alten unter ihnen das noch wollen. Dieser gezielte, intelligente Schutz hätte wahrscheinlich ebenso viele Menschen vor dem Tod bewahrt, wie es die flächendeckenden Massnahmen taten, und weniger sozial-politischen Schaden angerichtet. Und weltweit bedeutend weniger Existenzen bedroht. Wenn aber Politik und Medizin und der Journalismus die Panik auch noch schüren, dann macht das alles nur schlimmer. Angst und Atemnot sind ein teuflisches Gespann. Ich glaube, die Pflege würde bleiben, wenn die Medizin ihre menschlichste Aufgabe, die Angst zu nehmen und Trost zu vermitteln, nicht immer mehr den Machbarkeiten hintanstellen würde. Trost und Zuversicht bleiben im Zentrum der Zuwendung, sowohl im Sterben wie auch im Gesundwerden.

Autoren

Ruth Baumann-Hölzle, Dr. theol., Mitbegründerin und Leiterin des «Interdisziplinären Instituts für Ethik im Gesundheitswesen» der Stiftung Dialog Ethik.

Konstantin Beck, Prof. Dr. oec., Titularprofessor für Gesundheitsökonomie an der Wirtschaftswissenschaftlichen Fakultät der Universität Luzern.

Reiner Eichenberger, Prof. Dr. oec., Lehrstuhl für Theorie der Finanz- und Wirtschaftspolitik an der Universität Freiburg (Schweiz) und Forschungsdirektor von CREMA (Center for Research in Economics, Management and the Arts, Schweiz).

Michael Esfeld, Prof. Dr., Professor für Wissenschaftsphilosophie, Universität Lausanne.

Bruno S. Frey, Prof. em. Dr. rer. pol., Dr. h.c. mult., Professor für Volkswirtschaftslehre an der Universität Zürich und Forschungsdirektor von CREMA.

Daniel Gregorowius, Dr. sc. nat., Leiter Fachbereich Versorgungsforschung im «Interdisziplinären Institut für Ethik im Gesundheitswesen» der Stiftung Dialog Ethik.

Ludwig Hasler, Dr. phil., Philosoph und Publizist.

Severin Hohler, Leiter Wirtschaftspolitik GastroSuisse.

Stefan Holenstein, Dr. iur., Rechtsanwalt, EMBA UZH, ehemaliger Präsident der Schweizerischen Offiziersgesellschaft (SOG) bis 28.08.2021.

Andreas Kley, Prof. Dr. rer. publ., Dr. iur. h.c., Lehrstuhl für öffentliches Recht, Verfassungsgeschichte sowie Staats- und Rechtsphilosophie an der Universität Zürich.

Daniel Kübler, Prof. Dr. ès sciences politiques, Professor für Demokratieforschung und Public Governance am Institut für Politikwissenschaft an der Universität Zürich sowie Leiter der Abteilung für Allgemeine Demokratieforschung am Zentrum für Demokratie Aarau (ZDA).

Margit Osterloh, Prof. em. Dr. oec., Dr. h.c., Permanent Visiting Professor Universität Basel, Universität Zürich, Department of Business Administration, und Forschungsdirektorin von CREMA.

Mathias Ott, MLaw, Rechtsanwalt, Rechtskonsulent GastroSuisse.

Andreas Radbruch, Prof. Dr. rer. nat., Wissenschaftlicher Direktor am Deutschen Rheuma-Forschungszentrum Berlin.

Peter Rohner, Prof. Dr. oec., Titularprofessor an der School of Management der Universität St. Gallen (HSG).

Heinz Schott, Prof. em. Dr. phil., bis zur Emeritierung Professor für Geschichte der Medizin und Direktor des Medizinhistorischen Instituts der Universität Bonn.

Thomas Schweizer, Dr. med., pensionierter Hausarzt, MAS Philosophie und Medizin.

David Stadelmann, Prof. Dr. rer. pol., Professor für Volkswirtschaftslehre an der Universität Bayreuth sowie Mitglied des Ostrom Workshop an der Indiana University und bei CREMA.

Roger Staub, MPH, MAE, Geschäftsleiter der Stiftung Pro Mente Sana, Zürich.

Marcel Tanner, Prof. em. Dr. phil., Dr. h.c. (mult.), MPH, Präsident der Akademien der Wissenschaften Schweiz, Direktor em. Schweizerisches Tropen- & Public Health-Institut (Swiss TPH).

Felix Uhlmann, Prof. Dr. iur., Lehrstuhl für Staats- und Verwaltungsrecht sowie Rechtsetzungslehre an der Universität Zürich.

Pietro Vernazza, Prof. em. Dr. med., bis zu seiner Emeritierung Chefarzt der Klinik Infektiologie und Spitalhygiene am Kantonsspital St. Gallen. 16 Jahre Mitglied/Präsident der ausserparlamentarischen Kommission für sexuelle Gesundheit (vormals «für AIDS-Fragen»).

Werner Vontobel, Wirtschaftsjournalist.

Werner Widmer, Dr. rer. pol., Vorsitzender des Leitenden Ausschusses der Stiftung Diakoniewerk Neumünster, Verwaltungsrat des Careum Bildungszentrum, Lehrbeauftragter für Spitalmanagement an der Universität Luzern, vormals Spitaldirektor.